新能源汽车关键技术研发系列

增程器
设计开发与应用

Range-Extender
Design, Development and Application

菜根儿 著

机械工业出版社
CHINA MACHINE PRESS

本书系统地阐述了增程器的开发与应用技术，主要内容包括增程器中的发动机系统、发电机系统和电控系统，以及增程器总成的工作原理、结构设计、控制与标定、性能、可靠性模拟仿真和台架试验验证等方面。另外，本书还对作为增程器的燃料电池的工作原理、关键技术、在汽车中的应用等进行了简要介绍。

本书兼具学术性与工程性，不仅运用大量严谨的数学语言、化学反应式等对技术原理进行了分析，而且对于一些关键技术如增程器的轴系匹配、故障诊断和增程式电动汽车的性能与排放、动力系统匹配、热管理及控制策略等，均结合实际工程案例进行了详细讲解。

本书可供新能源汽车行业相关工程技术人员阅读参考。

图书在版编目（CIP）数据

增程器设计开发与应用 / 菜根儿著 . —北京：机械工业出版社，2022.2
（新能源汽车关键技术研发系列）
ISBN 978-7-111-70310-5

Ⅰ. ①增… Ⅱ. ①菜… Ⅲ. ①电动汽车 – 动力系统 – 系统设计 – 研究 Ⅳ. ① U469.72

中国版本图书馆 CIP 数据核字（2022）第 039419 号

机械工业出版社（北京市百万庄大街 22 号　邮政编码 100037）
策划编辑：何士娟　　　　　责任编辑：何士娟
责任校对：樊钟英　刘雅娜　封面设计：张　静
责任印制：任维东
北京市雅迪彩色印刷有限公司印刷
2022 年 7 月第 1 版第 1 次印刷
184mm×260mm ·21.5 印张·505 千字
标准书号：ISBN 978-7-111-70310-5
定价：168.00 元

电话服务　　　　　　　网络服务
客服电话：010-88361066　机 工 官 网：www.cmpbook.com
　　　　　010-88379833　机 工 官 博：weibo.com/cmp1952
　　　　　010-68326294　金 书 网：www.golden-book.com
封底无防伪标均为盗版　机工教育服务网：www.cmpedu.com

前 言

汽车动力系统的电动化趋势不可逆转,其中最重要的就是内燃机的电动化。将电机引入内燃机实现混合驱动是内燃机电动化的一种,将电机引入内燃机只用于高效发电也是内燃机电动化的一种。

上述高效发电系统被用于纯电机驱动的车辆时又被称为增程器。本书主要集中论述此类由内燃机和发电机组成的增程器,它是通过内燃机把燃料的化学能转换成机械能,又经过发电机把机械能转换成电能的电力供给装置。这样的增程器用于纯电机驱动的车辆,能够解决由动力电池技术局限所带来的诸如里程焦虑这样的市场适应性问题,这类车辆又被称为增程式电动汽车。相较于纯内燃机驱动的车辆,由于增程器中的内燃机更多地工作在高效率区域,使得增程式电动汽车的燃料消耗量更低,污染排放量更少。

增程器的设计开发和应用是本书论述的重点,包括如下内容:增程器总成以及增程式动力系统的匹配与设计、专用发动机和发电机系统的开发、增程器总成及增程式电动汽车控制系统的开发、增程器总成及增程式动力系统的热管理、增程器总成及增程式电动汽车的排放和故障诊断等。

书中几乎每章都设有试验验证一节,介绍设计开发的试验内容、验证过程及相关工具设备,以期反映设计开发与试验验证之间密不可分的关系,这也是工程技术区别于科学技术的特征之一。而工程技术实践中核心问题的攻关解决又依赖于科学技术理论,需要得到掌握前沿科学技术的企业和研究机构的鼎力支持,二者相辅相成。

因此,这本书既有工程技术的现实性,可用于指导增程器以及增程式电动汽车的产品开发;又有科学技术的前瞻性,可用于先进技术方向上的学术研究;在专业领域,也可用于学校辅导教学。

本书是数百位工程师在五年多的时间里所积累的工作经验和成果的文字体现,故本书署名代表着一个团队。团队经历了从内燃机、发电机到增程器总成的开发,经历了从动力系统集成到整车搭载的开发,以及从供应商组织到市场投放的整个过程。不是只开发了一款,而是开发了几款增程器,不是只开发了增程式乘用车,而且还开发了增程式商用车。因此,工程实践性强是本书的一大特点。

毫无疑问，行业里所有人的努力，包括工程界和学术界，所形成的经典成果都曾帮助这个团队克服重重困难。这些成果都有可能反映在本书之中。因此，在这里向所有为本书贡献素材的同事表示感谢！向业界前辈和专家朋友们表示感谢！

衷心地希望本书能够对读者的工程实践和学术研究有所帮助，由于著者的学识和经验所限，书中难免有所疏漏、不妥甚至错误，恳请读者批评指正。

2021 年初于北京

目 录

前言

第 1 章 电动汽车中的增程器 ... 1
1.1 增程器定义及其技术特征 ... 1
1.2 增程器分类及其主要技术指标 ... 9
1.3 增程式电动汽车发展历史 ... 13
1.4 汽车动力系统进化路线 ... 17
参考文献 ... 22

第 2 章 增程器的结构及其轴系匹配 ... 23
2.1 增程器的结构 ... 23
2.2 轴系结构设计及匹配方法 ... 33
2.3 轴系机械匹配与开发 ... 39
2.4 轴系控制策略匹配与开发 ... 53
参考文献 ... 68

第 3 章 增程器中的发动机系统 ... 69
3.1 增程用发动机及其分类 ... 69
3.2 高效发动机关键技术和实现途径 ... 76
3.3 专用发动机设计开发 ... 83
3.4 增程用发动机标定与试验 ... 89
参考文献 ... 93

第 4 章 增程器中的电机系统 ... 95
4.1 车用电机分类 ... 95
4.2 增程用发电机系统的特征及选型 ... 99
4.3 发电机系统的设计开发 ... 103
4.4 电磁兼容设计 ... 109
4.5 发电机系统试验验证 ... 112
参考文献 ... 120

第 5 章　增程器的电控系统 ... 121
5.1　增程器电气架构与指标体系 ... 121
5.2　电控系统总体设计 ... 129
5.3　电控系统的设计与开发 ... 137
5.4　电控系统的测试与验证 ... 142
参考文献 ... 146

第 6 章　增程器的故障诊断 ... 147
6.1　故障诊断系统设计 ... 147
6.2　增程器总成故障诊断 ... 153
6.3　发动机故障诊断 ... 158
6.4　发电机系统故障诊断 ... 165

第 7 章　增程器试验与评价 ... 171
7.1　试验概要 ... 171
7.2　专项试验 ... 178
7.3　总成试验 ... 181
7.4　动力系统试验 ... 184
7.5　增程器与整车匹配试验 ... 188

第 8 章　增程式电动汽车的性能与排放 ... 191
8.1　增程式电动汽车性能与排放的关系 ... 191
8.2　增程式电动汽车排放特性 ... 198
8.3　常规排放的产品设计与标定 ... 206
8.4　OBD 排放的产品设计与标定 ... 211
参考文献 ... 217

第 9 章　增程式电动汽车的动力系统匹配 ... 218
9.1　增程式动力系统概述 ... 218
9.2　电力驱动系统匹配 ... 220
9.3　电力供给系统匹配 ... 230
9.4　动力系统建模仿真 ... 237
9.5　动力系统台架试验及整车动力性、经济性试验 ... 244
参考文献 ... 248

第 10 章　增程式电动汽车的动力系统热管理 ... 250
10.1　热管理概述 ... 250

10.2　热管理系统设计 ……………………………………………………………… 254
10.3　系统试验与评价 ……………………………………………………………… 270
10.4　热管理其他相关技术 ………………………………………………………… 274
参考文献 …………………………………………………………………………… 278

第 11 章　增程式电动汽车的控制策略 …………………………………………… 279

11.1　控制系统概述 ………………………………………………………………… 279
11.2　整车控制目标和约束条件 …………………………………………………… 282
11.3　整车控制策略 ………………………………………………………………… 287
11.4　电力供给系统控制策略 ……………………………………………………… 295
11.5　控制系统测试与试验 ………………………………………………………… 301
参考文献 …………………………………………………………………………… 305

第 12 章　燃料电池增程器 ………………………………………………………… 306

12.1　燃料电池概述 ………………………………………………………………… 306
12.2　燃料电池增程器的关键技术 ………………………………………………… 314
12.3　燃料电池汽车概述 …………………………………………………………… 326
参考文献 …………………………………………………………………………… 336

Chapter 01

第 1 章
电动汽车中的增程器

汽车电动化的方向不可逆转,而汽车的电动化是其智能化的技术基础,也是汽车节能减排必然的技术选择。所谓汽车电动化,就是指有电机参与驱动,包括参与空调系统的驱动、参与转向系统的驱动等。一般而言,电动汽车主要是指有电机直接参与行驶驱动的车辆。在这个意义上,纯电机驱动行驶的汽车当然是电动汽车,发动机和电动机混合驱动行驶的也是电动汽车,而只用动力电池提供电力的纯电机驱动的汽车则被称为纯电动汽车,主要由燃料电池提供电力的纯电机驱动的汽车则被称为燃料电池汽车。如果把燃料电池替换成增程器,则可称之为增程式电动汽车。

中、美、欧、日等国家(地区)的汽车需求量已经接近饱和,汽车排放的清洁化要求已成为整个人类社会的共同责任和行动,所以这些国家或地区的电动汽车总量将会逐渐增加,而传统汽车的需求将会慢慢减少。但如果在更大的世界范围内进行考察,就会发现,这并不意味着发动机的总需求会显著减少,因为中亚、南亚、东南亚、中东、南美、非洲等地区人们的生活水平在不断提高,而使得对传统动力汽车的需求也会不断地增长。也就是说,未来比较长的一段时间,汽车对发动机的需求不会显著减少,但对其降低燃料消耗、减少尾气排放的要求一定会愈加严格,这也正是混合动力(包括增程式)这类在动力系统中含有发动机的车辆长期存在的客观条件。

毫无疑问,在包括中国在内的国家里,纯电机驱动的车辆在市场中所占份额越来越大这一趋势已经变得更加明朗,而其中的增程式电动汽车必然会占有一席之地。

1.1 增程器定义及其技术特征

1.1.1 增程器的定义

增程器的概念是由工程界提出的,它是纯电机驱动车辆的一种车载供电装置,这样的车辆又被称为增程式电动汽车。在 GB/T 19596—2017《电动汽车术语》中给出了这类车辆相对完整的定义：一种在纯电动模式下可以达到其所有的动力性能，而当车载可充电储能系统无法满足续驶里程要求时，打开车载辅助供电装置为动力系统提供电能，以延长续驶里程的电动汽车，且该车载辅助供电装置与驱动系统没有传动轴（带）等传动连接。

显然，上述定义中所述的车载可充电储能系统（或称之为储电装置）就是指动力电池，而车载辅助供电装置就是增程器。从定义上看：

① 增程器是车载的供电装置，不是车载的储电系统。

② 增程器是为了延长续驶里程，它若单独使用并不必须能够达到车辆的所有动力性能。

③ 没有规定此增程器电力的产生方案，可以是发动机带动发电机发电，也可以是燃料电池发电或者其他发电方案。

④ 除了车载辅助供电装置——增程器外，还有车载储电装置——动力电池。

⑤ 在车辆的行驶过程中，主要电力供给源并不是增程器。

⑥ 增程器与驱动系统之间只有电气连接而没有用于传动的机械连接。

最初增程式这一技术路线是为了弥补动力电池在性能和成本上的不足而提出的。上述定义中的第②和第⑤特点描述了增程器的使用方法，没有强调增程器的节能和减排，只是用来满足储电装置不能维持继续行驶时的续驶要求，这样的增程器没有产业化前途。为此，人们期待被赋予了如下技术特征的增程器：

1）高效。作为把燃料转换成电力的装置是高效的，其所形成的增程式电动汽车在降低能源消耗、减少尾气排放方面也具有明显优势。

2）可持续。不是在动力电池亏电时才解决应急续驶的需求，而是在车辆所有运行工况下都可以提供电力，是电力的主要供给源。

3）多点。不是只能在一个工况点高效运行，而是能够在多个工况点甚至在一条高效率曲线的任意一工况点上运行发电。

4）跟随。满足车辆的平均功率需求，且在一定的功率范围内具有对车辆功率需求的跟随能力。

具备上述四个特征的增程器和动力电池配合用于车辆，这样的车辆就具备了串联式混合动力的特征，所以又可称这样的增程器为"功率跟随器"。如果这样的增程器，再能具备响应较快、体积较小、成本较低等产业化特点，那么相较于其他技术路线这一技术路线在市场上或在细分市场上应该是有竞争优势的。

赋予了这些技术特征的高效增程器或功率跟随器不仅适用于乘用车，对于追求经济效益的商用车更加具有吸引力。对于采用发动机发电的增程器来讲，发动机主要工作在高效率区域，车辆当然就更加容易满足排放法规的要求了。

1.1.2 增程式技术的节能减排特征

本书主要集中论述由发动机和发电机组成的增程器，它是通过发动机把燃料的化学能转换成机械能，又通过发电机把机械能转换成电能的电力供给装置。

常识下的疑惑是：通过两次的能量转换，为什么比纯发动机驱动的车辆更加节能减排呢？这需要与车辆实际的运行工况联系起来一起考察才能得出答案。

1. 节能减排的发动机依据

考察纯发动机驱动的乘用车在市区的行驶情况。这类发动机为了能够覆盖所有运行工况的要求，其最高有效热效率一般为35%~40%。但是，车辆在市区走走停停，多数时间都是低速运行，发动机相应处于低转速—低负荷的低效率且排放性能较差的工况，实际平均有效热效率一般为20%~25%。这两个热效率范围表征了不同车辆和驾驶习惯所带来的差异。

如果把这个发动机设计到增程器中作为发电机的输入动力使用，并使发动机始终工作在最高效率点，会是怎样的结果呢？需要考虑发动机的机械能通过发电机转换成电能、电能又经过驱动电机转换成机械能驱动车辆行驶这样两级能量转换的情况。

显然，即使发电机和驱动电机两级的转换效率总计只取82%的低位值，整个系统的效率也在40%×82%=32.8%左右。相对纯发动机行驶在市区平均25%的热效率，增程式这一技术路线的节能效果令人鼓舞！即使再打些折扣，其节能效果也是显而易见的。这里没有计入因为发动机只用于发电而减少的不良驾驶习惯对发动机效率的影响，没有计入采用纯电驱动可以通过制动能量回收所带来的额外节能贡献，也没有计入在这一技术路线下采取其他匹配或控制策略等技术措施而带来的节能贡献。

燃料消耗的减少必然带来尾气排放的降低，如在控制策略上可以避免发动机在怠速、低负荷以及高负荷区域的工况运行，降低排放的效果就更加毋庸置疑了。

以上测算过程虽不严密，但是在高效增程器基础上，通过优化增程器与动力电池、匹配驱动系统、优化整车与动力系统之间的控制策略等技术手段，增程式技术路线对节能减排将会有明显的贡献，这一倾向性结论是明确的。

显然，如上叙述也说明了提高增程器中发电机效率和整车中驱动电机效率的重要性。极端情况下，如果这两个电机的综合效率只有60%，那么增程式这一技术路线也就失去了产业化意义。提高汽车动力系统中电机的效率既是一个系统匹配的问题，更取决于电机行业的技术发展水平。在过去的10年间，电机及其控制器的效率随着相关技术的进步不断得以提升，这为增程式电动汽车这一路线的发展奠定了技术和产品基础。

2. 节能减排的系统依据

增程器作为一个动力总成，与其相匹配的发电机也应该工作在自己的高效率区内，以使整个增程器成为从燃料到电力的高效转换器。发电机的选型设计应基于发动机的技术条件进行。以吉利伦敦TX5车型为例，具有功率跟随特征的增程器特征曲线如图1-1所示，其中图1-1a所示为线功率跟随模式，图1-1b所示为点功率跟随模式。显然，无论是线跟随模式点跟随模式或是定点运行模式，增程器的工作曲线或工作点均主要在发动机的高效率区内。

增程器作为动力系统的核心部件，在实际使用上需要和动力电池高度协调，例如在车辆加速时，增程器的功率因输出响应较慢而不能及时满足整车的动力需求，就由动力电池来补充，这样既可避免增程器中发动机因为加速工况而增加能耗，又可发挥动力电池快速响应的优势，达到节能减排的目的。

增程式电动汽车良好节油能力的核心是：动力系统中装配有动力电池并实现了增程器和驱动系统之间的机械解耦，使增程器中的发动机可以相对自主地运行于高效区域，实现较高的发电效率。而以发动机为动力的传统燃油汽车虽可通过变速器不同档位上齿轮传动比的调节使发动机尽可能工作在高效的转速区间，但变速器的物理属性决定了无论是多少档位的变速器也无法具备由机械解耦而带来的增程器中发动机的自主调节能力。所以在车速变化大、走走停停的行驶场景，增程式电动汽车具有明显的节能减排优势。

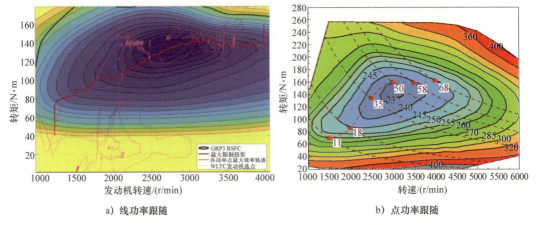

图 1-1 具有功率跟随特征的增程器特征曲线

3. 节能减排的匹配依据

一般情况下，增程式电动汽车的动力电池容量远低于普通纯电动汽车，这不仅可以节约电池成本，还可减轻整车重量，有利于整车的节能减排。

当车辆匹配的动力电池容量较大时，增程式电动汽车可以选择由地面电网充电，也可以由增程器发电。这一特点给用户提供了自由度，特别是对于以经营为目的的商用车用户，其可以通过选择电力来源平衡运营成本。在有外接充电条件的情况下，尤其在频繁起停的城市工况可主要采用纯电模式行驶较长的里程，甚至覆盖大多数的出行场景，降低增程器的起动频率，实现更高的节油率；在某些短途出行中或在城市的核心区域，增程式电动汽车可完全运行在纯电模式，实现区域零排放。

另一方面，在控制策略上可以使增程器发出的电力不经过动力电池而是直接供给驱动电机，如此则能减少因电池充放电导致的约 10% 的能量损失，进一步提高节油率。更重要的是，这样的控制策略可以避免如纯电动汽车中动力电池大电流充放电的状态，有效避免动力电池的过充电和过放电，有利于保障甚至延长动力电池的使用寿命。

1.1.3 增程式动力系统的匹配特征

增程式电动汽车的动力匹配主要包括电力供给系统（增程器、动力电池系统）和电力驱动系统（驱动电机系统、传动系统、差速器、半轴等）的匹配，详细的匹配技术请见本书第 9 章。本小节着重介绍增程式电动汽车若干典型的动力系统匹配特征。

1. 动力系统的解耦特征

与传统的燃油车辆及混合动力车辆中发动机与驱动系统之间的强耦合不同，增程式电动汽车中的增程器与驱动系统之间实现了机械解耦，增程器输出功率与整车需求功率之间实现了功率解耦，增程器转速与整车车速之间实现了速度解耦，增程器实际排放与整车排放测试循环实现了排放解耦。增程器中的发动机和发电机是机械连接的，所以如果将以上解耦叙述中的"增程器"变成"发动机"，则对于这一技术路线在节能减排上的意义将更加容易理解了。需要指出，这里讲的解耦并不是严格数学意义上的不相关，而是相对发动机直驱车辆而言，从强关联变成了弱关联，从瞬时工况的强耦合变成了瞬时工况的弱耦合。增程器的这些解耦特征可进一步解释如下：

（1）增程器与驱动系统之间的机械解耦

《电动汽车术语》（GB/T 19596—2017）中已说明了增程式电动汽车的车载辅助供电装置与驱动系统没有传动轴（带）等传动连接，即增程器与驱动系统之间没有任何机械耦合的传动机构。增程器中的发动机作为动力源带动发电机发出的电力供给驱动电机以驱动车辆行驶，或者给动力电池充电。

与并联混合动力、混联混合动力及传统燃油汽车不同，增程式电动汽车中的增程器与驱动系统之间实现了机械解耦，只需要电力耦合和控制指令交换，其明显优势是：可以充分发挥发动机和驱动电机各自的性能优势，使发动机始终工作于相对高效的转速和负荷区间，并经常保持低排放的状态，不受或少受整车运行工况的影响；这一机械解耦特征使得增程器和驱动系统（或者说发动机和驱动电机）可以为了各自的技术目标相对独立地分别进行设计开发。

（2）增程器输出功率与车辆需求功率之间的功率解耦

为降低增程式电动汽车中动力电池充放电导致的能量转换损失，减小对动力电池的能量需求，可采用功率跟随策略，即增程器发出的电力尽可能直接供给驱动电机并满足它的瞬间功率要求，多余的电力可为动力电池充电；当车辆因为突然加速而导致瞬间功率需求大幅增加时，增程器因为响应慢而未来得及跟随的部分电功率可以由动力电池来立即补充，即增程式车辆中的动力电池对增程器输出功率起到"削峰填谷"的作用。也存在另外一种情况：当动力系统匹配的动力电池足够大，以至于几乎可以覆盖车辆运行的所有工况时，这时所匹配的增程器就可以不是功率跟随性的，而只是在动力电池的容量低于某一限值时才起动发电。显然，由于动力电池的存在增程式动力系统中实现了增程器输出功率与车辆需求功率之间的解耦或弱耦合。

（3）增程器转速与整车车速之间的速度解耦

与传统燃油汽车不同，增程器由于其发电功率与整车需求功率之间的瞬时解耦特征而使得发动机能够尽量地运行于高效区域，增程器转速与整车车速之间就体现出相关或实现了二者之间的速度解耦或弱耦合。

当然，针对整车低速、加速行驶时噪声大的问题，在实际控制中一般要增加增程器工作点的转速与车速的关联性。增程器在同一功率点下根据车速选择对应的转速，即建立路面噪声、空气噪声与车速的准确对应关系，精确控制增程器的转速，最大限度地利用这两种噪声来掩蔽增程器的工作噪声，提升主观驾驶感受。因为增程器转速与其振动噪声存在一定的非线性正相关，转速越高，发动机的振动噪声越剧烈，而转速过低时发动机效率也低。因此确定增程器发动机各工作点转速的思想是：高功率需求的工作点在保证功率输出的前提下，结合发动机油耗线等值，在转矩输出正常值范围内尽可能降低发动机转速；低功率需求的工作点，在满足功率输出的情况下为了保证效率，发动机转速又要适当提高一些。

（4）增程器排放与整车排放测试循环之间的排放解耦

增程器由于其发电功率、转速分别与整车的需求功率和车速解耦，主要运行工况处于其高效低排放区域,因而与整车的 WLTC、C-WTVC 等油耗及排放测试循环过程中的瞬时排放没有严格的关联,从而实现了增程器排放与整车排放测试循环之间瞬时工况的排放解耦或弱耦合。

由于增程器中发动机和发电机之间采用直接机械连接,所以上述增程器的四种解耦特征就可表征为发动机与整车(或驱动系统)之间的解耦关系,这样就增强了发动机在整车中的相对独立性,提高了发动机的使用和设计自由度。因此,增程器中的发动机在设计时就可以追求其极致的热效率,传统发动机车辆上难以工程化的一些先进高效技术或创新成果就可能在增程器发动机中得到应用,从而促进内燃机技术的进一步发展。体现增程器中发动机设计自由度的相关内容将在第 3 章中进行详细介绍,而体现发动机使用自由度的相关内容将在第 5 章、第 8 章和第 11 章中进行论述。

需要特别指出,上述所谓的解耦或弱耦合主要描述的是增程器瞬时工况和整车瞬时工况之间的关系;当用一个标准测试循环的一段时间进行综合评价时,增程器的功率、排放性与整车之间一定是强耦合的;文中反复提到的增程器功率跟随,不是指与整车瞬时需求功率总是完全一致的跟随,而是指近乎平均意义上的跟随。

不容忽视的是,增程器在增程式电动汽车中所表现出来的这些解耦特征根本上是因为由增程器、动力电池和驱动电机组成的动力系统中有动力电池的存在。所以增程式电动汽车的匹配和控制最主要的就是增程器和动力电池所组成的电力供给系统的匹配和控制,相关详细内容将在第 8 章、第 9 章和第 11 章中具体阐述。

2. 增程器工作点选取及其发动机与发电机的匹配

增程式车辆在运行过程中,增程器根据整车的功率需求合理分配发动机、发电机的转矩和转速,以实现最低的燃油消耗。增程器工作点的选取所受的约束条件有:

(1) 发动机最大转矩 T_e。

$$0 \leqslant T_e < \min(T_{g\_max}, T_{e\_max}) \tag{1-1}$$

式中,T_{g_max} 和 T_{e_max} 分别为发电机和发动机的外特性转矩(N·m),是关于转速的函数。

(2) 发动机最大转速 n_e。

$$n_{idle} \leqslant n_e < \min(n_{g\_max}, n_{e\_max}) \tag{1-2}$$

式中,n_{g_max} 和 n_{e_max} 分别为发电机和发动机的最大转速(r/min);n_{idle} 为发动机怠速转速(r/min)。

(3) 工作点之间的发动机转速差值

增程器在两个功率点之间切换时,如由低功率点向更高功率点切换时,通过提高转速(恒转矩)而带来的噪声和振动会明显大于通过提高转矩(恒转速)的方式。本书中增程器的转速和转矩均指发动机的转速和转矩。一般地,功率需求变化而引起的增程器转速、转矩变化会影响驾乘舒适性,为兼顾效率,通常同时增加转速及转矩以提高增程器功率。由于发动机与发电机的响应需要时间,发动机的响应相对滞后,增程器相邻工作点之间的转速差值就不能太大,否则在转速控制中会出现剧烈的抖动,功率输出也不容易稳定。

图 1-1 体现了功率跟随模式下对应的发动机运行工作点,而增程器工作点的选取应

首先确定出增程器的最佳燃油经济曲线,即基于发动机、发电机系统(发电机、发电机控制器)匹配的合成效率图,增程器的最佳燃油经济曲线如图 1-2 所示。其中图 1-2a 所示为发动机万有特性,图 1-2b 所示为发电机系统效率,发动机与发电机系统的高效区会稍有偏差,两者的合成效率 [即增程器万有特性(以油耗数据代替)] 如图 1-2c 所示。增程器在设计集成匹配时,应使发动机与发电机系统两者的高效区尽量重合。对于直连形式的增程器,配备低速电机;对于配有增速装置的增程器,配备高速电机,发动机需结合增速齿轮等变速机构使其高效区与发电机的高效区相匹配。图 1-2c 中,在每一条增程器等功率曲线上都可找出最高效率点,各最高效率点连接成最佳燃油经济性曲线(即图中穿越油耗等高线的实线)。

根据该最佳燃油经济性曲线,可确定出增程器在每一个输出功率下的工作点(转速、转矩、功率),且可得出增程器的最大功率值。当然,除了考虑效率、最大输出功率,增程器工作点的选取还要考虑汽车噪声与振动性能(NVH)、排放性能、车速以及动力电池容量等因素。

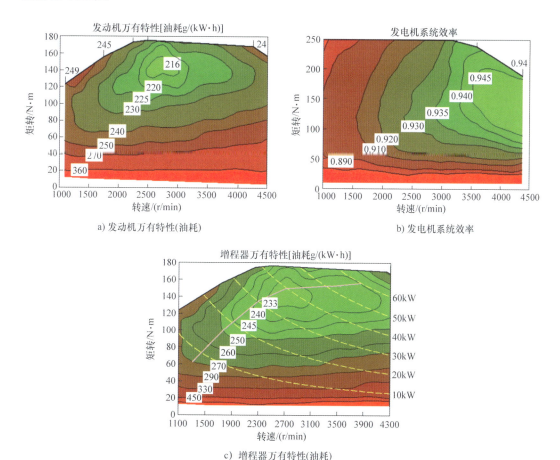

a) 发动机万有特性(油耗)

b) 发电机系统效率

c) 增程器万有特性(油耗)

图 1-2 增程器的最佳燃油经济曲线

以上概述未能体现增程器机械以及电气电控方面的细节。增程器自身的匹配和控制策略将分别在第 2 章和第 5 章中详细论述。

3. 增程器的使用控制策略

增程器的使用控制策略取决于动力系统中增程器、动力电池和驱动电机的匹配情况，而动力系统的匹配是由整车的设计目标决定的。增程式电动汽车的电池容量一般不同，对应的增程器使用的控制策略也就不同。它有两种基本的控制策略，也存在将这两种策略混合使用的情况。

（1）增程器起停使用控制策略

这一控制策略适合动力系统配备大容量动力电池的情况。在该控制策略下，增程器的起动和停机主要依据动力电池的荷电状态（SOC）。当动力电池的荷电状态达到设定的高位值时，增程器停止发电，车辆以纯电模式行驶；当动力电池的荷电状态下降至设定的低位值时，增程器起动发电，为动力电池充电的同时也给驱动电机供电。这样，发动机就可以始终在其高效率区内的工作点运行，控制策略相对简单，对增程器的响应性要求不高。当采用增程器起停使用控制策略时，车辆的功率需求变动完全依靠动力电池实现快速响应，增程器的输出电功率则相对稳定，可避免由于增程器功率跟随而导致的高油耗，增程器起停使用控制策略如图1-3a所示。使用这一控制策略的车辆所配备的动力电池容量较大，能够覆盖车辆所有的运行工况，动力电池的类型倾向于能量型。

（2）增程器跟随使用控制策略

这一控制策略适合动力系统配备小容量动力电池的情况。该控制策略的目标是在保持动力电池高荷电状态的同时使增程器的发电功率能够跟随整车的功率需求，增程器作为主动力源，动力电池则为辅助动力源。在这样的动力系统中，动力电池主要用于有瞬间大功率需求时弥补增程器功率响应慢的不足。因此，保持动力电池处于高电荷状态就变得很有必要，以确保车辆的高动力响应性。采用这种控制策略的增程式车辆，对增程器的响应性有较高要求，对动力电池的峰值持续时间也有明确指标。

发动机转速变化越快，油耗就会越高，而增程器电力输出的响应与此线性相关，但与动力电池输出的响应相比，增程器却要缓慢得多。因此，对于采用增程器跟随使用控制策略的车辆（见图1-3b），当车辆出现瞬间的大功率需求时，动力电池可实现快速响应，而增程器的输出电功率则较为缓慢地增加；当车辆瞬时由大功率需求变为小功率时，动力电池的输出功率会迅速降低，增程器的输出电功率则不会迅速响应需求功率的变化，而是将多余的电能储存在动力电池之中。这充分发挥了动力电池能够快速响应的电气特性，从而避免了因为过度的功率跟随而增加油耗。

使用这一控制策略的车辆所配备的动力电池容量较小，主要用于弥补增程器功率输出响应慢的缺陷，动力电池的类型则偏向于功率型。

电动汽车的优势来自电机直驱。电机具有结构简单、转矩强大且稳定、机械特性更广更高效、转速与功率响应更快更线性、运转噪声小等属性，这些特点非常适合车辆驱动。增程式电动汽车的核心即是发挥了驱动电机和动力电池的优势，并由增程器弥补动力电池的劣势，因此其能够在保持电动车驾驶性能优势的同时显著地降低油耗。显然，要有效地发挥动力系统各零部件的优势，不仅与整车层面的控制策略有关，更主要取决于增程器和动力电池之间的匹配。增程式电动汽车有着优秀的起步、加速及爬坡能力，动力响应性好，对增程器的响应速度要求不高，且因为动力电池的快速响应特性可充分发挥驱动电机的低转速高转矩的优势，避免了传统燃油汽车低速时动力不足的缺点。增程器和动力电池之间的协调控制策略是在整车动力系统设计时首先要完成的工作，是制定整个动力系统控制策略的基础，将在第 11 章中详细论述。

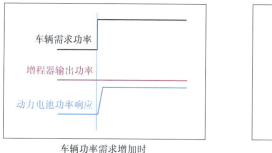
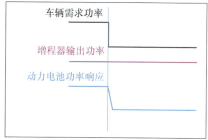

a）增程器起停使用控制策略

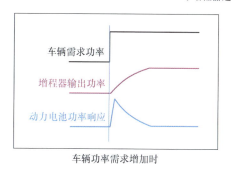
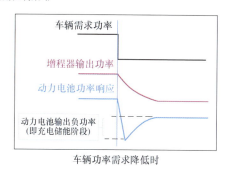

b）增程器跟随使用控制策略

图 1-3　增程器与动力电池之间的响应性匹配

1.2　增程器分类及其主要技术指标

1.2.1　增程器的分类

增程式电动汽车可以按照增程器在车辆中的工作模式分成两类，即微工况型和全工况型，同时也就产生了增程器的一个分类方法。

所谓的微工况型增程式电动汽车，是指车辆依赖于充电桩充电实现全工况行驶。车辆行驶时主要为纯电动行驶，在电量较低时通过增程器补电使车辆增加续驶里程，增程器仅起到补电作用，不能支持车辆全工况运行。例如，宝马 i3（增程版）就是微工况型增程式电动汽车。

所谓的全工况型增程式电动汽车，是指车辆不依赖于充电桩或者无需充电桩就可以实现全工况行驶。车辆行驶时主要的电力来自增程器，动力电池只起到电力辅助或短距离行驶时的电量供给作用。吉利伦敦 TX5（可以称之为 Ⅰ 型）和日产 NOTE（可以称之为 Ⅱ 型）均属于全工况型增程式电动汽车。对于全工况 Ⅱ 型车辆，所配动力电池容量很小，正常行驶情况下没有纯电工作模式，所需电力全部由增程器提供，纯电工作模式（静音模式）仅在增程器出现故障或由驾驶人主动选择时才开启。不同类型的增程式电动汽车动力系统的参数对比见表 1-1，不同工作模式的增程式电动汽车的参数对比见表 1-2。

表 1-1　不同类型的增程式电动汽车动力系统的参数对比

	参数	宝马 i3（2018 增程版）	吉利伦敦 TX5	日产 NOTE
发动机	气缸数	2	3	3
	进气形式	自然吸气	涡轮增压	自然吸气
	压缩比	10.6∶1	10.5∶1	12∶1
	排量 /L	0.65	1.5	1.2
	额定功率 /[kW/(r/min)]	28/4300	68/4000	58/5400
	最大转矩 /[N·m/(r/min)]	55/4300	255/2750	103/3600
发电机	额定功率 /kW	27	60	55
	最大转矩 /N·m	50	220	108
动力电池	电池能量 /kW·h	33	31	1.47
	纯电行驶里程 /km	246	134	2.7
电动机	最大功率 /kW	125	120	80
	最大转矩 /N·m	250	255	254

表 1-2　不同工作模式的增程式电动汽车的参数对比

类型	电池电量	增程器	纯电续驶里程	适用工况	备注
微工况型	多	独立系统 小功率	满足正常行驶	较依赖充电桩，增程时降性能	解决里程忧虑，满足长时纯电动行驶，增程器只支持辅助行驶
全工况Ⅰ型	中	非独立系统 中功率	满足法规行驶要求	可使用充电桩，增程时全性能	解决里程忧虑，满足长途行驶，经济性较好
全工况Ⅱ型	少	非独立系统 大功率	数千米以内，较短	不需要充电桩，增程时全性能	解决里程忧虑，满足长途行驶，经济性接近混合动力

特别需要指出的是：满足全工况Ⅱ型车辆的增程器一定可以用于全工况Ⅰ型车辆，满足全工况Ⅰ型车辆的增程器一定满足微工况型车辆的技术要求，反之不一定成立。这主要是因为对增程器的功率响应性要求不同，满足全工况Ⅱ型车辆要求的增程器其功率响应要高些，所以又被称为功率跟随器。当然，无论是哪一种增程器，都必须与动力电池进行有效匹配。图 1-4 所示为三种增程式汽车的模式比较，进一步阐述了这三种类型增程器之间的区别，其中的"ON—OFF"是指发动机的工作状态。

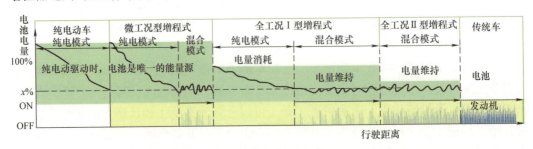

图 1-4　三种增程式汽车的模式比较

车辆按照用途可以分为道路车辆和非道路车辆等，道路车辆又可以分为城市车辆、市郊和高速工况。对于经常行驶在高速工况的车辆，如大型载货车辆等，采用增程式动力路线的意义不是很大，因为这类车辆采用发动机直接驱动更有利于将高速工况与发动机的高效率区相匹配；对于在城市或市郊行驶的车辆，如公交车辆、城市环卫车辆等，由于长时间在低速和频繁起停状态下运行，更加适合采用纯电驱动的增程式技术路线。在非道路车辆中，如工程车辆、农机车辆、矿山车辆、港口车辆等，采用纯电驱动的增程式技术路线也有特别的意义，一个简单的例子就是矿山自卸车：对于从山上将矿石运下山的工况，上山时空载而下山时满载，正好可以通过制动能量回收电力；对于从矿坑把矿石运上来的工况，上来时满载而下去时也可以通过制动能量回收电力；如此将极大地降低能源消耗，减少污染排放，而增程器的使用将更有效地解决充电的便利性问题，进一步降低燃料消耗。

对于增程器的分类，也可以根据电能来源的不同分为内燃机式、燃料电池式和超级电容式等，其中内燃机式增程器在目前应用最多、技术更为成熟。

基于内燃机的增程器主要采用活塞式发动机（四冲程、二冲程、自由活塞等）、转子发动机和涡轮发动机等形式。往复活塞式发动机是最为常见的传统发动机，如宝马 i3（增程版）、吉利伦敦 TX5 及日产 NOTE 等车载增程器均采用该类型的发动机；转子发动机具有体积小、噪声低、功率密度高、平顺性好的优点，但其耐久性差、热效率低，AVL 公司研发的增程器采用了转子发动机和发电机一体化的结构形式；涡轮发动机具有结构简单、维护成本低以及多种燃料适应性等优点，但其效率和排放性能表现较差，且在高速运转和较高排温时的特性对零部件的材料提出了较高要求。当然其缺点与在车辆上的工程实践较少也有关系。随着在车辆上工程实践的不断增多，涡轮发动机在效率、排放以及噪声等方面的不足期待能得到有效解决。

燃料电池属于电化学技术，与内燃机通过控制燃烧提供动力的过程有着根本的不同。虽然现阶段面临成本高、配套基础设施普及程度低等困难，但由于其发电效率高、适应多种燃料和环境友好等优点，从节约能源和保护生态环境的角度来看，燃料电池是目前最有发展前途的发电技术；近年来，国家相继出台了一系列扶持燃料电池产业发展的规划及政策补贴，燃料电池的市场发展空间广阔。

超级电容器是一种介于传统电容器与电池之间且具有特殊性能的电源，具有充电速度快、运行时间长、温控效果好、绿色环保等优良特点，但也存在电解质易泄漏、能量密度低、成本高等缺点，限制了其工程应用推广。

1.2.2 增程器的主要技术指标

本书的论述主要集中在以活塞式内燃机为基础的增程器设计开发和应用方面，此类增程器应满足车辆全工况的需求（即全工况型增程器），且可以设计使其具有功率跟随的特征。但无论是什么类型的增程器，都必须是高效率的，否则就失去了市场存在的意义。除了高效率，增程式电动汽车对增程器的要求还包括成本低、体积小、重量轻及 NVH 性能好等指标。德国 MAHLE 公司对其增程器开发中各项指标权重定义的由大到小顺序为：成本、体积、NVH、重量、效率和排放。

表 1-3 列出的内容体现了目前全工况增程器的先进水平，参考了科技部 2018 年度国家重点研发计划新能源汽车重点专项申报指南"插电/增程式混合动力系统"技术方向

关于"增程器系统开发与整车集成"的相关考核要求。该项目代表了当前的研究方向，为期5年，主要专注内容有：研究乘用车增程器专用发动机设计与控制、高效发电机系统、增程器系统集成等技术；开发体积小、油耗低、综合效率高的增程器专用发动机和增程器系统；开展整车集成技术与一体化最优控制技术研究。表中还追加了笔者认为较为重要的增程器功率响应性这一技术指标。

表1-3中第三列主要对增程器质量比功率、效率和排放等进行了要求，给学术界和产业界提出了相当大的挑战。为达到这些指标，增程器须配备全新的发动机与发电机，企业则必须进行相应的产品转型升级。表1-3也列出了国内某知名企业在2020年所研发出的增程器最新成果，代表了国内的先进水平，但也仅"增程器发动机最低有效比油耗"和"所搭载的整车排放应达到的标准"这两项达到了2018年科技部的指标要求，其他几项指标有待行业内的突破。该企业的增程器专用发动机最低有效比油耗已低至205g/(kW·h)，搭载该增程器的一款轻型车B状态燃油消耗量较第四阶段油耗限值（GB 19578—2014）已降低28%（依据该车整备质量，按10.1L/100km燃油消耗量限值计算）。若要进一步降低油耗，除了需进一步提高电机系统效率，还需在增程式电动汽车整车控制策略上做进一步的研究。

表1-3 全工况增程器的主要技术指标

分类	指标名称	2018年科技部指标	2020年某企业成果	备注
成本	增程器总成的成本	—	—	依据整车售价、投资收益
体积	体积比功率	—	—	依赖整车空间及功率指标
NVH	各运行工况点的噪声	—	≤89 dB（A）（4000r/min，60kW）	增程器功率-转速-车速关联
质量	质量比功率	≥0.65kW/kg	≥0.55kW/kg	依赖整车质量及功率指标
效率	增程器发动机最低有效比油耗	≤220g/(kW·h)	≤205g/(kW·h)	开发增程专用发动机
效率	增程器发电机系统最高效率	≥96%	≥95%	发电机与发动机的高效区应匹配，最高效率区要尽量宽广
效率	B状态燃油消耗量（不含电能转化的燃料消耗量）	较第四阶段油耗限值（GB 19578—2014）降低比例≥40%	≥28%	采用功率跟随策略，降低电池充放电损耗；整车纯电模式下的能耗更低；发动机始终工作在低油耗区
排放	所搭载的整车排放应达到的标准	国六	国六b	增加特定工况使催化器快速起燃；发动机运行工况需避开高排放区
响应性	增程器功率响应性	—	—	对增程器功率响应性的要求与车辆所配动力电池的容量和类型有关

增程器的重要技术指标还包括耐久性和可靠性等，其要求取决于具体的车辆类型。作为生活资料的乘用车属于短途交通工具，年平均行驶里程多为1万~2万km，车辆运行范围及其对应的维修点多在市区，维修点仅需辐射半径为3~5km的区域；作为生产资料的商用车则多为满足货运、客运需求的长途运输工具，其年平均行驶里程达15万~30万km，车辆运行范围为郊区及市区之间的公路，其维修点仅分布在省会城市和地级市的郊区，至少需辐射半径为40~50km的区域。行驶时间和维修便利性的巨大差异，决定了乘用车和商用车对增程器耐久性和可靠性的要求完全不同。因此，不能将乘用车

增程器简单地应用于商用车。即使同属商用车，客车与货车之间也存在差异。因此，必须针对具体车型的要求开发专用的增程器。

增程器开发的主要内容可以分为以下几个方面：发动机及其控制、发电机及其控制、轴系匹配及 NVH、增程器控制系统及控制策略、诊断系统及故障策略、排放及其 OBD 系统、热管理系统等。在这个过程中，高效专用发动机的开发、发动机与发电机高效区的匹配开发以及发动机与发电机的一体化开发等将体现出一个企业或团队的核心能力。

增程器的应用主要涉及三个方面：整个动力系统中增程器与驱动电机及动力电池的匹配，整车层面上控制策略的制定及基于动力系统的整车热管理。三个方面都是以效率、成本及性能为主要目标，决定着产品在市场的最终竞争力。

增程器开发与应用的详细技术内容将在后续各章节中分别展开讨论，这里仅列出目前国内外先进增程器的相关技术要素：

1）发动机：为提高效率，可采用阿特金森/米勒循环、低压 EGR 等技术，采用电子水泵、电子机油泵等电动化附件；为降低成本，可少采用可变技术，也可采用零部件降本、使用二冲程发动机等方法。

2）发电机：为提高效率，高电压化进一步发展；可开发油冷电机以提高功率密度；为降低成本，可采用高速发电机等；采用轴向磁场电机可缩短其轴向尺寸。

3）增程器集成：为降低成本，可采用齿轮增速的方式使发动机与高速发电机的高效区相匹配，采用普通飞轮配合扭转减振器替代双质量飞轮；为进一步提高集成度，可采用集成冷却、集成飞轮式发电机（发电机转子代替发动机飞轮）、发电机及其控制器集成，甚至是发动机与发电机壳体集成一体化设计等。

4）增程器控制：为提高综合效率，强调增程器对整车需求功率的跟随性，开发功率线性跟随、面跟随等控制策略，跟随性也直接反映了增程器的响应性。由于增程式车辆中动力电池具有快速响应的特性，增程器的响应性也不必过度追求，且过快的响应会导致增程器油耗的增加。因此，增程器在切换工作点的过渡工况时，应对转速、转矩进行多段斜率控制，优化过程控制曲线。为提高 NVH 性能，可采用电子主动减振的控制方法，如通过优化起动、停机以及发电工况主动降低增程器的振动和噪声等。

1.3 增程式电动汽车发展历史

增程式技术本是为解决纯电动车辆行驶里程焦虑而提出的，经过近 20 年的发展演化已经成为主流的动力系统技术路线之一。本节将简要梳理纯电动汽车的当前弱点及增程式电动汽车的发展过程。

1.3.1 纯电动汽车的发展

为了应对化石能源的有限性和气候变暖给人类带来的生存挑战，人们做出了很多努力。在汽车行业，1997 年日本丰田汽车公司发布了混合动力技术和产品并在这条道路上越走越远，而日产和特斯拉则坚持走纯电动的技术路线，还有一些公司则极力推崇燃料电池车辆。在"动力电池＋纯电机驱动"这一纯电动路线的推动过程中，人们遇到了各种挑战，最初提出增程器这一工程概念就是为了解决充电设施不足所带来的里程焦虑问题。实际上，鉴于动力电池历史性的技术局限，影响纯电动汽车大范围推广的原因可以进一步地总结如下：

1）与燃油车辆相比，因电池容量有限，车辆行驶里程受限。
2）为了增加里程就要多配备电池，电池增多会使整车安全性降低。
3）电池用量增多则整车成本增加、重量增加、占用空间增大。
4）需要大量充电桩等公共设施，而设施的建设是一个相当漫长的过程。
5）存在电池过充电过放电风险，严重时将影响电池寿命和车辆安全。
6）电池的电化学特性决定了其使用寿命普遍短于整车，中途甚至需要更换电池。
7）电池使用量较大，废旧回收体系的建设尚需时日。

1.3.2 增程式电动汽车的发展

引入高效率的、具有功率跟随特征的增程器能够有效地解决上述问题，因为：

1）不再依赖充电设施，充分利用现有的燃料加注体系，解决了里程焦虑问题。
2）只需纯电动汽车所用动力电池的40%～60%甚至更少，尽管所用电池类型从能量型演变成了偏功率型。
3）增程式车辆中动力电池浅充电浅放电的特征使其寿命大幅延长到与整车相当。

增程式车辆发展所依靠的重要技术和产业基础就是我国长期持续地推进纯电动汽车产业化的国家政策，培育了整个产业链并使之发展成熟起来。

自21世纪伊始，电动汽车步入了快速发展期。面对纯电动汽车续驶里程短等缺陷，国内外各大车企进行了相应技术方案的储备及尝试。最先聚焦增程式技术方案的是欧美车企。2007年，通用雪佛兰沃蓝达（增程式概念车）在北美国际汽车展上亮相。2013年，宝马推出了i3（增程版），然而受其振动、噪声、能耗（增程器的功率、效率不高）及价格的制约，并未被当时的市场认可。截至2015年，纯电动汽车仍然受动力电池技术（能量密度、寿命及安全性等）的限制，混合动力汽车（以丰田普锐斯为代表）也依旧存在成本高的难题，且功率分流型混合动力系统采用行星齿轮组，结构太过复杂。面对这些困局，日本日产公司于2016年推出了NOTE e-Power，因其极具竞争力的油耗（由于采用了高效增程器及优化匹配技术，其油耗可与普锐斯相当）和价格（其增程器直接给驱电动机供电，无须复杂、高成本的动力传动机构），在日本的首年销量就接近普锐斯，从技术（节能减排）及市场的角度证明了增程式方案可以解决纯电动汽车的瓶颈问题，达到了与混合动力车辆相竞争的水平。为应对我国新能源汽车补贴退坡的趋势，吉利商用车公司、车和家公司等也于2016年前后开始了高效增程器的研发。在此行业大背景下，2018年增程式电动汽车与纯电动汽车、燃料电池汽车被正式并列为我国新能源汽车的"三纵技术路线"。2018年底，国家发改委发布的《汽车产业投资管理规定》也明确将增程式电动汽车划归为纯电动汽车投资项目，而插电式混合动力汽车则被划分为燃油汽车投资项目。自此，增程式电动汽车成为我国新能源汽车市场化的一条重要技术路线。

在电池技术尚未实现突破前（价格、能量密度、安全性、充电时间等），增程式电动汽车是未来汽车市场的发展趋势，特别是对于短途运输的城市物流车，优势将更加突显。除上文提到的宝马i3（增程版）和日产NOTE e-Power外，近年来市场上还陆续推出了多款增程式车辆，如奥迪 A2 e-tron、凯迪拉克 ELR、捷豹 C-X75、奇瑞瑞麟 M1-REEV、一汽增程式轿车、广汽传祺 GA5REV、车和家理想智造 ONE、吉利 RE500、吉利 TX、中国重汽的豪曼增程式冷藏车、Techrules 增程式电动超跑 TREV、金康 SERES SF5 增程版、金康瑞驰 ER3、东风风光 E3 EVR、东风增程版赛力斯 iX3、江淮和悦 IREV、中华增程式轿车等。国外以日产 NOTE e-Power 乘用车为代表，国内的产品则基本覆盖了大、中、小型乘用车及轻型载货车型。表 1-4 为典型增程式车辆的主要动力参数，需要说明的是，此表所列增程式车型均为车企自己的定义，至于是否属于学术意义上的增程式，业内也存在一定的争议。

表 1-4 典型增程式车辆的主要动力参数

动力项	参数	车型					
		雪佛兰 VOLT 2016	别克 VELITE5	广汽 GA5 REV	理想 ONE	吉利 RE500	Mahle
发动机	进气形式	自然吸气	自然吸气	自然吸气	涡轮增压	涡轮增压	涡轮增压
	气缸数	4	4	4	3	3	2
	排量 /L	1.5	1.5	1	1.2	1.47	0.9
	额定功率 /[kW/(r/min)]	75/5600	78/5800	45/5500	96/5500	68/4000	30/4000
发电机	额定功率 /kW	48	48	31	62	60	38
动力电池	电池能量 /kW·h	18.4	18	13	40.5	25.9	14
	纯电行驶里程 /km	85	116	50	180	50	70
驱动电机	最大功率 /kW	87（前）/48（后）	135	94	100（前）/140（后）	100	100
	最大转矩 /N·m	280（前）/118（后）	407	225	240（前）/290（后）	350	

通用 VOLT 于 2011 年投放市场，于 2015 年改型换代，其增程动力系统包括两个电机（一个主电动机和一个发电机/电动机）、一个增程用发动机、三个离合器及一个行星齿轮组，但由于其售价太高等原因于 2019 年 3 月停产。

别克 VELITE5 是别克品牌旗下首款增程式汽车，于 2017 年 4 月正式上市，采用了与通用 VOLT 相似的混动技术，单次加油后的增程模式综合续驶里程可达到 768km。VELITE5 属于增程型混合动力车，不同于传统的发动机与电机串联的增程工作模式，而是通过一套复杂的控制程序实现了多种驱动模式。

宝马 i3（增程版）于 2013 年 7 月上市，并于 2013 年 11 月首先在欧洲销售，6 年来已经历了 3 次换代升级，动力电池容量由最初的 22kW·h 先后增加至 33kW·h、42kW·h，但配备的两缸发动机排量为 0.65L，最大功率仅为 28kW，最大转矩仅为 56N·m。随着电池能量密度的提升、纯电续驶里程的增加，宝马 i3 增程系统所能带来 100km 的增加里程已不再具备明显的优势，且因其价格高于纯电动版近 7 万元，这也预示着这款增程车型将有可能逐渐淡出市场。

日产 NOTE e-Power 自 2016 年上市以来，销量一路向好，取得了巨大成功，为增程式电动汽车市场注入了活力。NOTE e-Power 搭载的排量为 1.2L 的三缸自然吸气发动机始终工作在最佳经济工作区域，动力电池能量为 1.47kW·h，且无外接充电接口，百公里油耗仅为 2.67L（日本 JC08 百公里油耗测定值），40L 的油箱理论上可实现高达 1300km 的续驶里程。由于 NOTE e-Power 的成功，日产将此增程动力扩展到了 Serena e-POWER 车型。

吉利商用车公司于 2017 年在英国伦敦发布了增程式电动出租车 -TX5。该车型的国产化版英伦 TX 已于 2020 年 6 月投放市场。该公司还于 2018 年在中国广州上市了第一款轻型增程式载货车 RE500。

理想智造 ONE 是由造车新势力车和家汽车公司于 2018 年 10 月发布的首款大型增程式电动 SUV，属于大容量电池组和中等功率增程发电系统的组合。

总部位于北京的 Techrules（泰克鲁斯 - 腾风）公司于 2016 年在日内瓦车展上发布了一款涡轮增程式电动超跑 TREV，采用微型燃气轮发动机，两个前轮各由一个电机驱动，两个后轮各由两个小型电机驱动，总共六个电机配合使用，峰值功率达到了 768kW，最大转矩超过了 8600N·m，百公里加速时间仅 2.5s，极速达到 305km/h，续驶里程达到了 2000km。

相比增程式车辆，增程器的开发要更早一些，经过近几年的研发积累，增程器技术也愈加先进。图 1-5 所示为近些年从事增程器及增程式电动汽车开发的企业。

图 1-5　近些年从事增程器及增程式电动汽车开发的企业

在国内，乘用车领域的增程式汽车开发已开始逐步增加投入，如吉利、奇瑞、江淮、广汽、东风、北汽、五菱柳机、车和家等公司；在客车领域，湖南中车时代电动汽车公司产品的市场投放较早，而北汽福田的欧辉客车市场表现较好；一些内燃机专业厂家也在自主或联合开发增程器总成提供给整车厂，如玉柴、潍柴等柴油机厂家及东安、柳机等汽油机生产厂家。

增程式电动汽车是一条极具前途的技术路线，包括乘用、商用以及非道路等领域机动车辆的部分或细分市场。增程式电动汽车虽不可能包打天下，但其确实有效解决了目前纯电动汽车存在的里程焦虑、充电焦虑、成本焦虑和安全焦虑等问题。市场正在检验着这条技术路线，这条技术路线承载着人们对节能减排和低碳经济的巨大期待。

1.4 汽车动力系统进化路线

1.4.1 汽车动力系统的进化途径

传统的单一发动机（纯内燃机）用于车辆驱动，在其低负荷和高负荷区域的单位能耗和排放都不理想，在常用的负荷区域内更是出现了最低排放和最高热效率两个极限的矛盾，或者说存在着难以突破的技术局限。即使在技术上能够克服，工程上也难以实现。例如，利用朗肯循环回收柴油机（或汽油机）尾气的热量用于发电就是这样，为了满足排放法规，发动机的尾气后处理器已经占据了很大的空间，再加上朗肯循环装置就更加困难了。为了克服发动机高低负荷区的缺点，在20世纪90年代人们提出了三大思路或三大路线：日本提出了混合驱动的技术路线；美国提出了抛弃发动机的燃料电池和纯电动的技术路线。其共同特点就是在汽车的动力系统中引入了电机。

1. 混合动力汽车

电机与发动机一起混合驱动车辆行驶。在低负荷区以电机驱动为主，减少发动机的介入；在高负荷区以发动机驱动为主，电机可以辅助驱动，以达到降低发动机负荷的目的；在汽车制动时，电机可以作为发电机把制动的机械能转换成电能，存储在动力电池中；在汽车加速或大负荷运行时，存储的电能又被供给到电机，电机则作为电动机使用，起到辅助驱动并提高系统动力性能的作用。如此，混合驱动就达到了真正的节能减排的目的。图1-6所示为混合驱动的能量转换和作用原理。

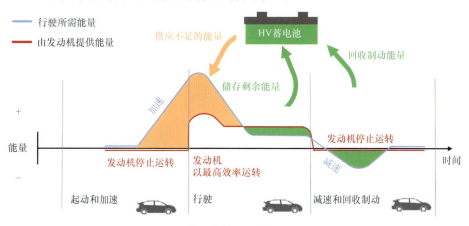

图1-6 混合驱动的能量转换和作用原理

图1-7所示为混合驱动的结构原理，其中图1-7a所示为并联式混合驱动。根据电机在动力总成中的位置差异，并联混合驱动演化出了许多不同的发动机和电机的连接结构或技术方案。到目前为止，图1-7b所示的丰田THS（Toyota Hybrid System）是汽车领域中最早的、最领先的、最成功的，也是最复杂的串并联混动技术方案，在THS中还包含

了一个专用的发电机,并引入了行星齿轮箱来实现发动机和电机的转矩耦合。

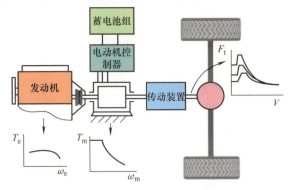

a) 并联式混合驱动

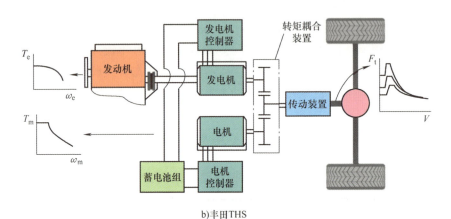

b) 丰田THS

图 1-7 混合驱动的结构原理

2. 燃料电池汽车

不使用发动机和油箱,只用电机驱动行驶,配备的动力电池不需要太大容量,主要用于制动能量回收和电能的缓冲,而使用氢气通过燃料电池进行车载发电来满足车辆的主要电力需求,这就是燃料电池汽车。燃料电池汽车是完全不使用传统动力和传统燃料的技术路线。图 1-8 所示为燃料电池汽车的结构简图。

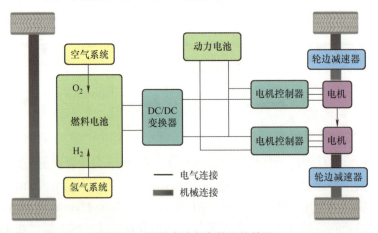

图 1-8 燃料电池汽车的结构简图

最钟情于这一思路的是美国的一些汽车制造商，它们曾经期待在2005年左右实现商业化推广，现在看来当时是太乐观了。不仅制氢、运氢、储氢和加氢一系列的设施需要系统性地解决和布局，作为产品的燃料电池总成本身的成本和寿命也是产业化过程中需要长期努力才能克服的困难。目前，丰田汽车公司走在了燃料电池汽车技术的前列，中国则在产业化推广和市场化前景方面极具潜力。

3. 纯电动汽车

不使用发动机和油箱，只用电机驱动车辆行驶。把图1-8中燃料电池相关的部分去掉，将动力电池容量加大，使车辆的续驶里程尽可能地延长，即为纯电动汽车。如果简单地把图1-8中的燃料电池相关部分换成增程器，就是增程式电动汽车的基本形态。目前中国的城市公交车辆几乎全部都是纯电动汽车，在轻型物流车及乘用车领域也在不断推广应用纯电动汽车。经过近20年的探索和实践，纯电动汽车技术路线已经进入了全面产业化推广阶段。倡导并实施这一技术路线的是美国，而真正首先实现了产业化的是日产的聆风轿车，中国则具有市场化现实和广阔前景。

1.4.2 汽车动力系统的进化路线

前述三大技术路线的共同特点不仅仅是在动力系统中引进了电机，还引进了动力电池，可以说电机和电池的发展水平决定着电动汽车的未来。

纯电驱动的技术路线不使用发动机和油箱，一定意义上就是不涉及发动机产业以及与之相联系的石油冶炼产业，这在技术上甚至在工程上是可行的，但在面向市场产业化时却是不可行的。且不说动力电池和燃料电池的产业化技术和成本等突破所面临的困难，仅仅是充电站和加氢站的建设就需要漫长的时间。只有在继承中发展才符合事物发展的规律，车辆动力系统的产业化发展路线不能和学术技术发展路线相混淆，其产业化过程必须在继承中发展。因此，由发动机和电机组成的混合驱动是车辆动力系统不可逾越的发展阶段；基于纯电机驱动，由发动机和电机组成的增程器实现车载供电的增程式电动汽车也是不可或缺的、重要的技术方向。二者都是在继承传统发动机技术和产业的基础上对其进行部分否定的过程中发展起来的符合事物发展规律的产业化技术路线。

另一方面，我们还需要在历史和未来的背景下考察社会发展对汽车产业的要求。排放法规不断升级的历史已经说明：社会和政策的要求既是对汽车产业发展的约束力，也是对汽车产业发展的推动力。

鉴于节能减排的历史以及社会发展对环境和生态的要求，可以将节能减排的社会发展趋势描述成图1-9a所示；而汽车动力系统的产业化进化路线则可以描述成图1-9b所示，即将"产业化过程必须在继承中发展"的思想和"节能减排的社会发展要求"有机地结合在一起。

汽车动力系统的产业化进化路线（图1-9b）中的四个发展阶段可进一步详细论述如下：

第一阶段： 在传统的纯内燃机驱动的基础上引进电机实现混合驱动，把发动机在高、低负荷区的缺点克服掉，部分地否定发动机，同时对发动机产业造成技术性冲击。这是从单一发动机直接驱动开始的汽车动力系统进化的第一个阶段。为了应对汽车节能减排的历史性要求，这一阶段划时代地将电机和电池引进到动力系统之中，典型的产品代表就是丰田的 THS 动力系统总成。此阶段的主要目标是"降低排放",解决身边的污染问题。所使用的燃料依然是以高碳燃料(汽油和柴油)为主,尽管一些清洁燃料(如天然气)等已被使用。这一阶段以 1997 年丰田 THS 发布为标志,以 2005 年前后产业化和大规模市场投放为起点,大约会有 30 年的历史进程。

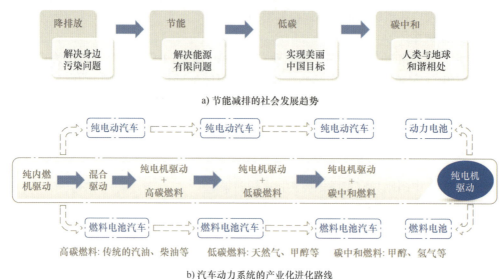

图 1-9 节能减排的社会发展趋势及汽车动力系统产业化的进化路线

第二阶段:在这一阶段,纯电机驱动的车辆渐渐地被市场所接受,但由于在生产电力的能源结构中煤炭依然占主要的地位,在整个产业链上评价依然是高碳排放的。具体到车辆会有几种形式,如完全依赖于充电设施的纯电动汽车,依赖于加氢站的燃料电池汽车,以及基于内燃机增程器的增程式电动汽车等。由于电力结构的原因,这一阶段的纯电动汽车和燃料电池汽车的主要贡献是实现了污染的转移,尤其对于人口稠密的城市是非常必要的。而增程式电动汽车,由于其增程器是以汽油机或柴油机等为动力源实现发电的,依然是高碳排放,但相比第一阶段已有所进步。

需要指出,增程器中的发动机仅用于发电而非驱动,即将发动机的驱动功能否定掉了,增程式电动汽车的动力系统原理如图 1-10 所示。在混合驱动的汽车中,电机部分地否定了发动机的驱动功能,而在增程式电动汽车中,发动机的驱动功能则被完全否定掉了,这是一个遗憾,但也是一个进步。

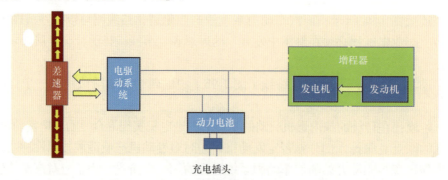

图 1-10 增程式电动汽车的动力系统原理

这个进步将影响发动机产业的发展规模和技术路径，影响石油冶炼和传统燃料加注站等相关产业。典型的增程式电动汽车的产品代表就是日产的 NOTE e-POWER，吉利伦敦 TX5 也是一个成功的例子。这一阶段的目标主要集中于"节能"，解决能源有限的问题。此阶段以特斯拉 2008 年开始交付 Roadster、日产 2010 年正式推出聆风以及我国 2009 年开始实施节能与新能源汽车示范推广应用工程等为标志，可以把 2015 年前后定义为这一阶段产业化和大规模市场投放的开始。

第三阶段：该阶段与第二阶段的动力系统结构基本相同，是纯电动汽车开始成为市场主流的阶段。因为可再生能源在电力构成中的比例增加，使得这一阶段在整个产业链上的评价是低碳排放的。作为一种补充，发动机还顽强地存在着，用于混合动力或增程器，且发动机热效率有了很大的提高；燃料加注站也顽强地存在着，只是加注的燃料已经倾向于低碳燃料，如天然气或甲醇等，而石油冶炼产业将因此受到冲击。就燃料的生产过程而言，天然气只需提纯就可以直接使用，而甲醇也可以用天然气来合成，可进一步降低生产过程中的碳排放量；天然气和甲醇之所以可称之为低碳燃料的另一个理由是：石油炼制柴油或汽油的过程中同时存在碳排放和其他污染物质排放的问题；如果采用可再生能源+二氧化碳捕捉技术来制备甲醇，从循环经济的角度评价，碳排放可进一步降低。就燃料的燃烧过程而言，相较于汽油和柴油，天然气和甲醇的低碳燃烧特性也有一定的优势，这是由于二者分子构成中的碳含量比例较低这一因素决定的。因此，随着电力结构中可再生能源比例的增加以及低碳燃料的广泛使用，良好环境和生态打扮的美丽中国将开始展现在世人面前，预期这一阶段大约从 2030 年开始。

第四阶段：伴随着前面三个阶段的发展，可再生能源在电力结构中的比重将不断提高，充电站（桩）、换电站、氢气加注站或综合加注站将不断普及，普遍采用纯电机驱动车辆的时代就会到来。可以预见，实现纯电机驱动车辆的大规模使用不能仅靠纯电动汽车，燃料电池汽车也将是另一个重要途径或重要补充。燃料电池类型可以多种多样，对于当前普遍采用的质子交换膜燃料电池（Proton Exchange Membrane Fuel Cell，PEMFC），通过采用可再生能源发电再进行电解水方式制取的"绿色 H_2"可实现理论上的碳中和。然而受氢气存储、运输、加注等环节的便利性和安全性制约，PEMFC 电动汽车的实际应用规模同样存在局限。而在常温下处于液态的甲醇是氢气最好的载体之一，通过车载裂解（或重整）装置将甲醇转换成 H_2 和 CO，并供给高温燃料电池（如固体氧化物燃料电池，Solid Oxide Fuel Cell，SOFC）发电，就能有效解决氢气储运和加注过程的安全性和便利性问题，这也是一个可以期待的技术方向。特别地，甲醇与氧气反应发电而排放的 CO_2 可被捕获与"绿色 H_2"相结合再次制成甲醇，这样一种理想的循环经济使得甲醇有可能成为实现碳中和目标的主要燃料之一，并为人类与地球的和谐相处做出贡献。

上述汽车动力系统进化的四个阶段，若将其与生产电力的能源结构联系起来，也可以称之为四条技术路线，再加上目前仍在广泛使用的纯内燃机驱动的现实，五条路线就同时展现在了我们面前。所提到的甲醇作为汽油和柴油的替代燃料同样也可以用于传统内燃机，这实际上也是一种以节能减排为目的的在继承中的创新。对于工程和产业界来讲，应该在扬弃中发展并在继承中创新，和科学技术界一起不断地提高汽车动力系统的技术水平和市场竞争力，就像混合驱动技术路线和增程式技术路线的发展过程一样。

参考文献

[1] 蔡文远,童国庆. 电动汽车功率跟随器及其控制方法: CN105313711 B[P]. 2017-10-31.

[2] BASSETT M. The MAHLE range extender engine[Z]. 2012.

[3] 马东辉,马正军. 增程器装置、增程系统和车辆: CN 207173319 U[P]. 2018-04-03.

[4] YAO M F, ZHENG Z L, LIU H F, Progress and recent trends in homogeneous charge compression ignition(HCCI)engines[J]. Progress in Energy and Combustion Science, 2009, 35(5): 398-437.

Chapter 02

第 2 章
增程器的结构及其轴系匹配

本章介绍的增程器仅指内燃机版增程器,由发动机、飞轮、发电机及各控制器组成。增程器中发动机连接发电机的方式不同于传统汽车中的发动机连接变速器,需要对发动机、发电机及其中间连接机构组成的轴系进行重新匹配,以保证增程器的高效可靠运转。本章将以一款具有功率跟随特征的增程器为例(下文简称某增程器),详细介绍增程器的结构及其轴系匹配与开发(包括机械匹配与开发、控制策略匹配与开发)。

2.1 增程器的结构

2.1.1 增程器的机械结构

增程器的组成如图 2-1 所示,增程器总成装置包括增程器本体及各控制器,增程器本体分发动机曲轴与电机轴直连和非直连两种形式。直连式增程器由发动机、飞轮及发电机组成,飞轮固定于发动机曲轴的动力输出端,通过发电机花键轴与发电机相连;非直连式增程器由发动机、飞轮、减振器、齿轮组及高速发电机组成,飞轮通过齿轮组与高速发电机轴相连。增程器的三个控制器包括发动机控制器(Engine Control Unit,ECU)、发电机控制器(Generator Control Unit,GCU)和增程器控制器(Range Extender Control Unit,RECU)。发动机、ECU 及其线束合称发动机系统,发电机、GCU 及其线束合称发电机系统。

发动机是增程器的核心动力源,其运行方式与传统车用发动机不同,在增程式电动汽车上仅用于发电,不参与车轮的驱动,一般采用增程式专用发动机。增程式发动机无须运行于过高的负荷、转速工况,也不受限于传统燃油车用发动机的排放及油耗测试循环工况,而主要运行于燃油高效区。增程器专用发动机应具有更宽广的高热效率区等技术特征,可充分利用在传统燃油车用发动机上难以实施的一些新型燃烧技术,如稀薄燃烧、均质压燃、废气再循环（Exhaust Gas Re-circulation，EGR）、Miller/Atkinson 循环等。近几年，国内外针对高效率、高功率密度以及良好 NVH 性能的增程器专用发动机进行了大量的研究并推出了一系列的产品，有四冲程、二冲程、转子式、自由活塞式、微型燃气轮机及苏格兰轭等发动机。

图 2-1 增程器的组成

飞轮是增程器中发动机和发电机之间动力的连接装置，主要有单质量飞轮和双质量飞轮两种。为达到动力平稳传递的目的，在采用单质量飞轮时需另外搭配一个限矩减振器，其详细工作原理见 2.2.1 节。图 2-1 中，直连式和非直连式增程器采用双质量飞轮或单质量飞轮结合限矩减振器在技术上均可行。双质量飞轮减振效果好，但无过载保护功能，不利于增程器轴系的安全可靠性。单质量飞轮结合限矩减振器可进行过载保护，且价格便宜，但减振效果较双质量飞轮差。双质量飞轮的初级飞轮与发动机曲轴通过螺栓连接，次级飞轮与发电机采用花键连接，可减小过度连接带来的能量损失，有助于提高增程器的油电转换效率。双质量飞轮中间的扭转减振器弹性元件和阻尼元件可以布置在较大的空间内，扭转减振器相对转角较大，可以将刚度设计得很小，能有效隔离发动机传递到发电机上的振动。在设计增程器时，可通过优化双质量飞轮的主次级惯量分配、扭转刚度及摩擦阻尼等最大限度地减小增程器轴系的扭转振动，确保增程器平稳运转。

齿轮组是非直连增程器中连接飞轮与发电机的中间增速机构，对发动机输出转速进行增速，用于匹配发电机的高转速高效区。齿轮的数量和速比可根据发动机与发电机的高效区及空间布置要求确定。这种齿轮增速的增程器方案有利于发电机的小型化、轻量化及低成本化。

发电机在增程器起动时作为起动机（增程式发动机取消了起动机）拖动发动机至成功点火运行，在增程器正常工作时作为发电机进行发电，即增程器中的电机具备起动发动机和发电的双重功能，主要是发电功能，故常称之为发电机。增程器发电机一般选用主流的三相（或多相）永磁同步电机，具有体积小、重量轻、免维护、成本低、输出矩大、运转平稳、控制装置相对简单、效率及功率密度高等优点；分内转子式和外转子式等多种形式，外转子形式有利于加大转动惯量，提高增程器的运转及发电稳定性；目前主要采用液冷方式对电枢绕组进行降温，其壳体通常采用铝合金高压压铸，可以减小体积、减轻重量。直连式增程器中的发电机属于低速电机，被称为曲轴集成式起动发电机（Crankshaft Integrated Starter Generator，CISG）。非直连形式的增程器配备的是高速电机。相比于直连式低速电机，同等功率下的高速电机的转矩小、体积小、重量轻、成本低（磁钢等核心材料用量少）、市场应用广，符合目前永磁同步电机的技术发展趋势。

ECU主要由硬件和软件两部分组成：硬件主要是一个以单片机为核心的微处理器；软件主要是指发动机的控制策略。ECU通过硬件处理来自各个传感器及RECU的输入信号，判断发动机的运行工况，结合控制策略实时向执行机构发出点火、喷油、保护等控制指令，从而保证发动机一直处于最佳和最安全的工作状态。

GCU由控制信号接口电路、发电机控制电路和驱动电路组成，它接收RECU的信号，通过对发电机的控制实现对发动机的起动拖动功能，在发动机拖动发电机发电状态下实现恒压输出模式、恒流输出模式或功率跟随模式。

RECU是增程器控制系统的核心，起到承上启下的控制作用，它对接收的整车控制器（Vehicle Control Unit，VCU）指令进行处理后下达给ECU和GCU，发动机和发电机根据ECU和GCU下达的控制指令做出响应。RECU的另一个主要功能是优化发动机和发电机的工况，保证增程器的高效运行。

随着集成化的需求趋势越来越高及控制技术的提升，增程器各组成部件正在向高度集成的方向发展，如飞轮与发电机转子集成一体式的飞轮式发电机、发动机与发电机集成一体的增程器、增程器各控制器的集成等。增程器中ECU、GCU及RECU甚至与整车其他控制器的集成也是系统架构优化的重要发展方向，此举可通过优化控制算法提高系统响应速度，并可通过减少线束和控制器功能整合以降低成本。根据行业内AUTOSAR（Automotive Open System Architecture，汽车开放系统架构）电子电气架构的技术发展预测及规划，增程器控制器的集成之路大致可分为以下三个阶段：

第一阶段：分布式（模块化→集成化）。汽车行业传统的电子电气架构采用的是总线结合分散控制器的形式。由于控制功能及控制器数量不多，这种方案是可行的。随着汽车电气化程度的提高，整车需求功能及控制器数量爆发式增长（豪华车辆的控制器甚至超过100个），不同的功能由诸多不同的控制器控制，导致算例不能协同、互相冗余及成本的增加，控制器的整合及功能模块软硬件的集成化势在必行。如前述增程器中ECU、GCU和RECU的某些控制功能有进一步集成的可能性及必要性。

第二阶段：域集中式（域化→跨域融合）。增程器中ECU、GCU和RECU三个控制器整合为一个域控制器（集成式RECU）。为进一步提升系统性能、满足协同执行、降低成本、减小重量及体积，整车层面的跨域融合集中化方案应运而生，即两个或多个域控制器合并为一个域的方案。增程器集成式域控制器RECU可与整车动力系统集成为动力域控制器。整车其他功能安全、信息安全级别类似的域控制器可合并为新的域控制器，实现协同操作。最终整车中各控制域可以融合成约3个域，如动力域、底盘域和新能源域，域控制器仍为最高决策层。控制域的融合虽有降低成本等优点，但各域之间的功能安全、信息安全差异较大时，很难有避免互相干扰的高效方案。

第三阶段：中央集中式（车载中央计算机→车载云计算）。整车中仅有的一个中央计算平台为最高决策层，各域控制器受中央计算平台统一管理，有利于协同各域统一执行。

通过车载中央计算机、云计算实现机械部件和功率部件深度融合的同时还将智能化带到电控系统中，实现端云协同与控制归一。

直连式增程器中的发动机会将振动传递给发电机，所以发电机的结构强度应该足够高；由于发电机和发动机完全机械耦合，发动机产生的热也会传递给发电机，尤其是在发动机舱，工作环境比较恶劣，对发电机的可靠性要求也非常高；且由于受发动机舱体积限制，发电机的功率密度也要尽可能得高。直连式结构简单，更适合低功率型增程器。宝马i3（增程版）、吉利TX5、吉利RE500、广汽传祺GA5REV、江淮和悦IREV等增程式车型均采用了直连式增程器。

对于非直连式增程器，发动机转速通过齿轮组增速后可以与高速发电机的高效区相匹配，弥补了因齿轮传动导致的效率降低，其总体效率与直连式相当。近年来，随着高速电机的快速发展，非直连式的齿轮增速型增程器更具成本低及设计自由度高的优势，正逐步得以广泛的应用，尤其是高功率增程器，如日产NOTE（e-Power）、理想ONE等。

2.1.2 增程器的控制与电气架构

1. 增程式电动汽车的动力系统构型及工作模式

与纯电动汽车不同，增程式电动汽车无须加装更多动力电池，可以归属于串联式混合动力车型，增程式电动汽车动力系统构型如图2-2所示。增程器实现了燃油化学能到机械能再到电能的转换，输出的两相直流电和高压电源分配单元或整车直流母线直接相连，用于向电机驱动系统供电和动力电池充电。增程器与整车驱动系统之间只需要电力耦合和控制指令的交换，无机械连接。

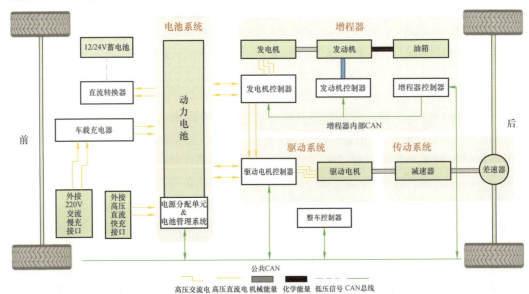

图2-2 增程式电动汽车动力系统构型

在VCU的协调下，增程式电动汽车实现了双电源的电力供给，即动力电池和增程器分别或同时向电机驱动系统供电，相对应的几种增程式电动汽车的工作模式如图2-3所示。

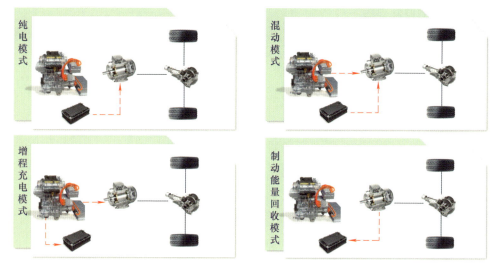

图 2-3 增程式电动汽车的工作模式

（1）纯电模式

当动力电池组电量（State of Charge，SOC）大于增程器起动阈值时，仅由动力电池向驱动电机供电，驱动车辆行驶。即当动力电池的 SOC 较高，汽车的需求功率不能使发动机运行在高效率区或汽车起动时，发动机处于关闭状态，仅由动力电池供电。如车辆起步、低车速工况等。

（2）混动模式

在车辆爬坡、急加速或巡航行驶等整车大功率输出情况下，仅靠动力电池或增程器为驱动电机供电就会出现供电不足的情况，此时动力电池与增程器联合为驱动电机供电。

（3）增程充电模式

当动力电池的 SOC 下降至临界值时，增程器起动，消耗燃油发电，为驱动电机提供电能的同时也可为动力电池充电。

（4）制动能量回收模式

当车辆处于制动、滑行状态且动力电池的 SOC 不高时，增程器可以停止工作，驱动电机作为发电机回收制动能量并向动力电池充电；如果动力电池的 SOC 很高，则此时利用电制动和机械制动相结合的方法进行制动。

除了上述四种主要工作模式，增程式电动汽车还有增程器单独给驱动电机供电和单独给动力电池充电的模式。理论上，增程式电动汽车若处于相对匀速行驶时，增程器处于功率跟随工作状态，提供驱动电机输出的全部电能。增程式电动汽车也可原地停车由增程器发电仅为动力电池充电。对于混动模式和增程充电模式，增程器和动力电池均参与工作，为尽量避免增程器发出的电力进入动力电池再输出给驱动电机而造成的能量损失，增程器优先为驱动电机供电，实现功率跟随。增程器运行工作点的发电功率若高于整车需求功率，多余电力为动力电池充电，若低于整车需求功率，所缺电力由动力电池补充。即增程器发电功率与整车功率需求的差值可通过整车控制策略协调动力电池加以弥补或接收，动力电池起到对整车电力需求"削峰填谷"的作用。增程器、动力电池和电机驱动系统之间能量流的实际关系当然要复杂得多，将在后续专门的章节中进行论述。

2. 增程器的控制架构

增程器是增程式电动汽车动力系统的主要动力源，而增程器的控制系统更是增程式电动汽车的控制核心。增程器的控制架构如图2-4所示。

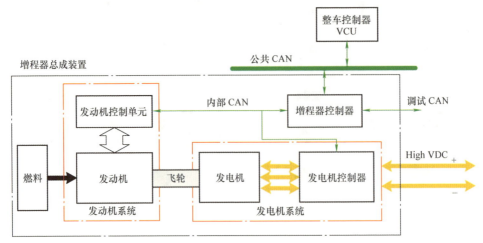

图2-4 增程器的控制架构

RECU通过外部公共CAN（即动力CAN）与VCU通信，对接收到的CAN总线信号及硬线信号进行处理，再把处理后的信号通过内部CAN（即增程器内部私网CAN）传递给ECU和GCU，从而控制发动机和发电机。RECU的主要控制功能有：

1）解析上一级整车控制器（VCU）对增程器的起动请求，控制电机拖动发动机起动。

2）接收VCU的功率请求、时间响应命令及状态控制指令等，根据发动机与发电机系统效率、NVH等特性，动态计算增程器的最优工作点，并将工作点的功率值解析成发动机的转速（或转矩）命令与发电机的转矩（或转速）命令，发给ECU和GCU，使增程器的输出电功率满足整车需求。除了外部公共CAN和内部CAN用于RECU与上下游控制器的通信外，增程器控制系统中的调试CAN用于上位机对增程器进行性能调试与标定等。

增程式发动机ECU主要是保证发动机一直处于最佳和最安全的工作状态，应具备的主要控制功能有：

1）常规ECU的控制功能。

2）基于CAN指令的起动、停机控制。RECU通过CAN发送指令给ECU进行发动机的起动、停机，不同于传统车辆需通过起动开关的开闭实现发动机的起停。基于CAN指令的起停控制的优势在于，当ECU检测到有损坏发动机的故障时，会将故障等级发送给RECU，RECU判断后可直接停止发动机运行，减少人为因素不停机而损坏发动机；当RECU检测到其他故障时，也可停止发动机运行，以避免整个系统的损坏。

3）基于CAN指令的转矩控制。与常规发动机将加速踏板作为目标转矩的负荷控制方式不同，增程式发动机的ECU取消了加速踏板信号（加速踏板信号输入VCU），增程式发动机的转矩大小不再通过加速踏板直接控制，其转矩输入改为直接接收CAN上的目标转矩值，即通过将VCU对RECU的功率请求经过解析后通过内部CAN分配给ECU

的转矩指令。此控制方式提高了信号稳定性，不易受电磁干扰的影响，使 ECU 的转矩需求及增程器发电功率输出更精确，发动机可快速、精准地响应增程器需求的目标转矩。

4) 满足法规要求的排放控制。

5) 满足法规要求的故障诊断（On-Board Diagnostic，OBD）。

6) 与 RECU 的 OBD 模块通信。将发动机的故障按严重程度进行等级分类，以便于 RECU 故障管理。

增程器总成装置中的发电机系统具有驱动发动机起动和发电的双重功能，包括发电机、高压三相（或多相）线束、GCU 及低压线束等。当增程器需要起动时，GCU 将来自动力电池的直流高压电转换为交流高压电输送给电机绕组，电流的大小决定了起动发动机的转矩值，且设计的 CAN 指令使发动机的起动能完全受控于 RECU。相比于常规发动机由自带的起动机进行起动，由 CISG 起动的转速更高，有良好的节能减排效果；当增程器正常工作时，可将发动机输出的机械能转换成电能，发电机绕组输出三相（或多相）交流高压电通过三相（或多相）高压线束输入给 GCU，为了与直流动力电池相匹配，GCU 需将交流电整流为直流电输送给动力电池管理系统和驱动电机控制器。

增程器的控制原理如图 2-5 所示，图中列出了各控制器的主要控制变量。增程器运行过程中的具体控制逻辑是：当 RECU 接收到 VCU 对增程器的起动命令后，使能 GCU，电机在转矩控制模式下进入驱动状态，拖动发动机开始旋转起动，电机在发动机转速升高到一定值并喷油点火成功后卸矩，发动机起动完成后进入怠速状态；RECU 在接收到 VCU 对增程器的功率请求命令后对请求功率值进行计算并分解成目标转速和转矩，分配给 ECU（或 GCU）和 GCU（或 ECU），使增程器进入发电状态；RECU 在接收到 VCU 对增程器的停机命令后向 GCU 发送卸矩命令，同时向 ECU 发送控制命令使发动机回到怠速状态，再断油停机。

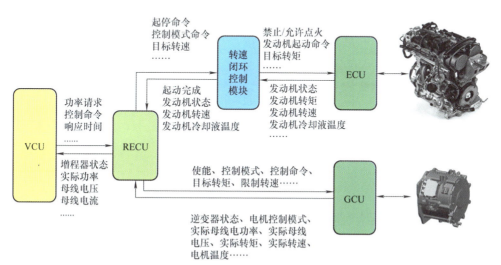

图 2-5 增程器的控制原理

为提高增程器的运转稳定性，在增程器的控制逻辑中设计了转速闭环控制。增程器的转速闭环控制可以通过控制发动机实现（图 2-5），也可以通过控制发电机实现。上述的 RECU 将功率值分解成目标转速和转矩后分配给 ECU（或 GCU）和 GCU（或 ECU），其中的转速值均经过转速闭环控制模块之后换算成了转矩值。若将转速闭环控制模块设计在发动机控制端，发电机就以转矩模式控制，增程器的功率控制精度较高，工况间的过渡更平稳；若将转速闭环控制模块设计在发电机控制端，发动机就以转矩模式控制，则增程器的转速控制精度较高，系统响应性更好。在增程器产品的工程化开发时，转速闭环控制模块的软件一般集成在 RECU 内，至于是选用发动机端还是发电机端的转速闭环控制，由整车能量管理策略及对增程器的性能指标要求而定。

3. 增程器的电气架构

增程器的电气架构如图 2-6 所示。RECU 由低压蓄电池提供常电（V_{bat}），再与整车接地（GND）连接到蓄电池负极构成供电回路。RECU 通过四路硬线与车上起动开关的 ON 位（IGN 点火信号）、起动开关的 ACC 位（附件供电信号）、来自动力电池管理系统（Battery Management System，BMS）的高压电唤醒信号、来自 VCU 的增程器工作使能信号连通。RECU 通过一路高速公共 CAN 通道与其他信号来源（如 BMS、驱动电机控制器（Motor Control Unit，MCU）及 VCU 等）进行信息交互。RECU 与 ECU 和 GCU 之间通过两路硬线及一路内部 CAN 通道相连，硬线信号用以使能 ECU 和 GCU，其余信号则通过内部 CAN 进行交互。增程器热管理相关的两路冷却风扇、水泵以及冷却液温度传感器等也分别通过硬线信号与 RECU 相连，实现热管理系统的协调控制。

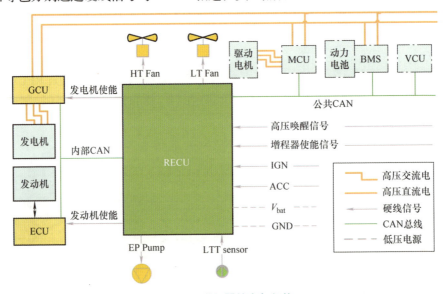

图 2-6 增程器的电气架构

2.1.3 增程器的软件与通信架构

1. 增程器的软件架构

增程器各个控制器的开发遵循了 AUTOSAR 规则，其软件架构包括基础软件层（Basic Software，BSW）、运行环境（Runtime Environment，RTE）和应用层。

基础软件层位于软件架构的底层，可分为服务层（Service）、控制器的抽象层（ECU Abstraction）、微控制器抽象层（Microcontroller Abstraction）以及复杂驱动（Complex Drivers）。

运行环境位于软件架构的中间层，可提供基础的通信服务，支持软件组件（Software Component）之间、软件组件与基础软件之间的具体通信（包括控制器内部的程序调用、外部的总线通信等情况）。RTE 使应用层的软件架构可完全脱离具体的单个控制器硬件和基础软件。

应用层位于软件架构的顶层，是交互的应用/功能软件组件的集合，由各种 AUTOSAR Software Component（SW-C）组成，AUTOSAR SW-C 又可称为原子软件组件（Atomic Software Component），包括与硬件无关的应用软件组件（Application Software Component）、传感器软件组件（Sensor Software Component）、执行器软件组件（Actuator Software Component）等。每个 SW-C 都封装了各种应用功能集，可大可小。

RECU 的软件应用层包含输入、输出与计算处理模块。计算处理模块细化为安全管理（Safety Management，SM）、冷却管理（Cooling Management，CM）、起停控制（Start Up and Down，STD）、转速转矩分配（Torque and Speed Distribution，TSD）、故障诊断管理（Diagnostics Management，DM）、数据存储（Data Store，DS）六个子模块，如图 2-7 所示。

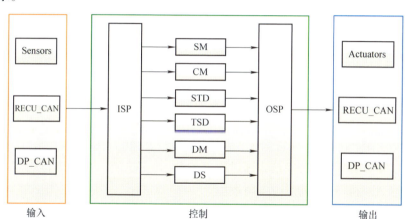

图 2-7　RECU 应用层模型的逻辑框图

安全管理模块的主要功能是保护增程器的安全运行，通过采集硬件单元的转速、转矩、温度、电压等变量的实时反馈值，对其进行计算处理，得出相应的警告故障或停机故障等级。安全管理模块包含发动机的超速保护、转速突变保护、冷却液过温保护，发电机的过载保护、转矩突变保护、欠电压保护、过电压保护、过温保护及 GCU 的过温保护、增程器的轴系断裂保护等。

冷却管理模块能够根据监测到的发动机、发电机及 GCU 实时温度值对冷却风扇与冷却水泵的开闭和开度百分比进行配置，以控制它们的工作温度在正常范围内。

起停控制模块的主要功能是根据实时采集的 RECU 报文信息，通过 RECU 内部逻辑判断结果控制增程器的上下电、起动、停机以及实现增程器各工作状态间的转换（发电、怠速和预热等）。

转速转矩分配模块可根据输入的功率请求、系统故障信息及诊断信息进行综合判断并计算输出当前状态下的转速和转矩值。

故障诊断管理模块可根据各控制器反馈的诊断相关输入量进行逻辑处理，对增程器的发动机、ECU、发电机、GCU、RECU 硬件以及通信进行故障诊断，输出增程器的故障等级、故障码以及限制转矩等。

数据存储模块能够存储增程器起动和运行过程中的数据，如对增程器当前的累计运行时间、累计发电量、运行次数以及发动机、发电机及增程器的故障等级等进行实时记录并存储。

目前，主流的传统 ECU 采用的是基于转矩的控制策略，其主要目的是把大量各不相同的控制目标联系在一起。相比传统 ECU，增程器发动机的 ECU 主要在软件控制上有所改变，如移除了加速踏板控制，增加了混动控制功能等。混动功能包括 BGCANECM（Calculated Values of Engine Torque Transmitted Via CAN）、BGCANHCU（This Function is Calculation for the Message HCU that Come From CAN）、BGCANINFO（CAN Rx Message, Special Signal Calculation，eg. Checksum, Rolling Counter, etc.）这三个模块。有了这些混动模块，可以实现增程器的起动、怠速、停机、发电、功率响应及故障诊断等功能。

GCU 同样包括硬件和软件两部分，其软件从下至上可以划分为三部分，共五层：基础软件部分（硬件驱动层、硬件抽象层）、系统调度软件部分（任务调度层）、应用软件部分（基础应用软件层、客户应用软件层）。GCU 的软件设计包括数据与架构、控制算法及控制逻辑等，在此不再赘述。

2. 增程器的通信架构

前文所述的常规增程器总成装置包括发动机、飞轮、发电机及 ECU、GCU 和 RECU 三个控制器。增程器和动力电池可为驱动电机供电，驱动电机为整车提供驱动力。为实现增程式整车的控制策略，RECU 分别接入公共 CAN 和内部 CAN，通过公共 CAN 与 VCU、MCU 和 BMS 等进行通信，通过内部 CAN 与 ECU 和 GCU 进行通信。增程式整车及增程器 CAN 通信拓扑如图 2-8 所示。

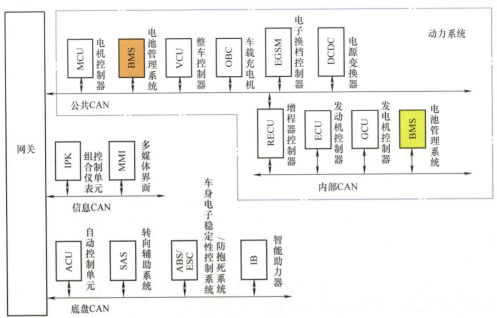

图 2-8 增程式整车及增程器 CAN 通信拓扑

增程器与公共 CAN 网络通信基于 SAE J1939 标准或 ISO 11898（可根据公共 CAN 标准适配），增程器内部 CAN 网络通信基于 ISO 11898，相应的 CAN 通信拓扑如图 2-8 点画线框所示。图 2-8 中仅列出了公共 CAN、信息 CAN、底盘 CAN 及增程器内部 CAN 上的主要节点，各路 CAN 总线通过网关相连，通信速率均为 500kbit/s。

在增程式车辆工程化开发中，为提高增程器总成装置的集成度，便于整车匹配，并使其他方案设计更具通用性，BMS 可归属为 RECU 的下级控制器，二者通过内部 CAN 进行通信。图 2-8 所示的 BMS 与 RECU 通信如果由公共 CAN 转换为内部 CAN，即包含了动力电池系统、发动机系统及发电机系统的增程器总成装置为整车提供全部电力，RECU 可主动响应整车对动力的实时需求，实现了增程器发电功率大小由被动向主动的角色转变。这样的增程器总成装置及通信方式可以更小的改动量、更少的验证等开发工作实现在纯电动汽车平台上的增程式电动汽车开发。

2.2 轴系结构设计及匹配方法

2.1 节针对增程器的结构进行了整体的概括性介绍，包括机械结构、控制与电气架构、软件与通信架构等，后续章节将逐一进行详细阐述。作为产品，增程器在轴系结构的设计及匹配之后，整个系统的能量传递效率和可靠性至关重要。本节将主要介绍增程器轴系的结构设计及匹配方法。增程器可靠性中的两种极端情况是轴系的机械性异常磨损和异常断裂，本章 2.3 节及 2.4 节将就这两种情况分别进行专门的论述。

2.2.1 增程器轴系的结构设计

增程器轴系是指包含发动机轴系、发电机轴系在内的所有与之相连的可旋转零部件的总成。图 2-9 所示为某直连式增程器的轴系结构示意，包括扭转减振器、曲轴、活塞、连杆、飞轮及发电机转子等。

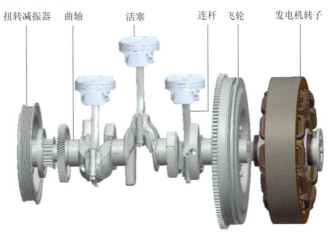

图 2-9 某直连式增程器的轴系结构示意

增程器发动机曲轴的结构设计需考虑发动机的主要参数和相关零部件的匹配。首先根据增程器发动机的开发目标，参照其他机型经验确定曲轴的基本参数和结构；然后对曲轴进行平衡分析与计算，确定平衡块方案；最后对曲轴进行参数化建模，通过仿真软件进行曲轴结构分析和优化。

增程器工作达到高谐次临界转速时，曲轴自由端会产生较大的扭转共振振幅。共振振幅过大不仅会对曲轴的强度产生影响，而且会引起轴系各相关运动件工作条件的恶化，甚至造成破坏，更会引起增程器工作噪声的增加。合理地匹配轴系，可以改善其扭转共振转速、振型、振幅、扭振应力等，从而避免由于曲轴扭转共振而引起的曲轴断裂等事故。为了降低轴系的扭转振动、共振载荷和噪声，可采用各种减振措施以改善轴系的结构参数（包括转动惯量、扭转刚度、扭振阻尼等），尽可能地将轴系共振工况移出常用的转速区。通常的减振措施为调整轴系本身的固有频率和提高阻尼。

曲轴的扭振对曲轴系动力输出端以及发动机前端附件都会产生较大的振动，影响发动机的 NVH 性能。而使用双质量飞轮可以有效地提高发动机输出端的稳定性，减少输出到电机轴的振动，但对曲轴本身的性能和前端附件的设计也提出了更高的要求。双质量飞轮位于发动机和发电机之间，其初级质量通过螺栓连接安装在曲轴后端，用于传递发动机和发电机的转矩，次级质量通过花键连接安装在发电机输出轴上，与发电机转子一起提高发动机输出端的转动惯量。双质量飞轮的两级质量由阻尼弹簧减振器耦合为一个整体，阻尼弹簧为两根周向长弧形扭振弹簧，该结构形成了多级的扭转刚度，以满足增程器不同工作工况下的刚度要求。对双质量飞轮进行设计时，可以通过建立增程器轴系扭振分析模型，调整双质量飞轮的主次级惯量分配、扭转刚度及摩擦阻尼，使增程器轴系的前端扭转角、飞轮转速波动及其一阶扭转频率等结果均满足设计要求。

在增程器工程化开发时，为降低成本，避免轴系断裂风险，除了双质量飞轮，有的车型采用单质量飞轮结合限矩减振器的减振方式，如图 2-10 所示，如日产 NOTE（e-Power）、理想 ONE 等增程式电动汽车，这种结构在混合动力车型（如吉利帝豪 PHEV）上也有应用。限矩减振器由壳体、摩擦片、减振弹簧及花键套等部分组成，相当于独立的减振系统，与单质量飞轮刚性连接，与电机通过花键连接。在对限矩减振器进行结构设计时，通过建立增程器轴系扭振分析模型，调整两级减振弹簧的刚度，可将轴系产生扭振的主要谐次下的共振转速及共振应力控制在合理范围内，再匹配合适的起动策略，可以避开增程器轴系的共振。类似于传统车用离合器的过载保护功能，限矩减振器也设计有限矩功能，即在发动机或发电机冲击过大时，摩擦片和壳体内壁的传递转矩将超过传递极限，摩擦片与壳体打滑卸矩。当传递转矩衰减至小于打滑转矩后，限矩减振器继续正常传动，可避免出现双质量飞轮花键毂断裂的问题。但由于尺寸的限制，且为保证转矩传递效率，限矩减振器的减振弹簧工作范围一般不超过 40°，弹簧刚度比双质量飞轮也要大很多。所以，单质量飞轮结合限矩减振器的减振效果较双质量飞轮差。

限矩减振器有两级刚度弹簧，通常设计一级弹簧（刚度较低）、二级弹簧（刚度较高）共振对应的增程器转速均低于怠速，以保证限矩减振器在怠速以上的正常增程器工作转速范围内不会发生共振。对于增程器的起动工况，可通过优化增程器的起动策略使电机拖动发动机快速通过限矩减振器共振对应的转速区间。当增程器正常工作时，发动机驱动发电机发电，由于两级减振弹簧刚度不同，限矩减振器工作在一级弹簧或二级弹簧所能承受的最大压力范围内。限矩减振器的极限转矩通常设计为 1.5 倍的发动机最大输出转矩，以保证增程器的工作安全。增程器发动机在失火、爆燃等极端工况下可产生超过5倍最大输出转矩的冲击载荷，限矩减振器摩擦片与壳体之间会因过载打滑，从而避免增程器轴系过载断裂的风险。

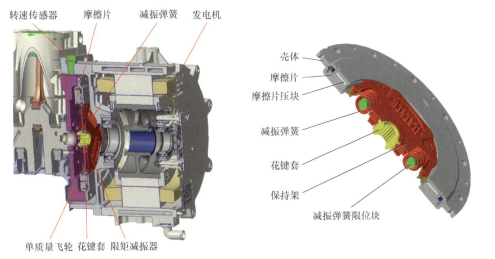

图 2-10　单质量飞轮结合限矩减振器的减振方式

增程器发电机端盖、机座以及转轴等的结构设计决定了电机的外形轮廓、重量、材料及费用等。发电机前端盖的法兰面与发动机缸体接合面通过螺栓紧固，在端盖上增加加强筋提高强度，且有利于电机的降噪。发电机机座与定子为过盈配合。发电机转轴的外花键参数需要根据飞轮的内花键参数设计，转轴材料应满足花键的硬度要求，且经过热处理后达到表面坚硬耐磨、芯部韧性防断的特性。电机轴承一般采用免维护的深沟球轴承，可以达到G0级的动平衡标准。发电机转子的主要尺寸根据电机直径、长度及功率需求确定。增程器轴系中的发动机曲轴与发电机转轴、转子设计匹配后，还需满足轴系强度、振动及轴承润滑的要求。

2.2.2　增程器轴系的匹配方法

增程器轴系的匹配是指发动机曲轴与飞轮、发电机之间的匹配，主要通过机械和控制策略两条途径进行匹配设计，匹配设计结果直接影响整个增程器的稳定可靠性。增程器轴系的最终匹配效果可由增程器轴系强度、振动以及EHD（Elasto-Hydro-Dynamic，弹性液体动力学）等指标进行评价，因为这些指标反映了增程器轴系本身的静力学、动力学及发动机与发电机之间的匹配优化程度。

1. 增程器轴系强度分析

增程器轴系强度是用以判断轴系在工作中承受载荷后是否会发生断裂或者超过允许限度的残余变形，是衡量轴系上各零部件本身承载能力（即抵抗失效的能力）的重要指标，包含轴系上各零部件的静强度指标及曲轴的疲劳强度指标。曲轴在工作过程中的受力非常复杂，它同时承受着周期性变化的气缸内燃烧爆发压力、活塞连杆组往复惯性力、旋转惯性力、附件不规则阻力矩以及外界作用力等多种载荷。而且，曲轴的形状复杂，在过渡圆角处容易产生应力集中，疲劳断裂成为曲轴的主要失效形式。因此在增程器轴系设计的初始阶段，就要精准计算曲轴的疲劳强度。增程器轴系的强度分析还有助于在获得实物样件前及时发现问题并予以改进，为轴系的优化设计提供参考依据。

2. 增程器轴系振动分析

增程器轴系振动指标包含扭转振动指标和弯曲振动指标。增程器工作时，在周期性变化的发动机缸内气体压力、运动件质量惯性力及其力矩的作用下，轴系内部产生迅速变化的拉、压、弯、扭交变应力。轴系由于长度较长、扭转刚度较小，且转动惯量大，故其扭振频率低，在发动机工作转速范围内容易产生共振，从而引起较大噪声，加剧其他零件磨损，甚至导致严重的曲轴断裂事故。轴系过长还会导致弯曲刚度不足，进而在工作过程中恶化活塞、连杆、轴承等重要零件的工作条件，影响它们的工作可靠性。因此，为判断增程器轴系在工作过程中是否会产生扭转共振及弯曲共振，并获取共振时的共振转速和共振振型，需要分别对轴系进行扭振和模态分析。

（1）扭振分析理论

增程器实际轴系是一个复杂的连续体，并承受周期性变化的转矩，精确计算其扭振特性很困难。为便于求解，在计算轴系的振动特性（振型、固有频率等）时，一般将轴系简化为比较简单的力学模型。扭振的计算通常在一种叫作当量系统的理想简化模型上进行，这种简化是以各主轴颈中央截面为界将轴系分解成若干轴段，每一段用一个集中的转动惯量代替该段内所有连续质量体的转动惯量，相邻两个集中质量之间的实际轴段用扭转刚度代替。模型在简化时，一般坚持以下原则：

1）将曲柄连杆机构的质量集中点选择在气缸轴线与曲柄轴线的交点上。

2）对于转动惯量和刚度都很大的部件，可以把部件近似为刚性，其质量集中点选择在零件回转中心。

3）对于系统中靠啮合传动的齿轮，齿的弯曲变形相比轴的扭转角可以忽略不计，可以把两个齿轮按照特定关系等效成一个集中质量，一般以部件回转平面与轴系回转轴线的交点作为集中质量点。

4）通过带传动的设备，由于带的刚度很小，一般认为该设备对系统的扭振特性影响不大，可不予考虑。

5）相邻两集中质量间的连接轴的刚度，即为两集中质量间的当量刚度，轴的转动惯量可平均分配到相邻两集中质量上。

根据以上原则建立增程器轴系扭振当量系统模型，在不考虑外部激励的情况下，轴系无阻尼振动可写成如下齐次方程：

$$\boldsymbol{I}\ddot{\theta} + \boldsymbol{K}\theta = \boldsymbol{0} \quad (2\text{-}1)$$

式中，$\boldsymbol{I}$、$\boldsymbol{K}$、θ 分别为系统的惯量矩阵、扭转刚度矩阵以及扭转角位移。

假定系统为线性系统，各段做同频率 ω、同相位 φ，仅振幅 θ_m 不同的简谐运动，则式（2-1）有如下形式的解：

$$\theta = \theta_m \sin(\omega t + \varphi) \quad (2\text{-}2)$$

式中，

$$\theta_m = [\theta_{m1}\,\theta_{m2}\,\theta_{m3}\,\theta_{m4}\,\theta_{m5}\,\theta_{m6}\,\theta_{m7}\,\theta_{m8}]^T$$

可得

$$(\boldsymbol{K} - \omega^2 \boldsymbol{I})\theta_m = \boldsymbol{0} \tag{2-3}$$

只有当矩阵（$\boldsymbol{K} - \omega^2 \boldsymbol{I}$）的行列式为零时，$\theta_m$ 才有非零解，系统的特征方程为

$$|\boldsymbol{K} - \omega^2 \boldsymbol{I}| = 0 \tag{2-4}$$

根据式（2-4）求得的特征值 ω 即为系统的扭转固有频率。

（2）模态分析理论

轴系模态分析的目的是获得其固有频率和振型。根据获得这些参数的方式不同，模态分析分为计算模态分析和试验模态分析。计算模态分析主要是采用有限元计算的方法对系统模型进行离散化，在各节点上建立振动微分方程。通过整合获得系统的整体振动矩阵方程；求解矩阵方程获得特征值和特征向量，即获得系统的固有频率和振型。试验模态分析是指通过对系统进行激励输入，测得系统的响应信号，通过对获得的相应传递函数或频响函数进行处理与识别，最终确定系统的模态参数。

进行有限元法模态分析时，首先要对系统进行网格划分，把系统离散成大量的小单元，通过对小单元的参数进行整合获得离散后的整体质量矩阵和刚度矩阵；求解矩阵特征方程，确定特征值，进而求出系统的模态参数。依据机械振动理论，对于一个离散的具有 n 个自由度的线性振动系统，其常系数线性微分方程为

$$\boldsymbol{M}\ddot{\boldsymbol{x}} + \boldsymbol{C}\dot{\boldsymbol{x}} + \boldsymbol{K}\boldsymbol{x} = \boldsymbol{f} \tag{2-5}$$

$$\boldsymbol{C} = \alpha \boldsymbol{M} + \beta \boldsymbol{K} \tag{2-6}$$

式（2-5）、式（2-6）中，$\boldsymbol{f}$ 为外部作用力的矩阵；$\boldsymbol{M}$、$\boldsymbol{C}$、$\boldsymbol{K}$ 分别为系统的质量矩阵、阻尼矩阵及刚度矩阵；α、β 分别为与系统外、内阻尼有关的常数；$\boldsymbol{x}$、$\dot{\boldsymbol{x}}$、$\ddot{\boldsymbol{x}}$ 分别为各离散质量的 n 维位移、速度、加速度列阵。

当 $\boldsymbol{f} = \boldsymbol{0}$ 时，系统则变为无阻尼的自由振动，其动力方程为

$$\boldsymbol{M}\ddot{\boldsymbol{x}} + \boldsymbol{K}\dot{\boldsymbol{x}} = \boldsymbol{0} \tag{2-7}$$

令式（2-7）的解为

$$\boldsymbol{x} = \boldsymbol{A}\mathrm{e}^{j\omega t} \tag{2-8}$$

式中，$\boldsymbol{A}$ 为系统振幅向量；ω 为圆频率。

将式（2-8）代入式（2-7）中得

$$(\boldsymbol{K} - \omega^2 \boldsymbol{M})\boldsymbol{A} = \boldsymbol{0} \tag{2-9}$$

当位移矩阵 $\boldsymbol{Z} = \boldsymbol{K} - \omega^2 \boldsymbol{M}$ 的行列式等于零时，齐次方程（2-9）有非零解，即

$$|\boldsymbol{K} - \omega^2 \boldsymbol{M}| = 0 \tag{2-10}$$

当 $\boldsymbol{M}$ 和 $\boldsymbol{K}$ 为正定矩阵时，可求得式（2-10）的 N 个特征值为 ω_r^2（$r = 1, 2, \cdots, N$），平方根 ω_r 为系统的固有频率，其各阶固有频率分别为 $\omega_1 < \omega_2 < \cdots < \omega_N$，将每一个特征值代入式（2-9）可得到相应的特征向量 $\boldsymbol{\Phi}_r$，它满足

$$(\boldsymbol{K} - \omega_r^2 \boldsymbol{M})\{\boldsymbol{\Phi}\}_r = \boldsymbol{0} \quad r = 1, 2, \cdots, N \tag{2-11}$$

通过式（2-11）所求得的 $\boldsymbol{\Phi}_r$ 即为系统的振型向量或模态向量。因为式（2-10）是齐次方程，有无数个解，求解矩阵方程得到一个解 $\boldsymbol{\Phi}_r$，那么 $\boldsymbol{\Phi}_r$ 的任意常数倍也是该方程的解，即 $\boldsymbol{\Phi}_r$ 中各元素与 ω_r 对应的 $\boldsymbol{A}_r$ 的各点振幅间相差一个任意比例的常数 a，则有

$A_r = \alpha \boldsymbol{\Phi}_r$。振动向量 $\boldsymbol{\Phi}_r$ 中各元素之间相对比值是固定不变的，则说明模态的振动形状是唯一的。如果对其中某一个元素进行赋值，那么其余元素的数值也唯一确定，赋值的数值不同，其余元素的值也随之变化，但每次变化唯一。因此，振动向量中的各个元素的取值不唯一。

（3）增程器轴系 EHD 指标

增程器轴系 EHD 指标包含主轴承及连杆轴承的 EHD 分析和评价，是在充分考虑了轴承座、瓦背、减摩合金层的弹性变形及轴颈、轴瓦表面粗糙度因素影响的基础上对增程器曲轴主轴承和连杆轴承进行综合的 EHD 模拟计算。该方法基于有限元法与有限差分法对不同转速下的轴承润滑特性进行仿真，研究不同转速下的轴承 EHD 载荷、弯矩、轴心轨迹、飞轮振动加速度和粗糙接触压力等的变化规律，以便在设计阶段就对轴承的润滑特性结果有所判断，避免在后期试验中出现轴承异常磨损现象。EHD 计算方法如下：

1) 数学模型的建立。Reynolds 方程为弹性流体动力润滑理论的核心方程，它阐述了建立动压润滑的机理，奠定了现代流体力学滑动理论的基础。相比刚性流体动力润滑理论，弹性流体动力润滑理论考虑了接触表面的弹性变形、润滑剂的黏压效应。在弹性流体动力润滑问题中，油膜压力分布及油膜厚度分布互相影响、耦合，决定了摩擦副的润滑性能。再引入粗糙表面的影响，油膜压力、油膜厚度、弹性变形、表面粗糙度相互耦合、影响，使问题的求解更加复杂，因此分析之前需要对模型进行如下的简化假设：①润滑剂为牛顿流体，即剪切应力和速度梯度成正比；②润滑剂的黏度和密度在整个润滑膜中不变；③楔形间隙中的流体流动为层流；④楔形间隙表面曲率比油膜厚度大得多，表面速度无须考虑方向变化等。

由此得到的 Reynolds 方程如下：

$$\frac{\partial}{\partial x}\left\{\frac{h^3}{\eta}\frac{\partial p}{\partial x}\right\} + \frac{\partial}{\partial z}\left\{\frac{h^3}{\eta}\frac{\partial p}{\partial z}\right\} = 6(U_1 + U_2) + \frac{\partial h}{\partial x} + 12\frac{\partial h}{\partial t} \quad (2\text{-}12)$$

式中，p 为油膜压力；η 为机油黏度；h 为油膜厚度；U_1、U_2 分别为工作表面运动速度；$\frac{\partial h}{\partial x}$ 为油楔形状；$\frac{\partial h}{\partial t}$ 为油膜厚度变化率。

该方程确立了流体动压力（油膜压力）与机油黏度、油膜厚度、工作表面运动速度、油楔形状及油膜厚度变化率等因素之间的关系。

2) EHD 耦合算法研究。在考虑弹性变形时，建立轴承座、轴瓦（包括瓦背和减磨合金层）有限元模型，利用有限元方法获得离散的弹性位移方程，从而求出各节点的弹性位移。滑动轴承的油膜压力分布、油膜厚度分布、表面粗糙度的影响和其弹性变形实际上是一个耦合问题，它们在计算过程中是同时、同步、相互影响的，并且应该是同时求解出来的。按照这一思路，在用迭代法求解 Reynolds 方程的基础上，将弹性变形及表面粗糙度与油膜压力、油膜厚度进行耦合分析。

Reynolds 方程采用有限差分法求解（其差分网格由有限元模型的轴瓦内表面网格决定），弹性位移方程采用有限元法离散求解。首先把 Reynolds 方程求解出的油膜压力（计入干接触时产生的接触压力）代入弹性位移方程，从而可以计算出各节点的弹性变形，得到新的油膜厚度值，由此反复迭代直到收敛为止。

2.3 轴系机械匹配与开发

某直连式增程器（所用发动机的主要参数见表2-1，所用发电机的主要参数见表2-2）在1000h耐久试验中多次出现发动机主轴承（主轴颈、轴瓦）异常磨损的问题。试验后拆检的发动机主轴瓦、轴颈磨损情况如图2-11所示，所有主轴瓦上下瓦均有不同程度的磨损，其中第三、四主轴瓦磨损更严重，合金层已经全部磨损殆尽，曲轴第三、四主轴颈有严重划痕，曲轴后油封位置也出现了漏油。在2.2节中的增程器轴系匹配方法基础上，本节结合该增程器主轴颈、轴瓦异常磨损问题实例进行轴系机械匹配与开发的介绍，包括仿真分析与台架试验验证，找出主轴承异常磨损的原因，并提出轴系设计优化方案，为增程器的轴系匹配提供实际参考方法。

表2-1 某增程器所用发动机的主要参数

燃料	汽油
形式	涡轮增压、缸内直喷
排量/mL	1477
气缸数	3
缸径×行程/mm×mm	82×93.2
压缩比	10.5
额定功率/kW	68
转矩/N·m	162

表2-2 某增程器所用发电机的主要参数

电机类型	永磁同步发电机
额定输出电压/V	540
额定功率/kW	60
额定转速/(r/min)	3200
起动转矩/N·m	250
最高效率(%)	95
电机重量/kg	63
防护等级	IP67

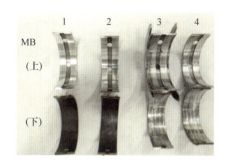

a）主轴瓦磨损情况

b）轴颈磨损情况

图2-11 试验后拆检的发动机主轴瓦、轴颈磨损情况

2.3.1 曲轴颈及轴瓦磨损原因分析

图2-12列出了某增程器发动机主轴承异常磨损的原因。

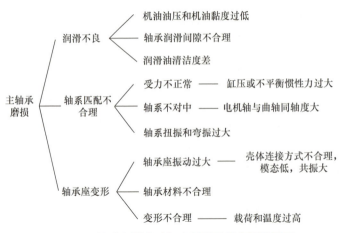

图 2-12 某增程器发动机主轴承异常磨损的原因

表 2-1 所列的发动机在其研发及试验过程中并未出现过曲轴颈、轴瓦磨损问题，但在搭载发电机之后，曲轴颈、轴瓦在每次试验中均出现不同程度的异常磨损。不同于传统发动机，该增程器运行在几个固定点，增程器运行工况点的转速及功率见表 2-3，缸压最大值为 7.5MPa/4000（r/min），约为原发动机最大缸压的 2/3。故磨损原因中排除增程器工作时曲轴轴瓦及轴颈受力过大、材料耐磨性差、机油油压和黏度不合理等原因。初步判断为轴系匹配不合理导致，包括轴系位置不对中及轴系匹配后产生共振等，对两者分析如下。

表 2-3 增程器运行工况点的转速及功率

工况点	发动机转速 /(r/min)	发电机直流功率 /kW
怠速	1050	—
工况点 1	1500	10
工况点 2	2500	30
工况点 3	3000	45
工况点 4	3500	52
工况点 5	4000	60

（1）轴系位置不对中

1）检查飞轮花键端面到电机花键根部的间隙，满足设计要求，不会发生碰撞或干涉。

2）检查定位销孔位置度，满足图样要求。

3）检查花键配合公差，满足图样要求。

因此，曲轴颈及轴瓦磨损原因中排除轴系位置不对中的可能。

（2）轴系匹配后产生共振

共振主要包括两个方面：发动机和发电机组成的轴系共振以及机体模态共振。其中，轴系共振包括轴系弯曲共振和轴系扭转共振，分别通过轴系模态分析和轴系扭振分析进行判断。增程器发动机和发电机组成的机体共振则需要进行动总模态（增程器本体模态）分析进行判断。轴系共振和机体共振分析之后进行磨损原因判断，并提出初步优化方案，再通过增程器台架振动试验选出最优方案，最后通过轴系模态分析、主轴承 EHD 分析和台架耐久试验进行验证。某增程器发动机主轴承磨损分析流程如图 2-13 所示。

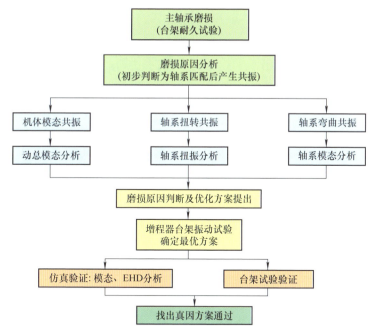

图 2-13 某增程器发动机主轴承磨损分析流程

1. 增程器本体模态分析

依据有限元法模态分析理论,建立增程器本体模态分析模型,包含发动机总成模型和发电机总成模型。选择有限元前处理软件 HyperMesh 进行网格划分,用有限元分析软件 Abaqus 进行模态求解,采用自由模态缩减计算的方法,保留悬置 6 个方向的自由度,计算得到增程器本体各个阶次的共振频率和振型。

图 2-14 所示为某增程器本体前三阶模态,其一阶弯曲和扭转模态均在 250Hz 以上,由于该增程器最高转速为 4800r/min,NVH 目标为 156Hz($f = 4800/60 \times 1.5 \times 1.3 = 156$),满足需求,故增程器曲轴颈、轴瓦的磨损并非由增程器本体的共振引起。

2. 增程器轴系扭振分析

(1) 增程器轴系扭转振动系统的简化

增程器轴系扭振分析模型包括曲轴、扭转减振器、活塞、连杆、飞轮、发电机转子等运动件。根据扭振分析理论,将增程器轴系简化成刚度和惯量组成的数学模型,轴系扭振当量系统结构示意如图 2-15 所示,轴系扭振当量系统模型参数见表 2-4。其中,各轴段转动惯量可从三维数模中测量,轴段刚度则通过有限元软件计算。

(2) 增程器轴系扭转当量系统的共振频率、共振振型的计算

根据扭振理论,单列、三缸、四冲程汽油机激励力矩谐次中的 1.5K(这里的 1.5 为该三缸机在曲轴一转内气缸的点火次数,K 为自然数 1,2,3,…)谐次为主谐次,其中 1.5 谐次、3 谐次、4.5 谐次及 6 谐次激起的共振峰最明显,振幅通常可能会超过允许值,而高于 6 谐次激励力矩激起的扭振一般不会对发动机造成危害。因此,本节只考虑该增程器轴系在发动机运行转速范围内的 1.5 谐次、3 谐次、4.5 谐次及 6 谐次共振的频率、转速及振型(轴系各集中质量的相对振幅),采用 AVL-EXCITE Designer 软件建立轴系扭振分析模型,增程器轴系扭转共振转速和振型如图 2-16 所示。

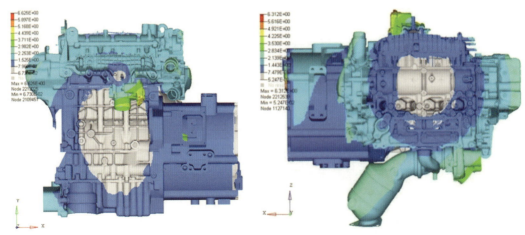

a) 一阶竖直弯曲模态 255.2Hz

b) 一阶水平弯曲模态 270.2Hz

c) 一阶扭转模态 597.3Hz

图 2-14　某增程器本体前三阶模态

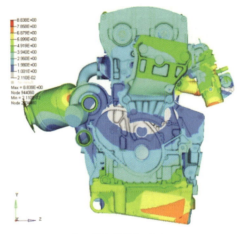

图 2-15　轴系扭振当量系统结构示意

表 2-4　轴系扭振当量系统模型参数

质量号	质量名称	转动惯量 /kg·m²	轴段号	轴段刚度 /(N·m/rad)
1	Damper Ring 1	3.000×10^{-3}	1-2	1.710×10^{4}
2	Damper Hub	4.196×10^{-3}	2-3	7.682×10^{5}
3	Segment1-Main Journal 1	1.296×10^{-3}	3-4	4.882×10^{6}
4	Main Journal 1	1.515×10^{-3}	4-5	6.558×10^{5}
5	CrankPin1	4.813×10^{-3}	5-6	6.915×10^{5}

(续)

质量号	质量名称	转动惯量 /kg·m²	轴段号	轴段刚度 /(N·m/rad)
6	Main Journal 2	2.079×10^{-3}	6-7	7.210×10^5
7	CrankPin2	3.107×10^{-3}	7-8	6.474×10^5
8	Main Journal 3	1.807×10^{-3}	8-9	6.601×10^5
9	CrankPin3	4.826×10^{-3}	9-10	6.759×10^5
10	Main Journal 4	1.546×10^{-3}	10-11	4.810×10^6
11	Main Journal 4-Segment2	5.809×10^{-4}	11-12	4.804×10^6
12	Flywheel	9.258×10^{-2}	12-13	4.727×10^2
13	Shaft1.Pulley1	4.910×10^{-2}	13-14	4.319×10^5
14	Shaft1.Segment1-Segment2	1.766×10^{-4}	14-15	2.230×10^6
15	Shaft1.Pulley2	1.387×10^{-1}	15-16	9.749×10^5
16	Shaft1.Segment3-End	1.748×10^{-4}		

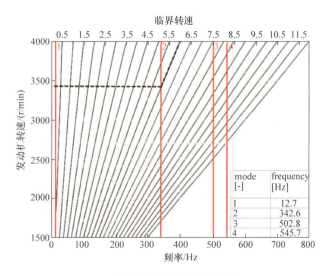

a) 增程器轴系扭转共振临界转速

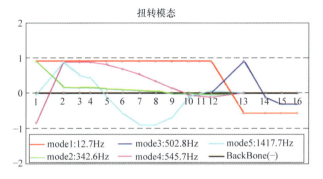

b) 增程器轴系扭转共振振型

图 2-16 增程器轴系扭转共振转速和振型图

通过分析扭振当量系统的共振频率、共振转速及共振振型，可得出如下结论：

1）轴系一阶扭转共振频率为12.7Hz，此共振是由双质量飞轮中间弹簧的低扭转刚度造成的。其1.5谐次激励力矩的共振转速为$n_{1.5} = 508\text{r/min}$（$f = n_{1.5}/60 \times 1.5 = 12.7$，$n_{1.5} = 508$），3、4.5及6谐次在增程器发动机的正常工作转速范围内（1500 ~ 4000r/min）与该扭转模态更无交叉，不会引起轴系共振，所以无须考虑轴系的一阶扭转共振。

2）轴系二阶扭转共振频率为342.6Hz，低于6谐次的轴系共振转速均超出增程器正常工作转速。6谐次激励使轴系产生共振的临界转速$n_6 = 3426\text{r/min}$，在增程器的正常工作转速范围内，故需要考虑轴系的二阶共振。从图2-16中的轴系二阶频率主振型可以看出，轴系的二阶扭转模态是扭转减振器处的主要模态，由减振器橡胶决定。共振时振幅最大的位置为扭转减振器处，曲轴前端靠近扭转减振器位置的轴段有较低的共振振幅，而远离扭转减振器位置的曲轴后端、飞轮及电机轴的共振幅值近似为零，不会造成靠近飞轮端的第三、四主轴颈及轴瓦磨损严重，所以无须考虑轴系的二阶共振。

3）轴系三阶扭转共振频率为502.8Hz，在发动机的正常工作转速范围内，与发动机的主谐次并无交叉，不会引起轴系共振，故无须考虑轴系三阶及高于三阶的扭转共振。

综合上述分析，该增程器轴系的扭转振动并非为曲轴第三、四主轴颈及轴瓦异常磨损的主要原因。

3. 增程器轴系模态分析

为评估该增程器轴系在工作过程中是否会产生弯曲振动，需对轴系进行模态分析，分析模型包含扭转减振器、前端链轮、平衡轴齿轮、曲轴、双质量飞轮和发电机转子。利用Hypermesh对增程器轴系的三维模型进行网格划分，再用Abaqus对轴系的有限元模型进行模态求解，可得到轴系各个阶次的共振频率和振型。

该增程器中，发动机最高转速激励频率为120Hz（$f = 4800/60 \times 1.5 = 120$），图2-17所示为增程器轴系前两阶弯曲模态。前两阶弯曲模态分别为107.4Hz和111.17Hz，在发动机的工作转速激励范围内，故该增程器轴系在工作过程中可能会有共振的风险。共振节点集中在电机处，共振时飞轮及靠近飞轮端的曲轴第三、四主轴颈的共振振幅较大，与该增程器曲轴在耐久试验中出现的第三、四主轴颈及轴瓦异常磨损现象相吻合，因此判断曲轴颈、轴瓦磨损由轴系的弯曲共振引起，需对该轴系设计进行优化。

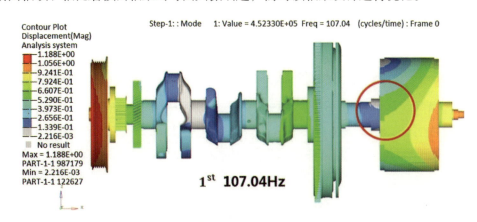

a）增程器轴系一阶弯曲模态

图2-17 增程器轴系前两阶弯曲模态

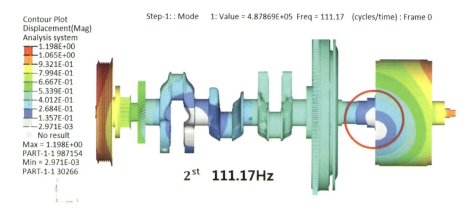

b）增程器轴系二阶弯曲模态

图 2-17 增程器轴系前两阶弯曲模态（续）

2.3.2 优化方案的提出

对于增程器轴系的再设计优化，若改动曲轴则会带来缸体、活塞连杆等一系列零部件的变更，成本高、周期长，改动电机的费用同样较高，综合考虑只有改动双质量飞轮最经济可行。为了降低发动机工作时曲轴轴颈的振动，可通过增加双质量飞轮次级质量的转动惯量以降低飞轮的振动，进而降低靠近飞轮端的曲轴第三、四主轴颈的振动。选定以下五种方案，并通过增程器台架振动试验进行了对比测试分析：

方案一：发动机 + 原飞轮 +0.015kg·m² + 电机

方案二：发动机 + 原飞轮 +0.030kg·m² + 电机

方案三：发动机 + 原飞轮 +0.045kg·m² + 电机

方案四：发动机 + 原飞轮 +0.060kg·m² + 电机

方案五：发动机 + 原飞轮 +0.075kg·m² + 电机

1. 关键振动试验测点和试验工况选取

考虑到同曲轴轴瓦磨损相关性的强弱，选取测点位置依次由带轮端到飞轮端的关键点作为评判振动的测点，增程器台架振动试验关键测点如图 2-18 所示。其中，振动加速度传感器均布置在发动机缸体的进气侧面位置，台架振动试验工况见表 2-3。

2. 振动试验结果

为比较各点的振动大小，对各关键测点的 X、Y、Z 向振动值计算均方根，即将

图 2-18 增程器台架振动试验关键测点

X、Y、Z 三个值分别二次方后相加再开方，再求各测点的平均值。振动测试结果对比如图 2-19 所示。

结果显示，方案三的振动平均值低于其他方案的振动平均值，因此选择方案三作为该增程器的改进方案。更改前后的双质量飞轮结构及参数见表 2-5。

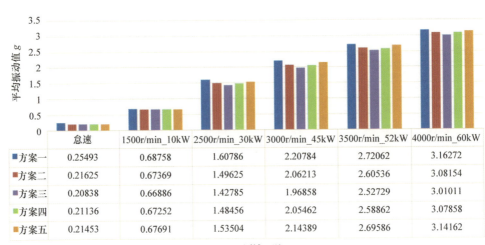

图 2-19 振动测试结果对比

表 2-5 更改前后的双质量飞轮结构及参数

双质量飞轮	参数	更改前	更改后
初级飞轮	质量 /kg	6.39	6.39
	惯量 /kg·m²	0.092	0.092
次级飞轮	质量 /kg	5.19	7.63
	惯量 /kg·m²	0.049	0.094
弹簧刚度	刚度 1/[N·m/(°)]	2.8	2.8
	刚度 2/[N·m/(°)]	8.52	8.52
双质量飞轮结构			

2.3.3 轴系优化后的仿真分析和试验验证

为验证轴系优化方案的可靠性，现对改进后的增程器再次做轴系模态分析、主轴承 EHD 分析和增程器台架耐久试验，并与改进前的结果作对比。

1. 轴系模态对比分析

双质量飞轮的次级飞轮增加质量后，增程器轴系前两阶弯曲模态如图 2-20 所示。轴系前两阶弯曲模态分别为 92.54Hz 和 95.60Hz，相比图 2-17 中原轴系的模态结果，轴系前两阶弯曲模态均下降 15Hz 左右。虽然仍在发动机工作转速激励范围内，有共振发生的可能，但改进后的增程器轴系模态节点从电机处转移到了飞轮处，有效降低了飞轮端的振动，进而改善了靠近飞轮端的第三、四主轴颈的弯曲振动（振幅明显降低）。故更改后的模态振型优化明显。

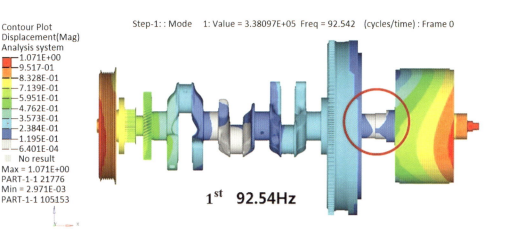

a）增程器轴系一阶弯曲模态

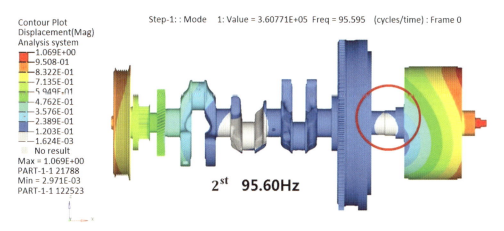

b）增程器轴系二阶弯曲模态

图 2-20　增程器轴系前两阶弯曲模态

从模态对比结果来看，增程器发动机最高转速激励频率高于轴系模态是造成轴系发生共振的原因之一，共振时靠近飞轮端的第三、四主轴颈振幅过大才是造成第三、四主轴颈和轴瓦异常磨损的直接原因，通过增加双质量飞轮的次级飞轮质量可有效缓解靠近飞轮端的第三、四主轴颈的弯曲振动。

2. 增程器曲轴主轴承 EHD 对比分析

曲轴主轴承是增程器发动机中重要的摩擦副，对整机的可靠性有关键性的影响。为避免增程器工作过程中的曲轴磨损现象，需要在设计开发阶段就准确地对主轴承的润滑特性进行分析与评估。

传统的内燃机主轴承的分析采用简化模型，假设轴瓦、轴颈等均为刚性体，且表面光滑，不考虑粗糙度的影响等。采用简化模型分析可以定性地研究主轴承的润滑特性，但与实际情况相比仍有较大误差。随着润滑理论、计算机技术和有限元分析方法的发展，在主轴承润滑研究方面逐步涌现出了 THD（热流体动力润滑）、EHD（弹性流体动力润滑）、TEHD（热弹性流体动力润滑）等一系列理论。目前 EHD 理论较为成熟，考虑了轴瓦、轴颈的弹性变形、粗糙度以及空穴效应等影响因素，较之前期的简化模型考虑更加全面，分析更加准确，EHD 分析已广泛应用于内燃机曲轴主轴承的研究中。

基于三维弹性流体动力润滑仿真理论，对该增程器曲轴主轴承在不同转速工况下进行 EHD 特性分析，分析结果可为主轴承的设计优化提供依据。

（1）主轴承 EHD 仿真模型的建立

为进行主轴承 EHD 分析，首先是通过 AVL-Excite 软件建立增程器曲轴主轴承 EHD 仿真模型，如图 2-21 所示。

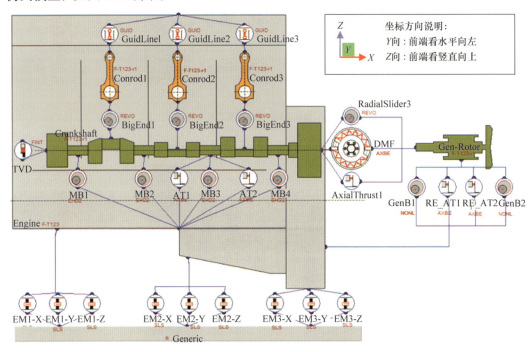

图 2-21 增程器曲轴主轴承 EHD 仿真模型

在该模型中，考虑到各零部件弹性变形的影响，曲轴及发电机转子被处理为弹性体；考虑到扭振的影响，扭转减振器频率经过了标定，双质量飞轮刚度则直接输入动力学模型中；为了直接反映轴承磨损情况，主轴承使用 EHD2（面对面耦合）连接副建模，发电机轴承（球轴承）使用 NONL（点对面耦合）连接副建模，连杆轴承使用旋转轴承连接副建模。各工况下的主轴承 EHD 分析结果表明，除了 4000r/min-60kW 工况，飞轮优化前后的结果均较好，且无明显差异，故下述 EHD 分析仅列出了 4000r/min-60kW 工况的结果。

（2）主轴承 EHD 仿真结果分析

为验证增加次级飞轮质量方案的可行性，对比了飞轮更改前后的主轴颈载荷、弯矩、轴心轨迹、飞轮转速波动等结果，优化前后主轴承载荷结果对比如图 2-22 所示，增加次级飞轮质量后，主轴承载荷并无明显变化。

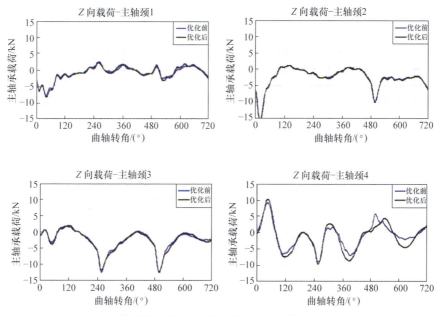

图 2-22 优化前后主轴承载荷结果对比

优化前后主轴承弯矩结果对比如图 2-23 所示。增加次级飞轮质量后,第四主轴承 Y 向和 Z 向所受力矩在原有峰值点明显减小,其他主轴承力矩在峰值略有降低,故更改后的主轴承所受弯矩明显优化。

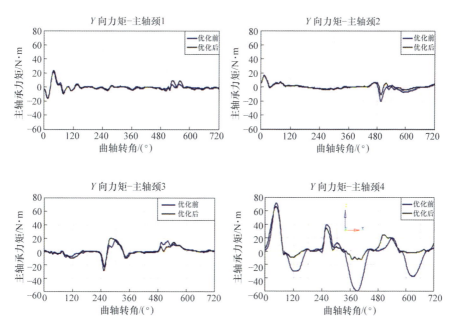

a)优化前后主轴承弯矩结果对比 $-Y$ 向

图 2-23 优化前后主轴承弯矩结果对比

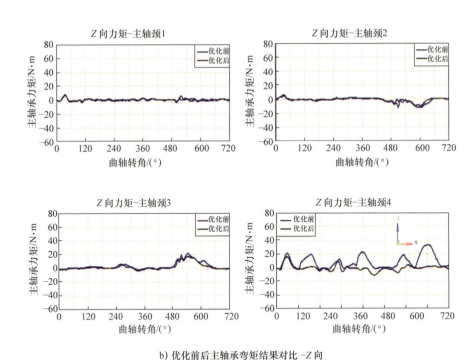

b) 优化前后主轴承弯矩结果对比 -Z 向

图 2-23 优化前后主轴承弯矩结果对比（续）

优化前后曲轴的主轴承轴心轨迹结果对比如图 2-24 所示。增加次级飞轮质量后，第一、二、三主轴承的实际运转轴心轨迹较理论轴心有所偏移，但整体轨迹大致相同；原第四主轴颈轴心轨迹偏向发动机的进气侧，且与增程器轴系前两阶弯曲模态振动方向一致。增加次级飞轮质量后，第四轴颈轴心轨迹通过理论轴心，优化效果明显。

优化前后飞轮振动加速度结果对比如图 2-25 所示。增加次级飞轮质量后，飞轮竖直方向的振动加速度幅值从 $473 m/s^2$ 下降到 $259 m/s^2$，水平方向加速度值也有不同程度的降低，优化效果明显。

以上曲轴的主轴承 EHD 仿真结果表明，增加次级飞轮质量后，飞轮竖直方向的振动加速度幅值明显降低，第四主轴承弯矩、轴心轨迹明显改善，故此优化方案理论可行。

3. 增程器轴系的台架试验验证

增程器轴系台架试验验证主要包括增程器轴系扭振试验及增程器耐久试验。

（1）增程器轴系扭振试验

增程器轴系是一个复杂的扭振系统，且在增程器工作过程中，尽管扭转振动时刻存在，但它并不像弯曲振动那么直观可见，需要用专门的扭振检测仪器进行测量。正是由于轴系扭振的潜伏性，扭振事故往往是突发性的，会造成极大破坏。因此，增程器轴系的扭转振动是整车 NVH 分析的重要内容。本节描述的扭振试验是通过测试增程器轴系的角位移对轴系的扭转振动情况进行评估。

1）试验原理。当增程器轴系旋转时，如果没有扭振，则轴的各个瞬时速度都等于其平均速度，传感器输出的每一个脉冲信号的重复周期是相同的。而当轴系发生扭振时，则相当于在旋转轴的平均转速基础上叠加了一个扭振的波动速度。传感器输出的脉冲序列间隔并不均匀，而是一个载波频率被扭振信号调制的调频信号。

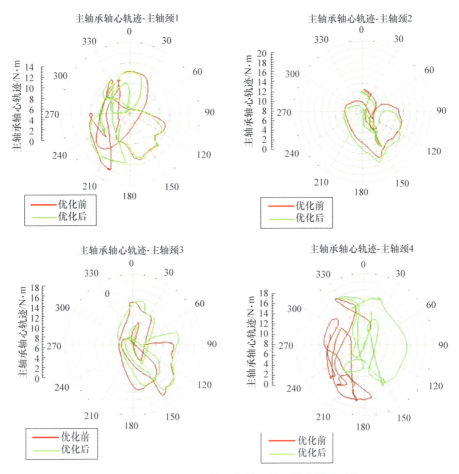

图 2-24 优化前后曲轴的主轴承轴心轨迹结果对比

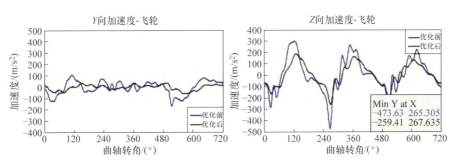

图 2-25 优化前后飞轮振动加速度结果对比

设曲轴旋转一周的时间为 t_c，则平均角速度为 $\omega_c = 360°/t_c$，传感器每旋转一周输出 n 个信号，发出 n 个信号的时间为 t_n，则在 t_n 时间内曲轴的扭角为

$$\theta_n = \int_0^{t_n}(\omega_c - \omega)\mathrm{d}t = \left(\omega_c - \frac{\omega_c n \dfrac{t_c}{N}}{t_n}\right)t_n = \omega_c\left(t_n - n\frac{t_c}{N}\right) = \frac{360°}{t_c}\left(t_n - n\frac{t_c}{N}\right) \quad (2\text{-}13)$$

所以，只要测出 t_c 和 t_n，即可算出相应各 t_n 的扭转角 θ_n，然后再找出各正负半周的

最大值 θ_n，将正负峰值相加，即得曲轴扭转角度。

2）试验装置。增程器轴系扭振试验采用德国 SIEMENS 公司的 LMS Test.lab 系统，图 2-26 所示为增程器轴系扭振测试设备，测试设备包括激光传感器、数据采集前端以及装有 LMS Test.Lab 软件的笔记本计算机。

图 2-26 增程器轴系扭振测试设备

3）试验步骤。

步骤1：安装好测试工装，调试工装与发动机曲轴的同轴度。

步骤2：在发动机自由端安装好激光传感器。

步骤3：启动 LMS Test.Lab 数据采集系统，扭振采样频率可设为 10Hz。

步骤4：发动机转速从 1000r/min 匀加速到 6000r/min，采集数据。

4）试验结果。本次试验测得的扭转角度位移如图 2-27 所示。根据汽车行业曲轴扭转振动控制的一般性要求，曲轴前端扭转角位移要求的单阶值应在 ±0.15° 范围内，而试验所测值小于 0.1°，满足要求。

（2）增程器台架耐久试验

为进一步验证增程器轴系改进后的实际可行性，对更换改进飞轮后的增程器进行了 1000h 台架耐久试验，试验后对轴系进行了拆解，更换飞轮后曲轴颈、轴瓦磨损情况如图 2-28 所示。

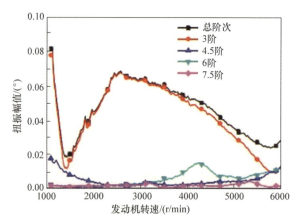

图 2-27 扭转角度位移

拆解结果显示，主轴瓦下瓦有轻微磨损痕迹，其他主轴瓦下瓦均完好；各主轴瓦上瓦有轻微磨损痕迹；发动机曲轴轴颈完好无损；曲轴后油封无漏油。对有轻微磨损的第一主轴瓦下瓦、各主轴瓦上瓦进行了专业检测，检测结果均在合格范围内。相比更改前的第三、四主轴瓦，主轴颈严重磨损、脱落及曲轴后油封处漏油的结果，说明通过增加双质量飞轮次级质量的增程器轴系匹配优化后有效地解决了增程器中发动机曲轴颈、轴瓦异常磨损的问题，此改进方案实际有效、可行。

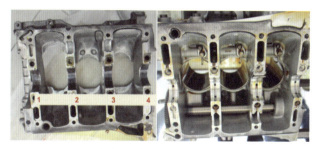

a）发动机主轴上下瓦磨损情况

b）发动机曲轴轴颈磨损情况

图 2-28　更换飞轮后曲轴颈、轴瓦磨损情况

综上所述，针对某增程器曲轴的主轴颈及轴瓦异常磨损现象，经过对增程器轴系进行一系列的扭振、弯振、EHD 分析及试验验证，发现该增程器轴系在工作过程中，飞轮产生弯曲共振，导致靠近飞轮端的第三、四主轴承力矩过大，进而出现异常磨损现象。通过优化增加双质量飞轮的次级质量，使增程器轴系弯曲模态节点从电机处移动到飞轮处，减小了轴系的弯曲振动，降低了轴承力矩，解决了轴承异常磨损问题。

2.4　轴系控制策略匹配与开发

本章 2.3 节中介绍了通过机械匹配与开发解决某直连式增程器在开发过程中曲轴主轴颈、轴瓦异常磨损的问题，改进飞轮后的增程器也通过了 1000h 台架耐久试验的验证。而另一款直连式增程器虽在开发过程中并未出现主轴颈、轴瓦异常磨损的现象，但在搭载整车后进行样车道路测试时出现了多例双质量飞轮内部弹簧变形、花键毂断裂的故障。本节将针对此双质量飞轮失效问题实例主要通过轴系控制策略途径展开详细的原因分析、提出解决方法，并再次进行实车验证，为增程器的轴系匹配和开发及在整车上的集成应用提供实际的工程参考。

2.4.1　分析、测试方法及设备

图 2-29 列出了增程器双质量飞轮的失效原因。

增程式车辆中的双质量飞轮内部弹簧变形、花键毂断裂的原因可能是图 2-29 列出的任意一项或者几项，导致飞轮的工作条件超出了其使用极限。图 2-30 所示为双质量飞轮示意，由初级飞轮、次级飞轮、起动齿圈、弧形弹簧、盖板及花键毂等组成。受其自身扭转特性的限制，增程器中的双质量飞轮在非正常的工作条件下，飞轮弹簧及花键毂均有变形、断裂的风险。

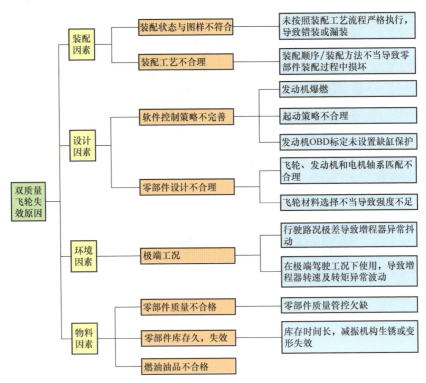

图 2-29 增程器双质量飞轮的失效原因

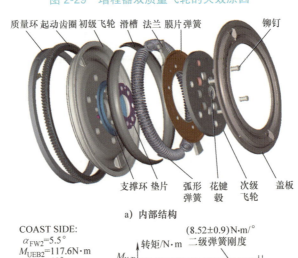

a) 内部结构

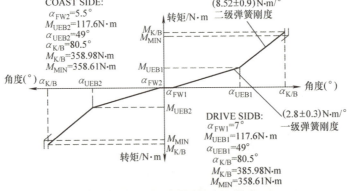

COAST SIDE:
$\alpha_{FW2}=5.5°$
$M_{UEB2}=117.6\text{N·m}$
$\alpha_{UEB2}=49°$
$\alpha_{K/B}=80.5°$
$M_{K/B}=358.98\text{N·m}$
$M_{MIN}=358.61\text{N·m}$

DRIVE SIDB:
$\alpha_{FW1}=7°$
$M_{UEB1}=117.6\text{N·m}$
$\alpha_{UEB1}=49°$
$\alpha_{K/B}=80.5°$
$M_{K/B}=385.98\text{N·m}$
$M_{MIN}=358.61\text{N·m}$

b) 扭转特性

图 2-30 双质量飞轮示意

制造商通过其设计工艺及大量的试验结果表明，该双质量飞轮的内部弹簧在受到 358.61～385.98N·m 的转矩时即可被压并圈，1500～3000N·m 为告警转矩。1500N·m 可作为双质量飞轮在增程器应用中的安全设计限值，3000N·m 以上则会达到内部弹簧的弹性极限，极易造成飞轮的损坏。在此，以双质量飞轮所能承受的极限冲击转矩 3000N·m 为依据，再结合式（2-14）可计算出初级、次级飞轮端，即飞轮连接发动机和连接发电机端的角加速度极限值，分别为 22488rad/s² 和 15000rad/s²，根据这两个角加速度值即可判断双质量飞轮的工作极限。

$$T = Id\omega/dt \qquad (2\text{-}14)$$

式中，T 为双质量飞轮在与曲轴垂直的横截面上所受到的转矩（N·m）；I 为转动惯量（kg·m²）；$d\omega/dt$ 为角加速度（rad/s²）。

双质量飞轮两端的转动惯量等特性参数见表 2-6。

表 2-6 双质量飞轮两端的转动惯量等特性参数

发动机端	发动机转动惯量	0.0348kg·m²	发电机端	发电机转动惯量	0.15kg·m²
	初级飞轮转动惯量	0.092kg·m²		次级飞轮转动惯量	0.049 kg·m²
	飞轮连接发动机端的转动惯量	0.1268kg·m²		飞轮连接发电机端的转动惯量	0.199kg·m²
	一级弹簧刚度	2.8N·m/(°)		二级弹簧刚度	8.52N·m/(°)
	初级、次级飞轮的极限相位差	80.5°		允许承受的极限转矩	3000N·m

注：1. 飞轮连接发动机端的转动惯量为发动机与初级飞轮的转动惯量之和。
  2. 飞轮连接发电机端的转动惯量为发电机与次级飞轮的转动惯量之和。

为了分析增程式车辆在运行过程中增程器的双质量飞轮的受力情况，需要进行试验测试，飞轮测试设备及传感器安装如图 2-31 所示。在发电机壳体上对应初级、次级飞轮处分别打孔安装两个转速传感器，连接设备 PikesPeak 对初级飞轮和次级飞轮的实时转速进行脉冲信号采集，采集频率均为 50MHz。采集的信号经分析处理软件转换成转速数据，再通过初级、次级飞轮转速计算出初级、次级飞轮之间的相位差，从相位差可以判断双质量飞轮是否已达到压并圈的程度；也可计算出初级、次级飞轮端的角加速度，再由式（2-14）可计算出飞轮受到的冲击转矩。对于不同的增程器运行工况，可选择不同的评价指标（初级/次级飞轮之间的相位差、初级/次级飞轮端的角加速度或飞轮受到的冲击转矩）。

a）测试设备

b）安装两个转速传感器

图 2-31 飞轮测试设备及传感器安装

针对增程式车辆在道路测试中出现多例双质量飞轮内部弹簧变形、花键毂断裂的问题，依据图 2-29 所列原因，对设计图样、装配工艺、使用工况、油品特性等因素进行了逐一排查，最终将主要原因归类锁定为起动策略不合理、发动机爆燃、失火及燃油油品不合格这四项，下文将结合理论分析及试验验证等进行详细的叙述。

2.4.2 起动策略不合理

1. 现象描述

某增程式车辆出现双质量飞轮花键毂断裂现象，飞轮花键毂断裂实物如图 2-32 所示，花键毂的断口方向呈逆时针偏转，与图示箭头的发动机旋转方向一致。通过对故障现象及数据进行分析，主要是由增程器在起动过程中的共振、疲劳等因素不断累积造成的。

图 2-32　飞轮花键毂断裂实物

2. 原因分析

根据图 2-32 中飞轮花键毂的断痕方向，可判断在断裂时刻是发电机旋转相位在前、发动机在后，即在发电机拖动发动机旋转的起动阶段。因此推测是由于增程器在起动过程中的控制策略不合理引起了轴系的共振。由于当时增程器控制策略中的电机起动转矩较小，起动过程经过轴系共振区的时间较长，双质量飞轮承受的共振冲击时间就较长，且冲击载荷使初级、次级飞轮间的相位差超过了极限值，导致了飞轮花键毂的断裂。

由于双质量飞轮中有两级弹簧，一、二级弹簧刚度下对应的增程器轴系共振频率 f 分别是 7.247Hz、12.636Hz，其计算公式为

$$f = \frac{1}{2\pi}\sqrt{K\left(\frac{1}{J_1}+\frac{1}{J_2}\right)} \quad (2\text{-}15)$$

式中，K 为双质量飞轮内部弹簧的刚度（N·m/rad）；J_1、J_2 分别为双质量飞轮连接发动机端、发电机端的转动惯量（kg·m²）。

增程器在起动时，发动机缸内燃烧做功对轴系旋转有激励作用，轴系两个共振频率下对应的共振转速 r 分别为 290r/min、505r/min，若以 20% 的浮动范围计算，对应的两级共振转速带分别为 232~348r/min、404~606r/min，其计算公式为

$$r = 60f/n \quad (2\text{-}16)$$

式中，n 为发动机点火做功激励力矩谐次（三缸四冲程发动机是曲轴转两圈共点火做功

三次，即 n 为 1.5 的倍数），发动机每次点火做功将引起一次振动，在此，只考虑起动转速范围的激励，n 取值 1.5。

双质量飞轮花键毂断裂时的起动策略是：RECU 在接收到 VCU 发送的起动指令后，先检测增程器各部件的状态，若无故障则开始起动增程器，发送起动指令给 ECU 和 GCU，即 RECU 发送允许发动机开始喷油的指令（转速值）给 ECU（发动机自检测到有转速信号即开始点火，RECU 不控制 ECU 的点火指令），同时以查表的方式给定电机一个特定转矩拖动发动机旋转起动。待发动机转速提高到某一值时，电机的驱动转矩下降至零，发动机开始着火进入怠速运转。该起动策略在增程器搭载整车前未经过频繁的起动试验验证，因此，针对增程式车辆中双质量飞轮损坏问题，在增程器台架上对起动策略进行了以下两种试验条件下的故障排查。

第一种是验证单独的起动策略（不包含发动机做功激励）对轴系共振的影响，具体试验条件如下：

1）发动机不喷油、不点火，以消除发动机做功激励对轴系振动的影响。

2）发电机起动，开始拖动发动机，发电机以 80N·m 的转矩拖动发动机到 350r/min 时开始卸矩，450r/min 时完成卸矩，发动机、发电机自由运转降速直至停机。

3）每个循环间隔 10s，直到飞轮损坏或 5 万次循环结束。在起动试验进行到 626 次时，飞轮断裂，断裂现象与图 2-32 一致。因为在试验过程中，电机起动转矩加载的转速区间较小，在达到 350r/min 时即开始卸矩，待电机转速 450r/min 时完成卸矩后，增程器转速先是升至 500r/min 以上，再逐渐降至 500r/min 以下直至停机，整个起动过程中增程器在轴系共振转速区间（232~606r/min）停留时间较长，飞轮受到的冲击较大。

第二种是验证整车发生故障时的起动策略（包含发动机做功激励）对轴系共振的影响，并对双质量飞轮初级、次级相位差进行测试（在起动阶段采用相位差进行评估更为直接），具体试验条件如下：

1）发动机正常喷油、点火（发动机自 200~300r/min 开始喷油点火）。

2）发电机起动，开始拖动发动机，发电机以 80N·m 的转矩拖动发动机到 650r/min 后开始卸矩，750r/min 时完成卸矩，发动机、发电机自由运转降速直至停机。

3）安装两个转速传感器测量初级、次级飞轮间的旋转相位差。

图 2-33 所示为飞轮损坏时对应的增程器起动转矩，Z 表示发电机的起动转矩，X 表示增程器的转速。

图 2-34 所示为飞轮损坏时对应的增程器起动特性曲线，该特性曲线显示了相应的初级、次级飞轮间的相位差，最大达到了 111°，远超过了其极限相位差（80.5°）。在起动试验进行到 156 次时，故障再现，飞轮断裂迹象仍与图 2-32 一致。因为发动机自 200~300r/min 即开始工作，发动机做功激励加剧了轴系在共振转速区间（232~606r/min）内的振动。

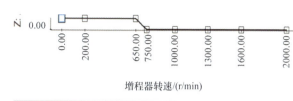

图 2-33 飞轮损坏时对应的增程器起动转矩

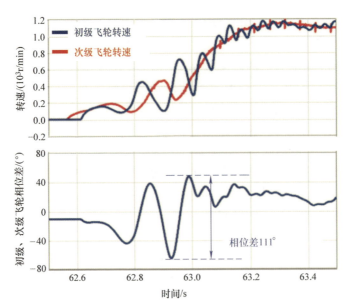

图 2-34 飞轮损坏时对应的增程器起动特性曲线

3. 起动策略优化

为设计出合理的起动策略，列出了多种具体参数测试方案及测试结果，表 2-7 为起动策略测试方案及结果的汇总。由于起动转矩及卸矩转速决定的增程器起动过程在轴系共振区间内的停留时间影响飞轮的工作条件，且发动机缸内燃烧做功的激励作用会加剧增程器轴系的共振效应，直接影响初级、次级飞轮之间的相位差，而 RECU 仅通过发送开始喷油的转速指令给 ECU，从而决定发动机的燃烧做功转速。因此，起动策略测试方案中考虑三个主要参数的变化：起动转矩、卸矩转速及开始喷油的转速。重点在起动转矩 80N·m、卸矩转速 650~750r/min 的工况中评估不同喷油转速（为了避开轴系共振区间 232~606r/min，喷油信号转速设置为大于或等于 600r/min，实际燃油喷射时刻有延迟）对初级、次级飞轮之间相位差的影响。

表 2-7 起动策略测试方案及结果的汇总

起动转矩 /N·m	卸矩转速 /(r/min)	喷油转速 /(r/min)	初级、次级飞轮最大相位差 /(°)
80	650~750	600	69.5
		700	65.8
		800	62.1
120	650~750	600	48.7
150	650~750	600	42.4
160	650~750	600	47.5
170	650~750	600	38.3
180	650~750	600	44.8
190	650~750	600	42.2
200	650~750	600	43.8

通过对表 2-7 中起动策略方案的测试，得出了以下结论：

1）发动机开始喷油转速设置为大于或等于 600r/min，对初级、次级飞轮相位差基本无影响。

2）当起动转矩处于 80～150N·m 之间时，初级、次级飞轮相位差均在飞轮的极限范围内。

3）起动转矩超过 150N·m 时，均存在怠速时转速超调过大的现象。如当以 170N·m 转矩起动时，初级、次级飞轮相位差最大为 38.3°，飞轮所承受的冲击最小，但增程器转速超调超过 1500r/min，导致起动过程中的 NVH 较差。

4）当以 150N·m 转矩起动时，初级、次级飞轮相位差最大为 42.4°，增程器转速也无明显超调现象，起动效果改善明显，如图 2-35 所示。

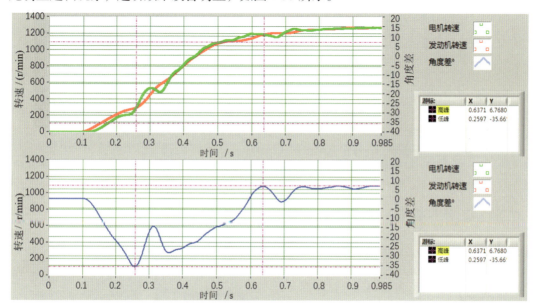

图 2-35　优化后的起动策略

因此，选定优化后的起动策略如下：

1）设置发动机开始喷油转速为 600r/min。

2）设置增程器起动转矩为 150N·m。

3）设置电机开始卸矩转速为 750r/min，到 900r/min 时完全卸矩至零。因为相比于传统发动机的起动机，增程器的高压电机可拖动发动机至更高转速再卸矩，在保证起动转速超调可控的前提下，提高卸矩转速可有效减缓传统发动机起动时混合气加浓的程度，达到降低起动油耗的目的。

4. 试验验证

优化后的起动策略需要经过增程器台架 5 万次起停试验验证：每次起动时间为 1s，过渡时间为 2s，起动成功后运行 6s 开始停机，共计时间 t_1 约 9s，然后进行第二次起动；从起动到停机完成一次循环工况，每次循环工况共计时间 t 约 10s。起停耐久试验工况循环示意如图 2-36 所示。

上述优化后的起动策略不仅经过了增程器台架 5 万次起停的考验，还顺利通过了增程式整车 3 万 km 的道路耐久性验证。台架及整车耐久试验后均对增程器进行了拆解，耐久试验后拆下的飞轮实物如图 2-37 所示，飞轮花键套无异常磨损，花键毂也无裂纹或变形等异常现象，证明了优化后的起动策略可靠、有效。

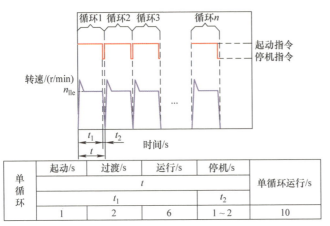

图 2-36 起停耐久试验工况循环示意

a) 台架 5 万次起停试验后

b) 整车 3 万 km 道路试验后

图 2-37 耐久试验后拆下的飞轮实物

2.4.3 发动机爆燃、失火

1. 现象描述

某增程式开发样车在 30min 增程混动模式、最高车速为 130km/h 试验时出现了双质量飞轮花键毂断裂的故障。图 2-38 所示为飞轮花键毂断裂实物，飞轮花键毂变形方向为顺时针，飞轮内部未出现油脂泄漏，密封完好，弹簧变形严重，无法恢复原状，弹簧一端底部断裂，受力方向与花键毂断裂相一致。

图 2-38 飞轮花键毂断裂实物

2. 原因分析

由于飞轮花键毂的变形呈顺时针方向，与发动机旋转方向相反，说明断裂发生时发动机相位在前、发电机相位在后，即在发动机带动发电机发电的过程中。根据整车实际运行条件，设计了一系列增程器发电状态下可能导致飞轮花键毂断裂的测试工况，测试工况及结论汇总见表 2-8，测试工况中的 10kW、20kW、30kW、40kW、50kW、60kW 对应的转速分别为 1500r/min、2000r/min、2500r/min、3000r/min、3500r/min、4000r/min。通过对这些工况下飞轮在发动机和发电机端产生的角加速度值的测量，判断是否超过飞轮的承受极限（增程器在某些工况下会瞬时产生较大的冲击，可以通过采集角加速度计算冲击转矩，用于判断是否超过飞轮的承受极限）。

表 2-8 测试工况及结论汇总

测试分类	测试工况	测试方法	测试条件	结论
正常试验	按故障车试验状态运行	加速踏板踩到底，全速运行 30min	道路测试	无异常
模拟异常工况	功率请求波动	道路测试不同车速	道路测试	无异常
	电机突然加矩及卸矩	电机突然加转矩、卸转矩同时进行： 0—10kW—0　0—20kW—0 0—30kW—0　0—40kW—0 0—50kW—0　0—60kW—0	转鼓测试	无异常
	进气温度高发动机爆燃	制造发动机爆燃情况，40kW、50kW、60kW 运行，直至异常停机：关闭转鼓间的空调、风机，控制发动机中冷后温度，使进气温度为 75℃、环境温度为 42℃	转鼓测试	飞轮最大冲击转矩约 5000N·m
	电机压转速至停机	10kW-20kW-30kW-40kW-50kW-60kW 各稳定运行，30s 后直接给电机逐步加载至 220N·m，直至异常停机	转鼓测试	无异常
	发动机失火	设置发动机失火故障（如拔掉喷油器插头）。运行工况：从急速开始，以 2kW 为步长递增，直至发动机转速被压死为止	转鼓测试	最大冲击转矩约 2300N·m
	发动机真空电磁阀故障	运行工况点前断开真空电磁阀，运行工况：0—60kW，以 2kW 为步长递增，直至发动机转速被压死为止	转鼓测试	无异常
	急加速、减速	SOC 不高于 10%；以车速为基准测试急加速、减速工况，以车速 10km/h 为步长递增（0—10km/h—0 至 0—120km/h—0）	道路测试	无异常
停机阶段	发动机突然熄火	以 30 个工况点为基准，每个工况点稳定运行 30s。RECU 指定功率，ECU 设置故障（如中断发动机喷射燃油）	转鼓测试	无异常
	异常停机未稳即重新起动	在停机未稳时就再次起动：设定几个间隔时间值进行试验	转鼓测试	无异常

表 2-8 中结论有异常的发动机爆燃工况的测试结果如图 2-39 所示，控制中冷后的进气温度，设定发动机爆燃情况，直至 RECU 收到故障信号停机。在这个过程中，测试出连接发动机端的初级飞轮的角加速度最大约为 40000rad/s²，对应飞轮的最大冲击转矩约为 5000N·m，已远超过了飞轮可允许承受的极限冲击（3000N·m）。试验后对飞轮进行了拆解，花键毂虽未完全断裂，但已严重变形，变形方向与图 2-38 相似。

结合此故障再现的试验现象及测试结果，可以解释飞轮花键毂断裂的原因：在 130km/h 的高车速行驶工况下，增程器运行于 60kW，发动机的转速及负荷也相对较高，发动机排温也高，涡轮增压水平得以提高，增压器出口处的压缩空气温度就高，相应地，经过中冷器之后的空气温度就高，较高的进气温度进入发动机之后就会导致发动机燃烧相位提前。燃烧相位提前则会引起爆燃。由于该增程式样车在高车速运行工况下飞轮花键毂断裂时发动机还未进行高温环境下的标定，ECU 无法推迟点火角以避免爆燃。发动机发生爆燃时，缸内燃烧不稳定且压力会急剧升高，其振动冲击会引起发动机转矩突变、增程器转速波动，初级、次级飞轮的角加速度剧增，致使初级、次级飞轮间的冲击转矩增大，最终导致飞轮花键毂的断裂。

发动机爆燃不仅会损坏飞轮等零部件，还会导致如下一系列问题：

1）发动机输出功率、热效率降低。轻微的爆燃可改善发动机的动力性和经济性，但严重的爆燃将引发局部燃烧处的压力和温度突增，使气缸内的压力来不及平衡。这时的化学反应速率高于气体膨胀速率,在燃烧室的自燃区会形成一个压力脉冲,并急速向四周传播,在活塞顶面、气缸壁面与气缸盖底面多次反射。由于冲击压力波会破坏气缸壁面层流边界,使经由气缸壁面的传热损失增加;另外,压力波的作用力有时与发动机的活塞运动方向相反,从而阻碍发动机的运转。因此,强烈爆燃将导致发动机的输出功率及热效率降低。

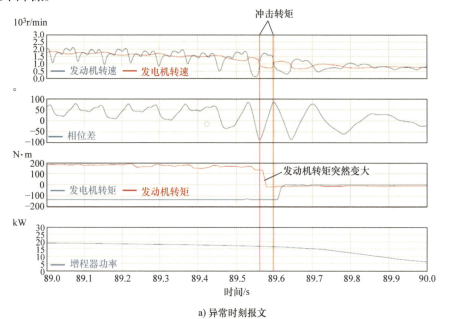

a) 异常时刻报文

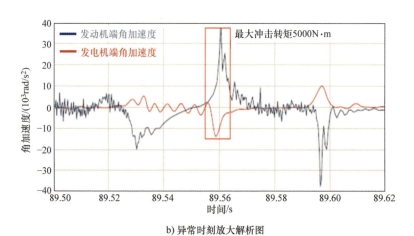

b) 异常时刻放大解析图

图 2-39 飞轮在发动机端的角加速度等试验数据 1

2) 燃烧室积炭,冒黑烟。发动机发生爆燃时,自燃区的局部高温会使燃烧物产生热分解,产生游离碳,这些非正常燃烧而产生的游离碳会黏附在发动机的活塞、气缸壁、气缸盖及气门上,逐渐形成积炭。积炭不仅会造成发动机热效率的极大降低,还是发动机发生严重爆燃的主要原因之一,这就使得发动机进入一个恶性循环。另外,在缸内燃烧的末期,气体急剧膨胀,气缸内的压力和温度下降过快,游离碳不能及时形成 CO_2 就通过汽车的排气管排出,呈现出大量冒黑烟现象,造成环境污染。

3）气缸过热，破坏气缸表面油膜，造成润滑恶化。发动机气缸壁面的油膜作用之一是阻止燃气向壁面的热传导，而发动机发生爆燃时产生的压力波和高温气体对壁面会进行反复的冲击，破坏气缸壁面的油膜，从而使活塞面、气缸盖因高温发生局部表面的熔化和灼蚀。

表 2-8 中结论有异常的发动机失火工况的测试结果如图 2-40 所示，模拟发动机失火状态（拔掉喷油器插头），以 2kW 为步长增加发动机功率，直至发动机转速明显下降且无法稳定运转为止。试验测出飞轮在发动机端的角加速度最大约为 18000rad/s²，对应的飞轮受到的最大冲击转矩约为 2300N·m，已达到告警转矩值（1500~3000N·m）。

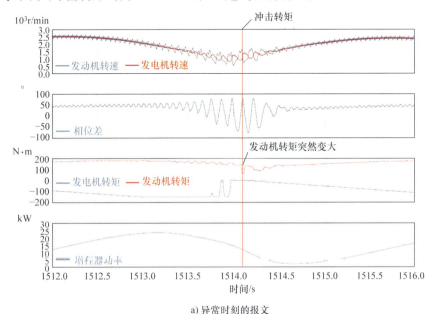

a) 异常时刻的报文

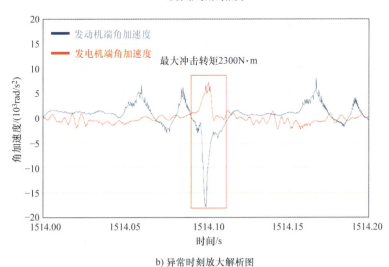

b) 异常时刻放大解析图

图 2-40 飞轮在发动机端的角加速度等试验数据 2

3. 整改措施

针对发动机因爆燃导致飞轮花键毂断裂等诸多危害，要从发动机控制和增程器控制两方面进行整改。

发动机控制：进行高温标定试验，控制发动机进气温度不能过高，如果进气温度过高，对应的保护策略如下：

1）当发动机因进气温度高（如大于40℃）且有爆燃倾向时，ECU要进行点火角推迟保护，推迟步长为0.75°CA，最大推迟角为12°CA。

2）ECU根据发动机的进气温度对进气量进行限制，调整进气压力，降低进气温度，减少爆燃风险，表2-9为发动机ECU中相对进气量脉谱图[X表示进气温度（°），Y表示发动机转速（r/min），Z表示相对于标准状况下的进气量比例]。

表2-9 发动机ECU中相对进气量比例（Z）

Y	X						
	30.0	40.5	50.3	60.8	65.3	69.8	75.0
1000	180.000	180.000	175.008	162.000	162.000	139.992	109.992
1340	180.000	180.000	175.008	162.000	162.000	139.992	109.992
1760	180.000	180.000	175.008	162.000	162.000	139.992	109.992
2000	180.000	180.000	175.008	162.000	162.000	139.992	109.992
2240	180.000	180.000	175.008	162.000	162.000	139.992	109.992
2520	180.000	180.000	175.008	162.000	162.000	139.992	109.992
3000	180.000	180.000	175.008	162.000	162.000	139.992	109.992
4000	180.000	180.000	175.008	162.000	162.000	139.992	109.992
5000	180.000	180.000	175.008	162.000	162.000	139.992	109.992
5520	180.000	180.000	175.008	162.000	162.000	139.992	109.992
6000	180.000	180.000	175.008	162.000	162.000	139.992	109.992

正规标定后的ECU虽可通过推迟点火角避免发动机爆燃，但点火推迟角最大值为12°CA，为进一步避免发动机在特殊情况下的爆燃，应在增程器的控制策略中增加第二重保险。如当发动机爆燃无法受ECU控制时，RECU会根据爆燃引起的转速、转矩波动触发故障保护，使增程器降功率进入怠速状态；RECU也会根据进气温度对增程器功率进行不同程度的限制，以避免进气温度过高导致发动机爆燃：

1）进气温度≥80℃时，限制功率≤40kW。

2）进气温度≥90℃时，限制功率≤30kW。

3）进气温度≥100℃时，限制功率≤15kW。

4）进气温度≥110℃时，限制功率为0kW。

5）进气温度≤76℃时，不设限制。

针对因发动机失火导致的飞轮花键毂断裂情况，要在发动机控制和增程器控制中增加失火诊断功能。发动机失火监测的基本原理是基于每个气缸独立燃烧过程中对应的曲轴角加速度。每个气缸内的燃烧做功推动曲轴旋转会产生一定的角加速度。为计算曲轴的角加速度，需将曲轴上安装的信号轮分割为几个区间段。通过发动机曲轴位置/转速传感器监测信号轮的信号，计算曲轴转过信号轮各分段窗口的时间，即可计算出各气缸做功时对应的曲轴角加速度。当某一气缸未燃烧或燃烧不充分时，曲轴位置/转速传感器监测到的经过信号轮相应分段窗口的时间会更长，该分段窗口对应的曲轴角加速度将超出失火阈值，ECU 就认为监测到失火。ECU 在失火监测周期内统计的加权计数超过标定阈值时诊断为失火故障，再将故障上报给 RECU。RECU 根据失火故障等级做进一步处理，如停机等，从而避免发动机继续在某缸失火的不正常状态下工作。

4. 试验验证

在增程式车辆高温标定试验及针对失火诊断功能整改之后，对增程式车辆进行了双质量飞轮角加速度等的复测，双质量飞轮角加速度等复测工况及结果汇总见表 2-10，结果显示飞轮没有再次出现过大的冲击转矩。增程式车辆也顺利通过了在新疆吐鲁番地区的高温试验及整车 3 万 km 耐久试验的验证，试验后双质量飞轮完好无损。

表 2-10 双质量飞轮角加速度等复测工况及结果汇总

测试工况	测试方法	参数设置	测试条件	结论
功率请求波动	以不同车速运行	控制车速，RECU 放开控制	道路试验	正常
进气温度高	控制中冷器出气温度，拟复现发动机爆燃，40kW、50kW、60kW 运行，直至异常停机	进气温度 70～90℃，40kW、50kW、60kW 运行 40min 以上	转鼓试验	正常
电机压转速至停机	10～60kW 区间以 10kW 为步长，各稳定运行 30s 后逐步给电机加载直至 220N·m	进气温度 70℃ 以上，10kW、20kW 运行，RECU 设定 60kW 需求，发动机转速被压死上不去；30kW 及以上，设定 60kW 需求，转速转矩正常上升	转鼓试验	正常
急加速、减速	SOC 不高于 10%；以车速为基准测试急加速、减速工况，以车速 10km/h 为步长递增（0—10km/h—0 至 0—120km/h—0）	控制车速，RECU 放开控制	道路试验	正常
异常停机未稳即重新起动	转速降为 0 后，待停机未稳时再次起动	异常停机未稳，重新起动，间隔小于等于 1s	转鼓试验	正常
失火	设置失火故障；0～60kW 区间以 2kW 步长递增，直至发动机转速压死为止	设置 ECU、RECU 诊断功能正常工作	转鼓试验	正常

2.4.4 燃油油品不合格

1. 现象描述

已通过控制策略规避了上述起动策略、爆燃和失火问题的某增程式车辆在增程器运行过程中仍然出现了飞轮花键毂断裂的故障，飞轮花键毂断裂故障拆解实物如图 2-41 所示。拆解结果显示：火花塞严重积炭，如图 2-41a 所示；飞轮花键毂断裂，如图 2-41b 所示，断口呈顺时针方向。

a) 火花塞严重积炭　　　　b) 飞轮花键毂断裂

图 2-41　飞轮花键毂断裂故障拆解实物

2. 原因分析

由于故障车辆仅行驶了 2500km，火花塞已严重积炭，怀疑与燃油油品有关。因此，特将全新机油、正常运行一定里程数的机油和故障车的发动机机油进行了检测对比分析。分析方法采用 ASTM D3525—2004《使用气相色谱法测定使用的汽油机油中汽油稀释剂的标准试验方法》，即利用物质的吸附能力、溶解度、亲和力、阻滞作用等物理性质的不同，对混合物中各组分进行分离、分析的方法。该方法基于不同物质在相对运动的两相中具有不同的分配系数，当这些物质随流动相移动时，就在两相中进行反复多次分配，使原来分配系数只有微小差异的各组分得到很好的分离。三组机油的对比图谱如图 2-42 所示，横坐标表示样品从开始进入检测设备到检测完成所用的时间，纵坐标表示样品经分离器分离后不同组分进入鉴定器，不同浓度鉴定器显示的电压值不同，浓度越大，电压值越高。随着检测时间的增加，波峰越晚出现代表该分离物质密度越大。

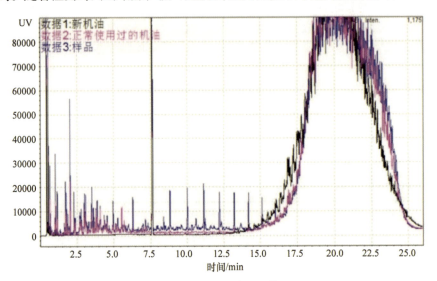

图 2-42　机油对比图谱

根据图 2-42 所示的机油对比图谱，可得出以下结论：

1）0～7.5min，故障车机油与正常使用过的机油图谱基本重合，在 7.5min 之前的分离物质组分正常，分离出的物质与汽油强相关。

2）7.5～15.5min 之间，仅故障车机油出现多处波峰，说明样品中含有异常物质，且该物质的密度介于汽油和机油之间。

3）15.5～25min，三种机油图谱基本重合，故障车机油分离的物质组分正常。

上述分析表明，故障车的燃油中混入了较汽油重、较机油轻的成分，后期调查也证实了在此汽油增程式车辆的油箱中误加入了一部分柴油。混有柴油的汽油在气缸内未完全燃烧，并通过气缸壁与活塞之间的缝隙进入油底壳。汽油中混入柴油会导致发动机火花塞、燃烧室等积炭，使发动机频发爆燃；火花塞积炭会降低点火能力，容易造成缸内失火。关于爆燃和失火引起增程器飞轮花键毂断裂的原理及控制规避措施在 2.4.3 节中已有详细介绍，在此不再赘述。此次误加入柴油的汽油增程式车辆虽已有常规的 ECU 和 RECU 对爆燃和失火的控制规避策略，如爆燃时点火角一般推迟 3°～4°CA 即可，但汽油燃料中混入柴油引起了持续高强度的爆燃，并伴随有不规律的失火（尚未达到标定的失火故障阈值，ECU 未报失火故障），最终导致了飞轮花键毂的断裂。

3. 试验验证

为了验证在汽油中混入部分柴油后对增程器起动和运转工况的影响，特设计了如下增程器台架试验：

1）汽油中混入不同体积比例的柴油：0、5%、8%、10%、15%、20%、25%、30%。

2）增程器运行工况：起动—怠速—15kW—30kW—40kW—45kW—停机。

3）采集缸压信号，爆燃传感器接上音响，用于监控爆燃情况。

4）通过 ECU 控制界面监控发动机失火率、点火提前角和转速稳定性。

5）每缸均安装新火花塞。

试验结果如下：

1）采用混有上述体积比例柴油的汽油，增程器可正常起动、停机。

2）采用混有上述体积比例柴油的汽油，增程器 15kW 功率能平稳运行，但随着柴油比例的增加，爆燃退角逐步增大，即点火提前角逐步减小。当柴油体积比例达到 30% 时，爆燃退角已达到极限值 12°CA，仍存在爆燃。燃油特性与增程器发动机点火角等的关系如图 2-43 所示。

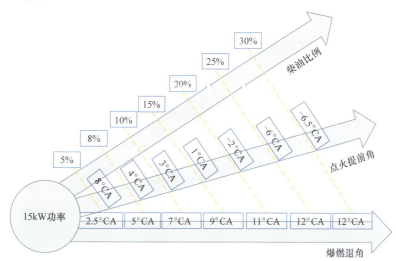

图 2-43 燃油特性与增程器发动机点火角等的关系

3）在循环工况测试中，当柴油体积比例小于 25% 时，30kW 和 45kW 均可稳定运行；当柴油体积比例为 30% 时，30kW 能稳定运行，40kW 波动变大，45kW 无法运行。

4）油品试验后的火花塞如图 2-44 所示，火花塞有轻微积炭，且螺纹头部潮湿，说明有失火淹缸现象。

综合上述分析，如果增程器所用燃油的油品不佳，则会影响增程器大功率的正常运行，出现发动机抖动、爆燃、积炭等现象。为更加完善增程式车辆对增程器的保护功能，ECU 和 RECU 的控制策略中除了有常规的规避爆燃和失火

图 2-44 油品试验后的火花塞

措施，还应考虑应对不良油品等特殊情况的控制策略的开发。当然，增程器车辆一定要严格遵循使用规范，采用合格的燃油。

参考文献

[1] 徐忠四. 增程式电动汽车动力总成关键技术 [M]. 北京：机械工业出版社，2018.

[2] 王耀南，孟步敏，申永鹏. 燃油增程式电动汽车动力系统关键技术综述 [J]. 中国电机工程学报，2014，34（27）：4629-4639.

[3] 周苏，牛继高，陈凤祥. 增程式电动汽车动力系统设计与仿真研究 [J]. 汽车工程，2011，33（11）：924-929.

[4] 王小莉，上官文斌，张少飞，等. 发动机前端附件驱动系统-曲轴扭振系统耦合建模与曲轴扭振分析 [J]. 振动工程学报，2011，24（5）：505-513.

[5] 蔡文远，马帅营，肖彬，等. 增程器中发动机曲轴主轴承异常磨损问题研究 [J]. 小型内燃机与车辆技术，2020（3）：41-49.

[6] 何芝仙，桂长林，李霞，等. 基于动力学和摩擦学分析的曲轴疲劳强度分析 [J]. 内燃机学报，2008，26（5）：470-475.

[7] LIU K F, COPPOLA G. Optimal design of damped dynamic vibration absorber for damped primary system [J]. Transactions of the Canadian Society for Mechanical Engineering，2010，34（1）：119-135.

[8] 张立军，阚毅然，孟德建，等. 内燃机式增程器扭转振动的建模与分析 [J]. 汽车工程，2018，40（9）：1101-1109.

[9] 李晓峰. 1.5T 汽油机轴系模态与扭振试验分析 [D]. 长春：吉林大学，2011.

[10] 何芝仙，十洪，韩后祥. 具有裂纹的曲轴-轴承系统动力学与摩擦学耦合分析 [J]. 内燃机学报，2013，1：90-95.

[11] 张帆，钟海权，孙丽军. 大型重载滑动轴承润滑特性的理论与试验研究 [J]. 西安交通大学学报，2014，48（5）：15-21.

[12] 周玮，廖日东. 高功率密度柴油机主轴承热弹流混合润滑分析 [J]. 内燃机学报，2016，4：370-378.

[13] AVL Workspace Excite-Release Notes. AVL User Manuals[Z]. 2003.

Chapter 03

第 3 章
增程器中的发动机系统

除了动力电池,增程式电动汽车的电力主要来源于由内燃机与发电机组成的增程器。相比常规内燃机车辆,增程式电动汽车的燃油消耗和有害排放物更少,是满足未来愈加严格油耗和排放法规的主流技术路线之一。作为增程器的核心部件,发动机系统是降低油耗和排放的关键。本章将详细介绍增程用发动机技术特征、关键技术以及标定试验等。

3.1 增程用发动机及其分类

3.1.1 增程用发动机技术特征

根据增程式电动汽车的工作原理,增程用发动机具有以下四个明显的外部特征:①发动机不直接驱动车轮,而是用驱动发电机产生电能供给车辆使用;②发动机起停频繁,运行区域可相对自由控制;③发动机动力要求低,车辆动力性能主要取决于电驱动系统;④整车采用纯电驱动,发动机振动噪声更加凸显。增程式电动汽车对其发动机的基本需求包括效率高、尺寸小、重量轻、成本低、排放好以及NVH性能优等,这是评价一款增程用发动机是否优秀的主要指标。

图 3-1 所示为不同混合动力构型发动机的运行区域。与常规车用发动机相比,由于驱动电机的存在,混合动力电动汽车中的发动机并不需要在任意时刻均完全满足车辆需求功率,其工况运行自由度增加。这使得混合动力电动汽车可以在低速低负荷工况时采用纯电驱动,在高速高负荷工况时采用电机提供辅助驱动,避免发动机运行于低热效率区域,而是趋向于使用高效率区域。由于混合动力汽车配备大容量动力电池,传统发动机上的机械式空调压缩机、机械式水泵等附件也可以实现电气化,以降低发动机机械损耗,进一步提高发动机有效热效率。

对于并联、混联式混合动力电动汽车,无论其动力构型与混合程度如何变化,由于其发动机不仅需要用于发电,还需要直接参与驱动车轮,无法完全实现转速解耦,实际运行工况需求范围依然较大。增程式电动汽车搭载的发动机仅用于发电,不参与驱动车轮,即发动机与传动系统之间无任何机械连接结构,实现了机械解耦。正是由于这种机械解耦,使得增程用发动机输出功率与车辆需求功率解耦,其转速也与需求车速解耦,即同时实现了功率解耦和转速解耦,其运行工况几乎完全由车辆控制器根据自身实际需求进行灵活控制。基于这个运行特征,增程式电动汽车可以在行驶过程中,根据实际动力、排放和NVH需求,相对自由地控制发动机运行状态,并满足整车NVH、排放以及动力等性能要求。

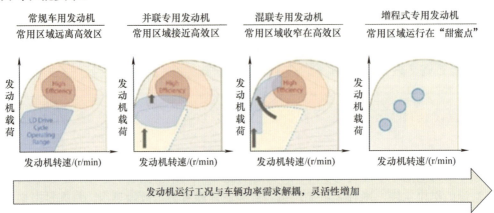

图 3-1 不同混合动力构型发动机的运行区域

由于并联、混联以及传统车用发动机存在发动机直接驱动车轮的工况,需要考虑在实际驾驶循环对应的发动机工况范围内实现低油耗,从而降低整车的行驶油耗。然而,由于常见的驾驶循环中存在大量的低转速、低负荷工况,使实际驾驶循环对应的发动机运行区域总是偏离发动机高热效率区域,即无法实现驾驶循环工况和发动机高效区的完美匹配,如图3-2所示。为了追求驾驶循环最低油耗,通常会妥协发动机最高热效率,一个典型的案例就是发动机增压小型化技术。尽管增压小型化技术能够使发动机高效区趋向循环中常用的低速、低负荷工况,但是增压小型化技术在高负荷时容易爆燃的倾向使其必须降低压缩比,从而限制了最高热效率。而对于增程用发动机,由于其实现了功率解耦和转速解耦,其运行工况可脱离测试循环的限制而集中于发动机的高热效率区,即可极致地追求发动机本体高热效率,而无须向测试法规循环工况妥协,实现了测试循环效率和发动机热效率解耦。

图3-3所示为增程用发动机的常用工况示意图。常规车用发动机需要满足车辆加速性能以及最高车速性能,其转速和负荷运行范围通常较高。在高转速和高负荷工况区域,需要采用浓混合气燃烧,以抑制爆燃并降低排气温度。然而增程用发动机运行工况与车辆实际需求功率和车速解耦,因此无须运行于过高的转速和负荷区域,通常沿着最低油耗线运行,在某些特殊的应用场景下甚至只运行于最低油耗点以降低油耗。这是增程用发动机不同于并联、混联以及传统车用发动机的另一个技术特征。

因此,与并联、混联以及传统车用发动机相比,增程用发动机工作过程存在一些内在的技术特征:

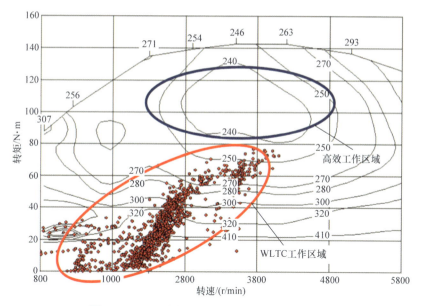

图 3-2　WLTC 循环工况发动机运行区域示意图

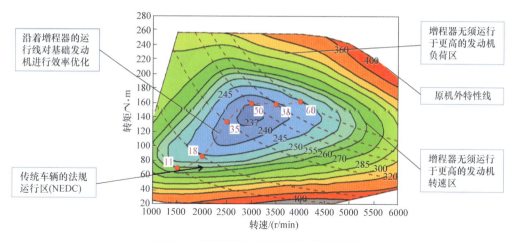

图 3-3　增程用发动机的常用工况示意图

1）增程用发动机与驱动系统之间的机械解耦。
2）增程用发动机输出功率与车辆需求功率之间的功率解耦。
3）增程用发动机转速与整车车速之间的速度解耦。
4）增程用发动机热效率与测试循环之间的效率解耦。
5）增程用发动机排放与排放测试循环之间的排放解耦。

因此，基于这样的解耦特征，增程用发动机追求功率指标，而不是转速-转矩指标；追求部分工况高热效率，而不是全工况高热效率。这使得增程用发动机的运行状态也可以相对独立于整车运行工况，运行工况点通常可以沿着最低油耗线分布，这也是增程技术路线与普通混动技术路线的显著差别。也正是由于发动机运行状态和整车运行状态之间的内在解耦特征，使得增程用发动机可以相对独立地设计开发。但需要指出，上述各项性能解耦并非常规意义上的完全数学解耦，而是指从强耦合状态变为弱耦合状态。例如，在选择增程器发电工况点时，并非完全追求高热效率，还需要考虑整机 NVH 性能与汽车行驶噪声的匹配，避免出现车辆停车或者低速行驶时，增程器工作于高转速、高功率区域。这样，在控制上增程式电动汽车的难易程度就比普通混合动力汽车（如丰田行星齿轮式混动汽车）简单了很多。

3.1.2 增程用发动机的分类

增程式电动汽车对其发动机的天然要求包括高效率、高功率密度以及良好的 NVH 性能等。围绕这些需求，国内外众多厂商以及研究机构开发了多款增程用发动机产品及样机，包括传统的四冲程发动机、二冲程发动机、转子发动机以及苏格兰轭发动机等，其中以四冲程发动机为主要开发方向。

1. 四冲程发动机

图 3-4 所示为 Lotus 和 Fagor 公司开发的增程器。该增程器搭载了一款直列三缸四冲程自然吸气汽油机，发动机采用整体式缸体缸盖、集成式排气歧管，并配置了平衡轴系统来提高 NVH 性能，其最高转速为 4000r/min，并在 3500r/min 时能够持续、稳定地发出 35kW 功率。同时，该发动机可以选配增压系统，最大功率可以扩展至 50kW/3500（r/min）。此外，为了满足不同功率需求，还设计了单缸和两缸四冲程发动机，使增程用发动机功率覆盖范围从 5kW 拓展到 50kW。

图 3-4 Lotus 和 Fagor 公司开发的增程器

图 3-5 所示为 Mahle 公司开发的增程器。该增程器搭载了一款双缸四冲程自然吸气汽油机，发动机飞轮布置于两个气缸中间，进气系统紧贴发动机侧面，以缩小尺寸。值得强调的是，该发动机点火间隔采用 0°/180°CA，可以避免产生一阶惯性力，同时未配置平衡轴系统，以降低尺寸和成本。但是这种特殊的点火顺序使得燃烧激励分布不均匀，Mahle 公司采用电机动态转矩控制策略来抑制发动机转速波动，即电机负载随着发动机输出的变化而变化。针对排放控制，Mahle 公司在催化器起燃之前选择合适的发动机工况点来控制原机排放。待催化器效率上升至正常水平后，再将发动机工况调整至需求工况。

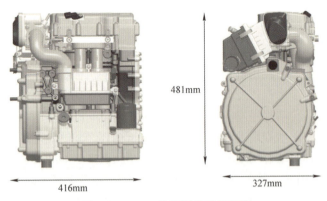

图 3-5 Mahle 公司开发的增程器

图 3-6 所示为 KSPG 和 FEV 共同开发的增程器。该增程器搭载了一款双缸四冲程汽油机,为了缩短发动机高度,该发动机采用 V2 形式布置,并利用两个小型发电机的旋转轴来平衡其一阶惯性力矩,以获得良好的减振效果。

图 3-7 所示为 AVL 开发的增程器。该增程器搭载了一款单缸四冲程发动机,该单缸机采用双平衡轴系统和扭转减振系统,其中发电机轴作为一根平衡轴使用,实现了良好的 NVH 性能。类似地,BMW 公司也开发了一款双缸增程器,不同之处是 BMW 采用传统意义上的双平衡轴系统。

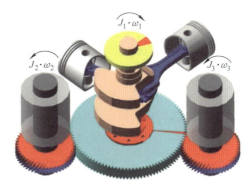

图 3-6 KSPG 和 FEV 共同开发的增程器

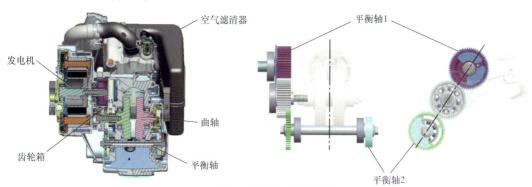

图 3-7 AVL 开发的增程器

图 3-8 所示为 Nissan 开发的增程器。该增程器搭载于 Note 和 Juke 车型,在日本获得了极好的销量。该增程器搭载了一款三缸四冲程自然吸气汽油机,发动机采用了阿特金森循环、冷却 EGR 系统以及电子水泵,并对摩擦副进行特殊涂层处理,以降低机械损失。发动机起动过程被倒拖至 1200r/min 才进行喷油,以避开车辆共振带。

图 3-8 Nissan 开发的增程器

2. 二冲程发动机

二冲程发动机由于升功率高、紧凑性好,也是一种可选的增程用发动机技术方案。意大利 Modena 大学近年来对二冲程缸内直喷汽油机进行了研究,该单缸机排量为 0.5L,几何压缩比 16∶1,有效压缩比为 11.8∶1,利用特殊设计的扫气系统、旋转式进气阀以及机械增压系统,可以实现最大输出功率为 30kW@4500r/min,最低有效燃油消耗率约为 220g/(kW·h)。该二冲程发动机总质量仅为 33kg,远低于同功率水平的四冲程汽油机和柴油机。图 3-9 所示为 Modena 大学开发的二冲程汽油机。尽管二冲程汽油机功率密度高、紧凑性好、质量轻,且可与四冲程汽油机技术共享,成本低,但受其本身工作原理限值,污染物排放劣于四冲程汽油机。

3. 转子发动机

转子发动机由于振动小、升功率高、紧凑性好,是一种可选的增程用发动机技术方案。图 3-10 所示为 AVL 开发的转子发动机增程器,该转子发动机排量仅为 0.25L,升功率达到 60kW/L,最低有效油耗率为 260g/(kW·h),净功率约为 29kW,增程器总成总质量约 65kg。AVL 将该增程器进行封装,以减弱噪声传递,测试数据表明该增程器 1m 噪声小于 65dB(A),车内噪声小于 58dB(A)。此外,FEV 公司曾开发了 295mL 转子增程用发动机,并能够在 5500r/min 时实现 18kW 的输出。马自达公司也曾经开发了转子发动机增程器,但未有更多报道。

图 3-9 Modena 大学开发的二冲程汽油机　　图 3-10 AVL 开发的转子发动机增程器

尽管转子发动机运行平顺性好、紧凑性好、功率密度较高,但是转子发动机活塞密封性要求苛刻,影响运行的稳定性和可靠性。

4. 自由活塞式发动机

近年来还出现了增程器用自由活塞发动机。自由活塞发动机的结构与往复活塞式发动机完全不同,由于没有气门机构以及旋转部件,其结构简单,NVH 性能较好,成本较低,但是其碳氢排放较高,热效率较低且机电转换效率低。Trattner 等人建立了二冲程自由活塞发动机一维模型,利用已有的二冲程汽油机试验数据对模型性能参数进行了预测。结果表明,发动机恒定输出 20kW 时,热效率接近 35%,发电效率约 23%。

南京理工大学在传统二冲程自由活塞发动机结构的基础上,提出了改进结构的自由活塞发动机模型思路。图 3-11 所示为两种自由活塞发动机模型示意图。新型自由活塞发动机的主要部件就是两个活塞组成的中心燃烧室以及两个发电机。模拟分析结果表明,循环指示热效率可以达到 46.2%,发电效率达到 42.5%。自由活塞发动机无需复杂的配气机构,无旋转部件,结构简单,紧凑性好,机械效率较高,且质量轻,水平

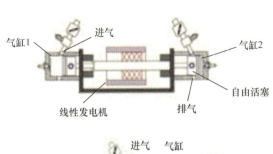

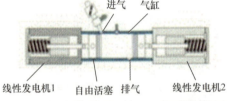

图 3-11 两种自由活塞发动机模型示意图

对置的布置使得 NVH 性能较好。

5. 苏格兰轭发动机

传统的往复活塞式发动机由于其曲柄连杆的运动特性，会产生多阶次的振动。通常，这种发动机的 3 阶次以及更高阶次的振动无法进行平衡。类似于传统往复活塞式发动机的曲柄连杆机构，苏格兰轭也是一种可以将发动机的往复运动转变为旋转运动的机构，但是苏格兰轭机构理论上可以自动平衡发动机所有阶次的振动，实现真正意义上的谐和运动，实现良好的 NVH 性能。为了减少发动机中的摩擦，苏格兰轭发动机通常采用水平对置双作用的方式，使每个连杆的末端都安装有活塞。这将使发动机轴承数/气缸数的值减少，实现轻量化以及更高的功率密度。图 3-12 所示为苏格兰轭发动机曲柄连杆结构示意图。SYTECH 公司开发了一系列苏格兰轭发动机，并计划将其用于增程式电动汽车。其测试数据显示，最低有效燃油消耗率为 229g/(kW·h)，并满足国六 b 排放法规。表 3-1 为 SYTECH 公司苏格兰轭发动机技术参数。

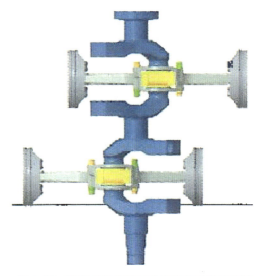

图 3-12　苏格兰轭发动机曲柄连杆结构示意图

表 3-1　SYTECH 公司苏格兰轭发动机技术参数

参数	单位	S208 型号	S415 型号
气缸数	—	2	4
额定功率/转速	kW/(r/min)	30/4500	62/4500
最低有效燃油消耗率	g/(kW·h)	229	
排放水平	—	国六 b	
重量	kg	<40	<75

6. 燃气轮机

燃气轮机是一种以连续流动的气体为工质带动叶轮高速旋转，将燃料的能量转换为有用功的动力机械。相比传统往复活塞式发动机，燃气轮机运转稳定，NVH 性能好，但是其缺点在于尺寸大且变工况响应差，难以适应汽车使用环境。由于尺寸效应，燃气轮机功率越小，其热效率越低。100kW 以下的简单循环微型燃气轮机的热效率通常不超过20%，采用回热器可以大幅提升热效率，但是会导致体积增加，且国内尚不具备高紧凑回热器的加工能力。Capstone 曾设计了一款集成发电机的燃气轮机，在 30kW 发电功率时，其有效热效率为 26%，在 65kW 发电功率时，有效热效率则为 29%。腾风汽车曾发布过使用微型燃气轮机的增程式电动汽车，但未见后续量产报道。

3.2 高效发动机关键技术和实现途径

3.2.1 高效增程用发动机的关键技术

开发出比混动用发动机更高热效率的发动机是增程这一技术路线能否在市场竞争中取得一席之地的关键。本节将通过综述,特别是通过两个具体的关键技术实例说明其实现途径。式(3-1)表示遵循定容加热循环的理想汽油机指示热效率公式,指示热效率 η_t 与压缩比 r_c 和比热容比[⊖] γ 相关。可见,提高压缩比和比热容比是提高发动机热效率的主要方向。

$$\eta_t = 1 - \frac{1}{r_c^{\gamma-1}} \quad (3-1)$$

图 3-13 所示为发动机压缩比和缸内混合气的比热容比对热效率的影响,汽油机的热效率随着压缩比和比热容比的提高而提高。然而过高的压缩比会导致发动机缸内产生强烈的爆燃倾向,严重时将会导致发动机损坏。因此,高效增程用发动机应该尽可能提高几何压缩比,同时通过米勒循环/阿特金森循环以及 EGR、稀薄燃烧、HCCI 燃烧等技术来抑制发动机爆燃倾向,这也是本小节的阐述思路。

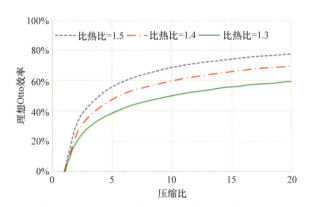

图 3-13 发动机压缩比和缸内混合气的比热容比对热效率的影响

为了降低发动机缸内爆燃倾向,可以采用阿特金森/米勒循环来降低发动机的有效压缩比。阿特金森/米勒循环是指通过进气门早关或者晚关策略减少发动机有效进气量,从而降低充量系数,控制缸内气体的压缩终了温度,抑制爆燃。通常将进气门晚关称为阿特金森循环,将进气门早关称为米勒循环。图 3-14 所示为阿特金森和米勒循环进气门升程曲线差异。

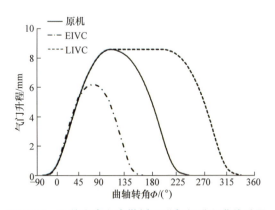

图 3-14 阿特金森和米勒循环进气门升程曲线差异

除了通过上述阿特金森/米勒循环抑制爆燃之外,增程用发动机还可以用废气再循环或者稀薄燃烧来抑制爆燃。废气再循环是指将燃烧的废气再次引入燃烧室,与新鲜混合气混合后再次燃烧。由于废气中含有大量的 N_2、CO_2 和 H_2O 等接近惰性的气体,这些

⊖ "比热容比"指的是定压比热容 C_p 与定容比热容 C_v 之比,通常用符号 γ 表示,即 $\gamma = C_p/C_v$,是描述气体热力学性质的一个重要参数。

气体能够稀释新鲜混合气，降低燃烧温度，抑制爆燃。从机械结构角度区分，废气再循环技术可以分为低压废气再循环和高压废气再循环。在低速高负荷工况时，发动机进气歧管压力高于排气歧管压力，高压废气再循环无法使用。而低压废气再循环可以采用冷却器来降低再循环废气温度，有利于进一步降低油耗，但面临响应慢等问题。

稀薄燃烧技术则是引入过量的空气，稀释单位质量内的新鲜混合气所蕴含的能量，从而降低燃烧温度，抑制爆燃。相比废气再循环技术，稀薄燃烧技术引入的过量空气中蕴含大量的O_2，在抑制爆燃的同时，更有利于提高效率。但是，稀薄燃烧会使后处理系统复杂化，现有的三元催化器无法用于NO_x气体的处理，通常需要稀燃氮氧捕集器（Lean-burn NO_x Trap，LNT）或者主动选择性催化还原器（passive Selective Catalytic Reduction，pSCR）等来处理。值得注意的是，LNT技术需要不断在稀燃和浓燃之间切换，会导致油耗收益的减小。

当增程用发动机采用废气再循环和稀薄燃烧进行稀释燃烧来提高发动机效率时，由于气缸内单位质量混合气能量密度下降，其燃烧速度也将逐渐下降。若稀释达到一定程度，如过量空气系数接近2.0时，采用传统火花塞点火技术将难以点燃混合气，燃烧急剧恶化甚至产生失火现象。采用高能点火技术，则可以改善稀释燃烧的燃烧过程，拓宽稀释极限。

高能点火分为高能直接点火和预燃室点火两大类，分别以等离子电晕点火和预燃室点火为典型代表，图3-15所示为等离子电晕点火和预燃室点火。等离子电晕点火是一种典型的高能直接点火技术，其借助谐振电路，通过高频谐振变压产生气体放电所需的电压，在火花塞电极尖端产生多条电离气体束，并伸展到燃烧室，实现空间点火。相比普通火花点火的线性点火特点，等离子电晕点火凭借点火能量高且点火体积大等优势，能够可靠、快速地点燃可燃混合气。台架试验表明，等离子电晕点火能够可靠点燃过量空气系数为2.0的混合气，并能获得循环波动较小的快速燃烧。与高能直接点火技术不同，预燃室点火技术则是在传统燃烧室上开设一个小型预燃室，该预燃室通过孔与主燃烧室相连。发动机在进气行程，通过特定的气流将少量的可点燃范围内混合气封装在预燃室内。通过普通火花点火，点燃预燃室内的混合气，并产生高能量的火焰锋面，从预燃室表面的孔流出，并在主燃烧室内形成多个着火点，使混合气更快且更充分地进行燃烧。台架试验表明，预燃室点火技术可以使过量空气系数2.5的稀薄混合气稳定燃烧。

a）等离子电晕点火　　　　　　　　b）预燃室点火

图3-15　等离子电晕点火和预燃室点火

理论上，废气再循环和稀薄燃烧技术通过降低燃烧的剧烈程度来抑制发动机爆燃，而均质压燃技术（Homogeneous Charge Compression Ignition，HCCI）则通过气缸内多处同时点火，取消火焰传播来抑制爆燃。与传统火花点燃式汽油机相同，HCCI 燃烧需要在燃烧开始前完成燃料与空气在进气系统或者通过直喷在缸内形成混合气的过程，接下来预混合气被压缩，并在压缩行程末期产生类似于传统压燃式发动机的自燃着火以及随后的燃烧现象。HCCI 燃烧模式下，必须在压缩行程开始时提高新鲜充量的温度，以便在压缩终了时可以达到自燃的条件。提高充量温度的方法主要是采用在气缸内保留部分高温的燃烧产物。理想的 HCCI 发动机中，自燃与燃烧将在整个燃烧室中同时进行，这会产生较高的放热率。为了避免这种现象的发生，HCCI 发动机必须在稀混合气或废气稀释的条件下运行。由于不存在火焰传播，HCCI 燃烧可以采用比当量比燃烧稀得多的混合物，或者采用更充分的废气稀释。因此，HCCI 燃烧可以在取消节气门的情况下实现部分负荷运转，消除传统当量比燃烧中节气门部分开启导致的节流损失。不仅如此，燃用稀释混合气，可以有效降低燃烧温度，大大减少了 NO_x 排放。然而，受限于失火、爆燃以及部分燃烧等因素，HCCI 仅能在中等负荷工况实现稳定燃烧。而这样的工况范围正好切合增程用发动机的使用边界，这意味着 HCCI 技术有潜力率先在增程用发动机上取得突破。

从发动机能量损失角度分析，为提高增程用发动机热效率，除了提高燃烧效率之外，还可以从降低散热损失和机械损失等方面入手。发动机通过排气和冷却液带走的热量大约占燃料总能量的 2/3，通过动力涡轮发电、热电转换、朗肯循环等技术，可以在一定程度上回收这部分废弃能量，并转换为电能储存于动力电池。此外，增程式电动汽车通常配备大容量动力电池，传统发动机上的机械式空调压缩机和机械式水泵、油泵等附件均可以实现电气化，进一步降低发动机机械损失，提高有效热效率。

3.2.2 低压废气再循环技术

如 3.2.1 节所述，EGR 技术可以降低缸内燃烧温度，从而有效抑制高压缩比下的爆燃现象，并可大幅度降低 NO_x 排放。在一款增程器专用 GDI 汽油机上开展 LP-EGR 技术的应用研究，试验选取增程器运行典型工况点，即 2500r/min-35kW（134N·m），研究 EGR 对发动机燃烧和排放特性的影响。

EGR 率、点火时刻直接影响缸内混合气着火前的分层状况，从而影响发动机的燃烧特性。图 3-16 所示为 EGR 率、点火时刻对正常燃烧区域的影响，该区域即符合限定边界条件的燃烧区域。除 EGR 率为零时最晚的点火时刻受高排温的限制，其他 EGR 率条件下的最早、最晚点火时刻分别受限于爆燃和失火（燃烧不稳定）。同一点火时刻下，随着 EGR 率的增加，缸内最大爆发压力和压力升高率逐渐降低，缸内循环变动增大，燃烧由爆燃过渡到濒临失火，EGR 可有效抑制放热速率。另外，随着 EGR 率的增加，界于爆燃和失火之间的正常燃烧对应的点火时刻均提前，滞燃期延长，减弱了缸内混合气的分层效果，使其更趋均匀，降低了最大压力升高率，即 EGR 率的增加减缓了点火时刻提前导致的爆燃倾向。

图 3-17 所示为 EGR 率、点火时刻对燃油消耗率的影响。EGR 的引入对降低燃油消耗率有显著的效果。对于相同的 EGR 率，燃油消耗率随着点火时刻的提前而降低，在

濒临爆燃边界的点火时刻条件下获得最低燃油消耗率。在EGR率为20%、点火时刻为 −25°CA ATDC 时，有效燃油消耗率达到最低值219.1g/（kW·h）（对应有效热效率为38%）。

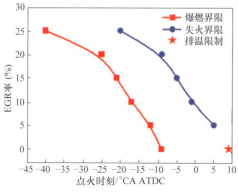

图 3-16　EGR 率、点火时刻对正常燃烧区域的影响

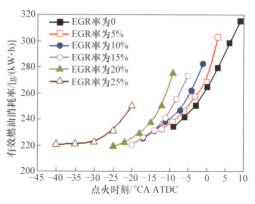

图 3-17　EGR 率、点火时刻对燃油消耗率的影响

图 3-18 所示为 EGR 率、点火时刻对 NO_x 排放的影响。EGR 是降低 NO_x 排放最有效的方法。由于 EGR 的稀释作用及热容效应能够降低缸内燃烧温度，推迟燃烧相位，避免爆燃的发生，同时 CO_2 和 N_2 等惰性气体有阻燃作用，可进一步延长燃烧持续期，减缓燃烧化学反应速率，抑制 NO_x 的形成机制；另一方面，EGR 中 N_2 和 CO_2 的稀释作用降低了缸内混合气中 O_2 的浓度，减缓了 NO_x 的形成速率。推迟点火使主燃烧相位后移，也有效减少了局部高温富氧区，降低了燃烧峰值温度，缩短了高温持续时间，从而减少了 NO_x 排放。

图 3-19 所示为 EGR 率、点火时刻对 THC 排放的影响。在试验中，汽油喷射时刻若为进气行程早期，会造成汽油的壁面淬熄和狭隙效应，燃烧室有害容积内尚未氧化的燃油及不完全氧化的中间产物等复杂成分成为 THC 排放的主要来源。EGR 率、点火时刻共同影响缸内混合气的质量和燃烧温度，会对燃烧和排放起到双重作用。适当的 EGR 率和点火时刻促使油气混合更加均匀，有利于燃烧完全；如果 EGR 率过高、点火时刻过

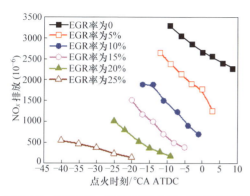

图 3-18　EGR 率、点火时刻对 NO_x 排放的影响

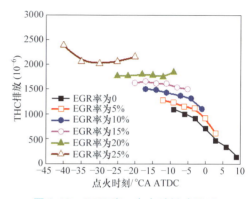

图 3-19　EGR 率、点火时刻对 THC（HC 总量）排放的影响

迟，则会使缸内燃烧温度偏低且不利于燃烧完全。同一点火时刻下，随着EGR率的增加，THC排放升高，这是由于EGR对降低缸内混合气中的氧浓度及燃烧温度起主导作用，导致未氧化及不完全氧化的燃油增多。当EGR率低于20%时，随着点火时刻的推迟，THC排放降低，主要原因是推迟点火时刻延长了滞燃期，使着火前的油气混合时间增加，燃烧更充分；当EGR率高于20%时，随着点火时刻的推迟，THC排放先降低后升高，这主要是由于进一步推迟点火时刻导致更低的燃烧温度，缸内激冷层厚度的增加促进了HC的生成，且燃烧温度的降低不利于HC的氧化。

图3-20所示为EGR率、点火时刻对CO排放的影响。CO排放主要受化学动力学影响，与缸内温度有较好的一致性。即当温度达到缸内混合气发生低温和蓝焰反应，但又不足以发生热焰反应时，会导致生成的CO难以继续氧化，因此CO主要来源于燃烧室壁面附近的骤冷区，或出现低温和蓝焰反应的低温区。EGR率和点火时刻对燃烧和排放的双重作用决定了CO的生成和氧化量。随着EGR率的升高，滞燃期延长，缸内混合气更均匀，燃烧更完全，CO排放基本呈下降趋势。点火时刻对CO的影响与各EGR率下的燃烧状况有关，如EGR率低于15%时，随着点火时刻的提前，燃烧相位提前，在骤冷和低温区生成的CO更容易氧化，CO排放先升高再降低。当EGR率升高到25%时，氧浓度和缸内燃烧温度的大幅度降低导致不完全燃烧，不但有利于CO的生成，而且还减弱了燃烧过程中对CO的氧化作用，导致CO排放随点火时刻的提前而升高。

图3-21所示为EGR率、点火时刻对PM排放的影响。PM排放主要受两方面因素的影响：局部当量比（氧浓度）和燃烧温度。EGR的引入可降低缸内局部氧浓度，且有利于减弱GDI汽油机缸内混合气的分层状态，形成更多的均质混合气，减少了局部分层燃烧，降低了燃烧温度，从而降低了缸内燃油的热裂解和脱氢反应，减少了初级炭烟颗粒的形成，即抑制了PM的生成，但低温又不利于生成的PM在燃烧后期的氧化。PM排放总体较低，EGR率最高为25%，不至于引起燃烧恶化，EGR对PM的双重影响导致PM随EGR率的增加而逐渐降低。在EGR率为0、5%、10%时，点火时刻的进一步提前有利于更充分燃烧，也可减少初级炭烟颗粒的形成，因此随着点火时刻的提前，PM排放基本呈先升高后降低的趋势。

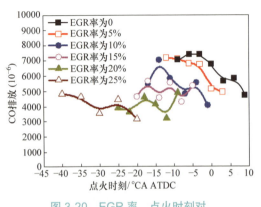

图3-20　EGR率、点火时刻对CO排放的影响

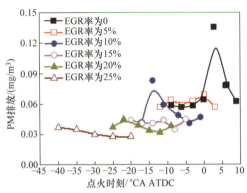

图3-21　EGR率、点火时刻对PM排放的影响

3.2.3 超稀薄燃烧技术

3.2.2 节重点介绍了 LP-EGR 对增程用发动机性能和排放的影响，本小节则利用一台专门开发的单缸机，研究超稀薄燃烧技术所能达到的效率极限。

表 3-2 为单缸机主要技术参数。该发动机几何压缩比达到 17.0∶1，缸径行程比达到 0.7。超高的压缩比奠定了较高的热效率基础；较高的缸径行程比能够降低面容比，增加活塞运行速度，从而减少传热损失并增加湍动能，实现快速燃烧。同时，增程用发动机较低的转速运行范围能够抵消较高缸径行程比带来的发动机极限转速低的缺点。

表 3-2　单缸机主要技术参数

项目	单位	数值
缸径	mm	76.4
行程	mm	109.1
缸径行程比	—	0.7
单缸排量	mL	500
进气包角	°CA	137
排气包角	°CA	204
几何压缩比	—	17.0∶1

图 3-22 所示为单缸机测试台架示意图，除了常规发动机试验台架具备的测功机、油耗仪等设备，单缸机试验台架还需要配备增压、冷却和润滑等设备。试验所用燃油为欧洲标准 E10 乙醇汽油，实测 RON 值为 96.5，低热值为 $4.136 \times 10^4 \mathrm{kJ/kg}$。为了实现均质超稀薄燃烧，引入了超高能点火系统（分别采用美国辉门公司生产的型号为 ACIS 的电晕点火系统以及美国博格华纳公司生产的型号为 ECO-FLASH 的电晕点火系统），对不同电晕点火系统所能达到的最低油耗水平进行测试。每一阶段的测试内容均包括均质稀薄燃烧、缸内喷水以及废气再循环（Exhaust Gas Recycle，EGR）等，以分析不同爆燃抑制技术对燃烧过程的影响。测试工况为转速 3000r/min，IMEP 为 1.1MPa。

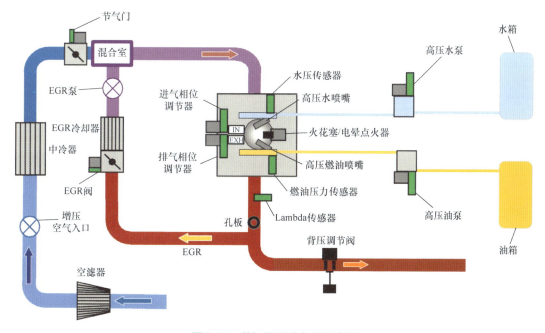

图 3-22　单缸机测试台架示意图

图 3-23 所示为不同技术组合对应的发动机最高有效热效率。其中在各个技术组合下

均对点火提前角、配气正时、喷油正时、喷水正时等参数进行优化，以获得最高的有效热效率。尽管 EGR 和稀薄燃烧均能够增大多变指数、抑制爆燃，进而提高热效率，但是空气中的 N_2 和 O_2 等双原子分子比废气中的 H_2O 和 CO_2 等三原子分子的多变指数更大，更加有利于提高热效率。同时，稀薄燃烧引入的空气中含有大量的 O_2，更有利于缸内燃烧氧化过程，稀薄燃烧对热效率的提升潜力大于 EGR。采用博格华纳电晕点火系统，可以使发动机过量空气系数（以下简称 Lambda）达到 2.0 以上。当 Lambda = 1.94 时，发动机的最高有效热效率达到 45.0%。但由于辉门电晕点火系统的点火能量低于博格华纳电晕点火系统，采用辉门电晕点火系统时仅能使发动机最大 Lambda 达到 1.65，其最高有效热效率为 43.8%。可见，实现 45% 有效热效率的发动机核心技术是"高压缩比 + 长行程 +Miller 循环 + 稀薄燃烧 + 高能点火 + 附件电动化"。

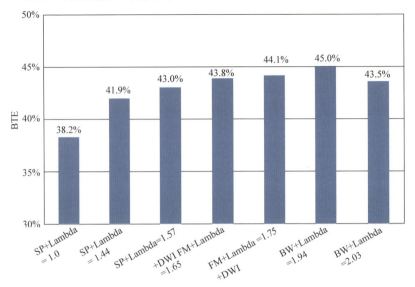

图 3-23　不同技术组合对应的发动机最高有效热效率

SP—普通火花点火　DWI—缸内喷水　FM—辉门高能点火　BW—博格华纳高能点火
Lambda = 1.0—过量空气系数为 1.0

图 3-24 所示为不同技术组合对应的发动机 NO_x 排放。尽管 Lambda 在 1.05 ~ 1.15 之间会存在一个峰值，但是当越过这个峰值后，随着 Lambda 增大，NO_x 排放将快速下降，Lambda 达到 2.0 时，NO_x 排放仅为 $188×10^{-6}$。这意味着如果采用高能点火系统，将稀薄燃烧的过量空气系数极限拓宽到 2.0 以上，可以有效控制发动机原始的 NO_x 排放。尽管在试验中 NO_x 原始排放降低到了 $188×10^{-6}$ 的极低水平，但依然无法直接满足国六排放限值要求。在稀薄燃烧导致的富氧排气环境条件下，无法直接利用传统的三元催化器来处理 NO_x 排放，需要采用 LNT、SCR 或者 pSCR 等技术来处理多余的 NO_x 排放物，以满足国六排放限值要求。值得强调的是，利用高能点火和稀薄燃烧，可以控制发动机的 NO_x 原始排放水平，降低 LNT、pSCR 中贵金属的含量和 SCR 的成本以及尿素使用量。本田公司的研究报告也显示，利用预燃室可以将汽油机均质稀燃的过量空气系数拓展到 2.5 以上，将 NO_x 的排放降低到排放限值以下，而无需额外的 NO_x 后处理装备。这意味着增程用发动机高效率和低 NO_x 排放可以兼顾。

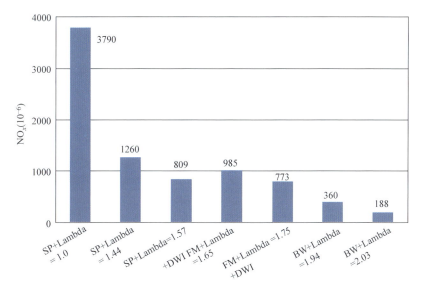

图 3-24 不同技术组合对应的发动机 NO_x 排放

SP—普通火花点火　DWI—缸内喷水　FM—辉门高能点火　BW—博格华纳高能点火
Lambda = 1.0—过量空气系数为 1.0

3.3 专用发动机设计开发

尽管自由活塞发动机、苏格兰轭发动机、微型燃气轮机等在增程式电动汽车上应用拥有各自的优势，但普遍因为技术成熟度问题而处于实验室阶段。目前，增程器用发动机的开发主要集中于四冲程发动机以及部分转子发动机和二冲程发动机。本节重点讲述二冲程发动机开发过程、特征需求以及未来一体化设计趋势。

3.3.1 二冲程发动机开发

增程器用发动机评价指标包括成本、NVH、排放、重量、可靠性、效率、安全性、尺寸、改进空间、功率密度等，其中成本、重量、尺寸、效率、NVH 和排放是增程器用发动机需要考虑的核心指标，其中首要指标为效率。

表 3-3 为不同类型增程器用发动机优劣势。从表 3-3 中可见，相比转子发动机、四冲程发动机，二冲程发动机尽管未能在任意一项指标上都取得优势，但是在综合性能指标上具备总体优势，特别是在成本、重量和尺寸等方面，是未来增程器用发动机的重要发展方向。

相比四冲程发动机在 720°CA 内完成进气、压缩、做功和排气四个动作，二冲程发动机需要在 360°CA 内完成进气、压缩、做功和排气四个动作，特别是在活塞下行过程中需要实

表 3-3 不同类型增程器用发动机优劣势

项目	转子发动机	四冲程发动机	二冲程发动机
成本	-	-	○
重量	○	-	○
尺寸	○	-	○
效率	-	+	-
排放	○	+	-
NVH	+	-	○

注：○表示基准，+ 表示有优势，- 表示有劣势。

现膨胀、排气和进气三个动作,每个动作对应的曲轴转角远小于四冲程发动机,导致混合气组织困难,燃烧效率低。同时,二冲程发动机采用扫气来加快燃烧废气排出气缸,不可避免地将导致部分混合气未经燃烧而直接排出气缸,这也导致二冲程发动机效率偏低、排放较差。受限于传统二冲程发动机的工作原理,无论其应用于乘用车增程器还是商用车增程器,均会面临排放和效率方面的挑战。随着发动机设计理念和生产工艺的不断推陈出新,一些在传统四冲程发动机上应用的新技术也逐渐被用于二冲程发动机,以提高其热效率并降低排放。图 3-25 所示为某双缸二冲程发动机。该双缸二冲程发动机采用卧式布置,以降低整机高度,同时进排气系统紧贴发动机缸体,整机紧凑且车型的布置适应性广。表 3-4 为该双缸二冲程发动机的主要技术参数。

图 3-25 双缸二冲程发动机

表 3-4 双缸二冲程发动机的主要技术参数

项目	单位	参数
功率	kW	40
体积	m^3	同等功率四冲程发动机的 40%~50%
最高有效热效率	—	37%
燃料	—	92# 汽油

1. 降低排放的技术

传统二冲程发动机通过气缸上的进排气门进行换气,进气依靠曲轴箱扫气实现,这必然造成发动机进气不充分、排气不彻底的情况,同时混合气在扫气过程中不可避免地被扫出气缸,导致排放超标。图 3-26 所示为双缸二冲程发动机反直流扫气系统(反直流扫气是指进气门在上、排气门在下;传统直流扫气是指进气门在下、排气门在上)。其进气门布置在气缸盖上,并由凸轮轴进行驱动,可以更好地组织进气气流,为良好的燃烧过程提供条件。排气门布置于缸体上,在换气过程中,进排气门均处于开启状态,实现自上而下的扫气过程。为了强化扫气过程,同时提高功率密度,发动机可配置增压系统,如机械增压系统或电子增压系统等。

传统二冲程发动机除了扫气过程导致排放差之外,其润滑系统设计也加剧了这一问题。由于传统二冲程发动机进气通过曲轴箱扫气完成,其曲轴箱内无机油,只能依靠在汽油中混合一定比例的机油为曲轴箱提供润滑。这导致传统二冲程发动机存在严重的烧机油现象。图 3-27 所示为双缸二冲程发动机润滑系统,该双缸二冲程发动机润滑方式与四冲程发动机相同,润滑系采用湿式油底壳方案,利用机油泵通过强制润滑方式为各运动副提供润滑油。由于采用了自上而下的反直流扫气方法,新鲜进气无须经过曲轴箱而是直接进入气缸,进气过程不与机油相接触。因此,发动机烧机油现象急剧减少,排放也得到大幅改善。同时,该双缸二冲程发动机活塞环采用 4 道环设计。发动机运行过程中,油环始终处于排气门下方,不与高温废气直接接触,而缸壁润滑则依靠两道气环进行刮油,降低机油消耗。

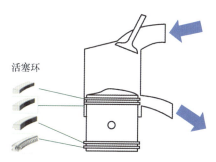
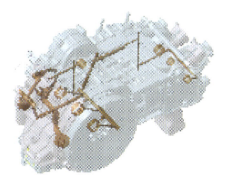

图 3-26 双缸二冲程发动机反直流扫气系统　　图 3-27 双缸二冲程发动机润滑系统

2. 提高效率的技术

从 3.2 小节可知,高压缩比和米勒循环是提高发动机热效率的有效途径。传统二冲程汽油发动机为了满足动力性需求,普遍采用奥托循环,受限于爆燃风险,通常其压缩比设计为 8:1~9:1。而该双缸二冲程发动机则采用 12.7:1 的高压缩比,旨在提高发动机热效率。为了抑制爆燃,该双缸二冲程发动机采用米勒循环来降低发动机有效压缩比,实现膨胀比大于压缩比的目的。图 3-28 所示为双缸二冲程发动机的进排气相位及气门升程。米勒循环采用进气门早关策略,直接减少了发动机的有效进气量,从而降低了压缩上止点时刻缸内气体的压力和温度,抑制了燃烧爆燃倾向。

除了上述高压缩比和米勒循环技术之外,该双缸二冲程发动机还采用 35MPa 喷射压力的直接喷射系统来替代传统低压气道喷射系统,以提高发动机热效率及降低排放。图 3-29 所示为双缸二冲程发动机高压顶置直喷系统。相比传统的气道喷射二冲程发动机,35MPa 喷射压力可以增加喷雾贯穿度,提高燃油蒸发、雾化程度,减少燃油沾湿活塞和缸壁风险。相比侧置布置,喷油器顶置布置则可以使油束分布设计更加灵活,有利于改善缸内混合气均匀性,尤其在小缸径发动机上,无需太多妥协即可避免燃油湿壁现象。

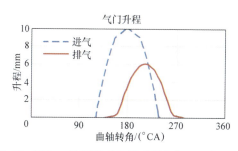

图 3-28 双缸二冲程发动机的进排气相位及气门升程　　图 3-29 双缸二冲程发动机高压顶置直喷系统
(高升程为排气升程曲线,低升程为进气升程曲线)

除了采用上述降低排放和提高效率的技术,该双缸二冲程发动机冷却系统还采用闭式水冷方案来替代传统风冷的冷却方案,以提高散热系统效率。此外,还采用活塞机油喷射冷却来控制活塞顶部温度,进而提高整机可靠性。

3. 二冲程发动机未来发展趋势

尽管现阶段二冲程发动机最高有效热效率(具体见表 3-4)已经达到 37%,基本与传统直驱式发动机的热效率持平。然而，相比现阶段插电式混合动力汽车或者增程式电动汽车用发动机，其热效率依然处于劣势。只有将二冲程发动机的热效率提升至现有混合动力用四冲程发动机的技术水平，才能获得足够的市场竞争力。

混合动力用四冲程发动机使用的EGR、稀薄燃烧、喷水冷却、HCCI等提高热效率的技术同样适用于二冲程发动机。例如，英国布鲁奈尔大学赵华教授利用CFD模拟手段系统优化了二冲程发动机缸径行程比、扫气道、进气道以及喷油策略，并利用一维仿真方法计算了采用缸内燃油分层稀薄燃烧和喷水冷却技术的二冲程发动机各项参数，计算结果表明，该二冲程发动机有效热效率最高可达47.2%。

伊朗德黑兰大学Amin Mahmoudzadeh Andwari等人在一台单缸二冲程汽油机上进行了内部EGR和外部EGR的试验研究。其结果表明，在2000r/min时，外部EGR率可达到25%，而内部EGR率可达到30%。除此之外，Amin Mahmoudzadeh Andwari等人还简单分析了HCCI燃烧在二冲程发动机上应用的关键技术，包括长扫气路径、可变进排气门等。这些探索都为二冲程发动机进一步提高效率、降低排放提供了有益的技术方案。因此，二冲程发动机作为增程器专用发动机，前景可期。

3.3.2 特征需求与对策

1. 冷却系统

发动机的频繁起停是增程动力区别于传统动力和混合动力的一大特征，这一特征对冷却系统提出了新的需求。传统直驱式发动机通常采用机械水泵来驱动冷却液循环流动，机械水泵与发动机之间存在机械耦合，水泵流量完全由发动机转速决定。由于汽车存在起动、蠕行、加速、减速、爬坡、下坡等复杂工况，传统机械水泵经常运行于非高效区域，导致能耗过高。且当发动机在高功率工况运行时紧急停机，冷却液将停止流动，而发动机燃烧室及缸盖鼻梁区的温度依然较高。这些高温区域逐渐加热周边水套，导致水套内冷却液温度逐渐升高，超过冷却液沸点而产生大量气泡。过高的冷却液温度以及过多的气泡会影响发动机的可靠性。

对于增程式电动汽车，其配备有动力电池，采用电子水泵替代传统的机械水泵，实现了发动机与水泵之间的机械解耦，可以精确匹配水泵转速与发动机运行工况，降低水泵能耗。同时，在发动机高功率发电急停时，控制电子水泵继续转动，使冷却液保持流动，并通过散热器进行散热，避免冷却液温度过度升高而影响发动机性能。

2. 发动机起停

传统发动机装配有一个小型直流起动机。当汽车点火开关拧至STA档时，起动机继电器线圈通电，并带动吸引线圈通电产生电磁力使起动机与飞轮齿圈啮合，同时起动机通电产生电磁转矩，并驱动发动机起动。当发动机转速达到200~300r/min时，ECU控制喷油、点火等动作，使发动机顺利起动。此时，点火开关自动回到IG档，起动机继电器线圈失电，起动机脱离飞轮并且转矩卸载。

而增程用发动机取消了传统小型直流起动机，而是由直连的CISG电机拖动发动机起动，其起动触发源从传统的STA档信号切换为RECU通过CAN总线给ECU发送起动指令信号。相比小型直流起动机，CISG电机具有高转矩优势，可以将发动机拖动至更高的转速再进行喷油点火，这不仅可以提高发动机起动成功率、降低油耗，还可以提高起动过程的 NVH 性能。因此，基于 CISG 电机的增程用发动机起动过程，需要将发动机喷油转速从 200～300r/min 提高至 500r/min 以上，发动机起动成功的判断逻辑也需要做相应更改。

与起动过程相似，基于 CISG 电机的增程用发动机停机过程从常规的点火开关停止发动机变更为 RECU 通过 CAN 发送停机指令给 ECU 进行停机。相比常规控制方式，通过 CAN 指令方式可以利用增程器控制系统自主判断是否进行 ECU 停机，以减少因人为因素而导致的发动机损坏。

3. 耐久与可靠性

相比传统发动机，增程用发动机频繁起停，将会对增程器轴系产生冲击。在增程用发动机开发时，应重点对增程器轴系进行充分的 CAE 分析和专门的起停耐久性试验，以降低轴系失效风险。

由于增程式电动汽车存在高电压系统，特别是高压发电机及其控制器产生的 EMC 问题，会对发动机运行可靠性产生影响。如某增程器在台架上运行时，发动机高能点火线圈出现聚氨酯灌封胶爆裂问题。在点火线圈信号线未添加屏蔽线和添加屏蔽线两种状态下分别采集点火线圈的信号波形，如图 3-30 所示。在点火线圈未增加屏蔽线时，其IGBT 受到了高压干扰，其振荡电压最高为 4.7V，超过了 IGBT 电压限值（3.9V），IGBT过电流而产生过多热量导致烧坏，最终使灌封胶开裂。而点火线圈添加屏蔽线后，其振荡电压最高为 2.6V，未超过限值，增程器长时间运行后点火线圈电压波形未产生变化，封胶也未出现爆裂现象。

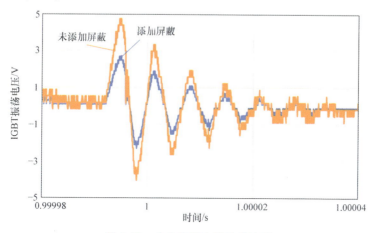

图 3-30　点火线圈电压信号波形

3.3.3　一体化设计

现阶段常见的增程器用发动机和发电机普遍是相对独立的，它们通过双质量飞轮、增速齿轮箱等耦合机构连接。但是这种分体用的增程器普遍存在尺寸大、质量重、零部件数量多等不足。随着产品集成度要求的提升，增程器一体化设计的趋势越发明显。它们或者是缩小增程器尺寸、满足紧凑布置要求，或是从减少零部件数量、降低产品成本，亦或从优化 NVH 等性能角度进行增程器一体化设计。

从国内外的开发进展来看,增程器的一体化设计可以划分为多个层次,最为常见的是飞轮集成式增程器。传统增程器普遍采用的是将发电机通过飞轮与发动机曲轴后端连接,零件数量多,整体结构复杂,故障点多,维护保养复杂。飞轮集成式增程器则取消了传统飞轮,发动机曲轴后端直接连接发电机转子,发动机缸体面或者飞轮壳端面直接连接发电机定子壳体。通过合理的配重,使发电机转子的转动惯量等于传统飞轮的转动惯量,确保增程器在发电时的旋转稳定性。这样既大幅减小了增程器轴向尺寸和整体重量,又减少了增程器零部件数量,降低了整机成本。图 3-31 所示为传统增程器与飞轮集成式增程器对比。

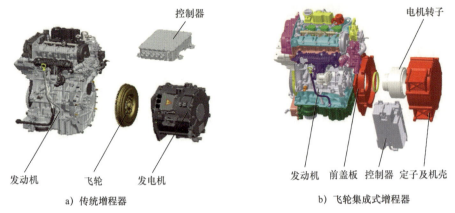

a) 传统增程器 b) 飞轮集成式增程器

图 3-31　传统增程器与飞轮集成式增程器对比

常见的增程器一体化设计还有一体式冷却方案,即增程器发电机和发动机采用统一的冷却系统。由于发动机和发电机最佳工作温度范围不一致,因此增程器发动机和发电机通常采用两套冷却系统,导致冷却系统零部件多、成本高。而一体式冷却增程器则采用一套冷却系统,散热器出来的冷却液首先经过工作温度较低的发电机水套,吸收发电机工作产生的热量,冷却液温度升高后再进入发动机机油冷却器,以降低发动机机油温度,最后冷却液进入发动机的缸体和缸盖,对发动机进行冷却。图 3-32 所示为一体式冷却增程器。

除此之外,还有将发电机整合进发动机曲轴箱方案的一体式增程器,如图 3-33 所示。该双缸增程器采用 V2 结构,发电机壳体被整合进发动机的曲轴箱内。发电机壳体可以完全被冷却液包围,尽可能地将发电机热量带走,冷却液的压力损失也不至于过大。同时,FEVcom 采用和发动机转动方向相反的两个小型发电机来平衡发动机的旋转惯性,实现良好的 NVH 性能。

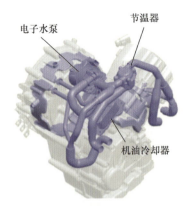

图 3-32　一体式冷却增程器

类似 FEVcom 的设计思路,AVL 公司也开发了一款单缸增程器。该增程器本身带有一根平衡轴,其转速与发动机曲轴转速比为 2∶1,可以有效降低发动机的二阶振动。同时,利用一对速比为 1∶1 的齿轮组将发动机和发电机连接,可将发电机轴视作发动机的一阶平衡轴,有效降低发动机一阶振动。

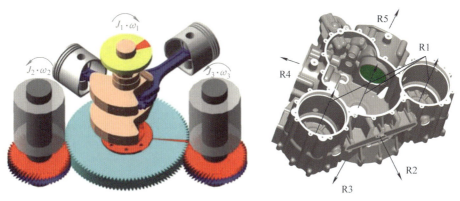

图 3-33 FEVcom 增程器示意图

除了上述这些机械层面的增程器一体化设计，还有一种控制原理层面的一体化设计，具体详见本书第 5 章。

3.4 增程用发动机标定与试验

3.4.1 发动机起停工况的标定

1. 起动工况标定

（1）点火转速

发动机被拖动至设定的点火转速时，ECU 将控制发动机开始喷油、点火。传统发动机采用小型直流起动/发电机进行拖动起动，受限于该类电机的小转矩、低转速特性，发动机通常仅能被拖动至 200～300r/min，然后 ECU 控制发动机开始喷油、点火。增程用发动机可以利用 CISG 电机进行拖动起动，CISG 电机转矩大、响应快，可以将发动机快速拖动至高转速，然后再进行喷油、点火，实现高速起动，获得更佳的 NVH 性能。

为了有效避免增程用发动机的振动传递到发电机上，在增程用发动机与发电机中间可以设置双质量飞轮。双质量飞轮的主、次飞轮之间设置有弹性元件和阻尼元件，其振动频率较低，通常会和发动机起动阶段的点火激励产生共振。因此，增程用发动机点火转速的设置应避开双质量飞轮的共振区间。表 3-5 为某增程器双质量飞轮共振频率以及 1.5 阶次点火激励转速。因此，增程用发动机点火转速需高于 500r/min，以避免发动机的点火激励与双质量飞轮产生共振。

表 3-5 某增程器双质量飞轮共振频率以及 1.5 阶次点火激励转速

参数	单位	一级弹簧	二级弹簧
刚度	N·m/(°)	2.8	8.5
频率	Hz	7.2	12.5
1.5 阶次点火激励转速	r/min	288	500

（2）CISG 电机拖动转矩

CISG 电机以给定的转矩拖动发动机，并经过一定的维持时间后卸载归零，其核心控制参数就是拖动转矩。拖动转矩不仅与起动速度相关,还与双质量飞轮的摆角相关。表 3-6 为某增程器不同的 CISG 电机拖动转矩对应的双质量飞轮摆角,由表 3-6 可见,拖动转矩为 150N·m 时,飞轮摆角最小。当拖动转矩过小时,起动时间较长,飞轮在共振转速区间停留的时间较长,导致飞轮摆角较大。当拖动转矩偏大时,飞轮中的弹簧因拖动转矩压缩程度增加,也会导致飞轮摆角过大。

表 3-6 某增程器不同的 CISG 电机拖动转矩对应的双质量飞轮摆角

拖动转矩 /N·m	飞轮摆角 /(°)
100	52.98
150	48.09
200	58.15
250	65.62

(3)起动过程结束点

在发动机的起动控制中,起动过程结束意味着发动机进入了自稳定的燃烧状态,为进入怠速、暖机等工况做好了准备,也为催化器加热控制、空燃比控制等操作提供了时间参考。

传统发动机起动过程往往以转速超过某值(约 500r/min)作为起动结束的标志。但对于增程用发动机而言,当发动机转速超过该值时,有可能发动机并未成功着火。因此,需要重新设计增程用发动机起动过程结束点识别策略,通常以发动机转速超过一个较高的转速值为起动过程结束标志。由于 CISG 电机能够将发动机拖动到较高转速,因此设置的起动过程结束点转速应该高于 CISG 电机的卸矩转速。

2. 停机工况标定

传统车轮直驱式发动机接收到停机指令后,关闭节气门并停止喷油点火,然后发动机依靠摩擦、压缩负功等能量损失进行停机。这种停机过程时间长,且在某些转速区间会与整车其他部件产生共振。

对于增程用发动机,其停机过程可以利用 CISG 电机产生负载转矩来实现快速停机。图 3-34 所示为某增程用发动机停机过程。当增程用发动机接收到停机指令后,停止喷油

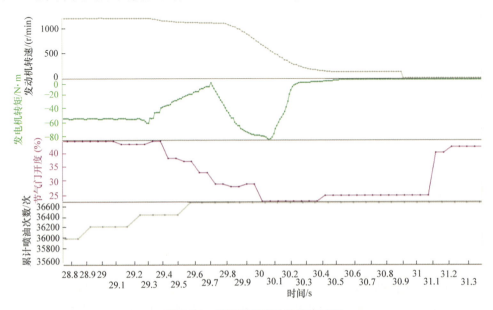

图 3-34 某增程用发动机停机过程

和点火，并关闭节气门，同时CISG电机也卸载为零，增程用发动机在摩擦和压缩负功的作用下转速下降至怠速转速附近。然后CISG电机重新加载负载转矩到一定值，增程用发动机在自身摩擦和压缩负功以及CISG电机负载的共同作用下使转速快速下降并迅速穿过共振区。为实现良好的增程器停机性能，可以对CISG电机停机过程负载转矩进行标定。通常，增程器停机过程初期，CISG电机负载转矩逐渐增大至某设定值，然后在停机过程后期，CISG电机负载转矩逐渐从峰值降至零。可以通过标定匹配使停机性能达到最佳。

3.4.2 发动机发电工况标定

发电机发电工况标定包括稳态工况标定和过渡工况标定。稳态工况标定是指在台架测功机上，通过控制发动机冷却液温度、油温、进气温度和压力等参数，利用标定设备来确定发动机在不同转速和负荷工况下，其ECU内所有控制参数和MAP的基础数值。主要的台架标定内容包括充气模型标定、转矩模型标定、增压器标定、油轨压力标定、点火角标定、摩擦功标定、VVT标定、爆燃控制标定以及稳态排放标定等，获得的主要MAP和控制参数有外特性性能、基本喷油时刻MAP、基本点火角MAP、空燃比MAP以及空燃比闭环控制参数等。图3-35所示为某增程用发动机稳态工况空燃比MAP。相比传统车轮直驱式发动机在高转速大负荷工况采用燃油加浓策略，增程用发动机在其全区域工作范围内几乎保持理论空燃比。

过渡工况标定是指增程用发动机接收到发电工况点切换指令后，需要进行工作点切换。增程器动态响应性能越好，则越能降低动力电池系统大倍率放电的概率和负担。根据力学理论 $T = J\dfrac{d\omega}{dt}$，由于在工况切换过程中，增程器转动惯量 J 保持不变，用于加速的转矩 T 越大，则角加速度越大，发动机工况切换速度越快。

图3-36所示为某增程器过渡工况发动机和CISG电机转矩变化示意图。以某增程器从10kW@1500r/min工况切换至60kW@3800r/min为例，其发动机转矩从63N·m增加至150N·m需要0.8s，对应的发动机转速从1500r/min升高至2400r/min。如果将发动机转速继续升高至3800r/min，则总共需要2.0s来实现。为了提高增程器响应速度，发动机达到150N·m目标转矩，允许其继续升高，如达到190N·m，以提高增程器旋转角加速

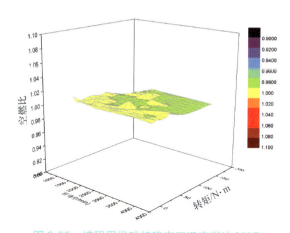

图3-35 增程用发动机稳态工况空燃比MAP

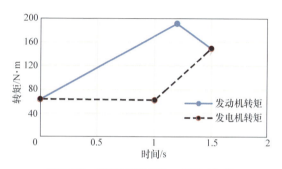

图3-36 某增程器过渡工况发动机和CISG电机转矩变化示意图

度。同时，CISG 电机负载保持 63N·m 直至转速接近目标值，然后 CISG 电机负载转矩增大至 150N·m，同时发动机转矩相应降低。这样，可以缩短增程器发电工况的切换时间，提高增程器响应速度。

3.4.3 整车适应性标定

由于整车在道路上实际运行的工况比发动机台架工况更为复杂多变，需要将发动机台架的标定数据进行调整以适应整车各种工况。整车适应性标定是指利用整车在转鼓台架上以及实际道路上对发动机 ECU 数据进行进一步标定优化，以满足各项性能指标以及油耗排放法规，通常包括整车基本标定、排放标定、三高标定（高温、高原、高寒）等。

整车排放标定通常在转鼓台架上进行标准工况循环试验，通过微调不同发动机工况点的标定参数，使发动机循环排放满足法规要求。而三高标定则是在实际道路上进行。高温标定重点验证高温连续起动试验、爆燃验证试验、排温模型验证试验以及炭罐控制试验等；高原标定重点验证大气压修正标定试验、增压器超速试验等；而高寒标定则重点验证低温冷起动试验。

3.4.4 发动机试验验证

增程用发动机试验类型与混合动力发动机的试验基本一致。在开发过程中需要经过各项性能试验和耐久试验，确保其动力性、经济性、排放和可靠性均满足设计目标。表 3-7 为增程用发动机功能试验项目。

表 3-7 增程用发动机功能试验项目

序号	试验类型	开发阶段	项目
1		项目批准	活塞贴合试验
2		项目批准	活塞拉缸试验
3		项目批准	冷却系统试验
4		项目批准	曲通系统试验
5	功能性试验	项目批准	机油消耗量试验
6		项目批准	机油稀释试验
7		项目批准	早燃验证（正常和极限压缩比）
8		项目批准	热平衡试验
9		投产验收	NVH 试验
10	动力性试验	投产准备	最大功率试验
11		投产准备	响应性试验
12	经济性试验	投产准备	经济性试验

除了上述功能试验，增程用发动机还需要进行多轮次的耐久试验，表 3-8 为增程用发动机耐久试验项目。表中的各项试验循环次数和时长依据增程车辆的设计寿命、市场定位以及运行环境等因素确定。

表 3-8　增程用发动机耐久试验项目

序号	开发阶段	项目
1	项目批准	1500 次冷热冲击试验
2		500h 额定功率试验
3		爆燃耐久试验
4		超速试验
5	投产准备	3000 次冷热冲击试验
6		1000h 额定功率试验
7	投产验收	3000 次冷热冲击试验
8		1000h 额定功率试验
9	项目批产	3000 次冷热冲击试验
10		1000h 额定功率试验

参 考 文 献

[1] JAMES T，DARREN B，JASON M，et al. The Lotus Range Extender Engine[C]//SAE Paper，2010-01-2208. New York：SAE，2010.

[2] BASSETT M，JONATHAN H，MARCO W. Development of a Dedicated Range Extender Unit and Demonstration Vehicle[C]//The 27th International Electric Vehicle Symposium & Exhibition. [S. l.：s. n.]，2013：1-13.

[3] MICHAEL B，JONATHAN H，JOHN P，et al. Development of a Compact-Class Range Extended Electric Vehicle Demonstrator[C]// Proceedings of the Fista 2012 World Automotive Congress Volume 3：Future Automotive Powertrain. [S. l.：s. n.]，2012：553-562.

[4] MARTIN P，DEAN T，KARSTEN W，et al. A Low NVH Range-Extender Application with a Small V-2 Engine - Based on a New Vibration Compensation System[C]//SAE Paper，2012-32-0081. New York：SAE，2012.

[5] CHRISTIAN H，FRANK B，HUBERT F. Single Cylinder 25kW Range Extender as Alternative to a Rotary Engine Maintaining High Compactness and NVH Performance[C]// SAE Paper，2013-32-9132. New York：SAE，2013.

[6] MAKOTO K，AKIHIRO S，NAOKI N. Development of a brand new hybrid powertrain for compact car market[C]// 6th Aachen Colloquium China Automobile and Engine Technology. [S. l.：s. n.]，2016：1-18.

[7] MASSIMO B，ENRICO M，JARIN M，et al. Design and experimental development of a compact and efficient range extender engine[J]. Applied Energy，2017（202）：507-526.

[8] 郑斌，李铁，尹涛. 米勒循环改善增压直喷汽油机热效率的机理分析：部分负荷工况分析 [J]. 内燃机工程，2016，37（6）：116-121.

[9] Li T，Gao Y，WANG J S，et al. The Miller cycle effects of improvement of fuel economy in a highly boosted，high compression ratio，direct-injection gasoline engine：EIVC vs. LIVC[J]. Energy Conversion and Management，2014，79：59-65.

[10] 朱玉萍，李健，王立新，等. 冷却废气再循环系统（EGR）对增压直喷汽油机的油耗影响 [J]. 中国

机械，2015（10）：117-200.

[11] 蔡文远，马帅营，王一戎，等. LP-EGR 对增程器 GDI 汽油机燃烧和排放的影响 [J]. 内燃机学报，2020，38（1）：42-48.

[12] 蔡文远，徐焕祥，马帅营，等. 采用高能点火的均质稀薄燃烧汽油机试验 [J]. 内燃机学报，2020，38（4）：298-303.

[13] CAI W Y，WANG Y R，ROSCOE S，et al. Designing and testing the next generation of high-efficiency gasoline engine achieving 45% brake thermal efficiency[C]//28th Aachen Colloquium Automobile and Engine Technology[S. l. : s. n.]，2019：1-14.

[14] MATTARELLI E，RINALDINI C，SAVIOLI T. Port Design Criteria for 2-Stroke Loop Scavenged Engines[C]//SAE Technical Paper 2016-01-0610. New York：SAE，2016.

[15] 李双清，马瑞博，柳茂斌，等. 一种用于发动机的燃烧室、发动机及车辆：CN201921825594. 4[P]. 2020-07-31.

[16] 李双清，韦虹，胡轲，等. 发动机气缸、二冲程发动机及其工作循环的控制方法：CN201811271364. 8[P]. 2018-10-29.

[17] WANG X Y，ZHAO H. A High-Efficiency Two-Stroke Engine Concept：The Boosted Uniflow Scavenged Direct-Injection Gasoline（BUSDIG）Engine with Air Hybrid Operation[J]. Engineering，2019，5（3）：535-547.

[18] AMIN M A，AZHAR AA，MOHD F M，et al. Said Effect of Internal and External EGR on Cyclic Variability and Emissions of a Spark Ignition Two-Stroke Cycle Gasoline Engine[J]. Journal of Mechanical Engineering and Sciences，2017，11（4）：3004-3014.

[19] AMIN M A，AZHAR AA. Hogenous Charge Compression Ignition（HCCI）Technique：A Review for Application in Two-Stroke Gasoline Engines[J]. Applied Mechanics and Materials，2012，165：53-57.

Chapter 04

第 4 章
增程器中的电机系统

增程器中的电机系统主要由电机及电机控制器等组成。在增程器起动时，电机作为电动机拖动发动机起动；在增程器正常工作时，电机作为发电机发电，把发动机的机械能转换为电能。发电机输出的交流电经电机控制器整流为直流电，可供给到驱动电机系统、动力电池和辅助驱动系统。增程器的电机系统具备电动和发电双重功能，但以发电为主，所以又称之为发电机系统。本章将针对增程器发电机系统技术特征、选型、设计、开发、试验策划及验证等方面进行详细阐述。

4.1 车用电机分类

经过近几十年的发展，汽车用电机已经逐渐倾向于永磁同步电机，而异步电机、开关磁阻电机等越来越少，图 4-1 所示为车用永磁电机分类。按气隙磁通方向分类，车用永磁电机可分为径向磁场电机和轴向磁场电机；按定子磁通方向分类，车用永磁电机可

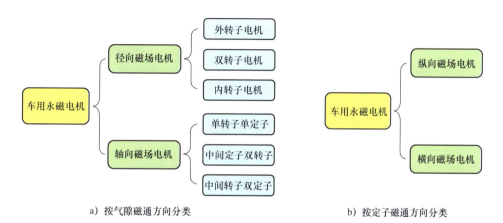

a) 按气隙磁通方向分类　　　　　　b) 按定子磁通方向分类

图 4-1　车用永磁电机分类

分为纵向磁场电机和横向磁场电机。其中,横向磁场电机由于工艺过于复杂,目前还很难批量产业化生产。

常用的钕铁硼永磁电机中最昂贵的零件就是"磁钢",其成本占整个电机原材料成本的 20%～30%,因此,磁钢用量是发电机降成本的重点考虑对象。近年来的发展趋势表明,车用驱动电机中稀土的用量在逐渐减小。在美国能源部发布的《新能源汽车电机电控 2025 技术发展路线图》中,对永磁体成本做了明确的指导性约束:磁钢成本降到 4% 左右。

图 4-2 所示为永磁电机电磁转矩公式,转矩由磁阻转矩和永磁转矩两部分构成,永磁转矩是与永磁体相关的转矩,磁阻转矩则是与永磁体无关的转矩。如在丰田普锐斯新能源汽车单 V 结构电机中,永磁转矩和磁阻转矩的大致

$$T_{em} = \frac{3}{2} p_n [\underbrace{\Psi_{pm} i_q}_{\text{永磁转矩}} + \underbrace{(L_d - L_q) i_d i_q}_{\text{磁阻转矩}}]$$

图 4-2 永磁电机电磁转矩公式

比例在 7∶3 到 6∶4 之间。如要提高磁阻转矩比例,则需提高磁阻,如磁阻转矩比例在 50% 以内的普锐斯第三代和第四代 IPM 电机,而高磁阻技术路线追求磁阻转矩的比例要超过 50%,这也是内转子电机的发展方向。

4.1.1 径向磁场电机

汽车行业常用的电机基本上都是径向磁场电机,而径向磁场电机又可分为内转子电机、外转子电机和双转子电机三类。内转子电机和外转子电机比较常见,其结构示意如图 4-3 所示。

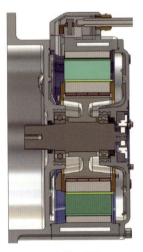

a) 内转子电机

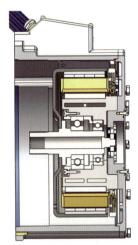

b) 外转子电机

图 4-3 内转子电机和外转子电机结构示意

1. 内转子电机

目前行业内内转子电机代表见表 4-1,其中博世公司的电机持续功率密度达到 2.38kW/kg,博格华纳公司的电机持续功率密度达到 1.67kW/kg,国内汇川公司和汉拿公司的电机持续功率密度分别达到 1.29kW/kg 和 1.33kW/kg。国内几家电机公司的代表产品在持续功率密度方面与国外先进的电机还有一定差距。

表 4-1 内转子电机代表

参数	汇川公司	汉拿公司	博世公司	博格华纳公司
电压等级 /V	540/350	350	350	350
最高效率	96.5%	95.5%	97%	95%
持续功率 @ 转速	45kW@10000r/min	40kW@3200r/min	50kW@7200r/min	50kW@7200r/min
转速范围 /(r/min)	0~11000	0~7000	0~16000	0~16000
外形尺寸 /mm×mm	$\phi 212 \times 248.5$	$\phi 297 \times 165$	$\phi 191 \times 235$	$\phi 186 \times 200$
重量 /kg	35	30	21	30
持续功率密度 /(kW/kg)	1.29	1.33	2.38	1.67

2. 外转子电机

外转子电机具有转动惯量大和功率密度高等特点，适合用于增程器的发电机开发，目前外转子发电机主要以德国采埃孚发电机产品为行业代表，已经批量应用到吉利相关的增程式车辆上。而在新能源电动汽车驱动电机领域，用于驱动的外转子电机主要以德纳电机为代表（加拿大 TM4 技术），在多年前已经批量生产。

外转子电机在特殊应用场合有很大的优势：转动惯量大，在单一的工作点运行时转动平稳性好；气隙直径大，电机电磁转矩大，易于实现电机的高功率密度；易实现电机的多极数设计，更好地保证气隙磁通量密度波形的正弦性；结构紧凑、质量轻，比同款内转子电机减重 15% 左右；能避免内转子电机结构转子散热不畅导致的永磁体在高温下退磁危险；外转子电机结构的定子齿开口朝外，其绕组的绕制可以通过机器自动完成，制造工艺远比内转子电机简单。相比内转子电机，外转子电机的效率要低些，但在轮边驱动系统中优势明显。

4.1.2 轴向磁场电机

轴向磁场电机主要有单定子单转子、中间定子双转子、中间转子双定子三种结构类型，后两种的结构示意如图 4-4 所示。

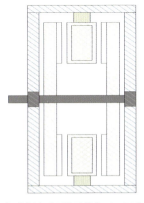
a) 中间定子双转子结构（R-S-R）

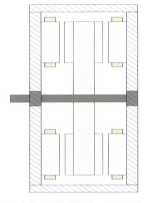
b) 中间转子双定子结构（S-R-S）

图 4-4 两种轴向磁场电机结构示意图

一个定子盘夹在两个转子盘中间，叫作 Toms 结构（中间定子双转子结构）。一个转子盘夹在两个定子盘中间，叫作 Kaman 结构（中间转子双定子结构）。Toms 结构是一种较有优势的结构，它充分利用了内定子两个表面的铜来产生转矩，电机端部绕组的长度减小了，提高了电机的效率，但对轴承的要求非常高。而 Kaman 结构有两个冷却盘，电机冷却非常有优势，由于只有一个转子盘，减小了转动惯量，但效率低于 Toms 结构，重量大于 Toms 结构。

以中间定子双转子结构（R-S-R）为基础结构的轴向磁场电机，主要以英国 YASA 公司的轴向磁场电机和比利时 Magnax 公司的轴向磁场电机为代表。所涉及的关键技术包括油冷冷却技术、定子铜线采用扁铜线、定子绕组端部采用无磁轭技术、分段电枢、位置检测采用涡电流传感器技术、定子冲片和转子冲片采用晶粒取向钢技术后损耗可以降低 85%。电机最高效率可以达到 98% 以上。而以中间转子双定子结构（S-R-S）为基础结构的轴向磁场电机厂家代表为上海磁雷格，目前已经批量生产。

轴向磁场电机具有扁平化和高功率两大技术特性，但技术主要集中在国外少数几家电机公司手中。现主要针对轴向磁场电机与径向磁场电机的功率密度和成本方面进行对比，如图 4-5 所示。其中，轴向磁场电机以英国 YASA 公司和比利时 Magnax 公司产品为例，径向磁场电机以特斯拉 Model 3 驱动电机、宝马 i3 驱动电机、博格华纳电机、博世电机等行业内主流产品为例。轴向磁场电机优势非常明显，是未来电机的发展方向。

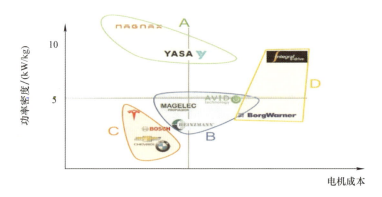

图 4-5 轴向磁场电机与径向磁场电机的功率密度及成本对比

4.1.3 横向磁场电机

近几年来，随着电动汽车、电力直接推进装置和风力发电技术研究的深入，对高转矩密度、低速直接驱动电机的需求更为迫切，横向磁场永磁电机（Transverse Flux Permanent Magnet Machine，TFPM）因其自身优点成为新型电机的研究热点之一。许多发达国家进行了大量而长期的 TFPM 理论和应用研究，丰富了其拓扑结构，促进了其发展。其研究方向主要集中在结构优化设计、磁场计算分析和电机控制策略方面。

横向磁场永磁电机是由德国著名电机专家 H.Weh 教授于 1986 年提出的一种新型结构电机。与传统电机相比，TFPM 具有以下特点：

1）电机的每相都完全独立，相与相之间没有电磁耦合，可提高电机的容错能力。

2）电机磁路呈三维分布，磁路与电路（线圈部分）处于不同平面，定子尺寸和线圈尺寸相互独立，从而使 TFPM 能够同时获得较大的定子齿横截面和线圈横截面，大大提高了电机的转矩密度,其输出是标准工业用异步电机的 5~10 倍。

3)在保持转速、电机主要尺寸、气隙磁通量密度等参数不变时,TFPM 的功率与极对数成正比,适用于低速、大转矩场合。

横向磁场电机是一种新型结构的电机,有很多种结构,按拓扑结构可以分为平板式、聚磁式、无源转子式和磁阻式四大类。本小节以一种常见的基本结构对横向磁场电机的结构和工作原理进行阐述。

图 4-6 所示为横向磁场电机的基本结构,电机定子由 C 形硅钢片叠成,称为 C 形定子铁心。图 4-6a 所示为横向磁场电机定子,多个 C 形定子铁心绕电机转轴轴线排列,缺口朝向中心轴线。定子线圈是一个以电机转轴轴线为圆心的圆形线圈,线圈穿过 C 形定子铁心中部,转子磁极则穿过 C 形定子铁心的缺口。图 4-6b 所示为横向磁场电机转子,电机的转子由永磁体磁极与转子体组成,转子体是转子的支撑体,呈盘状,转子体安装永磁体的外沿部分用不导磁的材料制造。图 4-6c 所示为横向磁场电机定子转子组合,此时磁极对齐 C 形定子铁心,如果转子转动一个磁极的角度,就会使相邻的磁极对齐 C 形定子铁心。永磁体与 C 形定子铁心缺口有一定的间隙,即气隙。

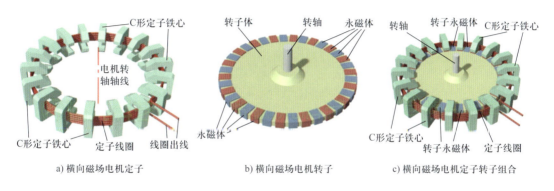

a) 横向磁场电机定子　　b) 横向磁场电机转子　　c) 横向磁场电机定子转子组合

图 4-6　横向磁场电机的基本结构

4.2　增程用发电机系统的特征及选型

4.2.1　发电机系统总体技术特征

图 4-7 所示为增程器发电机系统工作状态示意,主要具有以下五种工作模式:

1)拖动:增程器没有低压直流起动电机,由发电机代替起动电机功能,因此发电机控制器收到增程器 RECU 起动及相应的转矩或转速命令值时,控制发电机拖动发动机。

2)起动:发电机拖动发动机起动到点火转速状态,发动机开始点火起动,此时发电机系统输出转矩开始梯度降低。

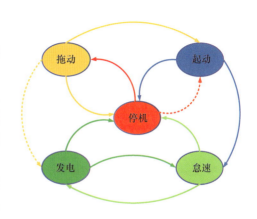

图 4-7　增程器发电机系统工作状态示意

3)怠速：发动机点火成功后，发电机系统切换为零转矩输出，发动机自行运行到怠速状态，此时发电机系统处于零转矩输出状态。

4)发电：增程器处于不同工况发电时，发电机控制器根据增程器 RECU 转矩命令控制发电机开始进入不同的发电工况。

5)停机：当增程器 RECU 发出停机命令后，发动机开始断油、发电机卸矩，增程器进入停机过程，最后发动机处于停机状态，发电机系统也处于停机状态。

增程器的发电机系统需要具备高精度及快速响应的输出特性和专用的防护功能；在电磁兼容（Electromagnetic Compatibility，EMC）、诊断（UDS、OBD）、功能安全等级等方面还应满足行业标准和企业标准的相关要求。

根据增程式电动汽车整车 NVH 需求、发动机万有特性曲线、增程器功率输出特征等，增程器应具备输出响应快、低车速时噪声低、全转速范围内能连续地输出功率等能力。因此，具有功率跟随特征的增程器发电机系统应具有带状高效区，如图 4-8 所示。

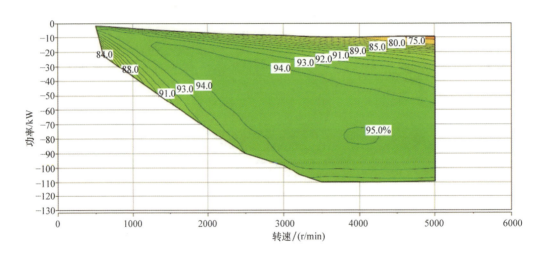

图 4-8　发电机系统带状高效区

综上所述，结合整车和增程器的需求，发电机系统需要具备以下重要的技术特性：

1)成本低、可靠性高、效率高、NVH 性能好。

2)在 EMC、UDS、OBD、功能安全等方面应满足行业标准和企业标准。

3)具有带状高效率区特性。

4)具有高精度及快速响应的输出特性及功率跟随特性。

5)具有专用的保护特性，预防增程器在工作过程中失控，起到预防作用。

4.2.2　发电机的特征及选型

增程器的发电机特性与电动汽车中驱动电机有所不同，主要表现在四个方面：

1)在主要功能方面，发电机与发动机连接，发电机不参与整车驱动，而驱动电机主要用于车辆驱动。

2)在反电动势方面，发电机需要更高的反电动势，而驱动电机需要更低的反电动势。

3）在电机工作方面，发电机主要关注持续功率特性，属于 S1 工作制，驱动电机主要关注整车不同工况需求，比如 WLTC 工况、C-WTVC 工况等，属于 S9 工作制。

4）在旋转方向方面，发动机只有一个旋转方向，导致发电机被限定了只有一个转动方向，发电机转速始终可以定义为正值。因此，当发电机在驱动状态时，发电机转矩为正值，当发电机在发电状态时，发电机转矩为负值。而驱动电机用于驱动车辆，车辆可以前进，也可以倒退，因此驱动电机没有旋转方向的限制。

增程器中的发电机还有如下的专用技术特征：

1）在机械特性方面，随着技术的发展，发电机需要解决的是电机的扁平化、轻量化、高功率密度、高结构强度等问题。在机械结构方面，发电机与发动机一体化设计将成为发展方向。

2）在电气特性方面，主要考虑三方面，首先要考虑发电机高效区与发动机高效区的匹配。发电机高效区域和外特性是根据发动机万有特性曲线数据定义的，发电机高效率区要落在发动机万有特性曲线最经济区域内。在发电机与发动机机械结构直连方案中，发电机高效区间常规定在 1500～4000r/min 之间，峰值转速不高于 5000r/min；其次要考虑发电机的反电动势，它是决定发电机效率的关键因素，也是决定发电机控制器半导体功率器件选型的主要因素；最后还要考虑发电机冷却液温度情况，发电机一般是串联在整车冷却系统中的最后一个零部件，因此发电机冷却液上限工作温度比较高，一般定义在 70～75℃之间，以保证发电机在持续功率条件下可以长时间工作。

3）在 NVH 特性方面，发电机振动和转矩脉动是决定发电机 NVH 性能好坏的重要因素。发电机齿槽转矩是引起发电机噪声和振动的第一主要因素，转子输出轴花键跳动和反电动势 THD（总谐波失真）是第二主要因素。驱动电机的部分振动是可以通过传动系统传递到车轮的，类似于电气系统中的地线。此外还要考虑发电机和发动机之间 NVH 的关联性。

所以，可以得出增程器的发电机需要具备以下三大重要技术特征：

1）具有扁平化和机电一体化机械特性（轴向尺寸短、节省布置空间等）。

2）具有带状高效率区特性（发电机高效区与发动机高效区相匹配）。

3）具有高功率密度特征（发电机重量轻、转矩密度高）。

根据上述增程器发电机的技术特征，在发电机开发过程中第一个要解决的是发电机与发动机的机械连接问题，而发电机开发的关键是解决电机的扁平化、轻量化、高功率密度、高效区域、低成本等问题，以满足增程器发电机的特征要求。

（1）发电机与发动机的连接方式

在目前已经工程化的增程器产品中，常规的有发动机曲轴与发电机轴直连和非直连两种形式（图 2-1）。为了保证发电机的可靠性和易维护性，要求轴承全生命周期内免维护，轴花键硬度控制在 HRC（52～55）内，永磁体磁钢表面要求防锈处理。

（2）发电机扁平化设计

根据发电机技术特征，发电机向扁平化方向设计，就决定了发电机的类型。发电机类型的选择方案首先是选择轴向磁场发电机，但开发难度最大，开发周期长；其次是选择集中式绕组的外转子发电机；最后是选择集中式绕组的内转子发电机，其轴向尺寸最长，开发难度最小，时间最短。

（3）发电机功率密度设计

为了降低增程器发电机的重量，发电机需要具备轻量化和小型化特性，因此必须提高发电机功率密度，第一是采用内转子高速电机集成增速器的方案，第二是采用外转子电机方案，第三是采用轴向磁场电机方案，该方案目前也是提升发电机功率密度的最佳方案。

在主要考虑轴向尺寸因素时，适用于增程器的发电机类型有轴向磁场电机和径向磁场中的外转子电机；在主要考虑成本因素时，目前，径向磁场电机中的高速内转子电机集成增速器方案是比较合适的，但系统效率会下降，增程器尺寸也会增加；在主要考虑发电机系统集成化因素时，最优的方案是轴向磁场电机和横向磁场电机。

综上所述，考虑效率、体积、重量、成本、技术成熟度、工艺难度等因素，增程器的发电机选型倾向于径向磁场外转子电机和轴向磁场电机，详见表4-2。

表4-2　几种电机评价指标对比

电机分类	径向磁场电机		轴向磁场电机		横向磁场电机
	外转子	内转子	Toms 结构（中间定子）	Kaman 结构（中间转子）	
扁平化程度	0	－	+++	++	++++
电机效率	0	+++	++	+	+
功率密度	0	－	+++	++	++++
电机重量	0	－	++	+++	++++
技术成熟度	0	+++	－－	－	－－－
工艺难度	0	+++	－－	－	－－－－
电机成本	0	－－－	++	+	+++
最高转速	0	++++	++	++	++

注：0代表比较基准，－代表低一个级别，+代表高一个级别。

4.2.3　发电机控制器的特征及选型

增程式电动汽车增程器的发电机控制器与驱动系统的驱动电机控制器有什么区别？发电机控制器又有什么专用的技术特征呢？选型主要考虑哪些方面呢？

发电机控制器主要用于控制发电机发电，驱动电机控制器主要是控制驱动电机进行车辆驱动。在功能安全方面，驱动电机控制器需要满足 ISO 26262 标准中的 ASIL C/D，而发电机控制器要满足 ISO 26262 标准中的 ASIL B/C。在电机控制算法方面，驱动电机控制器一般情况下只需要具备转矩控制模式，而发电机控制器要同时具有转矩控制模式和转速控制模式。

在输出特性方面，发电机控制器相当于直流逆变电源，其输出特性需要按电源标准进行要求及设计，在硬件上发电机控制器必须具备母线电流传感器。因此，需要重点关注发电机控制器的输出特性（直流输出功率、直流输出电流、直流输出电压）及其功率响应时间，这也是评价发电机控制器好坏的关键指标之一。在输出参数性能方面，发电机控制器特别关注母线输出参数响应时间，包括母线电流、母线功率、母线电压等。

在功能特征方面，为了满足汽车排放标准、零部件测试验证、基地装车前在下线测试台上检测、零部件售后维修等需求，发电机控制器应具备基于OBD Ⅱ开发的故障诊断功能，同时需具备UDS诊断功能。因此，发电机控制器和驱动电机控制器都需要具备诊断功能。在极限工况如持续大功率输出时需要发电机控制器和驱动电机控制器都降低载波频率工作，而在主动放电功能方面，两者需求不同。

增程器的发动机只有一个转动方向，并且由发电机拖动到点火状态。因此，发电机控制器需要具备发动机起动超速保护功能、防反转保护功能、防止失控保护功能等。

所以，从发电机系统的特征、发电机控制器和驱动电机控制器的对比分析可以看出，两者差异化比较小，但也可以得出增程器的发电机控制器需要具备以下三大重要技术特征：

1）具有高精度及快速响应的输出特性（母线功率、母线电流、母线电压等）。
2）具有专用的保护特性（防反转保护、防止增程器起动超速、防止失控等）。
3）具有高效区域宽特征（体积小、效率高、高效区宽等）。

因此，根据其技术特征，发电机控制器在选型方面涉及硬件、软件、功能安全、EMC等几个方面，具体如下：

1）在硬件方面，发电机控制器必须具有母线电流传感器，耐温等级需要达到105℃。
2）在EMC方面，发电机控制器必须满足GB/T 36282—2018等标准规定的带载要求。
3）在功能安全方面，发电机控制器需要满足ISO 26262标准中的ASIL B/C技术要求。

拓宽发电机控制器的高效区，关键在于发电机控制器中的功率半导体，目前功率器件基本在用IGBT，未来会被SiC（碳化硅）替换。碳化硅功率半导体器件的技术优势有：①新能源汽车布置空间是有限的，所以功率密度的提高是技术发展的主要趋势，碳化硅器件可以使功率半导体的封装体积比IGBT封装更小，理论上碳化硅控制器体积可以缩小到IGBT控制器的20%；②在电机控制器中，相比IGBT模块，用碳化硅模块可以提高大约5%的系统效率，因此与功率器件配套使用的无源器件（比如DC/DC产品中的功率电感器件）和散热器都可以做得更小。但目前还要考虑碳化硅的成本比IGBT高的因素，因此效率与成本平衡点的是碳化硅模块什么时候进入市场的关键。碳化硅非常适合应用于高电压，一些主流车厂已经把汽车的动力电池电压提高到了800V，随着以后高压直流充电桩的应用，碳化硅特别是高压1200V的碳化硅会比IGBT更有优势。

4.3 发电机系统的设计开发

4.3.1 发电机的设计开发

由于外转子电机具有低速大转矩等特性，适用于增程器发电机选用，因此，本节以一款外转子发电机为例阐述增程器用发电机的设计和开发。该外转子发电机结构示意如图4-9所示，关键技术指标（例）见表4-3，与驱动电机相类似的设计开发内容不再赘述。

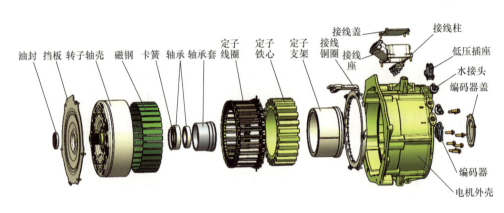

图 4-9 一款增程器用外转子发电机结构示意

表 4-3 发电机关键技术指标（例）

序号	项目	技术要求	备注
1	持续发电功率	63kW@3200r/min，S1 工作制	AC 端 63kW@3200r/min，冷却液 75℃，可以热平衡，绕组温度小于 190℃
2	电机最高效率	≥ 95%	
3	发电转速范围	1000～4000r/min	
4	发电机带状高效区	≥ 94%@1500～4000r/min	
5	发电机重量	≤ 45kg	
6	发电机外形	ϕ 320mm × 150mm	
⋮	⋮	⋮	

（1）发电机带状高效区设计

在增程器系统开发过程中，根据发动机与发电机系统高效区匹配（可参考 1.1.3 节所述的相关内容和原则）得出对发电机高效区分布的简略要求，再根据图 1-2，可粗略得出用于匹配发电机带状高效区的边界条件，见表 4-4。

表 4-4 发电机外特性曲线分析（例）

转速 /(r/min)	转矩下限 /N·m	转矩上限 /N·m	功率下限 /kW	功率上限 /kW
1500	80	110	12.6	17.3
1750	90	120	16.5	22.0
2250	100	130	23.6	30.6
2750	130	150	37.4	43.2
3000	130	155	40.8	48.7
3500	130	160	47.6	58.6
4000	110	160	46.1	67.0

依据电机行业设计能力、成本、增程器性能指标等情况，设定发电机最高效率应该大于 97%，再根据表 4-4 中的数据和发动机最经济燃油区域分布情况，建议发电机最高效

率中心区域落在 3000r/min@150N·m 附近，96% 的效率区域尽量覆盖 2000~4000r/min，95% 的效率区域尽量覆盖 1500~4000r/min，94% 的效率区域尽量覆盖 1000~4000r/min。

（2）发电机高效率设计

为了提高发电机效率，就需要降低发电机损耗，可采用分段处理技术来降低磁钢涡流损耗，如图 4-10 所示，并且，升级磁钢牌号（磁钢温度不小于 200℃），定子和转子采用 0.2mm 厚度的高性能硅钢片以降低铁损，定子采用扁铜线及灌胶工艺，发电机上的旋转变压器安装电角度误差要小于 0.15°。例如，在 600V 电压平台中，技术要求有：反电动势线峰值电压控制在 600~850V@5000r/min 内，发电机空载线反电动势 THD（总谐波失真）应小于 3%，齿槽转矩与持续转矩比值应小于 3%，三相电阻不平衡度应小于 2% 等。

（3）定子和转子结构设计

为了解决发电机的扁平化、轻量化、高功率密度等问题，首先要确定外转子发电机定子的结构类型，集中绕组因在轴向尺寸方面的优势而成为首选；其次要确定外转子发电机转子的结构类型，为了保证发电机高效率及高强度，磁钢不能直接粘贴到外转子壳体的内部，需要通过高性能硅钢片固定到转子壳体内部，如图 4-10a 所示。

（4）水道结构设计

为了提高发电机的持续功率输出能力，就必须提高发电机的散热能力，可以采用油冷结构和并行水道结构，而新能源汽车用驱动电机一般采用环形水道结构或蛇形水道结构的冷却方式。根据增程式发电机 S1 工作制特性，发电机冷却水道可以采用并行水道结构，以增加发电机散热能力，水道内部杂质清洁度总量要求小于 80mg，最大颗粒直径小于 0.5mm。

（5）工艺设计

在保证产品性能和可靠性的前提下，外转子电机最难的工艺是转子磁钢粘贴工艺、转子铁心清洗工艺、转子铁心平整度工艺等。在这些工艺过程中，还涉及胶水类型选择、转子磁钢清洗工艺等。

在密封的环境中使用干冰对转子铁心表面进行清洗，待自然挥发后，再用专用工具在转子铁心上以工字形涂胶，实物如图 4-10c 所示，用专用工具将磁钢粘贴在涂好胶水的转子铁心表面，磁钢外形如图 4-10b 所示。

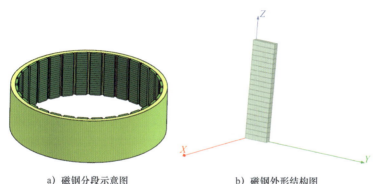

a）磁钢分段示意图　　b）磁钢外形结构图　　c）打胶及磁钢粘贴工艺

图 4-10　外转子发电机的磁钢工艺示意图

4.3.2 发电机控制器的设计开发

发电机控制器需要满足 EMC（电磁兼容）、诊断（UDS、OBD）、功能安全等行业标准和相关企业标准，本小节重点叙述发电机控制器与驱动电机控制器开发的差异之处，相同的开发项目不再列举。

（1）主动放电功能设计

为了避免在增程器发生重大故障时突然断高压电损坏发电机控制器，发电机控制器需要具备主动放电功能，而主动放电功能的前提条件有：①发电机控制器处于关管状态；②断开高压电池连接；③发电机控制器无故障且增程器的转速小于 10r/min。发电机控制器主动放电功能控制逻辑为：发电机控制器在接收到 RECU 发出的主动放电指令后，通过绕组发热快速消耗掉支撑电容内的电能，在 3s 内将母线电压降到 60V 以下。主动放电控制设计流程如图 4-11 所示。

（2）专用保护功能设计

在增程器产品开发过程中，由于发动机只有一个工作旋转方向，不能反向转动，并且由发电机拖动发动机到点火状态，不建议发电机把发动机转速拖动过高，因此发电机控制器需要具备一些安全保护机制，主要包括防止发电机拖动发动机起动超速保护、防止发动机反拖保护等，原理阐述如下：

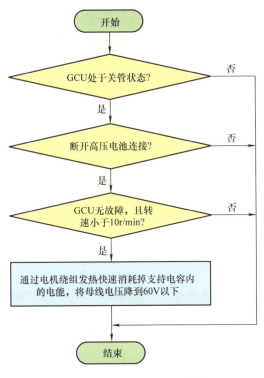

图 4-11 主动放电控制设计流程

1）防止发电机拖动发动机起动超速技术有：①当发电机转速小于（发动机点火转速+余量转速）时，对正转矩不做限制；②当发电机转速大于或等于（发动机点火转速+余量转速），且小于或等于发动机怠速转速时，对正转矩进行区间线性弱化算法处理；③当发电机转速大于发动机怠速转速时，不响应正转矩。

2）防止发动机反拖技术有：①当发电机转速大于（发动机怠速转速－余量转速）时，正常响应负转矩；②当发电机转速小于或等于（发动机怠速转速－余量转速）时，对负转矩进行区间线性弱化算法处理。具体设计流程如图 4-12 所示。

（3）故障等级设计及处理措施

通过检测发电机控制器和电机各模块的参数（电压、温度、电流等）信号，当读取到的信号达到设置的故障阈值并且触发阈值的动作时间也满足要求时，会触发相应的故障信号标志位并且映射到对应的故障等级，然后控制器会根据故障等级做出相应的保护动作。比如，故障等级 0——无故障；故障等级 1——GCU 上报故障等级，做功率线性降额处理；故障等级 2——GCU 上报故障等级，做转矩清零处理，并锁死故障，断电重启才能复位；故障等级 3——GCU 上报故障等级，做关管处理，并锁死故障，断电重启才能复位。

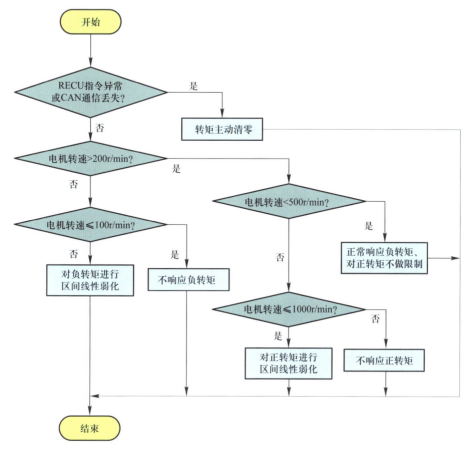

图 4-12　防止发动机反拖设计流程图

（4）输出参数精度及响应时间

发电机控制器相当于直流逆变电源，其输出特性需要按电源标准进行要求及设计，在硬件上具备母线电流传感器。因此，需要重点关注发电机控制器的输出特性（直流输出功率、直流输出电流、直流输出电压）及其响应时间，软件采用巴特沃斯低通滤波器技术和 $y = ax^2 + bx + c$ 数学模型进行精度补偿标定技术，为了提高响应性，发电机控制器采用增量式分段 PID 调节技术。根据增程器产品开发需求及技术积累，发电机控制器关键参数控制精度及响应时间要求见表 4-5。

表 4-5　发电机控制器关键参数控制精度及响应时间要求（例）

序号	主要特性	取值	备注
1	电机转速精度	≤ 5r/min	
2	母线功率精度（持续功率）	≤ ±1kW ≤ ±2%	带有母线电流传感器
3	电机转矩精度（持续转矩）	≤ ±3N·m ≤ ±3%	
4	母线电流响应时间	≤ 20ms	
5	母线功率响应时间	≤ 20ms	
⋮	⋮	⋮	⋮

4.3.3 发电机系统的集成化开发思路

现阶段，增程式电动汽车大部分发电机和发电机控制器产品还是分别独立地搭载到整车上。但随着技术的进步，下一代发电机系统产品会向着集成化、高效率等方向发展，发电机系统集成化包含硬件集成和软件集成两方面，高效率主要体现在发电机控制器中的功率半导体器件由 IGBT 转向 SiC。

（1）发电机及发电机控制器一体化集成思路

发电机系统硬件集成发展方向如图 4-13 所示。第一阶段，发电机与发电机控制器硬件物理集成，如图 4-13a 所示。在该方案中，发电机与发电机控制器是独立的两个部件，通过螺栓连接在一起，省略高压线束、位置传感器低压线束等。第二阶段，发电机与发电机控制器硬件原理集成，如图 4-13b 所示，在该方案中，发电机与发电机控制器共用一个壳体，共用一个冷却水道，因此不再独立存在发电机、发电机控制器、三相高压线束等零部件。

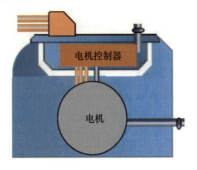
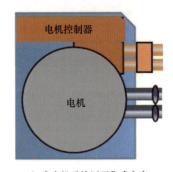

a) 发电机系统物理集成方案   b) 发电机系统原理集成方案

图 4-13 发电机系统硬件集成发展方向

（2）发电机控制器及 RECU 一体化集成思路

根据增程器现阶段可量产化的集成化技术路线，发电机控制器软件和 RECU 软件两者集成是最佳技术路线。在该方案中，把 RECU 软件集成到发电机控制器中，省略 RECU 硬件及相关的连接线束，可降低增程器系统的故障率，提高增程器系统的可靠性。在软件集成开发过程中，发电机控制器软件需要做出一定的改变。集成后的软件系统主要包含外部 CAN 通信软件模块、内部 CAN 通信软件模块、发电机控制软件模块、增程器控制软件模块、增程器状态监控软件模块、诊断软件模块等，如图 4-14 所示。

（3）发电机与发动机一体化集成思路

发电机与发动机的机械连接结构分类请参考 2.1.1 节内容。发电机与发动机一体化集成可以分

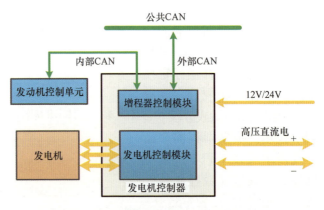

图 4-14 集成式发电机系统结构拓扑

为两个阶段：第一阶段，发电机转子代替发动机飞轮，发电机转子可同时起到发动机飞轮的作用，目前行业内已经有相关的样机出现（如马勒增程器）；第二阶段，发电机壳体与发动机壳体物理集成一体，并且发电机转子代替发动机飞轮，从原理上实现发电机与发动机一体化集成，目前行业内尚处在理论分析阶段。

4.4 电磁兼容设计

电子电气部件在电动汽车中所占比例越来越大，电磁兼容性问题也越来越突出，因为它与整车的安全密切相关，电磁兼容问题已成为汽车厂商所要面对的最严峻的挑战之一。

增程器是增程式电动汽车的核心部件，具有高电压、大电流、变工况等特点，所以增程器的电磁兼容设计更加重要，其中，发电机和发电机控制器是增程器中的主要干扰源，也是电动汽车中其他电子电气部件的主要干扰源。发电机及发电机控制器不能干扰其他电气部件，不能干扰自己，也不能受其他电气部件的干扰，因此，本节重点阐述发电机和发电机控制器电磁兼容设计中的预防及屏蔽。

4.4.1 增程器的电磁兼容概述

EMC 是指设备或系统在其电磁环境中能正常工作且不对该环境中任何事物构成不能承受的电磁骚扰的能力。因此，EMC 包括两个方面的要求：一方面是电子电气产品工作时对周边外界环境的电磁干扰，即所谓的电磁干扰（Electromagnetic Interference，EMI），包括空间辐射无线干扰和传导有线干扰；另一方面是电子电气产品在一定的电磁环境中工作时其本身对电磁干扰的敏感度，即所谓的电磁抗干扰（Electro Magnetic Susceptibility，EMS）。概括起来，即 EMC = EMI + EMS。

限制车辆对外干扰，保护车载无线电设备及其他敏感设备，如图 4-15a 所示；车辆的电磁抗扰度保证车辆在恶劣电磁环境中能正常工作，如图 4-15b 所示。

a) 车辆对外电磁干扰（EMI）   b) 电磁环境对车辆干扰（EMS）

图 4-15 EMC = EMI + EMS

从整车角度分析，增程器总成属于零部件级别，而发电机、发电机控制器、RECU、ECU、高压线束、低压线束等都属于子系统零部件级别。因此，增程器总成及其子系统在 EMC 开发方面都属于零部件级别，图 4-16 所示为零部件 EMC 开发目标。

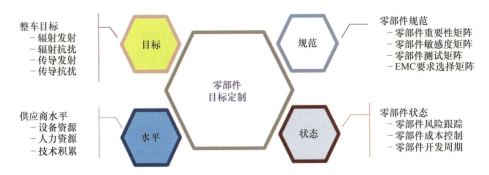

图 4-16 零部件 EMC 开发目标

4.4.2 发电机系统的电磁干扰设计

在增程器系统工作过程中，发电机和发电机控制器是主要干扰源，高压线束和低压线束是主要传导路径，如果电磁兼容没有处理到位，ECU 和 RECU 很容易被干扰，也会影响其他零部件正常工作，严重情况下会出现系统工作失控等问题。因此，增程器在产品开发策划阶段就要考虑发电机系统电磁干扰的预防和屏蔽问题。

发电机系统有多种工作状态，如不上电、上低压不上高压电、上高压电机不工作、高转速低转矩、低转速高转矩，这些工作状态均应分别进行相应的 EMC 测试，在测试方案中发电机系统在不同试验下的测试布置应符合相关标准要求。

（1）发电机系统的 EMC 开发目标

从电气角度分析，发电机控制器控制高压感性负载电机（发电机），内部含有 IGBT 和变压器等易产生干扰的器件。从干扰类型分析，相对于低压电器等小功率整车零部件，发电机和发电机控制器属于干扰源，而发电机控制器相对于发电机，属于易被干扰器件，因此，从零部件角度分析，发电机系统 EMC 测试工作模式见表 4-6。

表 4-6 发电机系统 EMC 测试工作模式

工作模式	定义描述
Mode 1	转矩模式：在额定母线电压下，电机 50% 额定转速，50% 额定转矩，25% 机械功率
Mode 2	转矩模式：在额定母线电压下，电机 500r/min，0N·m
Mode 3	转矩模式：在额定母线电压下，电机 0r/min，0N·m
Mode 4	待机模式：母线电压断电
Mode 5	停机模式：控制器高压和低压断电

根据表 4-6 中发电机系统的不同工作模式进行 EMC 测试，发电机系统 EMC 测试项目包括 EMI 和 EMS 两大项内容，详细测试项目见表 4-7。

（2）增程器系统电磁干扰的预防

发电机和发电机控制器在 EMC 预防方面一般都要在零部件正向开发前期及过程中完成，发电机系统在电路设计阶段、PCB 设计阶段、整体布局阶段、壳体材料选择等时按 EMC 技术需求进行，最后在母线端和三相端增加 EMC 滤波电感、X 电容、Y 电容、并且减少发电机控制器内部线束数量，尽量没有线束存在。在软件方面，发电机控制器一定要增加容错机制（如 IGBT 功率器件在开通和关断状态时），这样在硬件方面和软件方面都起到了预防作用。

表 4-7 发电机系统 EMC 测试项目

类别	代码	测试项目	工作模式
EMI	CE02	电磁传导发射	Mode1
	RE01	电磁辐射发射	Mode1
	CE01	瞬态传导发射	Mode2
	RE12	低频电磁场辐射发射测试	Mode1
EMS	CI01	瞬态传导抗扰度	Mode2 和 Mode3
	CI02	瞬态耦合抗扰度	Mode2
	RI01	电磁辐射抗扰度（BCI 法）	Mode2
	RI02	电磁辐射抗扰度（ALSE 法）	Mode2
	RI04	磁场抗扰度	Mode2
	ESD01	静电放电	Mode2 和 Mode5

（3）增程器系统电磁干扰的屏蔽

发电机和发电机控制器在 EMC 屏蔽方面一般涉及母线端和三相端高压线束、高压线束插头、低压线束、低压线束插头、接地线等，屏蔽是决定发电机和发电机控制器电磁干扰能力的重要措施，详细见表 4-8。

表 4-8 发电机系统 EMC 屏蔽问题

模块	涉及 EMC 标准	问题分析	处理方案
高压线束（三相、母线）	GB/T 18387—2017	高压低频辐射泄漏	1. 所有母线和三相高压线采用屏蔽线材（编制密度大于 85%） 2. 重点关注所用插头规格和高压线屏蔽层制作方式 3. 确保线束屏蔽层与格兰插头内部的屏蔽弹簧能充分接触
高压线束插头（三相、母线）	GB/T 18387—2017	高压低频辐射泄漏	1. 高压线端接地处理 2. 电气插头进行 360° 环接处理与对接端配合
低压线束（位置传感器）	GB/T 18387—2017	高压低频辐射泄漏	1. 位置传感器线束与 GCU 低压线束尽量采用独立的插接器 2. 位置传感器线束进行屏蔽塑封处理 3. 低压线端经过插接器接地处理
GCU 低压线束	GB/T 18387—2017	低频辐射泄漏	1. 位置传感器线束与 GCU 低压线束尽量采用独立的插接器 2. CAN 通信线束进行双绞屏蔽塑封处理 3. 低压电源线进行双绞屏蔽塑封处理 4. 低压线端经过插接器接地处理
接地线	GB/T 18387—2017	接地电阻过大	1. 用宽编织袋软铜线制作接地线 2. 安装在整车车架上时，要保证车架不存在绝缘漆
发电机	GB/T 18387—2017 GB/T 36282—2018 GB/T 18654—2017	高压低频辐射泄漏	1. 电机外壳增加接地连接位置 2. 低压插接器增加接地处理 3. 电机内部温度传感器线束要做双绞屏蔽处理 4. 电机内部位置传感器线束要做双绞屏蔽处理
发电机控制器	GB/T 18387—2017 GB/T 36282—2018 GB/T 18654—2017	高压低频辐射泄漏	1. GCU 三相母线端接地进行 360° 环接处理 2. GCU 内部直流母线正负接线端加 EMI 滤波器 3. GCU 内部三相输出接线端加 EMI 滤波器

（4）发电机系统接地线及高压线束

图4-17所示为接地线安装及高压屏蔽线束示意图，接地线如图4-17a所示。目前多数企业在制作高压线束过程中都存在误区，即线缆接口分两部分，一部分先安装到控制器壳体上，高压线穿过线缆接口，另外一部分后拧紧，这种安装方式会导致高压线束上的"铜鼻子"在穿过线缆接口时损坏屏蔽网，致使后期EMC屏蔽不到位，造成功能失效。而正确的安装方式是先把高压线缆接口（见图4-17b）穿过高压线缆后再安装线缆头，效果如图4-17c所示。

a）接地线及安装示意图　　　b）高压线缆接口示意图　　　c）高压屏蔽线束示意图

图4-17　接地线安装及高压屏蔽线束示意图

4.5　发电机系统试验验证

为了保证增程式电动汽车在生命周期内的可靠运行等要求，在发电机系统开发过程中，需要满足增程器发电机和发电机控制器的技术特征要求，以保证发电机系统的功能、性能、可靠性等，就必须进行试验验证，关于发电机系统的EMC试验验证请参考7.2.1节内容。

4.5.1　发电机开发试验策划

在发电机开发过程中，发电机试验是否充分对发电机的可靠性非常重要，因此在电机试验验证前，需要对发电机进行详细的试验策划，主要试验策划内容如下。

图4-18所示为发电机试验验证项目流程图，共分九组11台样机试验，同步进行验证，在试验开始前需要对11台样机性能及一致性进行台架测试，详细试验验证策划如下：

第一组：安全接地测试、冷却系统回路密封性能测试、反电动势及THD（总谐波失真）测试、功能检测、工作电压范围验证、发电机效率测试、温升测试、定子绕组对机壳的热态绝缘电阻测试、最高工作转速、超速测试，最后进行发电机拆解分析。

第二组：低温存储测试（24h）、低温工作测试（24h）、功能检测、高温存储测试（48h）、高温工作测试（96h）、功能检测、防水试验（8h）、功能检测、防尘试验（8h），最后进行发电机拆解分析。

第三组：温度梯度试验（6h）、功能检测、温度循环试验（240h），最后进行功能检测。

第四组：稳态湿热试验（504h），最后进行功能检测。

第五组：冰水冲击（11h）、功能检测、湿热循环（240h），最后进行功能检测。

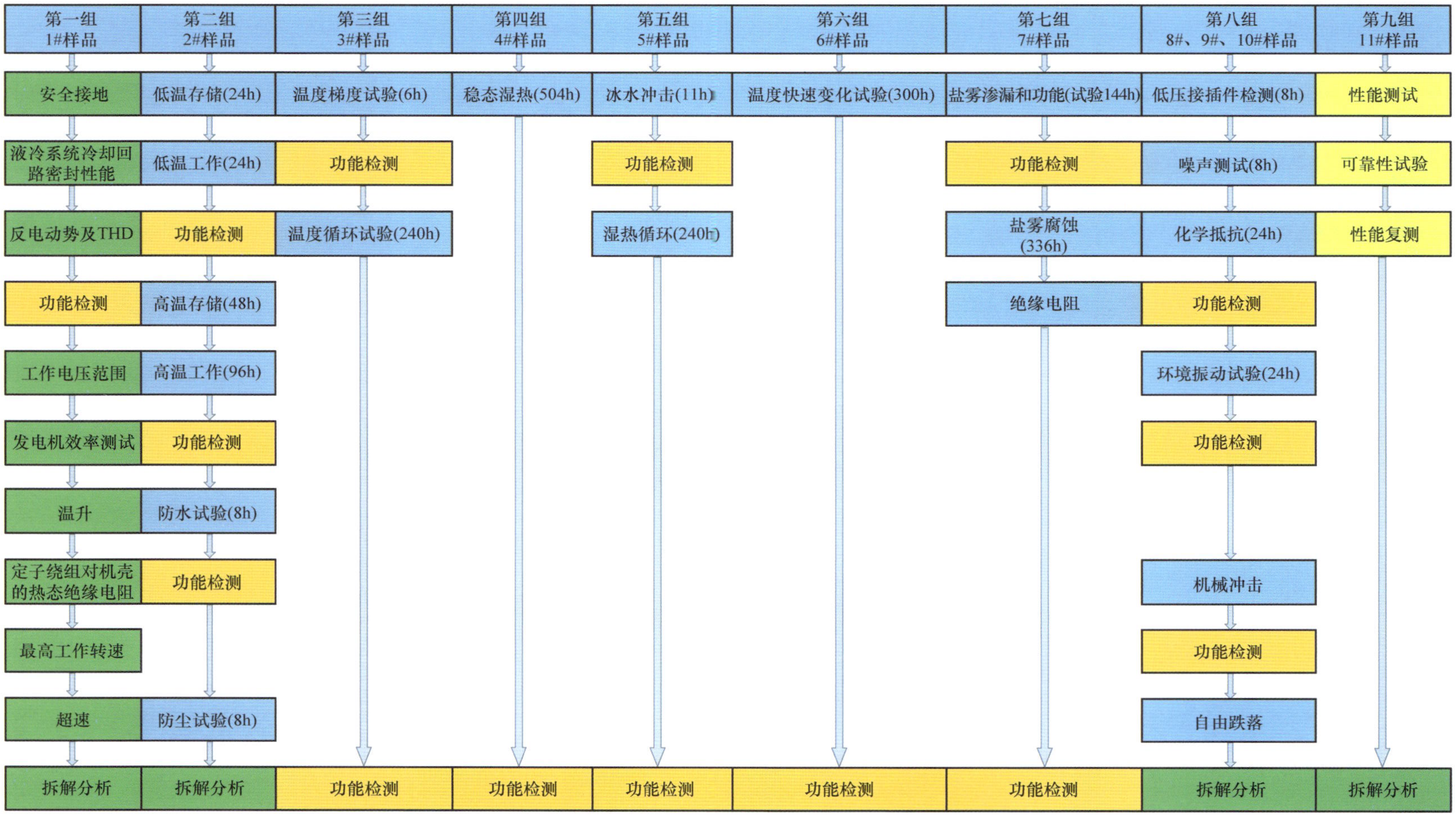

图 4-18 发电机试验验证项目流程图

第六组：温度快速变化试验（300h），最后进行功能检测。

第七组：盐雾渗漏和功能试验（144h）、功能检测、盐雾腐蚀（336h）、绝缘电阻、功能检测，最后进行发电机拆解分析。

第八组：低压接插件检测（8h）、噪声测试（8h）、化学抵抗（24h）、功能检测、环境振动试验（24h）、功能检测、机械冲击、功能检测、自由跌落，最后进行发电机拆解分析。共需要3台样机，一台用于环境振动试验和机械冲击试验，一台用于自由跌落，一台用于其他试验验证。

第九组：性能测试、可靠性试验、性能复测，最后进行发电机拆解分析。

图4-19所示为发电机开发流程，发电机开发包括A、B、C、D四个样机等开发阶段。其中，A样机是机加件，属于原理样机，按第一组进行试验，验证发电机的原理及大部分功能；B样机是软模件，属于功能样机，按第一、二、八、九组进行试验验证，验证发电机的功能、性能和部分模具；C样机是硬模件，属于产品样机，按第一～九组进行试验验证，验证发电机的功能、性能、模具等；D样机属于生产线小批量产品，按第一组进行试验验证，主要是验证生产线小批量生产能力。所有的验证都通过后，发电机开发阶段结束。

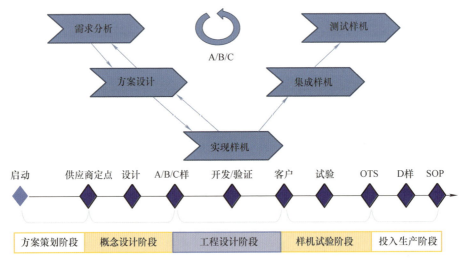

图4-19 发电机开发流程

因此，在发电机的试验策划中，根据增程器中发电机的专有技术特征，需要在试验验证过程中对发电机的环境振动试验、机械冲击试验、温升试验进行重点关注。

4.5.2 发电机开发试验验证

发电机开发试验验证主要从发电机与驱动电机两者试验项目中的差异试验方面阐述，包括发电机温升试验、发电机可靠性试验、转子磁钢高温烘烤试验、发电机转子磁钢粘贴强度试验等，下面以表4-3所列技术要求为例对一款外转子发电机进行试验验证阐述。

（1）发电机温升试验

发电机温升试验条件是：冷却液流量为12L/min，冷却液温度为75℃，如发电机三相功率为63kW@3200r/min，S1工作制，发电机控制器直流功率不低于持续功率（60kW）。记录参数包括发电机温度、控制器温度、运行时间、发电机转速、发电机转矩、母线电流、母线功率、母线电压、三相电流、三相电压等。经过长时间的测试及观察，发电机可以持续工作，最后发电机绕组温度稳定在183℃左右，满足设计指标要求。

（2）发电机可靠性试验

图4-20所示为外转子发电机在可靠性试验中损坏的磁钢照片，发电机搭载到增程器总成后进行1000h可靠性验证中出现转子磁钢开裂和移位问题，如图4-20a所示。发电机单独进行1000h可靠性验证（60kW@3200r/min）中出现转子磁钢裂痕问题，如图4-20b所示。根据两个试验中出现的问题，对发电机转子进行理论分析和大量试验验证，最终得出发电机转子铁心磁钢开裂、移位、裂痕等问题与磁钢粘贴胶水类型、转子铁心及磁钢清洗工艺、转子磁钢粘贴工艺等有关，见表4-9。

a）发电机转子磁钢移位

b）发电机转子磁钢裂痕

图4-20 发电机可靠性试验中损坏的磁钢照片

表4-9 转子铁心及转子磁钢清洗工艺（例）

硅胶类型 （清洗工艺）	冷态（25℃） 压力值/MPa	热态（145℃） 压力值/MPa	备 注
3-6265HP （酒精擦洗）	2.48	1.86	热态为烘箱里160℃取出，压出时温度约145℃
3-6265HP （干冰清洗）	2.81	1.82	热态为烘箱里160℃取出，压出时温度约145℃

（3）转子磁钢高温烘烤试验

图4-21所示为外转子发电机转子磁钢高温试验照片，在图4-21a所示试验中，把5片转子磁钢放置于不锈钢平面上后再放置到温度试验箱中进行烘烤（200℃，2h），试验后发电机转子磁钢无断裂；在图4-21b所示试验中，把5片转子磁钢粘贴到不同平整度的钢板上后再放置到温度试验箱中进行烘烤（180℃，2h），试验后发现在平整度为0.15mm上的转子磁钢断裂，而在平整度为0.1mm、0.07mm、0.05mm、0.03mm上的转子磁钢没有出现断裂及裂痕，因此，发电机转子磁钢粘贴到转子铁心上时，对转子铁心平整度要有严格的控制及检测，尽量控制在0.1mm以内。

（4）发电机转子磁钢粘贴强度试验

在外转子发电机可靠性试验中，出现转子磁钢移位和开裂现象。为了验证转子磁钢粘贴到转子铁心上的强度问题，进行转子磁钢剪切强度验证试验，如图4-22所示。

根据计算公式，剪切强度 = 测试压力值 ×300N/（79mm×20mm），其中 79mm 为磁钢长度，20mm 为磁钢宽度，将粘贴后的转子磁钢在高温箱内以 140℃烘烤 3h 固化，然后在常温 25℃和热态 145℃两种条件下对转子磁钢轴向方向施加压力，测试磁钢剪切力大小。经过实际验证得出，整改后（3-6265HP 进口硅胶件）较整改前（5900 硅胶故障件）强度提升 4 倍以上，测试数据见表 4-10。

 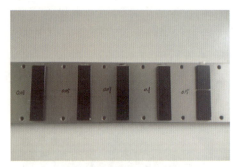

a）转子磁钢单独高温试验　　　　　　　　b）转子磁钢粘贴到钢板后的高温试验

图 4-21　发电机转子磁钢高温试验照片

a）磁钢剪切强度测试中　　　　　　　　b）磁钢剪切强度测试后

图 4-22　发电机转子磁钢粘贴强度试验照片

表 4-10　转子磁钢剪切强度测试数据

硅胶类型	常温 - 压力值 /MPa	常温 - 剪切强度 /MPa	热态 - 压力值 /MPa	热态 - 剪切强度 /MPa
3-6265HP 硅胶	2.48	4.56	1.95	3.53
乐泰 5900 硅胶	1.02	1.39	0.42	0.95

综上外转子发电机试验结论及发电机试验策划安排，共经过九组 11 台样机的试验验证，发电机通过试验验证，达到发电机设计指标要求，满足增程器的要求。

4.5.3　发电机控制器开发试验策划

在发电机控制器开发过程中，为了达到功能和性能设计的目标，发电机控制器需要进行几十项的试验验证，在试验验证前需要进行试验策划，见表 4-11。

表 4-11 发电机控制器试验验证项目（例）

序号	测试项目	序号	测试项目
1	禁用、限用物质	28	防水、防尘
2	外观	29	低温存储
3	外形和安装尺寸	30	低温工作
4	质量	31	高温存储
5	机械强度	32	高温工作
6	液冷系统冷却回路密封性能	33	温度梯度
7	绝缘电阻	34	规定变化率的温度循环
8	工频耐电压	35	规定转换时间的温度快速变化
9	安全接地	36	盐雾渗漏和功能
10	温升	37	湿热循环
11	工作电压范围	38	稳态湿热
12	转矩-转速特性	39	扫频振动
13	电机控制器最高效率	40	随机振动
14	电机控制器高效工作区间	41	机械冲击
15	转速控制精度	42	低压供电电压
16	转矩控制精度	43	过电压
17	转速响应时间	44	叠加交流电压
18	转矩响应时间	45	供电电压缓降和缓升
19	持续工作电流	46	供电电压瞬态变化
20	短时工作电流	47	反向电压
21	最大工作电流	48	开路试验
22	母线电流精度	49	短路保护
23	母线电压精度	50	电磁辐射骚扰
24	母线功率精度	51	电磁辐射抗扰性
25	三相电流精度	52	耐久试验
26	保护功能	⋮	⋮
27	支撑电容放电时间		

4.5.4 发电机控制器开发试验验证

发电机控制器开发试验验证主要从发电机控制器与驱动电机控制器两者试验项目中的差异试验项目方面阐述，包括参数精度及响应时间试验、发电机系统效率试验验证、专用保护功能测试验证等。

（1）参数精度及响应时间试验

在发电机控制器的重要参数精度及响应时间测试过程中，软件采用巴特沃斯低通滤波器算法并通过 $y = ax^2 + bx + c$ 数学模型进行精度补偿标定方法，反复修改标定系数，最终达到设计要求。在满足参数精度的前提下，为了缩短响应时间采用增量式分段 PID 调节技术，经过大量测试验证，最终达到技术要求，实例测试结论见表 4-12。

表 4-12　发电机控制器重要参数精度及响应时间测试数据（例）

序号	项目	技术要求	实际达到的水平
1	持续发电功率	63kW@3200r/min，S1 工作制	大于 64kW@3200r/min，冷却液温度 75℃，发电机可以热平衡
2	发电机转矩精度	小于 100N·m：±3N·m 大于 100N·m：±3%	≤2.6N·m
3	母线电流精度	≤3A$_{rms}$	≤2.5A
4	母线电压精度	≤3V（DC）	≤2.7V（DC）
5	母线功率精度	≤持续功率：±1kW ≥持续功率：±2%	≤0.82kW
6	发电机转速精度	≤5r/min	≤3r/min
7	母线功率响应时间	≤20ms	≤18ms
8	发电机最高效率	≥95%	≥96%
9	发电机转速范围	1000~4000r/min	达到需求
10	发电机带状高效区	≥94% @ 1500~4000r/min	≥95%@ 1500~4000r/min
⋮	⋮	⋮	⋮

（2）发电机系统效率试验验证

发电机系统的效率试验条件是：冷却液流量为 12L/min，发电机控制器冷却液温度为 65℃，发电机控制器直流功率达到持续功率条件。记录参数包括发电机温度、控制器温度、运行时间、发电机转速、发电机转矩、母线电流、母线功率、母线电压、三相电流、三相电压、电机绕组温度等。经过对试验后的数据进行处理及绘图，发电机系统实测效率如图 4-23 所示，经过分析得出发电机效率、发电机控制器效率、发电机系统效率满足设计指标要求，达到增程器系统技术需求。

（3）专用保护功能测试验证

根据发电机及发动机的技术特征，在验证发电机控制器的防起动超速功能和防反转功能之前，首先检查发电机控制器接线是否符合要求等，之后把电力测功机直流电压调整到发电机控制器额定电压，确保一切准备工作完成后，上位机给发电机控制器 10N·m 转矩命令值，控制发电机自由运动，观察当前的输出转矩以及转速实际情况。

防起动超速保护功能测试结论：在图 4-24 中观察当前测试的发电机输出转矩和转速可发现，转速达到 1000r/min 后，发电机系统输出转矩减小，当与机械摩擦力平衡时，转速稳定，不再升高，达到保护功能要求。

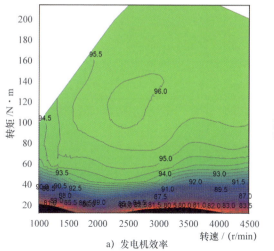
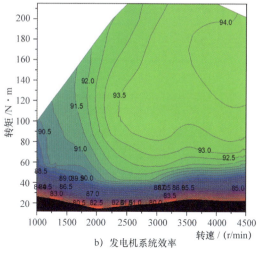

图 4-23　发电机系统实测效率 MAP 图

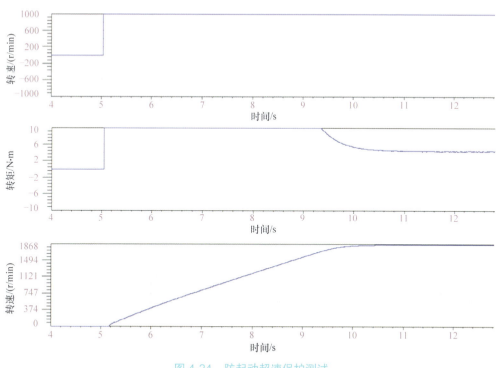

图 4-24　防起动超速保护测试

防反转保护功能测试结论：从图 4-25 中测试数据曲线变化情况可以得出，发电机输出转矩在发电机转速由 100r/min 降低到 50r/min 时，发电机转速是线性下降的，起到了防反转保护功能的作用。

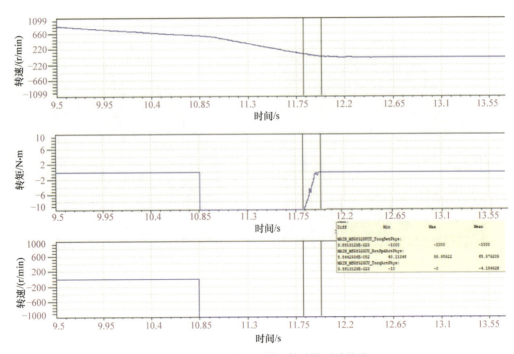

图 4-25　防发动机反转保护功能测试结论

根据发电机控制器试验策划内容，再经过发电机系统的试验验证后，发电机控制器达到了设计指标要求，满足增程器系统技术需求。

参考文献

[1] 秦滔，范志杰，王荣华，等. 一种增程器用外转子发电机结构：CN201621208982. 4[P]. 2016-11-09.
[2] 王建宽. 横向磁场永磁电机及其驱动系统研究 [D]. 上海：上海大学，2007.

Chapter 05

第 5 章
增程器的电控系统

本章所述的增程器电控系统由发动机控制、发电机控制及增程器总成控制三部分构成，其基本职能为：根据整车的功率需求及行驶状态，采集并分析增程器总成状态及外部环境参数，经综合计算后输出相关指令，控制增程器本体完成起动、发电、停机以及异常处理等功能。

5.1 增程器电气架构与指标体系

5.1.1 增程器总成的电气架构

在增程式动力系统中，增程器并不直接参与驱动，而是将工作产生的电能优先提供给驱动系统及其他用电器，剩余的电能充入电池中。针对增程式车辆的特性，电气架构的设计可包含网络拓扑设计、功能架构设计和电气拓扑设计三部分。

网络拓扑主要是指通过传输介质互连各种设备的物理布局的逻辑描述，目前在汽车领域常用的通信总线类型为CAN、LIN和Flexray，其主要区别为通信模式和传输速率。LIN为单线通信，速率相对较慢；CAN总线为双线通信，最大传输速率为1Mbits/s，是目前应用最普遍的总线类型；Flexray为新型总线类型，传输速率可达10Mbits/s，目前应用范围较小，主要用于安全系统。增程式汽车动力系统主要运用CAN总线进行数据传输，并采用LIN总线作为辅助的传输方式。

功能架构的设计是功能分解、功能子模块分配、接口和逻辑关系定义的过程。在现代汽车的架构体系中，某些复杂的功能需要多个控制器参与，因此该功能的实现就要被分为若干个子功能，部署到具体的电子电气部件中。

电气拓扑用于描述各用电器在车身上的布置与物理连接关系。车辆上诸多控制器、传感器、执行器等电器之间需要相互传递电能和各种类型的信号，因此还要有相应的线束和熔丝、继电器等，并通过合理的设计相互连接。

下面将以此为基础，对某增程式车辆的电气架构等内容进行介绍。作为示例，图 5-1 给出了某增程式车辆的网络拓扑。

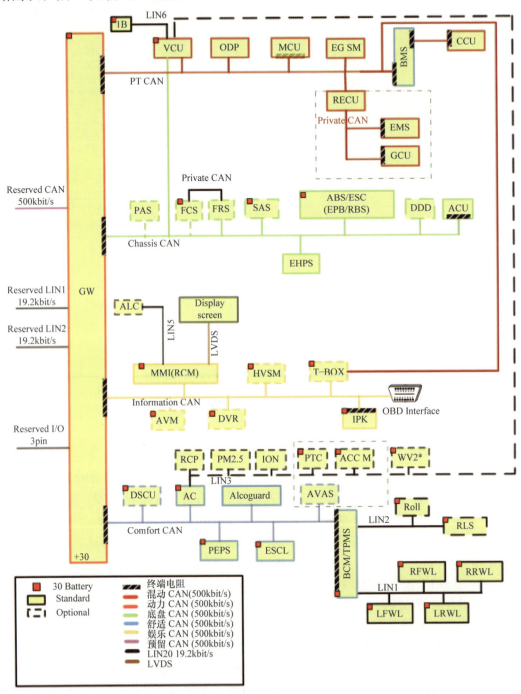

图 5-1 某增程式车辆的网络拓扑

在该网络拓扑中，四条高速 CAN 用于控制器间的通信，五路 LIN 通道分别用于采集车内空气与温度信息、前后车窗防夹信息、前窗与车顶光线信息以及智能电池等信息。底盘相关系统通过 Chassis CAN 实现通信，其主要节点包括 VCU、ACU（Airbag Control Unit）、SAS（Steering Angle Sensor）、ESC（Electronic Stabilization Control）等，主要负责转向助力、泊车辅助、车身稳定等功能的实现。Information CAN 主要负责车内显示及娱乐系统的通信，其主要节点包括 MMI（Multi Media Interface）、AVM（All View Module）、IPK（Instrument Pack）、DVR（Digital Video Recorder）、TBOX（Telematics BOX）等，用于实现车内的仪表显示、多媒体系统的交互及行车记录等功能。Comfort CAN 主要负责整车电子附件，主要节点包括 DSCU（Driver Seat Control Unit）、AC（Air Conditioner）、PEPS（Passive Entry Passive Start）、BCM（Body Control Module）等，用于实现空调、座椅、车窗及无钥匙进入等功能。

负责整车动力系统通信的为 PT（Powertrain）CAN，其主要节点包括 VCU、BMS、RECU、MCU、EGSM（Electronic Gear Selector Module）等，承载了实现整车上下电、驱动、充电、发电等功能所需要的大部分交互信息。增程器总成的控制系统包括发动机电控系统 ECU、电机控制器 GCU 以及总成控制器 RECU。以发电为例，整车的状态和功率需求等信号由 VCU 通过 PT CAN 发送到 RECU，从而实现了整车和增程器总成的通信。增程器总成内部还有一条 Private CAN 作为补充，用于 RECU 与 ECU、GCU 的信息交互。其中 RECU 负责增程器控制系统与整车其他系统的通信，接收所有来自整车的硬线信号以及 CAN 信号，并对接收到的信息进行解析及转换，发送给其下级控制器。

增程器控制系统的功能可概括为：接收上一级控制器的功率请求以及状态控制命令，控制增程器实现起动、发电、故障诊断、停机等动作。基于上述功能，综合考量匹配整车、技术开发及后续服务的需求后，对增程器总成的功能架构可进行如下设计，如图 5-2 所示。

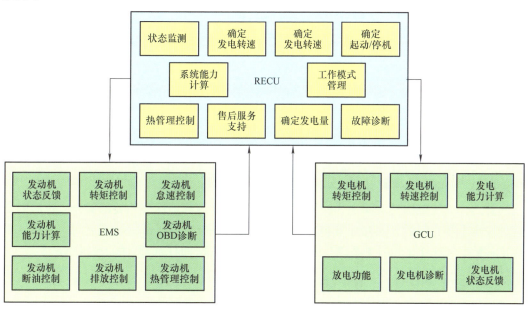

图 5-2　增程器功能架构

根据增程器的功能架构，将各子功能分解到各电子电气部件后便可根据各部件的接口与参数进行电气拓扑的匹配设计。图 5-3 所示为典型的增程器电气拓扑。

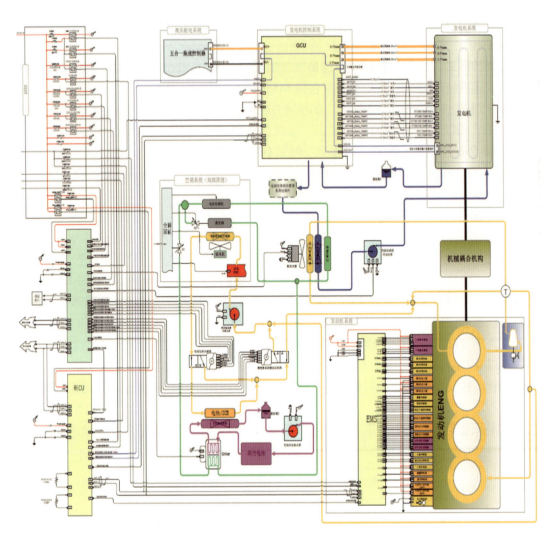

图 5-3 典型的增程器电气拓扑

在该架构中，RECU 负责统筹与调度，发电机和发动机的基本功能分别由 GCU 和 ECU 控制实现。因此，发电机的三相线及相关传感器线路均连接到 GCU，发动机的喷油、点火、进气相关各种传感器与执行器线路则连接到 ECU。此外，因冷却目标温度的需求不同，发电机系统和发动机分别有各自独立的冷却回路。

总之，电气架构其表面上为网络拓扑、电气拓扑等物理性质相关的部分，背后则是各种逻辑系统之间的关系和系统内部的设计，是各种架构所承载的功能之间的关系，是规定各种电气部件之间的关系以及设计这些功能、零部件时所要遵循的逻辑原则。

5.1.2 增程器电控系统的指标体系

一般来讲，评价增程器的主要指标见表 5-1。

增程器的作用是将燃料化学能转换为电能，因此其经济性主要取决于发动机系统的热效率和发电机系统的电能转换效率。由于发动机与发电机存在各自的高效区间，二者匹配也很大程度决定着增程器总成的效率。控制系统通过使增程器稳定运转在预设的高效区间来确保经济性。响应性衡量的是增程器达到目标功率所需的时间，主要受发动机自身转矩响应能力及控制策略影响。稳定性是用来衡量增程器在目标工况点下稳定发电的能力，一般要求发电转速与功率的偏差在5%以内。鲁棒性考察的是增程器对抗外界随机扰动的能力。稳定性和鲁棒性主要受控制系统算法及标定参数的影响，由于发动机本身的转矩输出精度有限，且容易受外部环境影响，运行过程中当发动机转矩偏离目标时，控制系统对转矩需求进行及时的回调，

表 5-1 增程器主要指标

经济性	油耗、硬件成本等
响应性	响应功率请求所需的时间
稳定性	运行过程中保持稳定的能力
鲁棒性	在不同外部干扰下保持正常工作的能力
耐久性	长久保持工作能力的特性
适用性	搭载和匹配不同车型的能力
NVH 特性	对车辆振动、噪声及舒适性的影响

这就要求调整的范围及频率适当，因此相关参数的标定也就十分重要。耐久性主要由硬件材料强度，机械结构及耦合方式所决定，同时需要根据其运行特性制定控制策略。适用性用于衡量增程器能否便捷地应用到各种整车平台，同时与整车上的其他系统相适配，其本质是对硬件及软件的架构设计的考量。NVH特性主要由硬件自身特性和运行工况决定，并受控制算法的影响。

对于增程器控制系统来讲，鲁棒性和响应性是其技术上的核心难点。

控制系统的鲁棒性是指系统在不确定性的扰动下保持某种性能不变的能力。如果对象的不确定性可用一个集合 P 描述，考察控制系统的某些性能指标，如稳定性、品质指标等，设计一个控制器，如果该控制器对集合中的每个对象都能满足给定的性能指标，则称该控制器对此性能指标是鲁棒的。因此，在谈到鲁棒性时，必须要求有一个控制器，有一个对象集合和某些系统性能。

增程器控制器 RECU 的控制对象为发动机和电机。增程器系统的功能主要为快速稳定地持续发电，具体表现为发动机和电机快速运行到特定转速和转矩工况并持续稳定工作。对传统的驱动系统而言，其不确定性主要源自负载变化，来源一般为路况环境或驾驶人的动作，具有不可预测的特性。而对于增程器系统，其负载为发电机的反向转矩，该转矩稳定且受 RECU 控制，因此其不确定性的主要来源不是负载，而是环境温度、大气压力、电磁辐射等。

控制系统的鲁棒性贯穿着稳定性、渐近调节和动态特性这三个方面的内容，即分别有鲁棒稳定性、鲁棒渐近调节和鲁棒动态特性，其中鲁棒渐近调节和鲁棒动态特性反映了控制系统的鲁棒性能要求。

1）鲁棒稳定性主要是指控制系统对不确定干扰的抑制程度。

2）鲁棒渐近调节是指在一组不确定性的影响下仍然可以实现反馈控制系统的渐近调节功能。

3）鲁棒动态特性通常称为灵敏度特性，即要求动态特性不受不确定性的影响。

增程器系统的响应性是指：增程器从接到某一功率请求到实现在功率点稳定发电所需的时间。增程器的响应性是由发动机自身响应特性和增程器控制策略决定的，由于发电机的转矩响应远远快于发动机，因此发动机的动态响应是增程器所能达到最快响应时间的主要影响因素，在此基础上采用何种控制策略最终决定了增程器系统的响应性指

标。增程器响应性指标见表 5-2。

图 5-4 所示为增程器响应曲线，曲线前半段功率变化速率大，实际功率快速上升，接近目标功率后，变化率逐渐减小，以减小功率超调。常态模式下，发动机以某一固定速率提升转速的同时电机以某一速率同步加负荷，并同步到达稳定状态。

表 5-2 增程器响应性指标

首次达到时间	瞬时功率达到目标功率所需的时间
稳定时间	瞬时功率与目标功率偏差保持在 5% 以内所需的时间
超调范围	瞬时功率超出目标功率的最大值

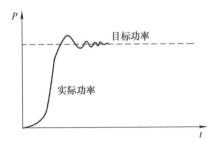

图 5-4　增程器响应曲线

在快速模式下，发动机转速先快速上冲到目标转速的 60%～70%，电机再快速加载，同时在转速快要到达目标转速 95% 时，降低发动机转速上升速率，从而减小超调的影响。

增程器系统响应性指标的制定，需要综合考量以下几个方面：

1）整车工况。如急加速工况、爬坡工况，需要增程器短时间大功率发电，而此时电池功率不足以持续供给整车。

2）增程器油耗。在短时间内加大负荷，需瞬时增大喷油量，会使增程器油电转换效率降低。

3）系统 NVH。加速越快，系统的 NVH 性能就越差。

4）稳定性。增程器的转速变化越快，由于惯性作用越容易发生超调，也需要更长时间调节才能进入稳定发电状态。

因此，从增程器系统角度出发，响应性越快，则油耗、NVH、稳定性就会越差，因此从整车应用的角度来讲，应尽量避免需增程器快速响应的应用场景，且增程器系统应具备两种响应模式：常态响应模式，优先保证油耗、稳定等，不追求快速响应；快速响应模式，应对特殊场景的需求。

从整车的角度出发，增程器的响应性对整车能量管理策略和电池的选取有着重要的影响。当增程器所发出的功率不足以满足车辆瞬时功率需求时，欠缺的部分功率需要由电池补充，若增程器功率响应性较慢，则电池需要具备短时间内维持大功率放电的能力，以满足驾驶性需求，这种情况下需要选用偏功率型电池。而若增程器具备足够快速的响应能力，对电池选型的要求就可放宽。

为保证整车的电量平衡，能量管理策略需要把增程器功率响应延迟这一因素加以考虑，对算法做出优化。优化后的算法需要加入预判，对增程器在未来一段时间内的发电功率做出预测，并在此基础上调整对增程器的功率请求。对于此类算法，预测的准确度越高，则最终的计算结果越精确，也就越有利于维持整车的电量平衡。因此，若增程器的响应加快，则所需要的预判时间段就会变短，预判的结果就会更准确，能量管理的算法也就越高效。

综合上述分析，在控制算法层面需要平衡增程器响应与燃料消耗、NVH 等之间的关系，这样才能使增程系统在搭载整车后发挥最佳的性能。

5.1.3 增程器的控制原理

增程器的控制原理如图 2-5 所示，简述如下：

RECU 接收到起动命令后，需要首先使能子控制系统 ECU 和 GCU，随后读取整车和增程器系统内部的故障信息，判断是否满足起动的条件。如有影响功能以及安全性的故障，则应禁止起动，并将自检故障的状态上报。若满足执行起动所需条件，则执行动作：RECU 发送转矩指令给 GCU，使其拖动发动机，在发动机转速达到某一值时，向 ECU 发送点火、喷油指令，发动机点火成功后，RECU 命令 GCU 卸掉转矩，发动机进入怠速状态，增程器起动成功。

发电是增程器总成的核心功能，增程器收到 VCU 的功率请求命令后将功率请求解析为转速和转矩指令并分别发送给 ECU 和 GCU，使发动机的曲轴旋转方向和发电机的转矩方向相反，增程器进入发电状态。发电工况的转速和转矩应根据发动机与发电机系统效率、NVH 特性、外部环境参数等动态计算得出并实时调整。

当收到 VCU 的停机命令后，RECU 控制 ECU 使发动机回到怠速状态，同时命令 GCU 使发电机卸矩，在进行一段时间的怠速后，将发动机熄火，增程器完成停机。停机过程中的持续怠速，目的是避免发动机在高温状态下骤停，从而起到保护发动机的作用，以进一步延长发动机的使用寿命。

当增程器系统或整车出现故障时，RECU 将根据其从 VCU、GCU、ECU 读取到的信息，综合判断故障对系统运行的影响，从而控制增程器进入不同的工作状态，如怠速、降功率发电、停机等。

在发电状态，如果发电机工作在转矩控制模式、发动机工作在转速控制模式下，RECU 对发动机进行转速闭环控制，同时向 ISG 电机输出转矩请求进行功率闭环修正，此方法可以使发动机及发电机工作在其高效区间，同时保证发电功率的稳定，其原理如图 5-5 所示。

在传统车辆中，对发动机 ECU 的转矩请求来源于加速踏板信号。在增程式车辆中，其加速踏板信号将被整车控制器（VCU）接收，并用于控制驱动电机进行转矩响应。而对于增程器，RECU 将通过动力 CAN 总线从 VCU 处获得具体发电功率请求，根据预设的功率-转速-转矩分配表，获得需求的发动机目标转速，并通过转速闭环控制模块计算获得发动机目标转矩。然后，RECU 通过专用 CAN 总线将发动机目标转矩指令发送给 ECU，ECU 接收目标转矩指令后控制节气门、喷油、点火等信号进行转矩响应。相比传统的加

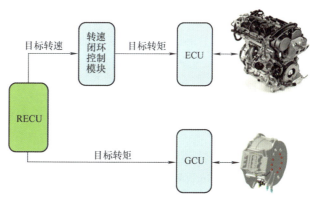

图 5-5 增程器发电控制原理

速踏板控制模式，基于 CAN 指令的转矩控制能够直接请求目标转矩值，转矩需求更加精确。图 5-6 所示为基于 CAN 指令的增程式发动机转矩控制示意。

增程式发动机 ECU 通常都是转矩控制模式，无法直接实现转速闭环控制功能。因此，必须将 RECU 的目标转速指令转化为 ECU 可接受的目标转矩指令。通常可采用 PID 控制模块将目标转速指令转化为目标转矩指令发送给 ECU，并由 ECU 将目标转矩命令转化为节气门开度、喷油量、点火时刻等命令，使发动机输出转矩满足目标转矩，从而形成转速闭环控制。增程器控制逻辑如图 5-7 所示。

图 5-6　基于 CAN 指令的增程式发动机转矩控制示意

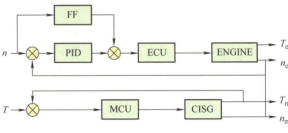

图 5-7　增程器控制逻辑

RECU 通过其内置的转速控制模块将目标转速信号转换成目标转矩信号后再发送给 ECU。ECU 通过内置的转矩协调控制模块，确定影响该转矩所需要的进气量、喷油量以及点火时刻等参数。最后，ECU 根据这些参数，估算发动机输出转矩，并进行闭环控制。发动机转矩闭环控制这个过程需要通过传感器采集大量的信号，并经过复杂的逻辑计算才能实现，系统响应慢。更为重要的是，发动机输出转矩为估算数值，并非实测数值，准确度并不高。为了提高闭环控制的响应速度和准确性，可以采用前馈机制（FF）来加快收敛过程。

因增程器中的发动机和发电机采用刚性连接，可以认为发动机和发电机的转速是相等的。根据力学理论，可以获得增程器转动方程，即

$$T_e = T_m + J\frac{d\omega}{dt} \quad (5-1)$$

式中，T_e 为发动机输出转矩；T_m 为发电机转矩，即发动机的负载转矩；J 为增程器旋转零部件的转动惯量；ω 为旋转角速度。

增程器的旋转角速度可以通过曲轴相位传感器测量，也可以通过发电机旋变传感器测量。发电机转矩可以由电流矢量计算获得，以永磁同步电机为例，其转矩公式为

$$T_m = p[\varphi_f i_q + i_q i_d(L_d - L_q)] \quad (5-2)$$

式中，p 为极对数；φ_f 为磁链；i_q 为交轴电流；i_d 为直轴电流；L_d 为直轴电感；L_q 为交轴电感。

因发电机的转矩可测量得到，则根据式（5-2）可以准确测算发动机的负载转矩。将测算出的发动机负载转矩作为反馈，引入 PID 计算中，实现了发动机转矩的可测量化（即闭环控制）。图 5-8 所示为增程式发动机转矩闭环控制示意。

该创新算法的应用，一方面使增程器控制系统脱离了传统发动机复杂的转矩计算模型的束缚，大大降低了软件开发及标定的工作量与周期；另一方面提高了发动机转矩的精度，从而进一步提高控制系统的响应速度及准确性。

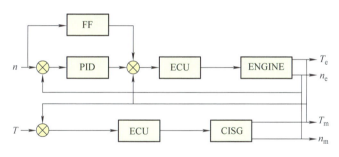

图 5-8 增程式发动机转矩闭环控制示意

对于具有功率跟随特征的增程器，一般是接收整车功率需求 $P(t)$ 和整车状态信息，然后结合当前增程器状态，分解并规划出发动机转速 $\omega(t)$ 和发电机转矩 $T(t)$ 的目标曲线，并分别由 ECU 和 GCU 实施控制。用控制理论的专业术语来描述就是其具有伺服的特征，也正是由于增程器控制的目标轨迹可预知这一伺服系统特征，使得为了提升系统响应性等相关指标可以比较方便地引进图 5-7 和图 5-8 所示的发动机转速、转矩前馈控制。

如果对发动机采用转速控制，为了实现增程器的功率输出目标，发电机就需采用转矩控制模式。由于发电机的转矩响应要比发动机的转速响应快很多，发电机的转矩控制相对简单很多，功率闭环控制就可以在发电机上实施，整体控制策略也就更加完善。

5.2 电控系统总体设计

增程器控制器，即 RECU 是增程器控制系统的顶层控制器，主要负责接收整车信息并统筹、协调发电机和发动机工作，输出电功率用于驱动车辆行驶。本节主要介绍增程器控制器的功能定义及与其相对应的数据结构设计。

5.2.1 功能设计

1. 增程器总成的功能需求

一般来讲，整车对增程器总成的主要功能需求涉及发电功率、油耗、排放、热管理、NVH 等。其中，发电功率和油耗是整车对增程器总成的最核心需求，也是其他需求标准建立的基础。通过对整车的目标运行工况、动力指标、电池电量、驱动电机功率和增程策略等综合分析，可以计算出整车在各工况下所有需求的若干个功率点或一条功率曲线。增程器总成根据该功率需求和整车的目标油耗可选择出符合需求的工况点。当然，实际的工况点选取要更为复杂，选出来的工况点还要在后续排放试验及主观评价等环节中反复调整。

增程式电动汽车的油耗是在电量平衡的模式下测出的，由于电池在充放电过程中存在一定损耗，因此整车的油耗不仅与增程器总成的油耗相关，还受整车运行工况及能量管理策略的影响。这就要求增程器具备多种响应模式，可以在不同的外部环境下更好地匹配整车的运行工况，从而进一步降低整车油耗。

不同于乘用车，商用车拥有生产资料的属性，大多数用户不仅对经济性敏感，对其承载能力及动力性能也有着较高的要求，这就要求增程器能够长时间的持续大功率发电。此外，商用车的运行环境与乘用车相比也更为恶劣，这些又对增程器的热管理提出了更严格的要求。增程器需要通过完善的热管理及保护策略，使增程器能够在高温、高寒、高原、重载、持续爬坡等各种环境及工况下最大限度地维持发电能力。

为满足排放法规的要求，增程器总成还需要具备 OBD 诊断、GPF 再生、催化剂加热等功能。

除以上几点外，为了方便开发过程中的数据更新以及后续的市场服务，增程器总成还需要具备包括在线标定、存储及下载等功能。

2. 电控系统的功能需求

要实现增程器总成的功能需求，需要综合考虑发电机系统与发动机系统的特征，包括电气、通信、基本功能和诊断等几个方面。

对于发动机子系统，其 ECU 应具备至少一条高速 CAN 用于与 RECU 通信，用于接收指令并反馈实时的运行状态，如转速、转矩、冷却液温度等。另外，还需留有两条模拟信号输入接口，提供给上级控制器，用于上电与点火使能。功能方面，不同于传统燃油车，增程器发动机的 ECU 应具备混动控制功能，如接收喷油及转矩指令后实现快速的转矩响应，接收怠速和停机指令后自主完成对应动作等。故障诊断方面，传统 ECU 的诊断系统开发相对比较完善，能够识别并处理绝大多数故障，可以满足 UDS 及 OBD 的诊断规范。增程式专用 ECU 需针对使用需求及排放法规的特殊性，对增程器的诊断策略及标定参数进行调整。

对于发电机子系统，GCU 也应具备至少一条高速 CAN 用于与 RECU 通信，接收指令并反馈实时的运行状态及故障信息。GCU 反馈的实际转矩及功率，应进行合理的滤波，保证其平顺性和即时的准确性。基本功能方面，发电机系统应同时支持驱动及发电模式，即输出正转矩和反转矩的能力，正转矩用于拖动发动机起动，反转矩用于负载发电。诊断方面，GCU 至少需具备识别故障的功能，若不支持 UDS 与 OBD 诊断，可将故障发送给 RECU 统一处理。

3. 电控系统的功能定义

电控系统的功能由增程器总成的功能需求分解而来。根据增程器总成的架构以及上文所述的功能需求，对增程器总成功能进行分解，将功能分解到各个控制器。以前文提到的增程器为例，其系统的架构为发动机 +ECU、发电机 +GCU、连接发动机和发电机的双质量飞轮以及 RECU，具体结构如图 2-1 所示。基于上述的系统架构，需要将总成的功能需求分解到 3 个控制器中实现。分解后，ECU 和 GCU 的主要功能分别为发动机和发电机控制及其故障诊断，具体在后面章节讲述，此处重点讲述电控系统的 10 个核心功能。由于 RECU 为总成控制器，因此有时也可用 RECU 来指代增程器的电控系统，主要功能如图 5-9 所示。

RECU 的 10 个主要功能可以保证增程器总成初步按设计目标运转，相关的研发与标定工作能够有序开展。而对于一套成熟的、产品级的控制系统，其功能设计需要更加精细化，产品级的 RECU 的功能可分为四大类，分别为基本功能、保护功能、安全功能及其他功能。

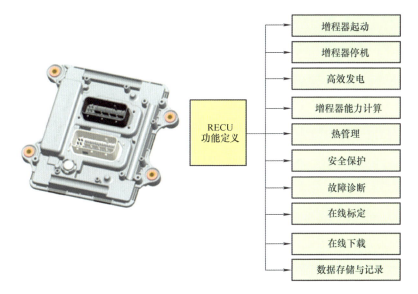

图 5-9 RECU 功能定义

（1）基本功能

RECU 的基本功能包含输入信号处理、增程器上下电、起停、怠速、多点发电等，以实现增程器在正常工况下的运行，并在不同工作状态之间有序切换。

输入信号处理功能是对硬线信号、CAN 信号进行处理与解析，通常为节约计算资源，解析后的信号还需要在应用层进行定标。

系统上下电功能是通过综合整车与增程器内部的上下电流程，实现 RECU、ECU 与 GCU 之间统筹上下电操作。当起动开关被按下，RECU 首先被唤醒，随后 RECU 激活 ECU 与 GCU，并进行系统故障自检，自检通过后才允许使能 GCU 执行上高压动作。当执行下电流程时，RECU 在检测到增程器已停机、GCU 的 IGBT 已断开且 ECU 的驾驶循环已结束后，先控制 GCU 与 ECU 下电，随后自己进入休眠。

RECU 对发动机的控制主要通过喷油及转矩指令实现，具体功能包括催化剂加热、炭罐冲洗、GPF 再生、高低怠速、转速闭环等。GPF 主动再生是指在增程器停机时，先控制发动机喷油及电机的转矩，使增程器缓慢停机，过程中剩余的氧气与颗粒物在余温下燃烧完成 GPF 的再生。GPF 被动再生是 RECU 在接收到 ECU 的 GPF 再生请求时先控制发动机运行在某一工况点，待 GPF 处温度满足要求后，发动机自动断油，由电机倒拖发动机在某一转速持续运行一段时间。主动再生的特点为其持续时间短，效果不如被动再生，虽触发频率较高，但对驾乘的影响相对较小。

RECU 对发电机的控制主要有功率闭环、转矩指示、模式控制等，核心功能为发电功率闭环。功率闭环是根据目标功率与实际功率的偏差，对发电转矩进行动态调节。在外部环境导致增程器系统效率发生衰减，实际发电功率不能满足整车的需求时，功率闭环功能使能，调节发电机端负载，使增程器能发出足够的功率供整车使用。

发电（状态）控制主要包括：①多点高效发电；②实现功率跟随发电，实时快速响应驾驶人的需求（SOC 值低于设定值，同时驾驶人有大功率需求）；③根据不同的工况选择不同的发电模式。控制发电模式的意义在于根据整车的不同模式需求调整增程器的相关性能表现。发电控制还包含能量管理的扩展功能，其定义为根据 SOC 值，电池可充电功率、驱动功率需求等自行起停和发电等，使增程器可以更加方便地搭载到各个纯电车型中。

起停控制的重点在于降低起停过程中 NVH 与轴系共振。起动过程中尽量减少增程器轴系的冲击转矩，停机过程中通过平衡转矩减小停机抖动。

暖机功能旨在保护发动机，当冷却液温度低于一定值时，限制增程器的峰值功率。同理，增程器需要先使冷却液温度降低后再执行停机动作。

热管理控制主要是温度参数监控，执行满足响应条件的停机、降功率等。当进气温度或冷却液温度过高时，发动机或发电机的能力受到限制，增程器会进行主动的降功率操作，并随着温度变化调整降功率的幅度，同时提升工况点的转速，进而加快机械水泵的转速，提升散热能力。

（2）保护功能

保护功能的主要作用是识别系统安全风险，并及时执行保护动作，保障驾驶人、整车及增程器硬件安全，具体见表 5-3。

表 5-3　增程器保护功能及其释义

进气温度限值保护	进气温度超过限值时限制功率输出
发动机冷却液温度限值保护	冷却液温度超过保护限值时限制功率输出
转速保护	转速超过保护限值时限制功率输出
转矩保护	转矩超过保护限值时限制功率输出
轴系失效识别功能	发动机和发电机转速差超过阈值即识别已经断轴
轴系保护功能	当转速低于一定值时限制转矩
起动保护	避免增程器多次重复起动，限制次数/时间
停机防抖动	快速停机的功能
碰撞断油停机	GB/T 31498《电动汽车碰撞后安全要求》：碰撞后发出迅速的断油断电指令

（3）故障诊断功能

故障诊断功能的运行机制是实时监控和分析系统故障，及时对驾驶人做出提醒，并针对严重故障做出处理，具体见表 5-4，故障诊断将在第 6 章具体阐述。

表 5-4　增程器故障诊断功能释义

故障等级	故障处理以及等级设定
故障诊断（及恢复）	1. 故障储存功能（包含触发故障的时间和具体故障码），便于排查故障时读取历史故障信息 2. ECU 和 GCU 故障码发送到总线上
报警功能	1. 故障诊断中提取部分信息报警，如弹窗警报 2. 主动考虑 SOC 值，小于一定值主动报警

（4）其他功能

其他功能是为方便研发、售后及客户使用，控制器自身需具备的功能，具体见表 5-5。

表 5-5 增程器其他功能及其释义

数据存储	1. 累计增程器运行时间、发电量（计算能量转换比） 2. 历史故障码存储，确保断电后仍能保存故障信息
增程器信息显示	机油压力、发动机冷却液温度、故障等级 / 故障码、发电功率、增程模式
读取版本号	可以快速读取三个控制器的软硬件版本号
远程控制功能	1. 将增程器用户使用情况上传到服务器 2. 远程诊断和远程数据更新（T-BOX）功能
刷写手段	1. CCP 协议刷写 2. Bootloader 刷写

5.2.2 数据结构设计

数据结构是以某种形式将数据组织在一起的集合，它不仅存储数据，还支持访问和处理数据的操作。理论上数据结构可分为线性表、树、堆、链等多种类型，增程器控制系统中所涉及的数据关系都是线性的，针对这一系统的数据又可以有几种现实的分类方法。

1. 数据分类

（1）按数据在计算机芯片中的存储方式分类

变量：主要是指随机变量。一些随机变量存储在 RAM 中，随电源关闭而消失，如运行时的功率、转速、转矩值等。一些变量则需要有条件地保存在 ROM、FLASH 等上，如故障诊断结果以及发生故障时的被控对象的某些状态。

标定量：可以人工修改其数值的参量。例如，传感器的采集量的电气特性补偿表等。

常量：设备运转或试验进行过程中，不会被人为修改或在工程上被修改权限较高的参量。例如，总成的最大运行转速和温度保护触发阈值。对于一个检测范围在 0～100kPa 的压力传感器，其电气特性通常包含有非线性的部分，主要是低压和高压两个区域，所以当采集到的电压"变量"值在非线性区域时，就需要一个二维表进行校准。由于不同厂家的产品特性有所不同，所以该二维校准表需要"标定"。如采集到的电压范围是 0～5V，而 A/D 转换器是 8 位的，则有 "0～5V：0～255：0～100kPa"，这些就是"常量"。而在实际应用中不会出现 0V 电压，也不会出现 5V 电压，一般当采集到的电压接近 5V，如大于 4.95V 时，就可以判定为传感器断路，而小于 0.05V 时就判断为短路，这里的 4.95 和 0.05 也是标定量。

（2）按数据所属器件分类

传感器：包含输出采集量及用于校准的标定量。

控制器：包含输入量、控制量及控制参数等。

执行器：根据控制器的输出参数执行的动作量。

被控对象：有状态量和特性数据，如发动机的万有特性曲线等。以发动机系统为例，传感器包括温度、压力、转速等，控制器为 ECU，执行器为喷油器、火花塞、节气门等，而发动机本体就是被控对象。

（3）按数据所属具体的功能分类

发动机系统：如控制发动机喷油、点火、节气门开度等功能的数据。

发电机系统：如控制发电机转矩输出、整流滤波等功能的数据。

总成控制系统：如控制增程器上下电及稳态发电等功能的数据。

2. 数据分析

（1）数据归纳

根据上述分类方法，可对增程器总成的各项数据进行归纳，见表 5-6。

表 5-6　增程器总成数据归纳

系　　统		标定量	常量	变量
发动机系统	传感器	温度、压力、转速	例：进气温度传感器的电气补偿表	例：5V 供电电压	例：热敏电阻与信号电路电压
	控制器	ECU	例：发动机怠速转速	例：最大点火角退角	例：节气门开度请求
	执行器	喷油器、火花塞等	例：废气控制阀开度	例：最大增压压力	例：实际节气门开度
发电机系统	传感器	电压、电流、转速等	（略）	（略）	（略）
	控制器	控制板	（略）	（略）	（略）
	执行器	驱动板	例：IGBT 电气特性	例：电机过温、过电流保护	例：IGBT 控制量
总成控制系统	控制器	RECU	例：闭环控制 PID 参数	例：增程器最大转速、最大功率	例：目标转矩指令
	执行器	ECU、GCU	例：冷却系统风扇开度	例：水泵最大转速	例：实际转速与转矩

（2）冗余分析

冗余分析是通过原始变量与典型变量之间的相关性分析引起原始变量变异的原因。根据数据应用场景的不同，确定冗余是否应该去掉、保留还是主动增加。对增程器控制系统来说，首先参考图 5-9，设计出实现某一功能所涉及的所有常量、标定量及变量，确定每个数据量的来源与去处，如表 5-6 中增程器总成数据，根据有关原则和理论进行冗余分析和设计。

以发动机控制系统为例，其标定量存在多个基于转速和进气量的 MAP 表（矩阵），即根据横坐标转速和纵坐标进气量来标定喷油量、点火提前角等。这里的横纵坐标就是冗余数据，要尽量使这类 MAP 的纵坐标和横坐标刻度一致，使其可以被多个 MAP 共用，这样就减少了数据存储的冗余。类似地，这些计算结果通常还需要进行温度补偿，这个温度坐标也要尽量保持刻度一致，而用一个一维表（向量）来实现共享。

对于涉及故障诊断及功能安全类的数据，为了确保控制系统的安全性，一般会针对性进行冗余设计，以实现二次校验及双重保护。例如过温保护、过电压保护、转速和转矩保护等，不仅在发动机和发电机各自的控制系统中进行识别与处理，在总成控制系统中也要进行相应的处理。

3. 结构设计

电控系统数据结构设计的主要工作是标定量的设计，而发动机和发电机系统的数据结构设计可以查阅相关资料，此处数据结构设计主要集中在增程器总成控制器（RECU）中标定量的内容。

增程器总成控制系统的主要数据结构可参考图 5-10,其中点画线框部分即为标定量数据内容。

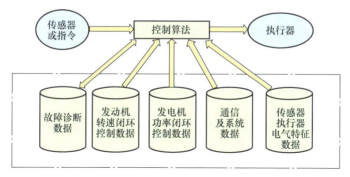

图 5-10 增程器主要数据结构

传感器或控制指令作为输入变量传递到控制算法,与标定参数综合进行计算后,转换为输出变量传递到执行器。标定量构成标定参数的核心部分,总成控制系统的标定量可归纳为五部分,分别是故障诊断数据、发动机转速闭环数据、发电机功率闭环数据、通信及系统数据、传感器与执行器电气特征数据。

(1)故障诊断数据设计

故障诊断部分的标定量主要涉及各类故障和保护的处理,如总成在不同的温度、湿度、海拔下的最大功率限制和最大转速限制等,主要是二维表格的形式,请参考第 6 章相关内容,此处不做详细介绍。

(2)发动机转速闭环和发电机功率闭环数据设计

由于发动机转速与转矩的非线性性质,其转速闭环控制系统不可能只用一套 PID 参数,而需要在不同区域设置不同的 PID 参数,因此出现 PID 参数的标定表,这个表是三维 MAP,若设其比例 P 项参数为 K_p,积分 I 项参数为 K_i,则二者可分别用矩阵表示为

$$K_p = \{P_{n,m}\} \qquad (5-3)$$

$$K_i = \{I_{n,m}\} \qquad (5-4)$$

式中,$n = 1, 2, \cdots, N$;$m = 1, 2, \cdots, M$。

设 MAP 图的横坐标转速刻度为向量 X,纵坐标转矩刻度为向量 Y,则有

$$X = \{x_n\} \qquad (5-5)$$

$$Y = \{y_m\} \qquad (5-6)$$

式中,$n = 1, 2, \cdots, N$;$m = 1, 2, \cdots, M$。

由于比例项 P 和积分项 I 两张 MAP 的横纵坐标刻度可以通过设计使其相同,因而向量 X 和 Y 可以同时用于两张 MAP(矩阵)的横纵坐标,也减少了数据的冗余。请注意,式(5-7)中用于控制的 PID 参数不宜在此 MAP 中依据插值算法获得。

发电机功率闭环控制的原理与发动机类似,因此其标定量可参考上述设计。还有很多其他标定量,可以举一反三,此处不再赘述。

(3)通信及系统数据设计

通信数据和系统数据是指具有全局性特征的数据。以控制系统数据为例,来自 VCU

的目标功率以及设置于 RECU 内部的最佳效率曲线就是全局性的，增程器针对不同的整车需求而设计的响应性也属于系统数据的范畴。来自 VCU 的整车功率需求是增程器的控制目标，其对应着增程器的一条最佳效率曲线，如图 1-2 所示。这条最佳效率曲线可设计成一个二维表格，可以是发电功率 - 目标转速表或发电功率 - 目标转矩表，见表 5-7 和表 5-8。

表 5-7 发电功率 - 目标转速表

需求功率 /kW	0	6	10	…
目标转速 /(r/min)	1050	1200	1500	…

表 5-8 发电功率 - 目标转矩表

需求功率 /kW	0	6	10	…
目标转矩 /N·m	0	47	64	…

调节系统的响应性可通过标定目标转速、目标转矩的变化速率实现，这部分标定量也可设计成二维表格的形式，见表 5-9 和表 5-10。

表 5-9 目标转速变化斜率表

目标转速 /(r/min)	1000	1500	2000	…
上行（或下行）斜率 /[r/(min·s)]	350	350	300	…

表 5-10 目标转矩变化斜率表

目标转矩 /N·m	20	40	60	…
上行（或下行）斜率 /(N·m/s)	80	70	60	…

（4）传感器和执行器的电气特征数据

同型号传感器因厂商不同等原因，其电气特性会有差别，而这些差别更多地表现在非线性部分，如图 5-11 虚线两侧部分所示。

以压力传感器为例，对压力与电压进行修正标定，确定其一一对应关系，该部分标定数据的设计可参考表 5-11。当采集到的电压小于 U_s 时，即认为传感器短路，当采集到的电压大于 U_c 时，即认为传感器断路。因此对这类传感器而言，其标定数据的设计至少应包括一个可标定的二维表和用于断路及短路判断的标定量 U_c 和 U_s。

执行器相关的标定数据可根据实

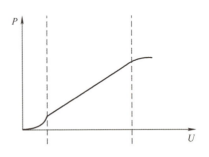

图 5-11 压力传感器特性图

表 5-11 压力与电压特性标定

电压 U	压力 P
U_1	P_1
U_2	P_2
U_3	P_3
⋮	⋮

际工作状况自行标定设计，此处不再多述。

5.3 电控系统的设计与开发

增程器电控系统的设计与开发主要包含硬件、底层软件、应用层软件三部分，整体设计与开发均应遵循V模型开发流程。由于底层软件和硬件是有机结合、密不可分的，因此这两部分一般统一进行开发和测试。应用层软件目前普遍基于AUTOSAR架构，其开发可独立于硬件及底层软件，并通过相关工具链进行匹配和集成。本节重点讲述产品级电控系统的开发。

5.3.1 硬件及底层软件的设计

根据增程器总成的电气架构和控制系统的功能定义，可以分析出该控制器所需的硬件资源，并进一步进行硬件选型，主要包括单片机、电源模块、CAN收发器、数字/模拟信号收发器等。以本章前两节所述的RECU架构与功能为例，其硬件架构应如图5-12所示。

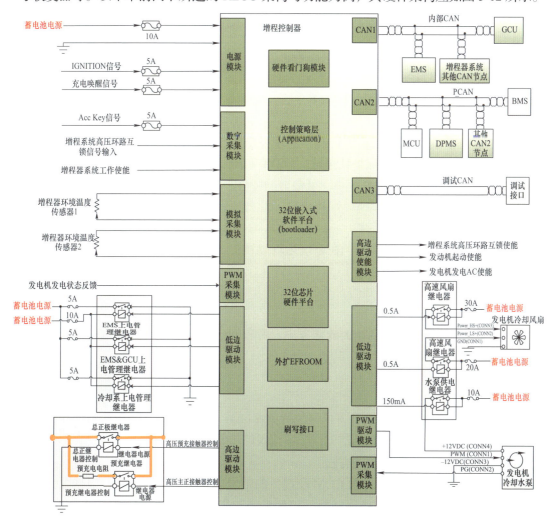

图5-12 增程器总成控制器的硬件架构

在硬件资源选型过程中，应考虑到使增程器能够广泛应用于多个整车平台，能够兼容 12V 及 24V 的电源模块，两路高速 CAN（CAN1、CAN2）分别用于增程器系统内外部通信，一路高速 CAN（CAN3）用于在线标定。另外，除去必需的三路数字采集、两路模拟采集、两路 PWM 外，还需留有必要的储备硬件资源，以保持一定的扩展能力。

增程器控制器主要由 24 路高低可配置的开关输入、4 路脉冲信号捕捉输入、18 路模拟量输入、4 路小功率高边输出、4 路大功率高边输出、4 路高边 PWM 输出、1 路 H 桥输出、14 路低边输出、2 路 LIN 通信及 3 路高速 CAN 组成。以上配置不仅能满足控制器的基本需求，并且预留了足够的资源用于功能扩展。

硬件资源确定后，可画出控制器的电路原理图，并参照其进行 PCB 电路设计。良好的电路设计不仅有助于提升控制器的性能、降低功耗等，还使控制器具有抵抗 ESD（Electro-Static Discharge，静电释放）、EOS（Electrical Overstress，过电压）的能力，此工作一般由专业的设计公司进行，此处不再赘述。

底层软件起到连接硬件和应用层软件的作用，主要职能为驱动硬件并为应用层提供接口和通信、存储服务等。底层软件主要包含八大模块，分述如下。

（1）底层驱动

底层驱动包含微处理抽象层和外围驱动，位于基础软件最底层，直接访问硬件，使上层相对独立。以 RECU 为例，其底层驱动模块见表 5-12。

表 5-12　RECU 驱动模块

模块	说明
ADC	模拟量转换为数字量驱动
CanTrcv	总线模式控制和唤醒模式
DIO	数字输入输出驱动
FLS	片内 FLASH 驱动
GPT	通用定时器驱动
GPTA	通用定时阵列驱动
ICU	输入捕捉驱动
MCU	微处理器单元驱动
PORT	PIN 口抽象驱动
PWM	脉冲脉宽调制驱动
SPI	SPI 驱动
WDG	片内看门狗驱动
CAN	CAN 总线驱动
LIN	LIN 总线驱动

（2）操作系统

操作系统用于实时分配系统资源、管理任务和事件的调度，在运行时提供保护性函数，需具有可抢占、多任务、高性能、资源消耗小、可裁剪的特性，符合 AUTOSAR 标准及 MISRAC 编程规范，此外还应符合以下要求：

1）系统完全是静态配置的，在系统运行过程中不允许对任何配置进行更改。

2）系统的执行参数是可知的。

3）系统易于移植。

4）各个功能分别集成到相关的对象中。对象间的相互调用，通过相关的接口来实现。

操作系统体系结构如图 5-13 所示。

（3）通信

通信模块为应用程序提供基于信号的数据接口，并根据预定义的数据类型来打包和解包报文，提供了一种标准化的访问汽车通信系统和 ECU 通信的方式，以及在不同速率的总线网络之间进行数据交换的方法。

在发送过程中，应用层调用 COM 层提供的信号或信号组发送函数，根据配置，信号或信号组的数据经过字节顺序转换后被更新到 I-PDU（Interaction Layer Protocol Data Unit，交互层数据单元）相应的位置中。

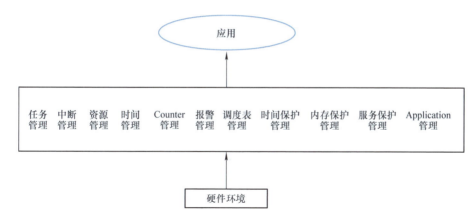

图 5-13 操作系统体系结构

在接收过程中，当底层接收到 I-PDU 时，底层将调用 COM 层提供的指示函数，取消并重启接收时限监控，将 I-PDU 的数据从底层复制到 COM 中。调用信号或信号组的接收函数后，该 I-PDU 中的信号或信号组将经过字节顺序转换、符号扩展和接收过滤后，数据被复制到应用层。

（4）诊断

诊断模块用于实现故障的诊断、故障码的存储管理及诊断仪的连接。DEM（Diagnostic Event Mamager，诊断事件管理）模块用来实现诊断故障的存储与管理等功能，并提供接口供其他模块读取 DTC（Diagnostic Trouble Code，诊断故障码）和对应的冻结帧数据和扩展数据等。DCM（Diagnostic Communication Manager，诊断通信管理）模块用来实现诊断请求的数据解析、响应等。

（5）存储管理

存储管理模块用于存储空间的划分以及保存在存储器中数据的管理。存储服务由一个 NVRAM 管理器模块构成，负责管理非易失性数据（从不同存储驱动读/写）。它需要一个 RAM 镜像作为数据接口提供给应用快速读取。

存储服务的任务是以统一方式向应用提供非易失性数据，这抽象了存储位置和属性。提供非易失性数据管理机制，如保存、加载、校验以及保护和验证、可靠存储等。

（6）标定

标定模块用于通过标定软件实现控制器的在线标定、Flash 刷写、数据的在线观测，以用来调整、优化控制器的各项参数，可根据标定需要选择支持的协议，如 CCP、XCP 等。

（7）网络管理

网络管理模块协调网络唤醒与休眠间的状态切换以及网络上所有正常工作的 ECU 排布。当整车处于休眠状态时，RECU 可被 PT CAN 上的网络管理报文唤醒，然后在 Private CAN 上将 ECU 和 GCU 唤醒，以实现相关功能，例如，开启加油口盖、停车充电等。

（8）程序刷写

基于 CCP 或 UDS 的刷写程序模块，用于对电控单元中的应用软件及应用数据进行在线更新，同时支持基于 OTA 技术的远程刷写。

5.3.2 应用层软件的开发

RECU 应用层软件独立于硬件,主要进行数据的计算与处理。应用层软件一般进行模块化开发,根据功能的设计原理,可分为六个模块,即安全管理、冷却管理、转速转矩分配、起停控制、诊断、数据存储(具体结构如图 2-7 所示),共包含了十项主要功能(详见图 5-9)。

应用层软件是为了实现既定功能,在硬件平台上用计算机语言对各类数据进行一系列逻辑操作的集合。这一系列逻辑操作的集合就是依据控制算法或策略转换而来的,因此有时候把控制软件等效成控制算法。应用层软件各个模块的算法及参数是电控系统的核心,决定了增程器总成能否高效、稳定地持续运转。应用层软件的开发难点在于:针对增程器总成不同的性能指标选择合适的控制算法并配置适当的参数。

在乘用车领域,用户普遍更为关注车辆的动力性及舒适性,乘用车使用的增程器控制算法应重视发电响应性及工况过渡平顺性。一方面通过提高增程器响应,使增程模式下整车的动力性能不衰减,且电池的 SOC 在一定范围内保持平衡。另一方面通过感知驾驶人的驾驶意图及车辆运行状态,适时调整增程器的运行工况点转速,做到增程器的噪音与车辆的其他噪声变化趋势一致。

在商用车领域,良好的经济性是增程器的核心竞争力。因此,应用层算法的重点是如何保证增程器尽可能多地运行于高效区。以多点发电式增程器为例,该模式下增程器工作在若干高效率点,一般应用在对响应性要求不高的车型上,因此算法重点在于提升单点工况的稳定性,同时在工况过渡时控制增程器工作在一个相对高效的区间。图 5-14 所示为增程器系统效率脉谱及运行曲线。

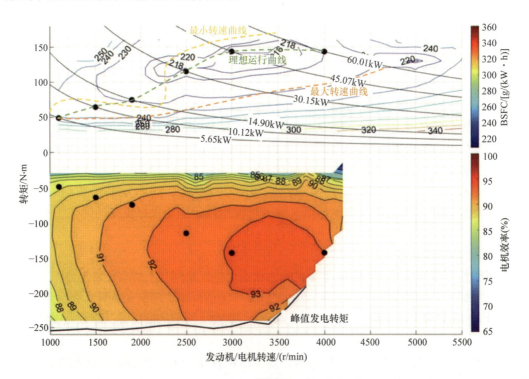

图 5-14 增程器系统效率脉谱及运行曲线

图 5-14 中绿色虚线为增程器理想运行曲线，红色虚线为增程器的最大转速曲线，黄色虚线为增程器最小转速曲线。受整车 NVH 及发动机特性限制，实际运行中应控制增程器的转速介于最大转速与最小转速之间，并使其运行曲线尽可能与理想曲线重合，以在保证基本的驾驶舒适性条件下使增程器最大限度地工作在高效区。

为了使增程器能够实现在设定工况点的精度与稳定性以及过渡过程的响应性指标，需要引入闭环控制算法，控制其实际转速和转矩。对此类问题，在工程上一般使用 PID 控制算法，它将给定值 $r(k)$ 与实际输出值 $c(k)$ 的偏差通过比例（P）、积分（I）、微分（D）进行线性组合构成控制量，对增程器的转速和发电功率进行控制。

$$u_f(k) = K_p e(k) + K_i \sum_{t=0}^{k} e(t) + K_d \Delta e(k) \quad (5-7)$$

式中，等号右边第一项是比例项，第二项是积分项，第三项是微分项。

其中

$$e(k) = r(k) - c(k) \quad (5-8)$$

$$\Delta e(k) = e(k) - e(k-1) \quad (5-9)$$

$$u_{ff}(k) = k_{ff} r(k) \quad (5-10)$$

$$u(k) = u_f(k) + u_{ff}(k) \quad (5-11)$$

式中，$r(k)$ 为目标值；$c(k)$ 为实际值；$e(k)$ 为在某一时刻的二者差值。带前馈的 PID 算法逻辑框图如图 5-15 所示，ff 为系统的前馈。

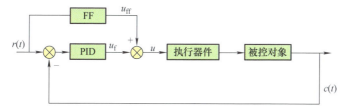

图 5-15 带前馈的 PID 算法逻辑框图

这一控制算法既应用于发动机转速闭环的控制，也应用于增程器功率闭环的控制。图 5-16 所示为增程器功率闭环控制逻辑。

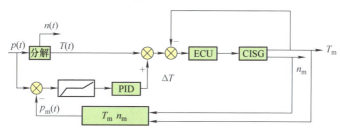

图 5-16 增程器功率闭环控制逻辑

将图 5-16 与图 5-8 结合在一起就是增程器控制策略的完整逻辑框图，需特别注意图 5-16 中的非线性环节，这个环节是功率闭环起作用的条件。增程器的核心控制算法可以简单地总结为：发动机内环是转矩控制，外环是速度控制；发电机内环也是转矩控制，外环是功率控制。

需要再次强调,增程器的目标功率以及组成此目标功率的转速目标曲线和转矩目标曲线是已知的,这是增程器控制算法设计的一个重要特征。利用好这一点,可以设计出优秀的控制算法来提升增程器的动力和经济等多项性能。

5.3.3 边界条件下的控制策略

增程器本体由发动机与发电机机械地连接在一起,若轴系频繁发生共振则可能导致结构性损坏。因此,控制算法上一方面应做到减少轴系共振,通过控制发动机点火减小轴系激励,同时提升起动转矩,使系统快速渡过共振区间。另一方面应当识别可能引发轴系风险的工况并做出保护动作,避免造成机械损伤。

当车辆在高温环境下持续工作时,随着发动机和发电机的温度升高,增程器的效率会持续下降,其最大发电能力也随之下降。当温度高过一定阈值后,增程器将无法维持正常的电力输出,其相关零部件也存在过热风险,软件算法上应对此提前做出处理。随着温度的逐渐升高,首先通过加大发电转矩弥补效率降低带来的发电功率损失,随后通过调整发电转速来增强散热能力(发动机配备机械水泵)。由于此时增程器并未工作在最高效的工况点,其综合油耗会上升,因此有必要使用电子水泵来提升整车的综合经济性。当增程器临近极限负荷状态时,需对其发电功率进行限制,最大发电功率随着温度升高逐级降低。

增程器在保证动力响应性的前提下,也应最大化地提升车内人员的舒适性。具体来讲,车辆带给人的加速感、减速感、噪声、振动特性等一系列反馈,不仅要彼此相互匹配,而且要与驾驶人的动作与预期一致。例如,驾驶人踩下加速踏板时,应能感受到汽车带来的加速度,同时若伴随而来的噪声、振动在一定程度上增加是符合驾驶人预期的。反之,若踩下加速踏板后,汽车未加速,或在短时间内先减速后加速,便是与驾驶人的预期不完全符合,需要对算法做出优化。

提升增程式车辆的舒适性,一是要使增程器的 NVH 特性变化与车辆状态相匹配,在低车速时尽量使增程器不在高转速工况运转;二是当处于全功率跟随模式时,需要使功率变化与车速变化、踏板动作保持协调。综合以上两点,需要在工况选择及过渡控制的算法中引入车速与加速踏板两个变量。

5.4 电控系统的测试与验证

控制系统的开发验收,大致分为三步:试验策划、试验准备及实施、结果验收与评价。控制系统各软件版本更新阶段对应的测试手段见表 5-13。

表 5-13 控制系统各软件版本更新阶段对应的测试手段

序号	软件版本更新时机	所需执行的测试验证手段
1	ASW 开发阶段的版本	MIL 和 SIL 测试
2	ASW 下载到控制器后的版本	HIL、台架、整车
3	新增或变更需求后的版本	MIL、SIL、HIL、台架、整车测试
4	发现缺陷或解决后的版本	(MIL、SIL 按需)HIL、台架、整车

5.4.1 开发过程中的测试验证

开发过程中的测试验证，直接关乎产品的质量，包括功能测试验证、网络管理通信测试验证等，主要有以下几方面测试需重点关注。

（1）单体测试

测试手段：MIL（Model In Loop，模型在环测试）。

测试方法：在控制系统应用层模型搭建的最初过程中，软件开发工程师为确保每个子模块（最小控制单元）的功能，将设定输入信号和目标输出结果（测试用例），通过MIL验证功能是否达成。

验收过程：通过设定输入信号的不同参数值以及多个输入信号的组合，将对应不同的输出结果，查看是否与目标输出结果一致，从而达到验证子模块控制逻辑的目的。

（2）软件功能模块测试

测试手段：MIL测试。

测试方法：各个子模块搭建完成并通过单体测试后，将进行子模块的集成形成子功能模块，此时基于软件架构设计说明书编写软件集成测试用例，目的在于验证各子功能模块之间的接口状态。

验收过程：模拟各子功能，比如起动功能、停机功能的逻辑是否能够通过MATLAB中的示波器看到输出结果，与测试用例的目标功能对比是否一致。

（3）软件测试

测试手段：MIL（模型在环测试）和SIL（Software In Loop，软件在环测试）。

测试方法：在软件集成各主要功能模块测试通过后，基于软件需求说明书编写测试用例对集成完毕的软件进行整体系统的验证测试；此时需要搭建动力系统仿真模型（包括发动机、发电机、ECU、GCU、RECU以及动力电池）进行仿真验证。

验证过程：根据设定的工况，达成预期的功能切换。在MIL（模型在环测试）完毕后，再进行SIL，避免生成代码的过程中出现问题。

（4）系统集成测试

测试手段：HIL（Hardware In Loop，硬件在环测试）。

测试方法：生成的软件代码下载到控制器中与控制器硬件和底层软件集成后进行测试，基于系统架构设计说明书编写测试用例，用于验证软件与硬件和底层软件之间的接口状态。

验证过程：在真实的控制器上能够实现目标功能。

（5）系统测试

测试手段1：HIL测试。

测试方法：基于系统需求编写测试用例，用于验证完整的增程器控制系统（包括应用层软件、控制器硬件、底层软件甚至线束）是否满足设计需求，包括模拟各种工况和各种环境下的功能验证、协调控制测试、网络通信测试以及各类故障模式下的测试。

验证过程：能够实现设定的各目标功能、各类故障模式下对应的处理措施。

通过HIL测试验证后，在车辆验证之前，需要在台架上先进行功能和性能验证，从而避免车辆上复杂工况对增程器性能的影响。

测试手段2：台架测试（Rig Test）。

测试方法：此时增程器机械部分、控制器硬件均为真实的部件，通过测试验证增程器控制器的功能和性能。

验证过程：实现功能、满足性能指标。最后一步是进行整车联调验证以及标定。增程器控制器配合整车控制器进行整车联调的验证测试，目的是验证增程器的功能和性能。

5.4.2 新增或变更需求后的测试验证

输入条件如下：

1）在软件开发过程进入单体测试阶段时，任何来自整车项目组或者内部新增功能需求修改，均需要正式提供变更需求。

2）对于新增需求，需附变更批准实施报告。

3）明确新增的需求更新到《增程器控制器软件功能需求说明书》中，更新控制策略说明书及测试用例。

输出条件如下：

1）测试用例含预计输出及测试结果。

2）更新缺陷问题清单，包括分析结果和解决措施。

3）测试报告（单体测试、软件集成测试、软件测试、系统集成测试、系统测试，含测试覆盖率）。

需要注意的是，新增或修改需求，必须重作回归测试。在讨论是否实施时，特别需要评估软件回归测试所涉及的范围及实施周期，以便反馈给需求提出方确认是否执行。是否实施、计划如何实施的分析结果，在收到变更需求后3~7天内反馈给需求方。

测试验证将覆盖上述所有的内容。

5.4.3 缺陷解决的测试验证

输入条件如下：

1）缺陷问题清单及解决措施。

2）更新测试用例。

输出条件如下：

1）测试用例，包括预计输出及测试结果。

2）更新缺陷问题清单，包括缺陷的实施情况、新增问题的分析结果和解决方案。

3）测试报告（单体测试、软件集成测试、软件测试、系统集成测试、系统测试，含测试覆盖率）。

注：如果新增或者修改了控制逻辑，则需要完善测试用例，根据软件架构设计分析对涉及的周边控制模块执行回归测试，包括单体MIL测试及其随后的所有测试；如果只是更改了部分标定参数，并且影响了功能或性能，则需执行台架测试验证和整车测试验证。

5.4.4 追溯验证的测试验证

在控制系统的开发测试验证中，追溯性测试尤为重要，目的是确保设计之初考虑的需求都被覆盖测试到，测试的内容都来自市场、客户以及所搭载的整车需求；由此可以避免某些需求经过设计开发后未被测试验证，或者开发过程中软件工程师自行增加了某些未被列举的功能、多做额外的测试，或者由于测试用例不完善导致的测试缺失等，从而引起控制系统的质量风险，影响增程器搭载整车的客户满意度。

图 5-17 所示为 V 模型架构，遵循 V 模型中左侧部分从上至下的开发，右侧部分从下而上的测试都需一一追溯，同时从左侧到右侧的过程也是开发和测试的一一追溯过程。最终将形成增程器电控系统追溯矩阵，包括原始需求、系统需求、软件需求、模型设计、测试用例、测试结果，以及测试覆盖率。

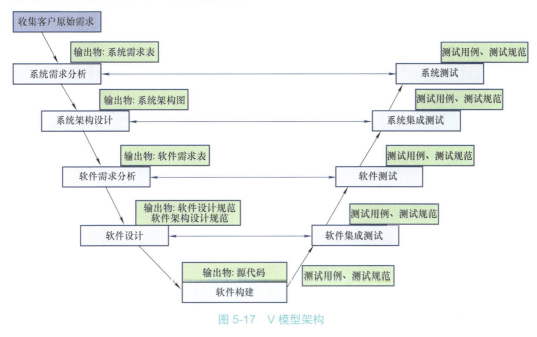

图 5-17 V 模型架构

5.4.5 电控系统工况切换功能

增程器控制器主要的表征功能包含起动、怠速、发电、停机等工况间的切换。此项试验旨在台架实物上确认控制功能的实现与否。增程器总成在台架上安装好，增程器台架线束安装到位、进排气系统无泄漏、循环冷却系统工作正常，电池模拟器正常工作，连接 INCA 查看数据，确保发动机控制器、电机控制器无故障，开始进行增程器功能测试。按以下测试项逐步进行：

发送起动命令，增程器响应并起动成功；增程器起动成功后，能维持在设定转速下工作不停机，怠速运转平稳；发送发电指令，增程器能够响应请求，在不同的发电请求指令下运转；在不同的发电功率之间切换，能够响应并平稳过渡；在不同发电功率点和怠速工况，能够执行停机指令，立即停机。

评价软件开发成熟度主要从以下几个方面：①功能覆盖广度；②软件实现的准确度；③测试用例全面度；④实物的可靠性和鲁棒性。例如，某增程器电控系统开发过程中曾遇到增程器转速较难调节的问题，系统鲁棒性不好、适应性窄；几乎每台增程器转速都有不同程度的波动，当遇到外界干扰，转速扰动较大且恢复平稳时间较长甚至一直处于扰动中。分析发现，软件中发动机转速闭环调节系统设计有缺陷，在 PID 调节三维

表格中原设计的 X、Y 轴分别为转速差和工作点转速,导致增程器工作时 X、Y 两个坐标轴的值波动,故转速很难稳定,抗干扰能力弱。调整 X、Y 坐标轴值分别为转速差和工作点转矩,同时优化部分滤波器,使得系统的鲁棒性和可靠性有了较大提高。

5.4.6 硬件测试

硬件测试内容见表 5-14,是控制器的基础试验验证内容。

表 5-14 硬件测试内容

序号	种类	测试条目	Level
1	电气试验	短路保护测试	功能和安全性
2	电气试验	直流供电电压测试	功能和安全性
3	电气试验	反向电压测试	功能和安全性
⋮	⋮	⋮	⋮
26	EMC	静电放电	功能
27	EMC	信号线上的瞬态耦合抗扰	安全性

5.4.7 底层软件测试

控制器的底层软件应通过一系列测试项目,见表 5-15。

表 5-15 基础软件测试

序号	测试类别	测试项目	测试要求	结果要求	说明
1	功能测试	软件压力测试	对内存、CPU 模拟测试条件,达到设计极限	功能正常	—
2	功能测试	CAN 网络管理功能	按网络管理规范要求	见网络管理规范要求	—
3	功能测试	OBD 及故障管理功能	通过诊断仪测试和整车测试	能够正确诊断和管理产生的故障;具有故障分级管理机制,能和诊断仪进行数据交互	—
4	功能测试	标定功能	通过 INCA 或其他专用标定工具实现	可以在线对指定的变量进行标定	—
5	功能测试	应用代码刷写功能	供电异常	单片机不会锁死,电源正常后可再次刷写应用代码	—
6	功能测试	bootloader 升级	供电正常	可正常刷写、升级 bootloader 软件	—
7	功能测试	bootloader 升级	供电异常	单片机不会锁死,电源正常后可再次刷写	—
8	功能测试		供电正常	可正常刷写	—

参 考 文 献

[1] 蔡文远,霍元,王一戎,等.一种用于车辆的发动机转矩的测量方法和控制系统:CN2020/0390253.[P]. 2020-08-25.

Chapter 06

第 6 章
增程器的故障诊断

增程器的故障诊断系统包含发动机故障诊断、发电机系统故障诊断及增程器总成故障诊断三部分。增程器的诊断规范包含了统一诊断服务（Unified Diagnostic Services，UDS）和车载诊断（On Board Diagnostics，OBD）两部分。故障诊断系统主要涉及安全、耐久及排放三个方面，而排放是重点，目的是保证整车不因动力系统的故障引发安全隐患，增程器总成不发生结构性损坏，且整车的排放能满足国家法规。

6.1 故障诊断系统设计

6.1.1 故障诊断的主要内容

汽车的安全性是指汽车在行驶中避免事故、保障行人和乘员安全的性能，一般分为主动安全性、被动安全性、事故后安全性和生态安全性。在道路交通事故中，汽车本身的安全性能也是不可忽视的因素。为了保障汽车的安全性，美国率先在 1966 年颁布了《联邦机动车辆安全标准》（FMVSS）。随后，各国政府也都制定了严格的汽车安全法规。中国也制定了国家标准《机动车运行安全技术条件》（GB 7258—2017）。增程器是增程式汽车的动力来源之一，在车辆高速行驶时，若增程器发生故障，可能会造成瞬间的车辆动力缺失，从而产生安全隐患。因此，增程器故障诊断系统的设计应对如何保证车辆安全性进行充分考虑。

汽车的耐久性是指整车和零部件总成在达到极限磨损数值或不堪使用之前的工作期限。耐久性取决于零件的耐磨性和抵抗疲劳、腐蚀的能力。对增程器而言，当部分零部件处于故障状态时，会影响总成的运行状态。增程器长期处于非正常的工作状态，其内部机械结构的磨损加大，造成耐久性下降，因此涉及增程器耐久性相关的故障诊断十分必要。

排放相关的故障诊断是故障诊断系统的主要内容，其参照的法规根据发动机燃料可以划分为汽油机法规、柴油机法规、气体燃料发动机法规。以汽油增程器为例，根据所搭载的车辆可以划分为重型汽车排放法规和轻型汽车排放法规。重型车用汽油发动机的 OBD 发展历史如图 6-1 所示。

图 6-1 重型车用汽油发动机的 OBD 发展历史

GB 14762—2002 法规中对重型车用汽油发动机没有 OBD 要求；在《重型车用汽油发动机与汽车排气污染物排放限值及测量方法（中国Ⅲ、Ⅳ阶段）》（GB 14762—2008）第Ⅲ阶段开始增加了 OBD 的要求，但是也仅仅只要求做输入输出部件断路监测。《重型汽油车污染物排放限值及测量方法》（GB 14762—××××）预计会在近几年出台，新的 OBD 系统要求更为严苛，除了图 6-1 所示的输入输出部件断路监测、失火监测、催化器监测、蒸发系统监测、燃油系统监测、在用监测频率（In-Use Performance Ratio，IUPR）外，还包含了冷起动减排策略监测、VVT 监测、汽油机颗粒捕捉物监测等内容，同时还参考《重型柴油车污染物排放限值及测量方法（中国第六阶段）》（GB 17691—2018）增加了远程排放管理车载终端的技术要求及通信数据格式要求，以此来监控车辆的实时排放污染物状态，其中的 VVT 监测包含可变气门正时控制系统（VVT）和可变气门升程控制系统（VVL）。

轻型汽车的 OBD 发展历史如图 6-2 所示。轻型汽车从《轻型汽车污染物排放限值及测量方法》（GB 18352.3—2005）第Ⅲ阶段开始进行 OBD 监测，根据发展需要，《轻型汽车污染物排放限值及测量方法》（GB 18352.6—2016）中的 OBD 监测项达到了 34 项。

在出现了新的动力形式（如混动系统和增程式系统）之后，由于影响车辆排放的要素增加，OBD 的内容也有所增加。在增程式汽车中，OBD 诊断涵盖了动力电池、驱动电机及增程器总成部分。

图 6-2 轻型汽车的 OBD 发展历史

6.1.2 故障诊断系统规范

OBD（车载诊断系统）是与汽车排放和驱动性相关故障的标准化诊断规范，有严格的排放针对性，其实质就是通过监测汽车的动力和排放控制系统来监控汽车的排放。当汽车的动力或排放控制系统出现故障，有可能导致一氧化碳（CO）、碳氢化合物（HC）、氮氧化物（NO_x）、颗粒物（PM）或燃油蒸发污染量超过设定的标准，故障灯就会点亮报警。增程器的故障诊断必须满足排放相关的 OBD 诊断规范。

20 世纪 80 年代起，美日欧等各大汽车制造企业开始在其生产的电喷汽车上配备 OBD，初期的 OBD 没有自检功能。比 OBD 更先进的 OBD-Ⅱ在 20 世纪 90 年代中期产生，美国汽车工程师协会（SAE）制定了一套标准规范，要求各汽车制造企业按照 OBD-Ⅱ的标准提供统一的诊断模式，在 20 世纪 90 年代末期，进入北美市场的汽车都按照新标准设置 OBD。

OBD-Ⅱ与以前的所有车载自诊断系统不同之处在于，其有严格的排放针对性，实质性能就是监测汽车排放。当汽车排放的 CO、HC、NO_x、PM 或燃油蒸发污染量超过设定的标准时，故障灯就会点亮报警。

虽然 OBD-Ⅱ对监测汽车排放十分有效，但驾驶人是否接收警告全凭"自觉"。此后，比 OBD-Ⅱ更先进的 OBD-Ⅲ产生了。OBD-Ⅲ的主要目的是使汽车的检测、维护和管理合为一体，以满足环境保护的要求。OBD-Ⅲ系统会分别进入发动机、变速器、ABS 等系统的 ECU 中读取故障码和其他相关数据，并利用小型车载通信系统，例如 GPS 导航系统或无线通信方式将车辆的身份代码、故障码及所在位置等信息自动通告管理部门，管理部门根据该车辆排放问题的等级对其发出指令，包括去哪里维修的建议、解决排放问题的时限等，还可对超出时限的违规者的车辆发出禁行指令。因此，OBD-Ⅲ系统不仅能对车辆排放问题向驾驶人发出警告，而且还能对违规者进行惩罚。

UDS是诊断服务的规范化标准，为诊断服务提供了一个基本框架，这些诊断服务允许诊断仪在车载电子控制单元里面控制诊断功能，以便维修人员能够准确地解决故障。与OBD不同，UDS实现了模块化汽车诊断，上层的诊断设备只要发送同样的命令就可以得到电控系统的数据，而不关心底层的数据链路和物理层如何实现，这样硬件和软件就可以分别开发。UDS在使用过程中除了协议中已经定义好的通用代码指令之外，还有未定义部分则留给整车厂自行定义，这样就会形成不同厂家的电子控制器的数据标识符（Data Identifier，DID）不同，所以对ECU的诊断过程需要事先了解内部定义。

当前UDS诊断是汽车行业发展的趋势，因此在增程器诊断系统设计开发时要考虑满足UDS诊断规范。

6.1.3 诊断系统运行机制

增程器总成应具备完善的故障诊断功能，通过RECU来实现故障的诊断和保护措施的实施。故障总体可归为两类：子系统故障和整机系统故障。子系统故障包括发动机故障和电机系统故障，分别由ECU和GCU诊断后上报RECU统一进行处理。整机系统故障是RECU通过监控增程器的运行状态来识别系统风险和故障。

诊断系统的输入有两部分，分别是ECU和GCU的故障等级和故障码，通过CAN总线传输。具体的系统诊断工作机制如图6-3所示。

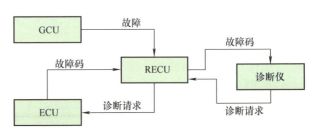

图6-3 系统诊断工作机制

在上述架构中，ECU在接收到RECU的诊断请求后，会将故障码发送给RECU。而GCU则是将故障以周期性报文形式发送给RECU，无须诊断请求。由于目前行业中大多数的ECU故障诊断系统已经开发得十分完善，因此建议依据UDS协议，利用RECU转发诊断仪的服务命令，实现问答读取ECU的故障码，再由RECU将故障码回复给诊断仪，以实现发动机系统的故障诊断。GCU的故障诊断系统目前普遍开发得并不十分成熟，建议选择将识别到的故障通过CAN总线以周期性报文的形式传输给RECU，由RECU对故障进行统一编码。在该架构中，由RECU响应诊断仪对电机系统的诊断请求。

增程器诊断系统的输出包括故障诊断处理模块生成的增程器运行状态、故障等级、故障码以及当前系统所能够发出的最大功率等。

6.1.4 故障诊断的开发流程

图6-4所示为故障诊断开发流程，共分为七步。

（1）故障来源

故障来源可分为常规故障和特殊故障。常规故障为零部件一般性故障，如传感器

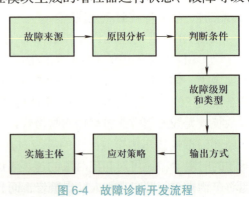

图6-4 故障诊断开发流程

失效、线束短路等，其包含的故障诊断类型见表6-1。

表6-1 故障诊断类型

类型	传感器故障	数据故障	执行器故障
电源故障	√		√
接地故障	√		√
信号超出范围	√	√	
信号不合理	√	√	
获取信号不正确	√	√	√
信号偏差	√	√	√
信号不正常跳跃	√	√	√
信号卡滞		√	
没有做出合理的响应			√
无响应或通信丢失			√

特殊故障为非一般性故障引起的增程器运行过程中产生的异常，多由内外部环境等多方面综合因素引起。其相比一般性故障更复杂，也更难以处理。

（2）原因分析

根据故障来源对故障原因进行综合分析，确定故障的根本原因。

（3）判断条件

综合故障原因、严重程度及发生概率等，确定故障的判断条件，完成系统的DFMEA。

（4）故障级别和类型

根据故障造成的影响对故障进行分类，并划分为不同的故障等级。

（5）输出方式

根据故障类型及级别的不同，一部分故障需要输出给仪表，由驾驶人进行进一步处理；另一部分故障则需要输出到汽车上的各个处理单元，由各控制器、执行器完成动作。

（6）应对策略

在接收到相应的故障码后，确定需要执行的动作。

（7）实施主体

确定动作的实施者，如停机动作，其实施者为发动机及发电机。

根据上述流程进行开发，不仅在诊断逻辑上形成闭环，而且进一步明确了故障诊断涉及的范围与对象。

6.1.5 故障等级定义与处理机制

增程器的故障会影响整车的动力性能，因此增程器的故障系统要与整车的故障系统相互匹配。从故障对整车动力性的影响考虑，可以将增程器的故障分为4个等级，增程器故障分级表见表6-2。

表6-2 增程器故障分级表

故障等级	描述
故障等级0	系统正常无故障
故障等级1	轻微故障但不影响起动和发电
故障等级2	故障导致发电功率异常
故障等级3	断电停机

增程器故障诊断系统处理机制设计的原则应为：在保证增程器及整车安全的前提下，尽量使增程器能够继续运行，最大程度上为整车提供动力续航。

因此，故障的处理措施需要根据故障危险程度等级的不同而变化。增程器的每个故障等级有与之相对应的处理措施，故障处理机制如图 6-5 所示。

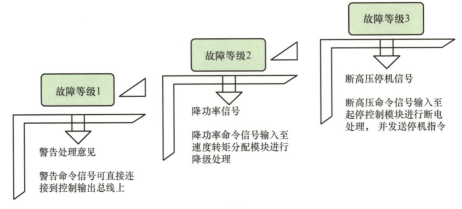

图 6-5　故障处理机制

一级故障的处理方式为发送警告信号；二级故障的处理方式为限制发电功率，并发送降功率信号、跛行信号；三级故障的处理方式为停机并切断高压电，同时发送无法继续工作信号。

6.1.6　诊断系统功能设计

根据 ISO 相关标准，总成控制器软件必须能监控故障，同时具备全面完整的故障诊断信号及播报机制，并有相应的故障处理机制。故障诊断功能框架如图 6-6 所示。

本节主要介绍增程器故障码的读取与写入。增程器故障码包括三部分：ECU 故障码、GCU 故障码和增程器系统故障码。其中增程器系统故障又包含通信故障、硬件检测故障和运行故障。故障码分类如图 6-7 所示。

发动机的相关故障码读取与写入由 ECU 完成，RECU 对 ECU 诊断的相关请求与响应进行转发。系统故障码和 GCU 的故障码读取和写入由 RECU 完成，其故障码的读取和写入流程根据 UDS 的规范要求设计。应用层在检测到故障后进行消抖处理，对检测结果进行再校验，校验通过后读取或写入诊断模块中

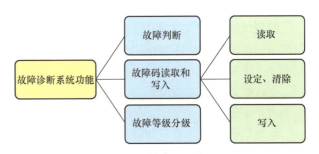

图 6-6　故障诊断功能框架

图 6-7　故障码分类

已定义好的 DTC（Diagnostic Trouble Code），并在控制器下电前进行存储。故障码读取、写入流程示意如图 6-8 所示。

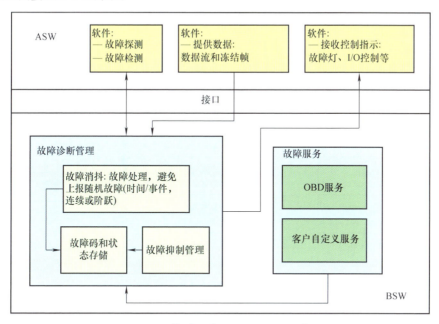

图 6-8　故障码读取、写入流程示意

6.2　增程器总成故障诊断

6.2.1　总成诊断功能设计

增程器总成的故障诊断主要可分为八类：ECU 与 GCU 故障等级诊断、发电机故障诊断、转速与转矩故障诊断、RECU 硬件故障诊断、CAN 通信故障诊断、限矩转矩计算、功率限制及起动故障保护。上述八类诊断的结果可整合成三个诊断接口输出到整车，分别为增程器故障等级、限矩限功率标志、起动故障和保护，增程器的诊断系统架构如图 6-9 所示。

6.2.2　增程器总成失效模式分析

以增程器未能正常工作为例，分析该故障有以下可能性：VCU 未发送起动指令、VCU 已经发送起动指令但是 RECU 未执行、存在 CAN 通信故障（公共 CAN 和内部 CAN）或控制器供电异常等。图 6-10 所示为 VCU 未发送起动指令的原因分析，可能是由整车三级故障、RECU 三级故障、VCU 本身的故障导致的。

当 VCU 已经发送起动指令给 RECU，但是增程器未起动工作，原因可能是 RECU 接收到 VCU 指令但是未发送起动指令或者 RECU 已经发送起动指令但增程器未起动。起动指令已发送但未执行的原因分析如图 6-11 所示。

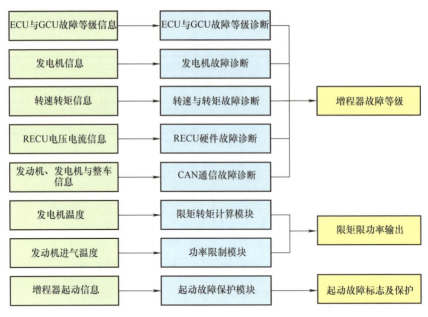

图 6-9 增程器的诊断系统架构

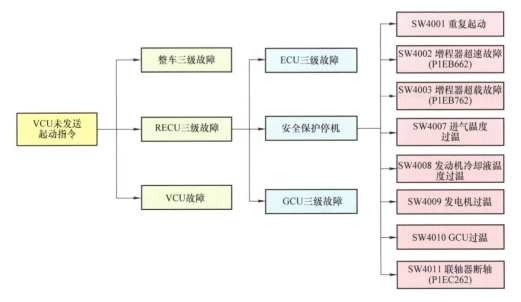

图 6-10 VCU 未发送起动指令的原因分析

若增程器未起动的原因为 CAN 通信故障，存在的两种可能分别是公共 CAN 通信故障和私有 CAN 通信故障。CAN 通信故障诊断模块实时检测 CAN 信息中的控制标志位、故障等级、计数器（Counter）、校验位（Checksum）等信息，识别并触发故障诊断，同时触发故障码，故障诊断结果不同则输出故障码不同，以便于识别。CAN 通信故障分析路径如图 6-12 所示。

若由于控制器供电出现故障，比如电源电压异常、线路连接故障等，控制器故障原因分析如图 6-13 所示。

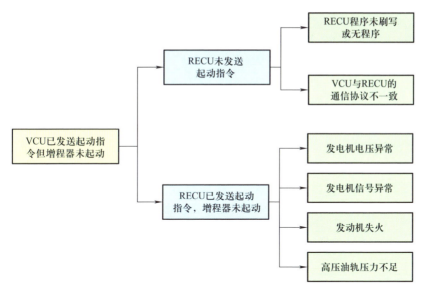

图 6-11 起动指令已发送但未执行的原因分析

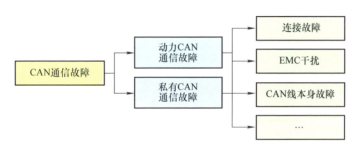

图 6-12 CAN 通信故障分析路径

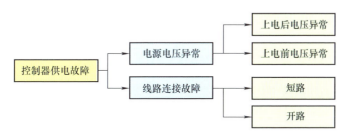

图 6-13 控制器故障原因分析

6.2.3 功能安全

在现代工业控制领域中，可编程电子硬件、软件系统的大量使用，大大提升了自动化程度。但由于设备设计中的缺陷或局限，以及开发制造中风险管理意识的不足，可能导致产品大量流入相关行业的安全控制系统中，造成人身安全、财产损失和环境危害等灾难。为此，世界各国历来对石化过程安全控制系统、电厂安全控制系统、核电安全控制系统全领域的产品安全性设计技术非常重视，并且将电子、电气及可编程电子安全控制系统相关的技术发展为一套成熟的产品安全设计技术，即"功能安全"技术。

汽车行业功能安全的标准 ISO 26262 是从电子、电气和可编程器件功能安全基本标准 IEC 61508 派生出来的，主要定位于汽车行业中特定的电气器件、电子设备、可编程电子器件等专门用于汽车领域的部件。

在 2011 年发布的第一版 ISO 26262 中，其将适用范围定义为 3.5t 以下的乘用车，目前该标准的第二版中已经明确将适用范围进一步扩大，覆盖到了商用车和摩托车，该标准已于 2018 年发布。

1. 功能安全开发

功能安全的开发流程首先从项目定义开始。项目定义就是对所研发项目的一个描述，其包括了项目的功能、接口、环境条件、法规要求、危险等内容，也包括项目的其他相关功能、系统和组件决定的接口、边界条件等。功能安全开发简介如图 6-14 所示。

图 6-14 功能安全开发简介

2. 安全生命周期

ISO 26262 为汽车安全提供了一个生命周期（管理、开发、生产、经营、服务、报废）理念，并在这些生命周期阶段中提供必要的支持。安全生命周期图如图 6-15 所示。

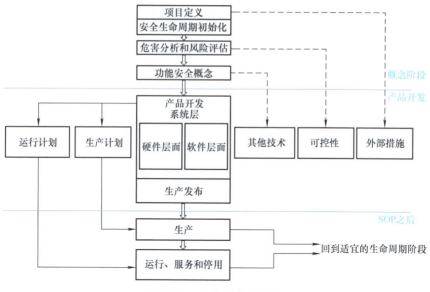

图 6-15 安全生命周期图

3. 风险分析流程

安全分析是以功能为导向，从整车层级展开分析，主要通过评估功能失效后所导致的潜在危害事件的 S、E、C 三个级别，从而得出对应的 ASIL 等级，如果是安全相关的危害（ASIL A 及以上），需要相应地定义其安全目标。在完成安全目标及其 ASIL 等级定义后，下一阶段就是逐步细分，从整车→系统→子系统→软件/硬件，设计完成后还要进行自下而上的逐级验证，目的是确保相应的需求都得到了完整并且正确的实施。风险分析流程如图 6-16 所示。

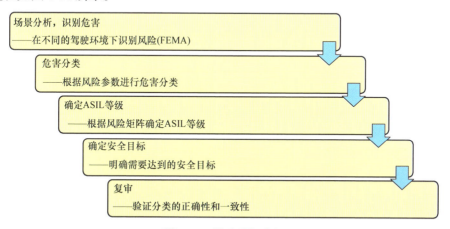

图 6-16 风险分析流程

一般来讲，由于增程器的定位为辅助动力系统，其安全等级定位为 ASIL A 或 ASIL B。

6.2.4 增程器总成故障列表

根据图 6-4 所示故障诊断开发流程，对增程器总成故障诊断系统进行分析，各故障的失效模式、故障等级及 DTC 含义等见表 6-3。

表 6-3 RECU 故障码清单

序号	DTC 含义	等级	失效模式
1	ABS CAN offline	1	RECU 电源无故障，且连续 10 个周期未接收到该节点报文（周期最小 message）
2	ABS wheel speed invalid	1	RECU 电源无故障，ABS 未出现 offline 情况，连续 10 个周期收到 0x18FE6E0B "前轴左轮车速"信号值为"0xFFFF"
			RECU 电源无故障，ABS 未出现 offline 情况，连续 10 个周期收到 0x18FE6E0B "前轴右轮车速"信号值为"0xFFFF"
			RECU 电源无故障，ABS 未出现 offline 情况，连续 10 个周期收到 0x18FE6E0B "后轴左轮车速"信号值为"0xFFFF"
			RECU 电源无故障，ABS 未出现 offline 情况，连续 10 个周期收到 0x18FE6E0B "后轴右轮车速"信号值为"0xFFFF"
3	ABS Rolling counter error	1	ECU reset 后，接收节点每成功接收一帧报文，rolling countor++，接收节点连续 10 个周期与 CAN 网络上 rollingcountor 信号值不一致
4	ABS checksum error	1	checksum = Byte0 XOR Byte1 XOR Byte2 XOR Byte3 XOR Byte4 XOR Byte5 XOR Byte6，连续 10 个周期 ECU 计算的 checksum 与 CAN 信号 checksum 值不一致
⋮	⋮	⋮	⋮
65	GAPF_reserved_1（Eccessive fluctuation of GAPF torque）	3	发电机转矩变化率大于标定值，连续 3 个周期以上检测到
66	GAPF_reserved_2（GAPF over speed）	3	发动机转速大于标定值，连续 3 个周期以上检测到
67	GAPF_reserved_3（GAPF over torque）	3	发电机转矩大于标定值，连续 3 个周期以上检测到
⋮	⋮	⋮	⋮

6.3 发动机故障诊断

发动机故障诊断可分为与排放相关的故障诊断以及与排放无关的故障诊断，本节主要介绍排放法规中有明确要求的与排放相关的故障诊断，即 OBD 诊断。

6.3.1 增程器发动机 OBD 系统概述

OBD 是一种车载诊断系统，用于排放控制系统监测。当与排放相关的任何部件发生故障时，OBD 系统监测到故障，将相应的故障码存入车载控制单元，并点亮故障指示灯（MIL）。

汽油发动机 OBD 系统的组成如图 6-17 所示，由 CAN 网络、发动机、发动机控制器、炭罐电磁阀、炭罐、燃油系统、点火系统、进气系统、排气系统及发动机电控零部件组成。

在车辆的生命周期内，发动机 OBD 系统要能够正常监测各个系统、零部件的状态，如检测到电路连续性故障、功能性故障、输入输出信号故障、合理性故障或其他故障时，能根据故障类型、驾驶循环进行故障确认并点亮故障指示灯,同时将故障信息存储在发动机控制器中,以便维修时使用诊断扫描工具通过诊断口访问、读取、清除故障信息。某增程式发动机 OBD 概述如图 6-18 所示。

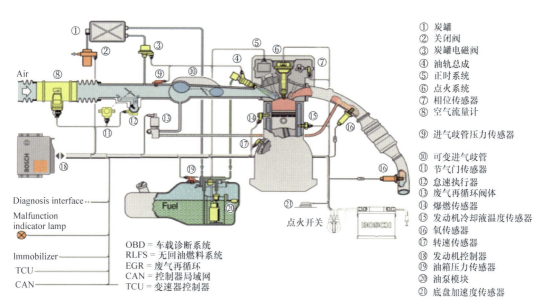

图 6-17　汽油发动机 OBD 系统的组成

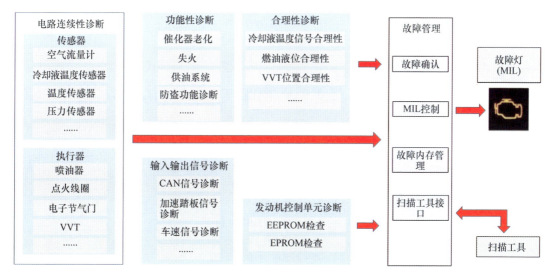

图 6-18　某增程式发动机 OBD 概述

按照《轻型汽车污染物排放限值及测量方法》(GB 18352.6—2016)法规要求,发动机的 OBD 除了对各零部件系统进行诊断外,还对各零部件系统的诊断监测频率(IUPR)进行了要求,轻型国六 OBD 法规需求及监测频率要求见表 6-4。

表 6-4 轻型国六 OBD 法规需求及监测频率要求

序号	监测项	监测要求
1	排气系统	三元催化器监测（NMHC+NO_x 的转化率）
2		GPF 监测
3		氧传感器监测
4		前氧电路性检查
5		前氧合理性检查
6		前氧动态响应
7		前氧动态响应（对称和非对称）
8		前氧加热不合理
9		前氧加热驱动级监测
10		后氧电路性检查
11		后氧合理性检查
12		后氧传感器动态响应
13		后氧加热不合理
14		后氧加热驱动级
15		二次空气
16		催化器加热阶段的二次空气监测
17	诊断系统	永久故障码
18	供油系统	相似工况
19		0.5mm 蒸发系统泄漏
20		1mm 蒸发系统泄漏
21		炭罐冲洗流量检查
22	进气系统	EGR 系统（最低/最高流量诊断）
23		VVT 系统（目标偏移/反应迟滞诊断）
24		PCV
25	其他	所有电路的连续性诊断
26		所有传感器信号的合理性诊断
27		所有执行器的功能性响应
28		失火诊断
29		相似工况（在相似工况下确认和修复故障）
30		发动机冷却系统
31		冷却液温度传感器诊断
32	IUPR	催化器监测（0.336）
33		蒸发系统监测：0.1（0.5mm 泄漏） 0.26（1mm 泄漏） 0.1（高脱附） 0.336（低脱附）
34		二次空气系统监测（0.1）
35		氧传感器监测（0.336）
36		废气再循环（EGR）系统监测（0.336）
37		曲轴箱强制通风（PCV）系统监测（0.1）
38		发动机冷却系统监测（0.1）
39		冷起动减排策略监测（0.1）
40		VVT 系统监测（0.336）
41		颗粒捕集器监测（0.1）
42		综合零部件监测（0.1）

6.3.2 故障类别

GB 18352.6—2016 法规中对驾驶循环的定义：由发动机起动、运行和停机状态组成，也包含发动机从停机到下一次起动的过程。对应用发动机起停（STOP-START）控制策略的车辆，生产企业可以单独定义驾驶循环。

增程式电动汽车控制策略中对发动机的使用策略为起停式，且发动机控制器在增程式电动汽车电子电气架构中不是车辆的主控制器，所以在增程式发动机的 OBD 系统中，其驾驶循环由 VCU 进行定义并进行计算，通过 CAN 网络发送给 ECU 进行相应的 OBD 动作。

汽油发动机系统为了能更快捷、更准确地识别各类故障并按法规要求点亮故障指示灯，对发动机各项故障进行了分类，在实际应用中应根据车辆配置和要求确定具体的类型（对于故障类型的分类，传统汽油发动机与增程式汽油发动机是相同的）。某增程式电动汽车的发动机故障类别见表 6-5。

表 6-5 某增程式电动汽车的发动机故障类别

序号	故障类别	说　　明
1	1	只用于催化器损坏失火检测，MIL 立即闪烁 设置诊断故障码的条件： • 由引起催化器损坏的失火率触发，有最高的冻结帧优先权 清除故障指示灯/故障码的条件： • 未监测到故障，故障指示灯将被关闭 • 在 40 个连续的无故障暖机循环后，故障码将被清除
2	2	只用于排放相关失火检测，2 个连续故障循环后 MIL 点亮 设置诊断故障码的条件： • 如果连续 2 个驾驶循环中被诊断出失火，则在诊断确认出错的第 2 个连续驾驶循环中，故障被 ECU 确认。这时，ECU 控制点亮 MIL。触发条件为统计周期内的失火率超标 清除故障指示灯/故障码的条件： • 如果连续 3 个驾驶循环中被诊断出没有故障，在诊断测试通过且无故障的后续驾驶循环中，故障指示灯将被关闭 • 在 40 个连续的无故障暖机循环后，故障码将被清除
3	3	与排放相关，2 个连续故障循环后 MIL 点亮 设置诊断故障码的条件： • 如果连续 2 个驾驶循环中被诊断出同一故障，则在诊断确认出错的第 2 个连续驾驶循环中，故障被 ECU 确认。这时，ECU 控制点亮 MIL 清除故障指示灯/故障码的条件： • 如果连续 3 个驾驶循环中被诊断出没有故障，在诊断测试通过且无故障的后续驾驶循环中，故障指示灯将被关闭 • 在 40 个连续无故障暖机循环后，故障码清除
4	4	与排放相关，确认无疑的故障 5s 后 MIL 点亮 设置诊断故障码的条件： • 确认无疑的故障，5s 后点亮 MIL 清除故障指示灯/故障码的条件： • 如果连续 3 个驾驶循环中被诊断出没有故障，在诊断测试通过且无故障的后续驾驶循环中，故障指示灯将被关闭 • 在 40 个连续无故障暖机循环后，故障码清除
5	5	设置诊断故障码的条件： • 如果连续 2 个驾驶循环中被诊断出同一故障，则在诊断确认出错的第 2 个连续驾驶循环中，故障被 ECU 确认，点亮 MIL 清除故障指示灯/故障码的条件： • 如果连续 3 个驾驶循环中被诊断出没有故障，在诊断测试通过且无故障的后续驾驶循环中，故障被修复 • 在 40 个连续无故障暖机循环后，故障码清除

（续）

序号	故障类别	说明
6	6	与排放无关，故障灯不亮，只用于维修目的，40个无故障暖机循环后删除。故障码需用专用设备才能读出 设置诊断故障码的条件： • 诊断出故障后，不点亮MIL，通用扫描工具不显示故障信息，但厂家使用专用扫描工具可以获取故障信息 清除故障指示灯/故障码的条件： • 在40个连续无故障暖机循环后，故障码清除
7	11	只用于供油系统故障 设置诊断故障码的条件： • 如果连续2个驾驶循环中被诊断出同一故障，则在诊断确认出错的第2个连续驾驶循环中，故障被ECU确认。这时，ECU控制点亮MIL 清除故障指示灯/故障码的条件： • 如果连续3个驾驶循环中被诊断出没有故障，在诊断测试通过且无故障的后续驾驶循环中，故障指示灯将被关闭 • 在40个连续无故障驾驶循环后，故障码清除
8	12	与驾驶性相关的故障，不影响排放，MIL不亮，只用于维修目的，40个无故障暖机循环后删除。故障码需用专用设备才能读出 设置诊断故障码的条件： • 诊断出故障后，不点亮MIL，通用扫描工具不显示故障信息，但厂家使用专用扫描工具可以获取故障信息 清除故障指示灯/故障码的条件： • 在40个连续无故障暖机循环后，故障码清除
9	13	与驾驶性相关故障，影响排放，2个连续故障循环后MIL点亮 设置诊断故障码的条件： • 如果连续2个驾驶循环中被诊断出同一故障，则在诊断确认出错的第2个连续驾驶循环中，故障被ECU确认。这时，ECU控制点亮MIL 清除故障指示灯/故障码的条件： • 如果连续2个驾驶循环中被诊断出没有故障，在诊断测试通过且无故障的后续驾驶循环中，故障指示灯将被关闭 • 在40个连续无故障暖机循环后，故障码清除

从表6-5可知，发动机各故障类别的故障诊断原则遵循GB 18352.6—2016法规中的OBD相关要求，只是从故障属于哪些系统、是否影响排放等方面进行了划分，以便更好地进行诊断。

6.3.3 增程式发动机故障等级设计

ECU在增程式电动汽车的OBD架构中不是主控制器，而是关键控制器，因此当ECU诊断出发动机系统有故障需要点亮故障指示灯或SVS（Service Vehicle Soon）灯时，需要将点灯请求发送给VCU，请求仪表点亮故障指示灯或SVS灯提示驾驶人注意车辆状态。同时为了更好地保护增程器及车辆，需要ECU将故障的严重程度上报给RECU，由RECU综合判断增程器的故障严重与否，控制增程器的整体运行并再上报给VCU，以免造成硬件损坏。

因此，增程器发动机的OBD系统开发除了需满足相关法规规定的内容外，还需根据各个故障对排放、耐久、安全的影响程度进行分级。以某增程式电动汽车为例，其发动机OBD系统中的故障等级分为一级（轻微故障但不影响起动和转矩输出）、二级（故障导致转矩输出异常）、三级（停机）。按此逻辑，增程器发动机故障列表（部分）见表6-6。

表 6-6　增程器发动机故障列表（部分）

故障等级	故障含义	故障类	MIL	SVS
1	排气 VVT 控制电路电压过高	3	√	×
1	排气 VVT 控制电路电压过低	3	√	×
1	排气 VVT 控制电路开路	3	√	×
1	排气 VVT 运行故障（迟缓）	3	√	×
1	排气 VVT 运行故障（卡死）	3	√	×
1	供电电源高	5	×	×
1	供电电源低	5	×	×
1	回位弹簧检查最小故障	13	√	√
1	节气门跛行位置自学习故障	6	×	×
1	电子节气门自学习条件不满足	6	×	×
1	系统电压不满足电子节气门自学习条件	6	×	×
1	上游氧传感器老化	3	√	×
1	进气 VVT 控制电路电压过高	3	√	×
1	进气 VVT 控制电路电压过低	3	√	×
1	进气 VVT 控制电路开路	3	√	×
1	进气 VVT 运行故障（迟缓）	3	√	×
1	进气 VVT 运行故障（卡死）	3	√	×
1	催化器加热过程中点火角效率监控（部分负荷）	3	√	×
1	二级机油泵对电源短路	5	×	×
1	二级机油泵对地短路	5	×	×
1	二级机油泵开路	5	×	×
1	高压油路油轨压力过高	13	√	√
1	机油压力传感器电路电压/占空比偏高	5	×	×
1	机油压力传感器信号不合理	5	×	×
2	曲轴-进气凸轮轴初始安装位置不合理故障（Bank1）	3	√	×
2	进气凸轮轴传感器信号对电源短路（Bank1）	3	√	×
2	进气凸轮轴传感器信号对地短路（Bank1）	3	√	×
2	曲轴-进气凸轮轴相对位置偏差过大故障（Bank1）	3	√	×
2	排气凸轮轴传感器信号不合理故障（Bank1）	3	√	×
2	曲轴-排气凸轮轴初始安装位置不合理故障（Bank1）	3	√	×
2	排气凸轮轴传感器信号对电源短路（Bank1）	3	√	×
2	排气凸轮轴传感器信号对地短路（Bank1）	3	√	×
2	曲轴-排气凸轮轴相对位置偏差过大故障（Bank1）	3	√	×
2	空燃比闭环控制自学习值超上限（中负荷区）	11	√	×
2	空燃比闭环控制自学习值超下限（中负荷区）	11	√	×
2	爆燃传感器 A 端对电源短路诊断	3	√	×
2	爆燃传感器 A 端对地短路诊断	3	√	×
2	爆燃传感器 B 端对电源短路诊断	3	√	×

（续）

故障等级	故障含义	故障类	MIL	SVS
2	爆燃传感器 B 端对地短路诊断	3	√	×
2	爆燃传感器信号电路电压过高	3	√	×
2	爆燃传感器信号电路电压过低	3	√	×
2	排气凸轮轴锁死位置运行不合理故障	3	√	×
2	进气凸轮轴锁死位置运行不合理故障	3	√	×
2	进气压力传感器压力超范围高故障	3	√	×
2	进气压力传感器压力超范围低故障	3	√	×
2	进气压力传感器信号在起动期间压力值过低	3	√	×
2	进气压力传感器信号在起动期间压力值过高	3	√	×
2	进气压力传感器压力远高于模型压力不合理故障	3	√	×
2	进气压力传感器压力远低于模型压力不合理故障	3	√	×
2	进气压力传感器信号值异常无波动故障	3	√	×
2	进气温度传感器 1 电路电压过高	3	√	×
2	进气温度传感器 1 电路电压过低	3	√	×
2	进气温度传感器 1 电路电压不合理	3	√	×
2	进气温度传感器 2 电路电压过高	3	√	×
2	进气温度传感器 2 电路电压过低	3	√	×
2	进气温度传感器 2 电路电压不合理	3	√	×
2	冷却液温度传感器 1 电路电压过高	3	√	×
2	冷却液温度传感器 1 电路电压过低	3	√	×
2	冷却液温度传感器 1 电路电压不合理	3	√	×
2	电子节气门位置传感器 1 信号电路电压过高	3	√	×
2	电子节气门位置传感器 1 信号电路电压过低	3	√	×
2	电子节气门位置传感器 1 信号不合理	3	√	×
3	CAN 总线关闭	3	√	×
3	下线配置 EEPROM 的 checksum 计算故障	6	×	×
3	下线配置 EEPROM 的 checksum 计算故障（读取错误）	6	×	×
3	下线配置 EEPROM 的 checksum 计算故障（写入错误）	6	×	×
3	油泵继电器控制电路电压过高	3	√	×
3	油泵继电器控制电路开路	3	√	×
3	监控模块反馈故障	3	√	×
3	第二层安全断油监控故障	3	√	×
3	监控模块询问故障	13	√	√
3	监控错误响应故障	13	√	√
3	机油压力传感器电路电压/占空比偏低	5	×	×

需要注意的是，同一个部件的不同故障类型会产生不同的故障等级，例如，机油压力传感器故障可分为机油压力传感器电路电压/占空比偏低故障、机油压力传感器电路

电压/占空比偏高故障以及机油压力传感器信号不合理故障,其中机油压力传感器电路电压/占空比偏高故障和机油压力传感器信号不合理故障因为故障产生后不会造成发动机损害,也不会造成发动机限矩,因此定义为 1 级故障;而机油压力传感器电路电压/占空比偏低故障会造成发动机磨损加剧,甚至会出现拉缸等问题,直接影响发动机寿命,因此定义为 3 级故障。

6.4 发电机系统故障诊断

6.4.1 系统诊断概述

增程器中的发动机故障诊断经过几十年的经验积累,已经形成了行业统一的规范。发电机系统的故障诊断需在遵循已有的发动机规范基础上,通过分析和归纳自身特点设计出来。发电机系统诊断包含 UDS、OBD-Ⅱ诊断(OBD-Ⅲ诊断)和自定义诊断三大类,现阶段 UDS 是基于 CAN 链路实现的,UDS 未来可以基于无线 LAN 链路和 FlexRay 链路等实现,ISO 14229-1 UDS 在各种数据链路的未来实现如图 6-19 所示。发电机系统的故障必然会影响增程器的工作状态,从而会影响整车的排放,因此发电机系统的故障诊断必须纳入 OBD 之中,但发电机系统的诊断规范远不如发动机系统完善,需要进行详细的分析和归纳。

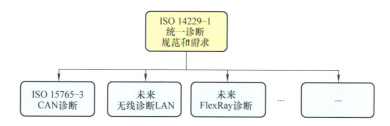

图 6-19 ISO 14229-1 UDS 在各种数据链路的未来实现

在诊断方面,OBD 是关注车辆实时排放形成的行业规范,UDS 是诊断服务的统一化规范。UDS 的硬件接口需要借用 OBD 硬件诊断接口,UDS 的故障码分类及定义遵从 OBD 中 ISO 15031-6 标准中的相关规定。在用途方面,OBD 源于对排放系统相关的发动机电控单元的状态监测要求,与排放相关的电控单元都应该支持 OBD 诊断,是强制性法规要求;UDS 提供了电控单元的故障监测、存储、管理、程序刷新等功能,是非强制性法规要求,由整车厂自主决定车载网络上的电控单元是否支持。

OBD 涉及网络 7 层,每层皆有详细的标准规范。UDS 的标准为 ISO 14229,涉及网络 7 层中的会话层和应用层。OBD 和 UDS 不限定硬件网络,可以在 CAN 线、L 线、K 线、以太网、FlexRay 等总线上实现。OBD 和 UDS 在网络层级上的差异见表 6-7。

发电机系统的其他诊断需求,如诊断接口、诊断协议需求、诊断服务格式需求、诊断响应规则需求、诊断服务、负响应代码、故障管理、诊断数据、诊断 ID 等,需要汽车制造商自行定义,可以认为是企业内部的诊断标准,从而形成发电机系统的诊断需求规范。

表 6-7 OBD 和 UDS 在网络层级上的差异

OSI 7 层	汽车制造商增强型诊断（UDS）	排放相关诊断（OBD）
应用层（layer 7）	ISO 14229-1/ISO 15765-3	ISO 15031-5
表示层（layer 6）	—	—
会话层（layer 5）	ISO 15765-3	—
传输层（layer 4）	—	—
网络层（layer 3）	ISO 15765-2	ISO 15765-4
数据链路层（layer 2）	ISO 11898-1 / J1939-21	ISO 15765-4
物理层（layer 1）	用户自定义（ISO 11898-2 / J1939-1X）	ISO 15765-4

6.4.2 失效模式分析

潜在的失效模式分析分为 DFMEA（Design Failure Mode Effect and Analysis）与 PFMEA（Process Failure Mode and Effects Analysis），DFMEA 是设计 FMEA，应用于产品设计开发阶段，对产品设计失效的分析，检查产品设计是否满足所有要求，包括产品功能、性能、法规符合性、特殊要求、可维修性、可用性等要求；PFMEA 是过程 FMEA，应用于产品在生产线实现生产过程，包括原材料采购、零件生产、制造、处理、成品组装、运输、交付等，可对产品性能以及交付能力影响的因素进行分析。

发电机系统失效模式示意如图 6-20 所示。在发电机系统的失效模式分析过程中，主要关注发电机系统的功能和性能两大类，其中包括发电机的硬件失效模式、发电机控制器的硬件和软件失效模式等三类。

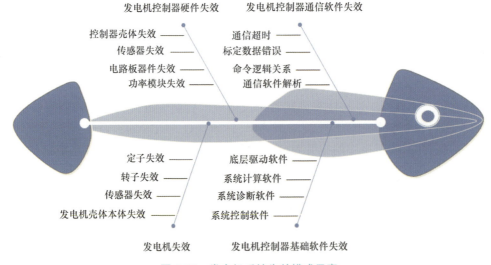

图 6-20 发电机系统失效模式示意

发电机系统故障诊断处理机制如图 6-21 所示，可以把 CAN 通信协议中的故障码分为 4 个等级：零级故障，系统正常工作，无故障；一级故障，系统轻微故障，不影响正常工作，属于预警故障；二级故障，系统故障会导致发电机系统降功率运行；三级故障，发电机系统停机，故障等级最高。

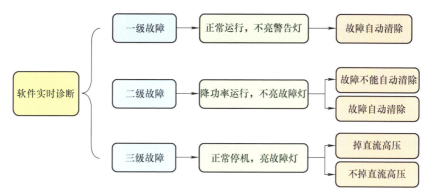

图 6-21 发电机系统故障诊断处理机制

根据发电机系统 4 个故障等级及其处理机制，可以把 VCU 指令异常、转速波动过大报警大等故障归类为一级故障等级；母线欠电压预警、母线过电压预警、电机过温预警等故障归类为二级故障等级；电机控制器过电流故障、母线过电压报警、位置传感器故障、电机 U 相电流传感器故障等故障归类为三级故障等级。发电机系统故障等级定义见表 6-8。

表 6-8 发电机系统故障等级定义

故障等级	序号	故障名称	故障采取措施
一级	1	VCU 指令异常	不亮故障灯，仪表不显示，故障存于历史故障列表里
	2	转速波动过大	
	⋮	⋮	
二级	1	母线欠电压预警	降功率运行，不亮故障灯，故障存于历史故障列表里
	2	母线过电压预警	
	3	发电机过温预警	
	4	发电机控制器过温预警	
	5	IGBT 过热预警	
	6	辅助电源过电压预警	
	7	辅助电源欠电压预警	
	8	发电机超速预警	
	⋮	⋮	
三级	1	发电机控制器过电流故障	发电机停机，亮故障灯
	2	母线过电压报警	
	3	母线欠电压报警	
	4	辅助电源过电压报警	
	5	辅助电源欠电压报警	
	6	位置传感器故障	
	7	IGBT 故障	
	8	发电机过温报警	
	9	发电机控制器过温报警	
	10	发电机超速报警	
	11	CAN 通信故障	
	12	直流高压电流传感器故障	
	13	发电机 U 相电流传感器故障	
	14	发电机 V 相电流传感器故障	
	⋮	⋮	

6.4.3 系统的 UDS

发电机系统 UDS 开发涉及 ISO 14229-1 和 ISO 15765-3 等几个标准，但最主要的难点就是定义 DTC。在发电机系统发生三级故障时，发电机系统停机（转矩清零，且功率器件关断），故障退出条件是系统重上低压电或发送清除故障且故障源消失；发生二级故障时，发电机系统降功率运行。二级故障和一级故障的退出条件是当故障源消失后自动清除。表 6-9 是发电机系统 UDS 的 DTC，表中参数的数字具有范例性质，在不同动力系统中会有差异。

表 6-9　发电机系统 UDS 的 DTC

DTC 码	故障名称	故障等级	故障判定条件
P1E01	sin 异常：判断 sin 诊断信号的 AD 值	三级故障	sin 信号 adc 输入值范围不在 1.4~3.6V 内
P1E02	cos 异常：判断 cos 诊断信号的 AD 值	三级故障	cos 信号 adc 输入值范围不在 1.4~3.6V 内
P1E03	cos 信号对 VCC 短路：cos 电压过高	三级故障	cos 信号 adc 输入值超过 4.5V
P1E04	sin 信号对 VCC 短路：sin 电压过高	三级故障	sin 信号 adc 输入值超过 4.5V
P1E05	sin 信号超范围高故障	三级故障	sin 信号 adc 输入值超过 3.6V
P1E06	sin 信号超范围低故障	三级故障	sin 信号 adc 输入值低于 1.4V
P1E07	cos 信号超范围高故障	三级故障	cos 信号 adc 输入值超过 3.6V
P1E08	cos 信号超范围低故障	三级故障	cos 信号 adc 输入值低于 1.4V
P1E09	cos 信号对 GND 短路：cos 电压过低	三级故障	cos 信号 adc 输入值低于 0.5V
P1E10	sin 信号对 GND 短路：sin 电压过低	三级故障	sin 信号 adc 输入值低于 0.5V
⋮	⋮	⋮	⋮
P1E21	W 相电流传感器范围超限	三级故障	adc 输入值范围在 0.2~0.5V 或 4.5~4.8V 内
P1E22	U 相电流传感器线路短路到地	三级故障	adc 输入值范围 <0.2V
P1E23	W 相电流传感器线路短路到地	三级故障	adc 输入值范围 <0.2V
P1E24	U 相电流传感器线路短路到电源	三级故障	adc 输入值范围 >4.8V
P1E25	W 相电流传感器线路短路到电源	三级故障	adc 输入值范围 >4.8V
⋮	⋮	⋮	⋮
P1E41	母线电压采样信号对 GND 短路	三级故障	检测母线电压 AD 小于 100V（根据实际情况）
P1E42	母线电压合理性诊断	三级故障	母线电压变化剧烈
P1E43	母线电流过电流	三级故障	检测到母线电流大于 310A（根据电池参数）
P1E44	直流母线电流传感器范围超限	三级故障	adc 输入值范围在 0.2~0.5V 或 4.5~4.8V 内
P1E45	直流母线电流传感器线路短路到电源	三级故障	adc 输入值范围 >4.8V
⋮	⋮	⋮	⋮

6.4.4 系统的 OBD

发电机系统属于增程器总成的一部分，存在影响整车排放的故障内容。因此，发电机系统也要满足整车 OBD 诊断服务需求，需要满足 GB 18352.6—2016 OBD 法规和 SAE J1979DA—2017 标准相关内容的要求。特别需要注意的是，OBD 相关工具输出服务不同于 UDS 服务，OBD 相关服务输出需要严格按照 SAE J1979DA—2017 的格式及内容进行。从其他控制器获得的信号，如发电机温度、发电机转速等如果不符合 SAE 标准需要转换为 1979DA 要求的格式进行输出。发电机系统 OBD DTC 见表 6-10。

表 6-10 发电机系统 OBD DTC

件/系统	故障码	监控策略说明	诊断策略输入参数
发电机位置传感器	P1B00	电源对 GND 短路：判断电源电压值	电源电压 AD 值
	P1B01	电源电压超范围高：判断电源电压值	电源电压 AD 值
	P1B02	电源电压超范围低：判断电源电压值	电源电压 AD 值
	P1B03	cos 信号对 VCC 短路：cos 电压过高	cos 信号
	⋮	⋮	⋮
发电机温度传感器	P1B12	电机绕组温度采样 1 欠温：温度过低	绕组温度采样 1AD 值
	P1B13	电机绕组温度采样 1 超范围高故障	绕组温度采样 1AD 值
	P1B14	电机绕组温度采样 1 超范围低故障	绕组温度采样 1AD 值
	P1B15	电机绕组温度采样 1 过温：温度过高	绕组温度采样 1AD 值
	⋮	⋮	⋮
三相电流传感器	P1B19	U 相过电流：电流过大	U 相电流采样 AD 值
	P1B20	V 相过电流：电流过大	V 相电流采样 AD 值
	P1B21	W 相过电流：电流过大	W 相电流采样 AD 值
	P1B22	U 相电流采样电压值超上限范围	U 相电流采样 AD 值
	⋮	⋮	⋮
功率器件温度传感器	P1B29	IGBT 过温：温度过高	IGBT 温度采样 AD 值
	P1B30	IGBT 欠温：温度过低	IGBT 温度采样 AD 值
	P1B31	IGBT 温度采样电压超范围高故障	IGBT 温度采样 AD 值
	⋮	⋮	⋮
母线电压	P1B35	高压电池过电压：电压过高	高压电池电压采样 AD 值
	P1B36	高压电池欠电压：电压过低	高压电池电压采样 AD 值
	P1B37	高压电池电压采样电压超范围高故障	高压电池电压采样 AD 值
	P1B38	高压电池电压采样电压超范围低故障	高压电池电压采样 AD 值
	⋮	⋮	⋮
母线电流传感器	P1B42	母线电流过电流：电流过大	母线电流传感器采样 AD 值
	P1B43	母线电流采样电压超范围高故障	母线电流传感器采样 AD 值
	P1B44	母线电流采样电压超范围低故障	母线电流传感器采样 AD 值
	P1B45	母线电流采样信号对 VCC 短路：采样信号电压过高	母线电流传感器采样 AD 值
	P1B46	母线电流采样信号对 GND 短路：采样信号电压过低	母线电流传感器采样 AD 值
低压电源	P1B47	低压电池过电压	低压电池采样 AD 值
	P1B48	低压电池欠电压	低压电池采样 AD 值
	P1B49	低压电池电压采样信号对 GND 短路：低压采样信号电压过低	低压电池采样 AD 值
	P1B50	低压电池电压采样信号对 VCC 短路：低压采样信号电压过高	低压电池采样 AD 值

（续）

件/系统	故障码	监控策略说明	诊断策略输入参数
控制器诊断	P1B51	控制器内部故障：内部故障导致控制器工作降额或停止工作	1. 内部自检电路 2. 自检软件
通信诊断	P1B52	CAN 信号超时：超过 3 个信号周期没有接收到消息	增程器控制器报文
	P1B53	整车 CAN BUS OFF：连续错误帧计数超限	CAN 总线错误帧
安全监控	P1B54	电机转矩估算超限	1. 转矩估算值 2. 转矩设定值
	P1B19	电机正向超速	安全层的角速度计算模块
	P1B20	电机反向超速	安全层的角速度计算模块
⋮	⋮	⋮	⋮

Chapter 07

第 7 章
增程器试验与评价

增程器作为增程式电动汽车动力系统的关键部件，与传统内燃机汽车动力系统的主要区别是：一方面增程器系统是高压机电总成，另一方面增程器发动机不参与机械驱动。由于增程器系统这些独有的技术特征，使得增程器试验与评价方法有别于传统汽车动力系统，标准规范也有其特殊性。增程器试验与评价主要关注点在于动力系、机电耦合系、高压电气和控制系统的动力性、经济性和可靠耐久性等。

7.1 试验概要

增程器试验是增程器产品实现市场化的重要手段之一，不掌握增程器的试验技术就无法保证产品的质量，因为增程器作为工程产品主要还是"试"出来的，不是"仿真"出来的。增程器作为增程式电动汽车最为关键的总成，对性能、寿命、质量和成本等都有较高的要求。增程器所涉及的技术领域非常广泛，机械方面有发动机，电气方面有发电机，电子控制方面有发动机控制器、发电机控制器和增程器控制器，有机械专业、高压电气专业、低压电气专业，有微芯片、功率芯片，有控制技术、热管理技术等。增程器在设计和开发时，即便考虑十分周到，也必须经过大量试验来检验：设计理论是否正确，设计理念能否实现，产品性能是否达到目标，设计寿命是否达成。所以，增程器试验技术和评价方法非常重要，不可或缺。

产品开发试验设计一般基于如下四个维度：①功能、性能、可靠性和耐久性等；②零部件、总成、系统和整车；③设计、追溯、设计变更和市场质量；④一般试验、专项试验和法规试验。四个维度相互关联，一起构成产品开发的试验验证体系。本章主要从第二和第四维度出发进行论述。

增程器试验不仅包含发动机和发电机部分试验，还囊括了高压、机械耦合、控制系统等性能的验证。增程器试验主要分为：①零部件开发试验（如发动机、发电机、增程器控制器等）；②增程器总成开发专项试验（如增程器工作稳定性、曲轴扭振试验、动态响应性、EMC 等）；③总成一般性试验（如经济性试验、可靠性试验、NVH 试验等）；④动力域系统联调测试（如故障诊断、动力域功能检查等）；⑤整车匹配应用类试验（如三高验证试验、热平衡试验、进气阻力、排气背压等）等。部分参考试验条目（例）见表 7-1。

表 7-1　部分参考试验条目（例）

序号	试验标准名称	备注
1	发动机机油泵性能试验方法	
2	发动机水泵性能试验方法	
3	发动机曲轴疲劳试验方法（扭转、弯曲）	
4	润滑系统性能试验	
5	倾斜试验	
6	冷却系统性能试验	
7	活塞温度场试验	
8	发动机整机温度试验	
9	活塞拉缸试验	
10	曲轴箱通风系统功能试验	
11	发动机摩擦功分解试验	
12	曲轴扭振试验	
13	机油耗试验	24h 机油耗
14	超速试验（50h）	
15	起动停机疲劳试验（50000 次）	或 70000 次
16	控制系统稳定性试验	
17	绝缘试验	
18	功率点切换路径试验	
19	总成降功率试验	
20	标准耐久试验（200h、400h、800h）	分预研项目、产业化项目
21	循环负荷耐久试验（200h、1000h）	
22	冷热冲击试验（1500 次、3000 次）	
23	爆燃耐久试验（2h）	
24	性能试验（5 台生产一致性验证）	
25	发动机磨合试验	
26	起停疲劳耐久试验（3 万次、5 万次）	
27	经济性试验	
28	整车搭载热平衡试验	
29	整车温度场试验（安保防灾）	
30	整车进气阻力、排气背压试验	
⋮	⋮	

7.1.1 增程器台架的基本要求

增程器试验系统是保证增程器开发试验验证的基础。增程器试验是在增程器台架实验室内进行的，增程器台架实验室一般由试验间、操作间、试验测试系统和试验支持系统组成。测试系统包含空气供给系统、燃料供给系统、冷却液供给系统以及控制和数据采集系统等，支持系统包含通风系统、进排气系统、消声和隔声系统、环境控制系统及安保系统等。

1. 通风系统

通风系统将发动机辐射热和泄漏的废气排出实验室，同时保持实验室内温度在设计规定的范围内。

通常实验室的气流组织有两种方式：

1）上送下排式，有利于发动机泄漏废气直接被吸入地下排出室外，减少废气对室内的污染。

2）下送上排式，使进入室内的空气直接冷却发动机，可得到较好的冷却效果，系统简单，投入少。

由于台架试验发动机的散热量多，并且发动机运行过程中泄漏的废气对环境和人体有害，因此增程器台架实验室必须设计通风系统。

2. 进排气系统

进气系统：发动机的进气可以直接使用实验室的空气，也可以使用专门的空气供给系统。《汽车发动机性能试验方法》（GB/T 18297—2001）第 3 章规定了发动机进气状态要求。针对专门的空气供给系统，在保障足够流通截面的条件下，需要考虑进气滤清和进气消声。一般分为两种：直接从室外取得新鲜空气；采用进气调节系统。国内绝大多数实验室采用了进气调节系统，既能保证进气的清洁度，又可以调整进气温度、湿度和压力，以符合发动机进气标准状态的要求。

排气系统：实验室的排气系统需尽可能地降低对发动机排气背压的影响，要求实验室的排气管直径大于发动机排气管直径。实验室的排气系统还需配备背压调节阀，通过废气流通截面的变化改变背压，以便模拟整车的实际使用工况。另外，发动机排出的废气需要经过实验室外设置的专用净化设备处理后才能排放到大气中。

3. 消声和隔声系统

增程器运转过程中，发动机和电机都会产生噪声。实验室的墙壁装有吸声材料，实验室的门也采用隔声门。为尽可能地降低增程器控制间的噪声，控制台前的观察玻璃也采用双层、加厚的玻璃，玻璃周边使用密封条密封。观察间的玻璃兼具防护作用，起到阻挡试验件可能飞出碎片的作用。

专门的半消声实验室需要经过特殊的消声处理，以降低实验室的背景噪声。故噪声实验室建设需要充分考虑通风系统、进排气系统所带来的噪声影响，并尽可能降低影响。

4. 安保系统

增程器实验室应设置安保系统，安保系统包含监控系统、红外人体识别系统、实验室内烟雾报警器、相互关联的声光报警装置及实验室喷淋系统等。监控系统、红外人体识别系统用于实验室内有人员时试验控制系统的锁定；烟雾报警器、相互关联的声光报警装置及实验室喷淋系统用于及时发现可疑燃点烟雾,并进行声光警报,严重时自动开启喷淋系统。

7.1.2 台架的测试系统组成

1. 测功机及其控制系统

增程器总成试验不需要类似于发动机试验用测功机,但需要类似于测功机配套的控制系统。控制系统可以实现手动或者自动控制台架的硬件设备,自动记录测量数据。控制系统需要广泛兼容各种试验设备和仪器,同时兼容多种数据接口,以满足CAN节点信息监测及模拟、标定功能集成、自动工况模拟等复杂要求。台架控制系统架构如图7-1所示。

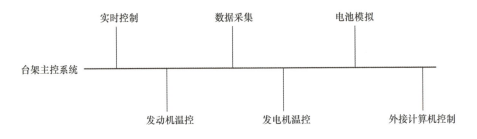

图 7-1　台架控制系统架构

控制系统软件包含CAN模块、ASAM3模块、自动测试模块、报警急停模块、信息提醒模块、报告生成模块和CCP标定模块,台架通信软件架构如图7-2所示。

图 7-2　台架通信软件架构

1) CAN模块:包含CAN基础数据[Database CAN,DB(A)C]解析功能,实现发送和采集参数配置功能。在CAN总线上采集相关信息,模拟整车发送报文,维持系统正常工作。增程器控制系统可利用台架CAN与台架主控软件进行信息交互,使得台架能够控制增程器的转速和转矩以及实现增程器附件系统相关参数监控。

2) ASAM3模块:是自动测量系统标准化协会定义的标准体系,是ASAM-CD中用于控制器标定系统远程通信的一个协议。

3) 自动测试模块:包含自动测试脚本的运行框架及其所含的测试项目,一个测试工况对应一段测试脚本。对测试规范进行自动化编制时,需要注意各项功能的模块化,特别是动作执行的每个子函数,考虑重复利用。自动测试各测试项目在编写时除考虑正常运行的执行流程,还需要进行测试失效的处置,使测试在出现异常或者偏差时能够进行安全处置,最大限度保证被测件和设备的安全。

4)报警急停模块:用于对测试比较关注的信号变量值进行限制,信号的选择范围包含自动程序各个模块采集到的所有参数。报警急停分为三个等级,分别对应不同的处理机制,以达到保证试验测试的效率与台架设备的保护二者之间的平衡。

5)信息提醒模块:信息提醒是指日志文件,其在程序调试和运行阶段都发挥着很大的作用。程序错误和运行动作次序的验证能够通过信息显示出来;自动程序运行阶段的日志用来指示程序动作和自动测试各步骤的正常运行,并能够指示故障和错误的发生状态和细节,便于排查和溯源。

6)报告生成模块:报告生成模块能够灵活地定制报告的显示方式和所需结果值。可以依据用户需求定制模板,方便进行自动报告的生成。根据测试规范中的报告模板进行关联,将测得结果自动填充即可得到生成的报告。

7)CCP 标定模块:基于 CAN 总线的控制器在线标定协议,实现对各电子控制器(Electric Control Unit,ECU)软件中参数值的实时改变,以测试不同策略下的不同运行状态,进行软件控制策略的优化。CCP 标定模块包含 A2L 文件解析、DAQ 模块、标定模块等。

2. 数据采集系统

增程器进行试验时,数据采集系统的任务就是完成试验台实时数据采集、记录、处理和显示等功能,以数据形式反馈增程器的运行特征。试验过程中需要采集的数据很多,如发动机进气温度、进气压力、机油温度、机油压力、冷却液温度、中冷后温度、中冷后压力、排气温度、排气背压、发动机进气阻力、燃油消耗量、燃油消耗率、发电机控制器直流母线电流、三相线电流、功率分析采集电压和电流计算的功率等。

增程器试验时待测量的参数大部分可以通过各种类型的传感器实测得到,但有些参数需要根据测量到的数据和公式进行计算得出。先进的测试系统都具有功能强大的数据处理能力,可以按照用户要求提供所需要数据的处理结果,并以丰富的曲线和图表的形式呈现出来。

3. 燃料供给系统

测量燃油消耗的方法分为稳态测量和瞬态测量,具体有容积法、质量法,或采用科里奥利质量流量计及碳平衡法。容积法和质量法主要用于发动机台架试验时的稳态测量,动态测试可采用科里奥利质量流量计。随着测试技术的进步,市场上大多为采用科里奥利方法的油耗仪。

4. 冷却液供给系统

在增程器试验过程中,试验台有专门的冷却系统,包括水箱、加温器和温度控制器等零部件。台架冷却系统主要用于:

1)发动机冷却液温度控制。
2)发电机及发电机控制器热量。
3)燃料及润滑系统温度控制。
4)发动机中冷器温度控制。

7.1.3 试验设备的点检与维护

1. 试验设备、仪器的标定

试验开展时必须保证试验设备、试验仪器满足试验中需测量参数的范围、精度或分辨率的要求。试验前需要对各路传感器、测量仪器和设备按说明书的要求进行预热、调试、校正。关键的设备和仪器，需要定期邀请有资质的第三方公司标定，如测功机、温度和压力传感器、燃烧分析仪、功率分析仪、油耗仪等，以保障设备和仪器测量的精度。此外，测量设备和仪器需要按照说明书的要求进行定期维护。

2. 试验设备的点检

在开展试验前，需要对试验间的设备进行逐一点检确认，点检清单如下：

1）操作间控制系统准备就绪。

2）燃油供给系统准备就绪，燃油压力正常。

3）发动机和电机循环冷却系统工作正常。

4）进气和排气系统工作良好。

5）通风系统开启，工作良好。

6）功率分析仪开启，数据采集正常。

7）各路温度和压力传感器信号正常。

8）电池模拟器等高压系统工作正常。

9）低压供电系统工作正常。

10）检查实验室与控制台之间的通信通道有无障碍。

7.1.4 增程器失效模式分析

增程器总成产品设计失效模式分析（Design Failure Mode And Effect Analysis，DFMEA）从设计源头开始，根据结构树分析逐层级进行失效模式及影响分析。需讨论不同产品技术方案选择的利弊、各层级系统的核心功能、主要功能的失效模式及其影响。需根据功能树分析识别各功能的下级系统重要、关键技术特性选择不当所造成的影响。从整车匹配、试验、市场质量问题等总结归纳、提炼形成自身的失效分析和规避方案以及验证措施。

增程器 DFMEA 示例如图 7-3 所示。

XXX		潜在失效模式及后果分析（DFMEA）		FMEA编号	A16EV-CR-00
系统	增程器系统	设计职责（部门）	增程器系统	编制人	XXX
子系统	增程器系统			编制日期	XXX
部件	增程器	关键日期	XXX	修订日期	
项目		核心小组	XXX		

项目/功能	要求	潜在失效模式	失效潜在影响/后果	严重度S	分类	潜在失效原因/机理	现行设计控制：控制预防（可以理解为标准或要求、目标等）	现行设计控制：频度O	现行设计控制：控制探测	现行设计控制：探测度D	RPN风险顺序数	建议措施	职责及目标完成日期	措施执行后的结果：采取的措施及完成日期	措施执行后的结果：严重度S	措施执行后的结果：频度O	措施执行后的结果：探测度D	措施执行后的结果：风险顺序数RPN
机械耦合	花键匹配合理	异响	内花键与发电机配合间隙大，使用寿命短，客户抱怨	6	☆	未采用正确合理的材料	材料选型	3	制作样片，进行材料试验验证	3	54	/						
				5	☆	零件设计尺寸不合理	尺寸检测	3	对首件样件按客户DVP中的要求进行试验，采用集体评价，对样件进行装配分析	3	45	/						
装配方便性	尺寸公差合理	零件的安装尺寸超差，客户安装困难	产品装配困难	1		零部件尺寸不合理	尺寸满足图纸要求	3	3D数模装配模拟验证对首件样件进行试验	2	6	/						
				1		公差设计不合理	公差满足GB/T 1800.3-1998规定	3		2	6	/						
	匹配合理	零件的安装尺寸超差，客户安装困难	产品装配困难	1		零部件尺寸不合理	尺寸满足图纸要求	3	3D数模装配模拟验证对首件样件进行试验	2	6	/						
				1		公差设计不合理	公差满足GB/T1804标准	3		2	6	/						

图 7-3　增程器 DFMEA 示例

7.1.5 增程器 DV 策划与试验大纲

产品设计验证（Design Verification，DV）是验证所设计选择的技术方案、产品特性，以及所选择的公称值及公差范围等是否满足所要求的功能性能的系列验证活动。产品验证的第一步工作就是试验策划，即制定试验项目（一般是将 DFMEA 中的故障模式和一些探测措施进行系统性的梳理）并根据项目开发需求制定产品设计验证计划（Design Verification Planning，DVP）。DVP 包括产品设计验证的时间计划和产品设计验证方案的策划两部分。总体策划应明确：什么阶段、什么时间、谁负责、进行什么功能和性能的验证。DVP 实例如图 7-4 所示。

XX项目整机设计验证计划（DVP）

DVP编号 ：XXXXXX

序号	类别	试验项目(试验类型)		A（手工样机）	B（模具件）	C（OTS样机）	SOP	试验标准名称/编号	样本数量	台架资源类型	合格标准	责任方(R)/支持方(S)	样机到位时间	试验开始时间	试验结束时间	试验周期（天）	试验结论	备注
24		绝缘试验																
25		起动试验																优化起动参数
26		功率点切换路径试验																优化切换路径
27		总成降功率试验			★	★												优化降功率参数
28	整车搭载验证	高温验证试验（整车或环境仓）				★												搭载样车或环境仓
29		高原验证试验（整车或环境仓）				★												
30		高寒验证试验（整车或环境仓）				★	★											
31		热平衡试验	35℃环境温度		★													
			40℃环境温度		★													
32		温度场试验	35℃环境温度															
			40℃环境温度															
33		进气阻力、排气背压				★												
34	公告认证	排放试验	搭载轻型汽车	★	★													
			搭载重型汽车															
35		OBD	搭载轻型汽车	★	★													
			搭载重型汽车															
36		生产一致性					★											检验参数稳定

编制：整机开发工程师，试验工程师　　审核：项目经理、整机开发经理、试验经理　　会签 相关部门部长　　批准：试验部部长，项目总工，产品经理

图 7-4　DVP 实例

验证方案策划，就是针对时间计划中的具体项目的具体策划，应明确：①在什么阶段进行，即模拟计算验证、手工件验证、工装件验证阶段；②在什么层级的产品上进行，即零部件级、功能件总成级、系统级、增程器总成级、整车级；③样件或数模要求，即是否有极限公差要求，若有应明确具体的产品特性；④装配技术条件、边界条件、输入条件有什么具体要求；⑤检测什么功能、性能；⑥判断合格的条件是什么。

项目实施过程将遵循 DVP 要求准备样机样件、设备资源等。具体单项试验开始前应先编制试验大纲，完成后按需提供试验数据或试验报告。试验大纲主要包括：任务来源、试验目的、参考试验标准及依据、试验对象、试验条件、试验方法与内容、试验报告要求。试验大纲实例如图 7-5 所示。

编号：xxxxxxxx

（任务编号：xxxxx）

试 验 大 纲

（xxx 项目-xxxx 试验）

编制：__________

校对：__________

审核：__________

会签：__________

批准：__________

图 7-5　试验大纲实例

7.2 专项试验

本节主要针对增程器系统的特点，介绍增程器开发过程中有别于传统动力的性能指标、试验内容、试验设备要求及评价方法。增程器由于其机械、电气结合的复杂性及其工作模式特性，应进行专项试验，增程器专项开发试验项目见表7-2，表中未将全部内容列出。本节仅重点叙述其中的几项关键专项试验。

表 7-2 增程器专项开发试验项目

序号	试验标准名称	备注
1	控制系统稳定性试验	
2	绝缘试验	高压电器
3	功率点切换路径试验	
4	总成降功率试验	热保护
5	爆燃耐久试验（2h）	
6	EMC 试验	搭车进行
7	曲轴扭振试验	正常和异常模式
8	起停疲劳耐久试验（3万次、5万次）	
9	动力响应性试验	功率点切换时间
⋮	⋮	

7.2.1 EMC 试验

EMC 是指设备或者系统在其电磁环境中符合要求运行并不对其环境中的任何设备产生无法忍受的电磁干扰的能力。因此，EMC 包括两个方面的要求：①指设备在正常运行过程中对所在环境产生的电磁干扰不能超过一定的限值；②指设备对所在环境中存在的电磁干扰具有一定程度的抗扰度，即电磁敏感性。EMC 影响信号质量，有可能引起整车行驶安全问题，是我国电动汽车产业化不得不面临的一个共性问题，应该引起各系统的重视。提高电磁兼容能力的手段主要是增加屏蔽，采用双绞线并且做好接地线。其中接地的目的主要有三个：①接地使整个电路系统中的所有单元电路都有一个公共的参考零电位，保证电路系统稳定工作；②防止外界电磁场的干扰；③保证安全工作。尤其在雷电磁场，要预防高压触电危险。

EMC 试验目的及试验前准备：测试增程器系统的对外电磁干扰度和抗扰度；测试前做好准备工作，主要有增程器低压线束装配、增程器高压线束装配。

低压线束包括安装增程器发动机部分的线束，电机旋变及电机温度传感器线束，增程器控制器、电机控制器、发动机控制器三个控制器的接插件连接，低压供电连接，发电机控制器的低压电要单独供电。

三个控制器外壳的接地建议采用螺栓螺母接地，防止试验过程中地线松脱。低压线束应尽量避开与高压线的直接接触，避免干扰。增程器高压线束的装配按照标识安装。

试验项目及测试方法：增程器系统含有低压系统和高压系统，它的电磁兼容试验是在满足电气/电子零部件电磁兼容规范的基础上，同时要满足高压零部件电磁兼容规范。

依据标准《电气/电子零部件电磁兼容规范》中规定的电子电气件 EMC 测试项目选择矩阵，增程器系统中的各个低压零部件需要开展的 EMC 测试项目有电磁辐射发射、电磁传导发射、电磁辐射抗扰度、瞬态传导抗扰度、静态放电、瞬态传导发射等。

依据标准《电驱动乘用车高压零部件电磁兼容规范》，高压零部件除了需要满足低压零部件的测试项目外，还需要满足：浪涌（冲击）抗干扰、低频电磁场辐射发射测试、电快速瞬变脉冲群抗干扰等。

电磁传导发射在电磁屏蔽室或半电波暗室内进行，建议用电压法测试；电磁辐射发射在半电波暗室内进行，用独立天线进行测试；电磁辐射抗扰度在半电波暗室内进行，采用"替代法"。静电放电依据先接触放电后空气放电的原则。详细测试方法可依据各单位制定的企业标准执行。对于增程器系统 EMC 试验，暂时没有专用实验室可用，故当前一般采用搭载整车进行。

试验评价：增程器系统的各低压及高压零部件，在完成电磁兼容试验后，整个系统仍然能正常运行，整车所需功能无变化。

7.2.2 曲轴扭振与质心测量试验

1. 曲轴扭振试验

测量增程器发动机曲轴的扭转振动，验证整个轴系的扭振情况，试验步骤如下：

在带轮上安装连接设备和角度编码器，调整同轴度；增程器预热，机油温度达到 90℃；增程器从怠速到额定功率点加速，测量数据；在增程器常用工况点运行并测量数据。

2. 质心位置和转动惯量试验

通过测量增程器总成以及底座和单独底座的质心和转动惯量，计算得出增程器的质心和转动惯量，用于 CAE 分析时校准模型，计算强度、模态和动力学等仿真计算分析。试验步骤如下：

确定测量坐标系，原点通常为曲轴中心线和发电机安装端面的交点，测量坐标系遵循右手定则；悬置系统与整车安装情况保持一致，增程器发动机带机油和冷却液；分别测量增程器总成及底座和单独底座的质心和转动惯量；通过测得数据计算得出增程器的质心和转动惯量。质心位置测试台如图 7-6 所示。

图 7-6 质心位置测试台

7.2.3 稳定性试验

增程器稳定性试验包含转速稳定性、功率稳定性以及电流稳定性试验。分别以对应工况下的转速波动范围、功率波动范围和电流波动范围来评价。以 DC 400V 增程器为例，常用工作点见表 7-3。

表 7-3 常用工作点

序号	转速/(r/min)	功率/kW
1	1200	6
2	1500	10
3	2000	15
4	2500	30
5	3000	45
6	4000	60

转速稳定性：以增程器控制器反馈的发动机转速或者发电机转速作为衡量指标，一般的控制要求是转速波动范围在目标转速的 ±2% 以内。

电流稳定性：以电机控制器直流母线电流作为衡量指标，通过电流互感器测量，功率分析仪显示出来，一般的波动范围要求在目标电流 ±5% 以内。

功率稳定性：以测量计算得到的发电功率为衡量指标，一般也通过功率分析仪计算直流母线电流和电压的乘积得到，波动范围要求在目标功率 ±5% 以内。

7.2.4 增程器动态响应试验

增程器输出主要由电功率体现，故增程器的动态响应是指实际电功率对目标指令的跟随性。一般而言，增程器根据其应用场景，最佳的使用工况应是尽量少切换工况同时工作点变换过程不宜过快，但部分极端工况（低 SOC 或电量保持模式）和极端环境（高寒环境电池无法正常充放电）下对增程器的动态响应性依然有较高的需求。增程器的动态响应主要指标分为工况变换的时间（加速或者减速）和工况变换时的超调量。良好动态响应的增程器一方面可以保证车辆在完全功率跟随模式下的动力性，另一方面可以保护动力电池避免过充电过放电。

测量增程器动态响应的试验方法和试验步骤如下：

1）增程器预热，发动机冷却液温度达到 100℃，机油温度达到 110℃。

2）试验开始，测量数据，见表 7-4。

表 7-4 测量数据

测试工况	过渡时间	超调量
静止—60kW		
怠速—60kW		
60kW—怠速		
10kW—60kW		
60kW—10kW		

3）分析数据，整理响应时间和对超调量及振荡稳定情况进行评价（评价超调幅值、振荡次数和振荡时间），评价依据为《增程器控制系统台架标定规范》。

7.2.5 起停耐久试验

与发动机直接驱动的车辆不同，增程式汽车中的发动机起停要频繁很多，所以必须进行增程器起停耐久专项试验，主要考核增程器发动机和发电机耦合机构的可靠耐久性。

增程器发动机较传统动力发动机起停次数和起停控制方式上有较大差异，因此其测试与评价方法不同。试验前需要对增程器进行24h磨合。起停试验开始前需要再次确认增程器各连接件是否牢固，转矩是否合规。

起停试验循环遵循表7-5进行。整个起动过程为增程器起动2s以内，起动后怠速运行10s，停机和等待时间12s，整个过程总时间在25s以内（含过渡时间），共计进行50000次起停循环工况。试验过程中起停失败也算一次起停次数。起停耐久试验过程中容易积炭，每运行5h，要在额定功率点运行20min用于清除积炭，保障增程器系统性能。

表 7-5 起停循环工况

起动/s	运行/s	停机/s	单循环时间/s	备注
2	10	12	24	循环5万次

注：14次/天×365天×10年=51100次（两三次×5h=10~15次）。

此项试验主要评价：
1）起动完成后相对目标转速的超调量（上超调<15%，下超调<10%）。
2）拆机检查轴系是否有异常磨损、裂纹或者花键变形等现象。
3）紧固件安装质量，如固定螺栓的拧紧力矩是否符合规范要求。

7.3 总成试验

增程器总成的性能试验是产品验证的重要内容，与增程器产品交付质量密切相关，对产品目标的实现尤为重要。增程器总成部分试验项目见表7-6。本节主要针对其重点部分试验内容进行评价论述。

表 7-6 增程器总成试验列表

序号	试验标准名称	备注
1	输出电流稳定性试验	
2	系统发电效率试验	
3	机油消耗量试验	
4	总成降功率稳定性试验	保护模式
5	循环负荷耐久试验（不同油品）	劣质汽油
6	不限时可靠性试验	
7	性能试验（5台生产一致性验证）	
8	增程器NVH试验	
9	经济性试验	
⋮	⋮	

7.3.1 经济性试验

在试验边界条件满足技术要求的情况下，先进行热机。在冷却液温度99℃以上或者机油温度110℃以上时，分别对增程器各工况点进行测量，记录发动机性能参数、发电机及控制器性能参数，要求每个工况点至少稳定3min，测量时间不小于30s，每个工况点测量 3 次，取平均值。

增程器经济性试验数据记录见表 7-7。

表 7-7 增程器经济性试验工况点

序号	转速 /（r/min）	功率 /kW	油耗率 /（g/kW·h）
1	1200	6	280
2	1500	10	275
3	2000	15	272
⋮	⋮	⋮	⋮
n	…	…	…

经济性试验测试数据准确性评价：

一般要求试验工程师从目标、趋势、经验判断等不同维度以确定结果；过程控制，一般连续测量 3 次，每两次的偏差范围应在 0.5% ~ 1% 之间。备注：标准环境条件，油耗仪等测量设备要定期核检。

7.3.2 振动噪声试验

通过噪声测试，检测增程器本体及进排气系统的噪声情况；通过振动测试，检测增程器本体在起动、怠速、发电、停机以及工况切换等情况下的振动加速度，用于评价振动源和分析噪声产生的原因。分析所测值与目标值之间的差异，为产品的改进提供数据支持和改善方向。

声学环境要求：测量地点应在半消声室内，整个测试期间环境温度控制在（20±2）℃，背景噪声应小于被测噪声 15dB（A）。在半消声室内进行试验，除反射面外，不得有非被测声源部分的反射体位于包络测量表面之内，反之采用吸声材料进行包裹。

试验设备要求：传声器应符合 GB/T 3785.1—2010 规定的 1 级仪器要求，其测量装置应覆盖 20~20000Hz 的频率范围。传声器在测量前应进行标定，两次标定灵敏度值之差应 < 0.02dB（A）。测量前后，仪器应按规定进行校准，两次校准值 < 0.5dB（A），校准器准确度为 ±0.25dB（A）。

试验设备：LMS 数采系统（72 通道）、三向加速度传感器、传声器、声校准器等。

试验方法：增程器本体噪声测量采用 1m 声压级 / 声功率级 9 点法，如图 7-7 所示。

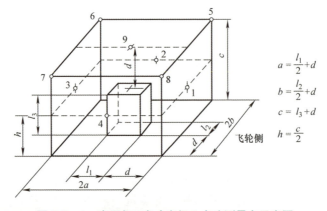

图 7-7 1m 声压级 / 声功率级 9 点法测量点示意图

振动传感器安装位置：发动机进气侧气缸处、发动机飞轮端、发电机壳体飞轮端、增程器悬置三个主动端和电机壳体端面中心。

7.3.3 疲劳耐久试验

增程器耐久是指增程器在规定的使用与维修条件下，在规定的时间内完成规定功能的能力。试验是为了了解和验证产品本身状况和提高产品可靠性水平，验证产品设计可靠性，揭露产品薄弱环节，制定提高产品可靠性的措施，建立合理维修制度。

增程器耐久试验一般需要遵循以下标准和规范：

1）增程器磨合试验方法。
2）增程器耐久性试验方法——混合负荷台架试验。
3）增程器耐久试验评定规范。

增程器磨合：在开始进行增程器耐久试验前，需要对增程器进行磨合，通常要求磨合时间大于24h，磨合工况与耐久循环工况一致。

增程器性能初试和性能复试：在增程器耐久试验开始前和耐久试验结束后，都要进行增程器的性能试验，对增程器工作点进行测试，用于评价耐久试验前后的性能衰减情况。

耐久试验循环：可靠性试验时间1000h，按照一定工况循环运转进行。用于评价增程器发动机和发电机机械连接匹配的可靠性、增程器总成运转的稳定性和协调性，可靠性试验也要遵循一定的循环要求，增程器可靠性循环工况见表7-8。

表7-8 增程器可靠性循环工况

序号	转速/(r/min)	功率/kW
1	1200	6
2	1500	10
3	2000	15
4	2500	30
5	3000	45
6	4000	60

试验评价：

1）试验结束后先进行外观检查，确认有无三漏问题。
2）对总成进行拆解，评价螺栓力矩是否达标。
3）重点检查飞轮及电机的花键，是否有变形、裂纹甚至断裂问题（具体轴系匹配设计参考本书第2章）。评价细节一般遵循《增程器可靠性试验规范》和《增程器可靠性试验大纲》。

7.3.4 环境适应性试验

增程器搭载车辆走向市场，就必然要求适应各种客户环境，如高温、高寒、高原以及高湿。增程器经过常规环境性能试验后还需进行极端环境测试。而在整车试验中，零部件所承受的试验条件不可能覆盖其所有极限条件，因而风险不能得到充分、全面的验证，这必须在零部件级试验上验证。

高温环境：高温条件下影响较大的主要是冷却润滑系统、燃烧系统以及安全防护。例如，进气温度高可能会导致发动机燃烧爆燃，对于传统车辆来说爆燃产生后会推迟点火角降低转矩等，但对于增程器而言，还会引起轴系的振动加剧，导致断轴的风险，因此需在高温环境条件下对增程器进行标定修正和高温环境下的可靠性试验。高温条件下增程器各部件需进行热保护策略标定，如发动机进气温度保护、发动机出水温度保护、发电机绕组温度保护等。图 7-8 所示进气温度保护示意展示了其中一项示例（进入保护模式温度阈值，跳出保护阈值，同时限功率需分级进行，逐渐减小功率）。

_PwrLimAirInTempEnd_deg	76.000000	[deg]
_PwrLimAirInTempL1_deg	80.000000	[deg]
_PwrLimAirInTempL2_deg	90.000000	[deg]
_PwrLimAirInTempL3_deg	100.00000(	[deg]
_PwrLimAirInTempUlt_deg	110.00000(	[deg]
_PwrLimitedEnd_kw	65.000000	[kw]
_PwrLimitedL1_kw	40.000000	[kw]
_PwrLimitedL2_kw	30.000000	[kw]
_PwrLimitedL3_kw	15.000000	[kw]
_PwrLimitedUlt_kw	0.000000	[kw]

图 7-8　进气温度保护示意

高寒环境：极寒条件下主要考察冷起动性能，寒区的驾驶性（对增程器来说，主要是电功率增加与降低的响应性）。与传统动力相比，增程器起动时的发动机拖动转速更高，可改善发动机起动时的加浓策略，有利于排放和油耗的改善。动力性问题除与传统车辆共性的加速性能外，增程器还需关注功率降低的及时性，避免引起增程式车辆中动力电池的过充电问题。

高原环境：高海拔地区空气稀薄，发动机要想达到预期的性能相较平原地区需增加更多的进气量，增压发动机要控制好增压器转速，避免超速。高原地区增程式动力系统标定要做好修正，以平原地区标定数据为基础，随着海拔的提升调整修正系数，以保证各海拔下车辆可以安全运行。同时，增程器还需充分验证在高海拔下的冷机起动性能。

7.4 动力系统试验

增程式动力系统主要由驱动电机、动力电池、增程器、传动系统、控制单元及附件组成，控制器数量多，各控制器实现的功能多且功能的实现路径复杂，故进行动力系统台架测试是非常必要的。

7.4.1 增程式动力系统试验装置

在动力系统各子系统完成单独模块标定、测试之后，为了更好地实现整车功能和性能，增程式动力总成需在动力系统台架上进行标定联调和全面测试，这样既能降低整车上标定的风险，又能节约标定周期和费用。图 7-9 所示为增程式动力总成台架示意。

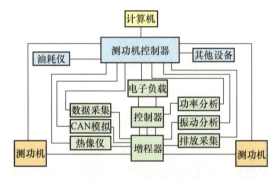

图 7-9　增程式动力总成台架示意

增程式动力总成台架主要由测功机系统、电池模拟器、功率分析仪、发动机冷却系统、电机冷却系统和油冷系统等组成。动力总成系统台架所需主要样件见表7-9。

表7-9 试验样件清单

序号	物料	数量	单位
1	整车控制器	1	件
2	电驱动总成	1	件
3	换档机构	1	件
4	电池系统 -PACK	1	套
5	电池系统 -PDU	1	件
6	电池系统 - 高压线束	1	套
7	电池系统 - 低压线束	1	套
8	辅驱三合一	1	件
9	后桥总成	1	件
10	传动轴	1	根
11	发动机	1	台
12	发动机线束	1	套
13	发动机控制器	1	件
14	发电机	1	台
15	发电机控制器	1	件
16	增程器控制单元	1	件
17	进气系统	1	套
18	排气系统	1	套
19	EPB	1	件
20	DC/DC（12V）	1	件
21	低压总开关	1	个
22	电池 PDU 到 MCU 直流母线	1	根
23	电池 PDU 到发电机控制器高压线束	1	根
24	电池 PDU 到辅驱三合一高压线束	1	根
25	蓄电池连接线	1	根
26	蓄电池负极线	1	根
27	DC/DC 正极线	1	根
28	DC/DC 负极线	1	根
29	底盘线束总成	1	根
30	直流充电座	1	根
31	便携式充电器（含充电枪）	1	套
32	点火锁	1	件
33	12V 蓄电池	3	个
34	动力总成台架工装	1	套

表 7-10 为增程器总成试验列表。

表 7-10 增程器总成试验列表

序号	试验标准名称	序号	试验标准名称
1	动力性经济性	6	C-WTVC
2	最高车速	7	电驱动桥标定
3	爬坡车速	8	电驱动桥性能试验
4	爬坡能力	⋮	⋮
5	等速工况		

7.4.2 增程式动力系统试验内容及方法

动力性试验：台架配备整车道路模拟功能，可模拟整车不同载荷下的动力性试验，如空载/满载 0—50km/h 加速、30—80km/h 超车加速、最大坡道起步能力、最高车速等。此项重点考察驱动电机的能力、电池放电能力以及增程器的功率响应性，一般分为纯电模式、增程模式以及智能模式进行测试。

经济性试验：动力系统台架可进行等速、C-WTVC 及 WLTC 等主要工况油/电耗测试。增程式动力系统的控制器较多（约 13 个），控制策略需要根据具体的车型、用途进行细标调校才能使得系统的效率最高、性能最优，见表 7-11。标定完成后，一般主要进行整车电耗和电量保持模式的油耗测试。

表 7-11 控制策略验证项目

序号	一级功能	二级功能	三级功能
1	低压上下电时序管理	低压上电功能	钥匙上电
		低压下电功能	钥匙下电
2	高压上下电时序管理	高压上电功能	钥匙起动上高压
		高压下电功能	钥匙关闭下高压
			故障下电
			紧急下电
⋮	⋮	⋮	⋮

增程器功能联调主要是进行自身功能与其他动力域控制器的联调，所调功能见表 7-12 所示，验证通信、功能、性能等。增程式动力系统所含高压线路器件和低压线路元器件（含信号线、通信线）较多，信号可能会相互干扰，故一般在验证功能的同时应检验系统的鲁棒性以及器件的 EMC 能力。

增程式动力总成各部件标定调试完成后，需对动力总成进行联调，验证各控制器之间的通信和工作协同性，部分基础验证清单见表 7-13。

表 7-12 增程器联调功能

增程器总成控制器	增程器状态控制	高低压上电
		起动功能
		停机
		下电
	增程器发电控制	暖机
		发动机控制
		发电机控制
	增程器安全保护	进气温度保护
		冷却液温度保护
		发电机温度保护
		发电机控制器温度保护
		发电机电压保护
		转速保护
		转速突变保护
		转矩保护
		转矩突变保护
		断轴保护
		停机保护
	故障诊断	故障诊断

表 7-13 增程式动力系统功能验证清单

序号	验证操作	过程简述	结论
1	钥匙上电至 ON 档	RECU 低压上电，RECU 唤醒，有报文发出	OK
2	踩制动踏板，钥匙打到 Start 档	RECU 进入高压状态	OK
3	模拟 VCU 给 RECU 发起动指令	增程器起动，RECU 进入怠速状态	OK
4	模拟 VCU 给 RECU 发停机指令	增程器停机，RECU 进入停机状态	OK
5	钥匙下电至 OFF 档	RECU 报文停发，一段时间后进入休眠	OK

部分参考试验标准如下：
1)《混合动力电动汽车　动力性能　试验方法》GB/T 19752—2005。
2)《重型混合动力电动汽车能量消耗量试验方法》GB/T 19754—2021。
3)《轻型混合动力电动汽车能量消耗量试验方法》GB/T 19753—2021。
4)《电动汽车用驱动电机系统　第 1 部分：技术条件》GB/T 18488.1—2015。
5)《电动汽车用驱动电机系统　第 2 部分：试验方法》GB/T 18488.2—2015。

7.5 增程器与整车匹配试验

增程器进行了充分验证后搭载到整车将引起所处边界条件的变化，仍需进行系统的整车匹配试验，确保增程器搭车之后能有较优的性能，达到可靠性和耐久性的设计指标。

7.5.1 整车边界条件测试试验

整车边界条件测试主要是测量整车布置好的进排气系统相关特性是否满足增程器要求的边界条件。增程器只有在规定的合理的边界范围内工作，才能最大限度地发挥出产品的最佳性能，这同时也是满足产品使用寿命的要求。

增程器在整车上的边界条件主要包括进气阻力，排气背压，发动机的进气温度、压力及发动机与发电机的进出水温度。增程器在搭载整车的初期应重点关注进气阻力和排气背压。在整车进气系统和排气系统上安装传感器，分别测量车辆不同工况下的进气阻力和排气背压，并与产品工程目标要求进行对比，考量最大进气阻力和最大排气背压是否满足要求。这两个参数直接与整车经济性、环保性相关联。对于增压发动机，必须考虑中冷后进气温度以及中冷压降对发动机性能的影响，边界技术参数必须在发动机许用的要求范围内。发动机及发电机系统的进出水温度需满足设计要求，否则会造成性能下降、部件损坏等现象。具体试验方法可参考《整车热平衡试验规范》。

7.5.2 增程式整车性能试验

整车性能试验可以在道路或转鼓上进行，车辆转鼓试验示例如图 7-10 所示。增程式电动汽车由于其驱动力与发动机转矩解耦、车速与发动机转速解耦以及发动机起动方式的改变，使得增程式电动汽车的油耗与排放控制、噪声与驾驶性控制、动力模式与驾驶体验有了更好的灵活性、更多的自由度。

图 7-10 车辆转鼓试验示例

增程器在整车上的工况相对地更有可预测性，某增程式轻型货车 CWTVC 工况下增程器运行点如图 7-11 所示，可以更多地利用增程器台架或者动力总成台架模拟整车使用情况，这样可以缩短整车性能测试周期，同时降低开发成本。

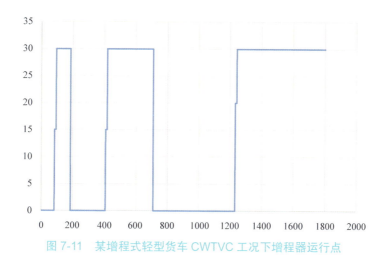

图 7-11 某增程式轻型货车 CWTVC 工况下增程器运行点

增程式电动车辆不单综合了传统燃油车和纯电动车辆的性能特点，还需考虑油电配合协调工作下的整车性能，如增程器开启和功率点选择与车速的关联性。详细整车性能介绍可参考本书第 8 章。

7.5.3 增程式整车极端环境试验

增程器作为增程式汽车的核心动力源，对性能、寿命等方面有极高的要求，增程器需要经过严格的验证环节，而"三高"试验（高温、高原和高寒试验）正是检验新产品品质、排除故障的关键一环，是考验增程器能否适应极端严苛环境的重要依据。

1. 高温试验

一般选择 7、8 月份在吐鲁番进行，环境温度需要在 40℃以上。搭载整车先进行增程器起停、发电、过渡等工况检查调试，之后依据标定计划和三高标定规范进行爆燃、起动、怠速、油路检查、高温保护、VVT、炭罐冲洗、GPF、DMTL、冷却监控等各功能模块标定，使得增程器尽可能高效、稳定、安全地工作。

高温试验评价：汽车在最恶劣的高温工作环境下高负荷行驶，在连续高速行驶或长时间爬坡的过程中，根据实际车辆行驶情况，不断进行修改和调试增程器电控系统单元的各参数，以确保车辆可在不同工况行驶。当冷却液温度达到一定限值时要进行限功率保护，控制车辆的动力，使发动机和电机系统冷却液温度能稳定在设计范围内，有效地保护增程器。在保护增程器的同时，保证汽车行驶性能在最佳状态且有良好的驾驶性。

2. 高原试验

高原试验主要是验证增程器在高海拔地区的环境适应性。由于此地区空气稀薄，先对增程器的功率闭环系统进行检查标定。而后进行发动机的充气模型、DMTL、增压器保护、起动性能、怠速、GPF 再生、炭罐、高压系统监控等项目标定。

高原试验与评价：涡轮增压器的保护，车辆从格尔木向昆仑山行驶，在不同的海拔和行驶中测试增程器发动机增压器温度和转速数据，对燃烧参数进行相应的调整和优化，避免增压器超速或过温。增程器起动性能，由于 CISG 电机的存在，使得增程器的起动较传统车辆发动机有较大差异，CISG 的拖动转速更高，起动更简单，起动加浓较少甚至取消。每天在海拔为 2700m、气温 9~15℃的格尔木，进行增程器冷起动检查、调试。

对于高原特殊市场销售的车辆还需进行 3500m、4700m 高海拔冷起动测试，并关注起动时间、超调量和起动时的冒烟情况。

3. 高寒试验

增程器寒区试验一般环境温度要求在 -25℃ 以下，主要检验增程式电动汽车在极寒环境下的增程器冷起动性能、GPF 再生、零部件监控诊断、电池包的加热能力，和整车驾驶性等。

寒区试验与评价：冷起动试验，增程器在环境温度 -30 ~ -25℃ 条件下放置至冷却液温度和机油温度与环境温度基本一致，CISG 拖动发动机起动，评价起动时间、转速超调量和起动的冒烟情况。增程式发动机由于拖动转速较高，一般较传统发动机起动更容易，但需考虑电池放电受限（极低电量）情况，以最低的拖动转速起动发动机（拖动转速、转矩须有温度修正）。

暖机能力：增程式电动汽车的暖机不仅是增程器（主要发动机）暖机，还需兼顾电池的温度。当电池低温下无法正常放电时，增程器作为车辆的能量源要兼顾暖机和驾驶意图需求，同时辅助电池加热，综合各功能间的平衡，充分发挥增程器的能力和特点。

7.5.4 增程式整车耐久性试验

增程器在进行完台架试验之后，还需要在整车上进行耐久验证。整车耐久试验是整车在规定的使用及维修条件下，为确保汽车整车可以达到某种技术及经济性指标极限时，对其完成的规定功能能力进行试验。整车耐久试验更加严苛于用户使用情况，可以为增程器的研究、设计等提供有效可靠的数据，并找出失效原因与开发中的薄弱环节，以便采取相应的对策。

在试验场的耐久试验中，主要道路应包含高速路、石路、摇摆路、破损路、搓板路等，根据这些道路模拟车辆在使用中的最恶劣工况环境，采集实际使用数据，调整路面车速和循环数量，考核汽车整车耐久性能。对于实际公共道路的耐久试验，试验员根据一般驾驶习惯，针对山路、乡村道路、国道、高速公路、城市道路和省道等典型道路进行，并选择合适的不同道路里程分配比例。用于试验的车辆数量、耐久试验里程、故障记录反馈处理机制等与传统车辆相近，各公司一般也有自己的方式方法，这里不再赘述。

对于增程器整车验证，需要参考仿真结果中增程器的使用比例，在整车耐久试验过程中，要求大于这个比例，尽可能多地让增程器运转，以最大限度地验证增程器的工作状态。如，试验过程既要包含每天都给车辆充满电，又要包括连续多天不充电，更全面地接近市场使用情况，尽早暴露问题。

针对增程式车辆的特点和商用车具体车型的使用环境，需制定特定的环境可靠性试验，如，暴雨天气关注防水能力，关注电器件的防尘能力或者在高压线附近的抗电磁干扰能力等。

Chapter 08

第 8 章
增程式电动汽车的性能与排放

增程式电动汽车因能量来源和驱动形式的特点（发动机转速与车速解耦、发动机功率与驱动功率解耦等，详见第 2 章），其车辆性能、排放与传统车辆差异较大。

8.1 增程式电动汽车性能与排放的关系

8.1.1 增程式电动汽车性能与排放概述

增程式电动汽车需要满足国家对其油耗和排放的法规要求，满足人们对其动力性、经济性和 NVH 等性能的期望。增程式电动汽车与传统动力汽车的主要差异在于驱动力来源和能量来源，传统动力汽车发动机直接驱动传动系统，发动机跟随车辆运行导致较多的时间处于非高热效率区域；增程式电动汽车的发动机不直接驱动车辆运行，发动机可以保持高热效率运转，尾气原始排放物也得到改善。

随着汽车行业的发展，排放和油耗法规也日趋严格。轻型车排放法规实施要求如图 8-1 所示，轻型车油耗法规趋势如图 8-2 所示。

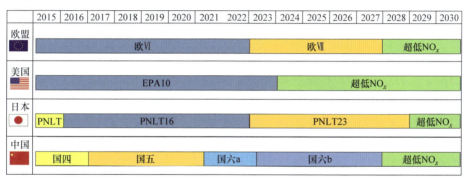

图 8-1 轻型车排放法规实施要求

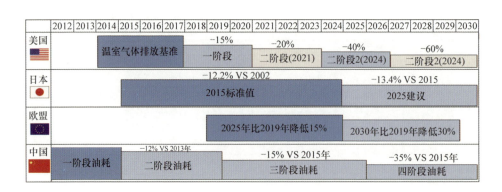

图 8-2 轻型车油耗法规趋势

一般认为，发动机油耗越大，排放越差，排放产物包括二氧化碳、一氧化碳、碳氢化合物、氮氧化物、颗粒物以及水等，生成机理如图 8-3 所示。

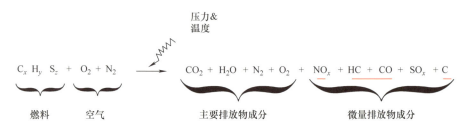

图 8-3 污染物生成机理

由于驱动力与发动机转矩解耦，车速与发动机转速解耦以及发动机起动方式的改变，增程式电动汽车的油耗与排放控制方法较传统动力汽车有更多的可操作性，如起动时可提高拖动转速，同时取消发动机起动加浓，这样既可以降低排放又能减少起动油耗；增程式车辆可以减少或者避免在循环工况运行时发动机的急加速，使得发动机几乎一直稳定处于"当量燃烧"状态，有利于排放物和油耗的控制。

特别地，由于增程式电动汽车的电能是由动力电池和增程器共同提供的，因此排放状况与两者的设计匹配及整车控制策略密切相关。

轻型汽车其排放和油耗法规都基于整车循环工况进行测试，如图 8-4 所示，车辆底盘测功机排放台架示意如图 8-5 所示。重型汽车油耗法规同样基于整车循环。对于增程式车辆，发动机的转速和负荷不必实时跟随车辆的速度与负荷变化，有利于控制排放及油耗。

增程式电动汽车的污染物排放量不仅与油耗相互影响，同时与车辆的动力性、NVH 和驾驶性等有关。VCU 在进行能量管理时，要综合考虑增程式电动汽车的特殊性，既要保证排放循环终了时动力电池的电量平衡，又要避免循环工况内增程器过多的起停，还需考虑车速与 NVH 的关联性。增程式整车的响应性、经济性、排放、NVH 以及驾驶性相互间有较强的关联性，彼此影响，故开发时在满足法规项目要求的同时，其余项目需取舍平衡，以便取得较好的综合性能。

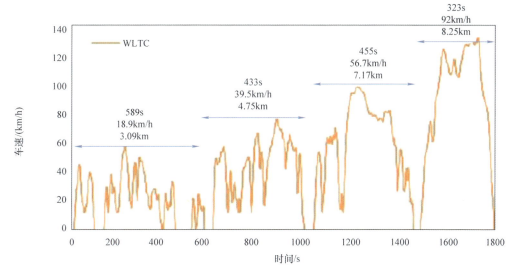

图 8-4 轻型汽车测试循环工况示意

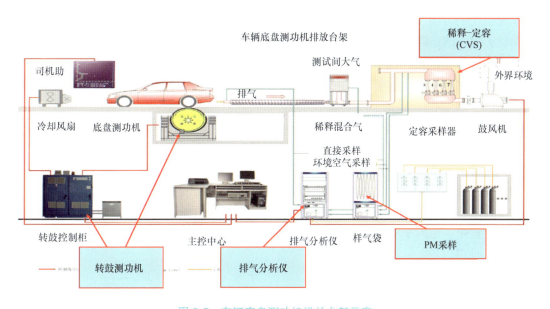

图 8-5 车辆底盘测功机排放台架示意

8.1.2 一般车辆的主要性能评价指标

传统汽车的主要性能指标除了法规要求项目（如排放、OBD等），还有以下六项重要指标。

（1）动力性

1）汽车的最高车速：是指汽车满载时，在平直良好的路面上（水泥路面和沥青路面）所能达到的最高行驶速度。

2）汽车的加速能力：是指汽车在行驶中迅速增加行驶速度的能力，常用汽车的原地起步加速性和超车加速性来评价。

3）汽车的爬坡能力：是指汽车满载时，在良好的路面上以最低前进档所能爬行的最大坡度。

（2）燃油经济性

汽车在一定的使用条件下，以最小的燃油消耗量完成单位运输工作的能力。一般采用 L/100km 为单位指标。同等汽车，其数值越大，燃油经济性越差。

（3）制动性

1）制动效能：是指汽车迅速降低行驶速度直至停车的能力。制动效能是制动性能最基本的评价指标，它由一定初速度下的制动距离、制动减速度和制动时间来评定。

2）制动抗热衰退性：是指汽车高速制动、短时间多次重复制动或下长坡连续制动时制动效能的热稳定性。

3）制动时汽车的方向稳定性：是指汽车在制动时按指定轨迹行驶的能力，即不发生跑偏、侧滑或失去转向的能力。

（4）操纵稳定性

是指在驾驶人不感觉过分紧张、疲劳的条件下，汽车能按照驾驶人通过转向系及转向车轮给定的方向（直线或转弯）行驶；且当受到外界干扰（路不平、侧风、货物或乘客偏载）时，汽车能抵抗干扰而保持稳定行驶的性能。

汽车的操纵稳定性包含相互联系的两个部分，一是操纵性，另一个是稳定性。操纵性好简言之就是"听话"，汽车能够按照驾驶人的要求运行；稳定性好简言之就是能够抵抗干扰。

（5）行驶平顺性

是指汽车行驶时，对路面不平度的隔振特性。路面不平度达到一定程度时，将使乘客感到不舒适和疲劳，或是运载的货物损坏。路面不平度激起的振动引起的附加动载荷将加速有关零件的磨损，缩短汽车的使用寿命。车轮载荷的波动会影响车轮与地面之间的附着性能，关系到汽车的操纵稳定性，汽车的振动随行驶速度的提高而加剧，在汽车的使用过程中，常因车身的强烈振动而限制了行驶速度的发挥。

（6）噪声

按照噪声产生的过程，汽车噪声源大致可分为与发动机有关的声源（如燃烧、振动产生）和与车速有关的声源（如风噪、胎噪）。

8.1.3 增程式电动汽车的主要性能及评价指标

增程式电动汽车的驱动形式为纯电驱动，驱动系统电力来自动力电池和增程器，增程式电动汽车既有电动化特征，又具有传统车辆的一些属性，其性能开发有着独有的特点。在整车开发之初需制定性能目标（Vehicle Technical Specification，VTS），一般来自标杆车型、市场客户需求等。整车的性能模块项目很多，增程式电动汽车 VTS 囊括了传统车辆的一般指标，同时还有其自身的性能特点，如 EMC、高压安全等。增程式车辆 VTS 举例见表 8-1。

表 8-1 增程式车辆 VTS 举例

序号	开发模块	性能指标		指标属性	单位	目标值
		XXX 增程式轻型货车项目				
		排放性能				
1	排放	H-I 型试验 常温下冷起动后排气污染物排放试验	CO	验证项	mg/km	
			THC	验证项	mg/km	
			NO_x	验证项	mg/km	
			N_2O	验证项	mg/km	
			PM	验证项	mg/km	
			HCHO	验证项	mg/km	
			PN	验证项	个/km	
			CO_2	验证项	g/km	
			CH_4	验证项	mg/km	
		H-II 试验 实际行驶污染物排放试验	NO_x	验证项	mg/km	
			PN	验证项	个/km	
			CO	验证项	mg/km	
		H-Ⅲ型试验 曲轴箱污染物排放试验	—	验证项	g	
		H-IV 型试验 蒸发污染物排放试验	蒸发污染物	验证项	g/试验	
		H-Ⅴ型试验 污染控制装置耐久性试验	CO	验证项	mg/km	
			THC	验证项	mg/km	
			NO_x	验证项	mg/km	
			N_2O	验证项	mg/km	
			PM	验证项	mg/km	
			HCHO	验证项	mg/km	
			PN	验证项	个/km	
			CO_2	验证项	g/km	
			CH_4	验证项	mg/km	
		H-VI 型试验 低温下冷起动后排气中 CO、THC 和 NO_x 排放试验	CO	验证项	g/km	
			THC	验证项	g/km	
			NO_x	验证项	g/km	
		H-Ⅶ型试验 加油污染物排放试验	加油过程蒸发污染物	验证项	g/L	
		车载诊断（OBD）系统	CO	验证项	g/km	
			$NMHC+NO_x$	验证项	g/km	
			PM	验证项	g/km	

（续）

序号	开发模块	性能指标			指标属性	单位	目标值
		XXX增程式轻型货车项目					
		可靠及耐久性能					
2	可靠性、耐久性	平均首次故障里程			验证项	km	
		故障率——可靠性问题关闭率（在VP阶段）			验证项		
		整车质保			开口	年/km	
		可靠性试验总里程-推荐车辆+里程标准检查			考察项	km	
		关键零部件质保	驱动电池		考察项	年/km	
			驱动电机		考察项	年/km	
			增程发动机		考察项	年/km	
		整车耐久性（推荐作为关键部件转化指标用）			开口	km	
		EMC					
3	接地		电气接地性能		考察项	Ω	
	通用EMC要求	Q/JLY J72103393C—2017	保护车载接收机电磁辐射发射（RE01）		考察项	dB（μV）	
			保护车外接收机电磁辐射发射（RE02）		验证项	dB（μV）	
			车载干扰源电磁辐射抗扰度（RI01）		考察项	功能等级	
			车外干扰源电磁辐射抗扰度（RI02）		考察项	功能等级	
			车辆电磁场发射（RE03）		考察项	μT	
			静电放电（ESD）		考察项	功能等级	
	低频电磁辐射骚扰	GB/T 18387—2017	电场强度发射（峰值）		验证项	dB（μV/m）	
			磁场强度发射（峰值）		验证项	dB（μA/m）	
	电动车电磁兼容	Q/JLY J7210549A—2015	整车谐波电流发射（CE12）		考察项	A	
			整车电压变化、波动和闪烁（CE13）		考察项		
			整车电快速瞬变脉冲群抗干扰（CI11）		考察项	功能等级	
			整车浪涌（冲击）抗干扰（CI12）		考察项	功能等级	
			整车工频磁场抗干扰（RI11）		考察项	功能等级	

（1）动力性

增程式电动汽车动力性的上限是由电驱动系统的能力决定的。增程式电动汽车动力性一般根据能量来源分为纯电模式和增程模式，VTS对纯电模式和增程模式的动力性要求可以相同也可以存在差异（具体以目标市场和销售目标群体为准）。整车动力性试验需根据VTS具体要求制定试验大纲，区分不同载荷（空载、半载、满载、超载），还需明确环境边界条件等。

（2）经济性

增程式电动汽车的能量来源有两种：一是电力能源，二是燃料（汽油、柴油、天然气、甲醇等）能源。故其经济性不仅要考察循环工况下的燃油消耗量，还要考核电能消耗量，与传统汽车的燃油消耗量的测量方式和计算方法均有所不同，如重型增程式汽车可具体参考《重型车用汽油发动机与汽车排气污染物排放限值及测量方法（中国五、六阶段）》（GB 14762—202×）和《重型商用车辆燃料消耗量限值》（GB 30510—2018）。增程式车辆的动力系统重要元件（增程器、动力电池、电机、大功率电子器件）的技术突破与进展对车辆的经济性提升十分重要，如尽可能地降低电驱动系统的体积质量从而提高功率密度，驱动电机向着高电压、高转速的方向发展，便于在宽广的转速与转矩范围内都具有较高的效率。一般认为增程式车辆的节能大致有以下四个方面：

1）发动机小型化。由于可采用电池进行功率调峰，发动机的选择只需满足整车要求的平均功率即可，因此降低了发动机需求功率。相比同级别传统汽车，增程式发动机的最大功率和最大转速都大大降低。降低发动机功率可以减小一定的功率损失，提高发动机的利用效率；降低最高转速则可以减少摩擦损失，提高机械效率。

2）取消怠速工况。传统车辆的发动机在城市工况中会经常处于怠速状态，根据我国统计的城市公交客车循环工况，发动机怠速时间占整个循环时间的30%~40%，因而取消增程式车辆的发动机怠速可以达到节油的目的。

3）控制发动机工作在高效区。传统汽车为满足各种动力性能要求，必然要选择大功率的发动机，使得发动机在汽车行驶的绝大多数情况下均运行于低负荷状态，经济性和排放都会很差。增程式电动汽车经过整车能量管理策略的优化可以使绝大多数的发动机工作点落在高效区间，使整车经济性得到改善。

4）制动能量回收。增程式电动汽车在滑行或制动时可利用电机吸收能量，并将能量回馈到电池组中储存起来，从而达到回收部分能量并实现节能的目的。

（3）制动性

增程式电动汽车在制动安全性方面的要求与传统车辆是一致的，制动距离、制动热衰退、制动方向稳定性依然是主要评价指标。特别是增程式电动汽车制动时增加了能量回收的功能，而能量回收比重会影响制动效果、驾驶性以及经济性，要在其间平衡取舍，达到综合性能最优。

（4）平顺性和操纵稳定性

主要与底盘、悬架等相关性较大，评价指标和设计要求都必须以客户感知和车辆实际用途为依据进行权衡。

（5）噪声

增程式车辆的车速与发动机转速没有了传统的强耦合关系，整车控制策略开发时需考虑发动机转速与车速的关联性,使之在噪声、经济性、排放以及驾驶性之间取平衡,考虑综合性能最优。考虑行驶噪声和功率跟随要求,某增程式电动汽车的车速与发动机转速对应关系见表 8-2。

表 8-2 某增程式电动汽车的车速与发动机转速对应关系

车速 /(km/h)	转速区间 /(r/min)	车速 /(km/h)	转速区间 /(r/min)
10	1331~1376	80	2200~3968
20	1636~1776	90	2300~3956
30	1744~2153	100	2400~3997
40	1854~2664	110	2700~4003
50	1949~3435	120	3000~3983
60	2009~3590	130	3800~4008
70	2120~3662		

在实际工况的某一车速下,增程器发动机转速区间并不一定是表 8-2 中的对应关系,因为降低转速提升转矩或提升转速降低转矩同样能达到相同的输出功率。

增程式电动汽车性能与排放开发必须充分考虑车辆特征和应用场景,发挥其电力驱动和两种能源的优势。对于高温、高原、高寒的极限环境,要具有识别场景的能力,修正极限环境下的增程器性能,发挥优势规避劣势。对排放影响较大的要素有增程器(含控制器)、后处理、进排气系统、VCU 等,下文将会对这些关键要素的影响关系进行详细分析。

8.2 增程式电动汽车排放特性

8.2.1 增程式电动汽车的排放特点

某增程器由发动机、发电机、发动机控制器、发电机控制器及双质量飞轮组成,根据此增程器所搭载车辆的能量传递路径(增程器发电先给动力电池充电,再由动力电池给驱动电机能量),驱动电机的输入功率(P_{motor})为

$$P_{motor} = P_{engine} f_{GE} f_c \tag{8-1}$$

式中,P_{engine} 为发动机飞轮端输出功率;f_{GE} 为发电机系统发电效率;f_c 为电池充放电效率。

发动机有效功率的热当量与单位时间所消耗燃料的热量之比称为热效率,发动机的功率为

$$P_{engine} = mg\eta \tag{8-2}$$

式中,η 为发动机热效率;m 为单位时间内燃烧的燃料质量;g 为燃料热值。

发电机系统包含发电机与发电机控制器,因此其系统效率 f_{GE} 为

$$f_{GE} = f_{generator} f_{GCU} \qquad (8-3)$$

式中，$f_{generator}$ 为发电机效率；f_{GCU} 为发电机控制器效率。

经过换算，驱动电机的输入功率为

$$P_{motor} = mg\eta f_c f_{generator} f_{GCU} \qquad (8-4)$$

由于发动机热效率 η、发电机效率 $f_{generator}$、发电机控制器效率 f_{GCU}、电池充放电效率 f_c 基本固定，短时间难以提升，因此，根据增程器的四大解耦特点，可以从以下两方面来提高增程器的使用效率：

1）降低增程器输出功率传输到驱动电机过程中的能量损耗。比如，使增程器输出功率不经过动力电池直接输入给驱动电机，避免电池充放电环节的损耗。

2）始终保持发动机工作在高热效率区域，提升发动机的经济性，避免发动机工作在怠速等低热效率区域。

为此，增程式电动汽车根据不同车型可以采用两种控制策略：

1）搭载乘用车为主的功率跟随式控制策略，即增程器发出的电功率尽可能直接地供给驱动电机，多余电功率为动力电池充电，或所缺电功率由动力电池补充；因为乘用车的 NVH 要求高、最高车速高，不同车速下的驱动电机需求功率不同，在此策略下的增程器工况点分布较多，车速与发动机转速对应关系见表 8-2。

2）搭载城市物流商用车为主的定点发电式控制策略。城市物流商用车的运行特点为：90% 运营时间在城市道路，运行时最高车速 ≤ 90km/h，对 NVH 品质要求相对乘用车要低些。因此增程器的工况主要是定点工作在油耗最佳区域、排放较好区域，以在满足排放的前提下取得最佳的经济性，为客户节省运营成本。某匹配商用车增程器的工况点见表 8-3。

表 8-3 某匹配商用车增程器的工况点

序号	发动机转速/(r/min)	增程器功率/kW	序号	发动机转速/(r/min)	增程器功率/kW
1	1100	5	7	2800	35
2	1400	10	8	3000	40
3	1800	15	9	3100	45
4	2150	20	10	3500	50
5	2400	25	11	3600	55
6	2600	30	12	4000	60

无论是哪种控制策略，在排放试验循环工况中，增程式电动汽车较传统汽车有如下优势。

1）发动机运行工况简单，主要工作在高效低排放区域，可减少排放标定工作量，并能提升车辆经济性。

① 以某增程式乘用车的功率跟随控制策略为例，与搭载相同发动机的某乘用车直接驱动方式相比，在 WLTC 循环中的发动机运行工况对比如图 8-6 所示。

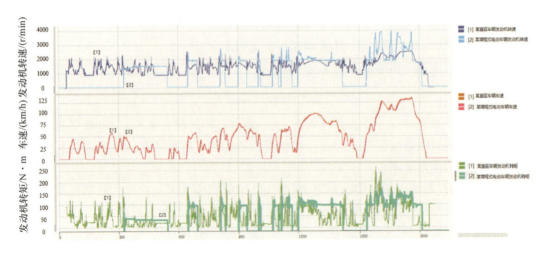

图 8-6 WLTC 循环中发动机运行工况对比

图 8-6 中，[1] 为传统的直接驱动方式，[2] 为增程式电动汽车的功率跟随控制策略。在相同的车速条件下，增程式电动汽车的发动机工况点与车速、排放循环解耦，可以在循环中将发动机设置在高效区间工作，而发动机直接驱动的车辆在排放循环工况中发动机转速一直低于 2500r/min，转矩输出最高达到 261N·m，已经达到外特性点，很容易进入加浓工况导致排放超标。

传统直驱车辆和增程式电动车辆在 WLTC 循环中的发动机工作点对比如图 8-7 所示。

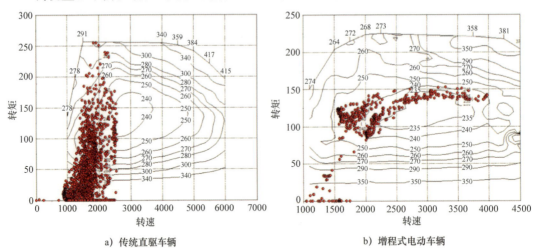

a) 传统直驱车辆　　b) 增程式电动车辆

图 8-7 WLTC 循环中的发动机工作点对比

从图 8-7 对比可知，传统车辆在 WLTC 循环中发动机的 75% 工况点都在油耗 250g/(kW·h) 及以外的区间范围内，而增程式电动汽车发动机的 92% 工况点均在油耗 250g/(kW·h) 以内的区间，充分利用了发动机的高效区，在排放满足国六 b 标准的前提下，车辆的经济性也得到较大提升。某增程式电动汽车基本参数见表 8-4，其增程模式下 NEDC 油耗为 6.57L/100km，而整备质量为 2130kg 的奥迪 Q7 NEDC 综合油耗为 8.8L/100km，节油率可达 25.3%。

表 8-4　某增程式电动汽车基本参数

车辆尺寸/长（mm）×宽（mm）×高（mm）	4857×2036×1880
驱动方式	驱动电机驱动
轴距/mm	2986
整备质量/kg	2190

② 以搭载城市物流商用车的增程器定点发电控制策略为例，按 GB 14762 法规（草案）的要求，一个完整的排放循环（C-WTVC）包含冷机循环、热机循环，其加权占比分别为 20%、80%。某增程式电动轻型货车的冷机、热机排放循环工况如图 8-8 和图 8-9 所示。

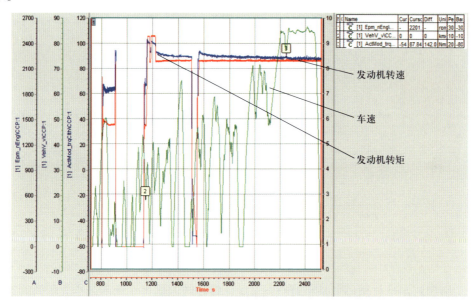

图 8-8　某增程式电动轻型货车的冷机排放循环工况

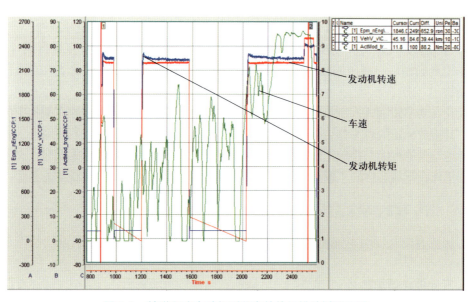

图 8-9　某增程式电动轻型货车的热机排放循环工况

此增程式电动轻型货车的排放循环工况点如图 8-10 所示,这两个工况点在发动机万有特性图中处于 240g/(kW·h)的高效区间内,能极大地提升车辆的经济性能。以此增程式电动轻型货车为例,采用定点发电控制策略的前提下,其 C-WTVC 循环的加权市区油耗仅为 13.52L/100km,综合油耗(市区+高速)为 14.74L/100km,而相同整备质量的某传统柴油车的油耗为 17.1L/100km。另外,该增程式电动轻型货车的排放污染物中 CO 仅为 290mg/km,NO_x 为 6.6mg/km,PN 为 2.15×10^{11},排放水平与乘用车一致,可大幅度降低排放污染。

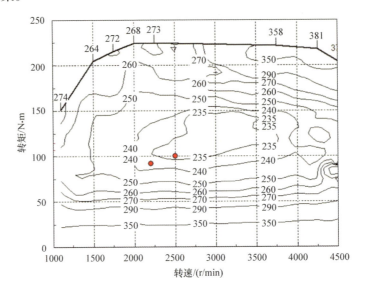

图 8-10 某增程式电动轻型货车的排放循环工况点

2)增程器在排放循环中是相对稳态工况,较传统内燃机车辆能减少大量的瞬态工况标定工作,使排放标定更加简单,缩短标定开发周期。特别是采用定点发电控制策略的增程式电动汽车,其排放标定所需的时间和资源较传统内燃机车辆节省了一半以上。

3)因为增程器与车辆动力输出解耦,增程器发动机的首要目标是经济性、排放性,可以不考虑动力性能。在发动机设计开发时可针对性地对某几个工况点进行设计优化,比如采用米勒循环、高压缩比、优化凸轮轴型线等措施来降低增程式发动机的油耗和排放污染物。

无论是功率跟随式控制策略还是定点发电式控制策略,因增程器在整车架构中的解耦特征,其排放标定的容易与否与整车控制策略有很大关系,在整车的控制策略开发时需要整体考虑车辆的性能与排放之间的关系,在满足动力性、经济性等要求的同时,又不能让增程器工作在排放恶劣的工况点,这是一个重要的命题,需要整车控制器系统考虑。

8.2.2 增程器的特殊工况

与传统直驱及混动车辆相比,增程式电动汽车在排放循环工况中有几个特殊工况介绍如下。

1.三元催化器加热

在排放循环试验中,为了使催化器能快速达到起燃阶段以提高转换效率,降低排放污染物，通常会设计一个催化器加热工况；传统直驱车辆是 ECU 通过推迟点火角的方式来实现催化器加热（此方式会导致缸内燃烧效率下降，降低燃油经济性）。而在增程式电动汽车中，ECU 不能自主控制发动机的工况点，其工况点完全受 VCU 控制。为了在催化器加热的时候兼顾燃油经济性，设计了一个适用于增程器的催化器加热功能：ECU 根据催化器的模型温度来判断增程器起动后是否需要进入催化器加热工况（1400r/min-34N·m），如需要进入催化器加热工况则会发送对应的请求信号给 VCU，VCU 根据车辆状态判断是否允许起动增程器进行催化器加热，并将反馈信号发给 RECU 控制发动机工况。某增程器的三元催化器加热控制逻辑如图 8-11 所示。

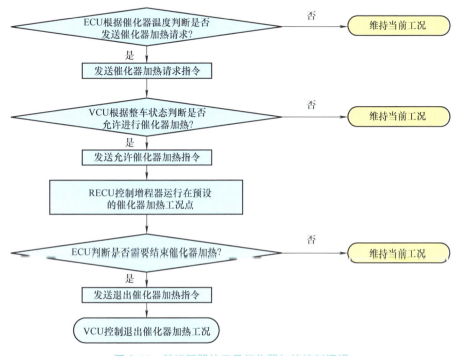

图 8-11 某增程器的三元催化器加热控制逻辑

在催化器加热阶段适当提高发动机转速到 1400r/min，并加载 34N·m 的转矩，提高排气流量、排气温度，使催化器快速加热。这种方式较传统推迟点火角的方式有以下优势：

1）提高了发动机转速及转矩，起燃速度快。

2）此种催化器加热方式没有推迟点火角导致的燃烧效率损失，在起动阶段有较好的燃油经济性。

3）在催化器起燃阶段加载了转矩，排气温度较高，也间接缩短了前氧传感器的过露点时间，使前氧传感器实现快速闭环。

2. 起动控制

传统发动机在起动时由自带的起动机拖动到 200～300r/min 后，开始喷油点火，完成起动过程。增程式发动机无常规起动机，起动时是由曲轴集成起动电机拖动发动机到目标转速，再由 RECU 发送允许喷油指令给发动机控制器，控制喷油点火完成起动过程。传统与增程式发动机的起动时序对比如图 8-12 所示。

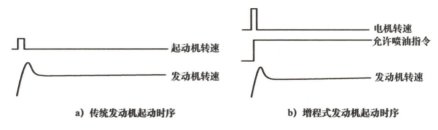

图 8-12　传统与增程式发动机的起动时序对比

因为发电机的起动转矩较常规起动机大，因此在增程式发动机的起动时序中，由发电机拖动的目标转速是可以根据实际情况进行标定的。在某增程式电动汽车中，此拖动的目标转速标定为 500r/min，此时 RECU 发送允许喷油指令给 ECU 进行喷油点火，完成起动过程。

增程式发动机起动时的允许喷油转速可以根据需要提到高目标怠速转速后甚至更改转速，因此起动方面的参数可以控制得更好。某增程器起动参数如图 8-13 所示，在起动时其 lambda 值最低为 0.95，较常规发动机起动时的 lambda 值（最低为 0.7）提升了 0.25，有利于经济性提升，明显降低了起动时刻的 CO 和 HC 排放量，且发动机运行平稳。

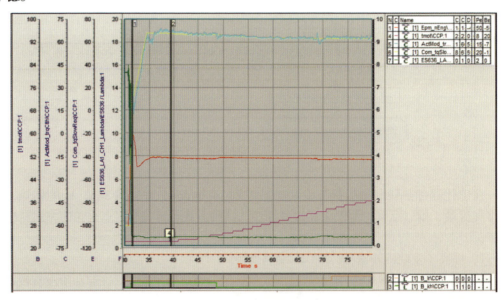

图 8-13　某增程器起动参数

由于增程器的起动特性，在整个排放循环过程中，增程器的运行可以采用类似起停控制的策略，在车速为 0km/h 时停止运行，降低油耗，在车辆运行时再起动增程器。从图 8-7 可知，增程器在 WLTC 循环工况中总共起停了 9 次，处于合理的次数范围内，既有效地降低了油耗，又不会因为频繁的起动导致排放污染物增加。

3. 过渡工况

车辆在日常行驶时存在急加速、急减速等工况，因此传统直驱车辆的标定匹配中为了使发动机在复杂多变的环境下响应驾驶人的转矩需求，同时又保持较好的经济性能，需要进行过渡工况的标定。例如，在急加速时需加浓空燃比来增大发动机的转矩；在减速时，会对发动机进行断油，达到提高车辆经济性的目的。增程器在实际应用中的工况变化斜率是恒定的，在标定匹配中可以使发动机在过渡工况时的空燃比控制在最佳区间内，实现较好的经济性和排放性能。

对于过渡工况，某传统直驱车辆与采用功率跟随式控制策略的某增程式电动汽车的对比如图8-14所示。传统直驱车辆在加速时，发动机为了响应加速性，过量空气系数会加浓至0.94；在减速时，由于发动机断油，过量空气系数会增大至16。而增程式电动汽车在加减速时其过量空气系数均控制在1±0.03范围内。

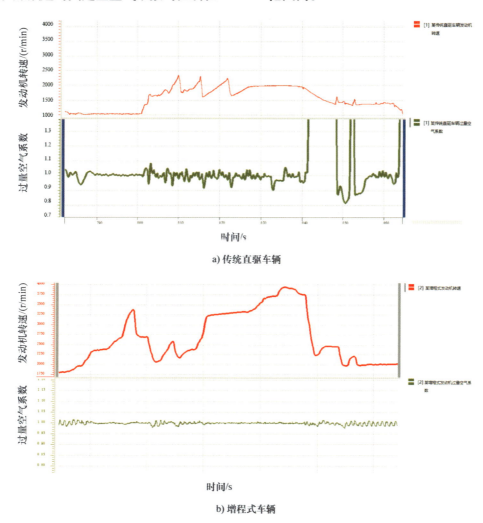

a) 传统直驱车辆

b) 增程式车辆

图8-14 汽车过渡工况对比

4. 断油、清氧

增程式发动机的负荷变化通过接收RECU的转矩指令来实现，某增程式电动汽车除了颗粒捕集器再生控制时会存在断油工况外，无其他断油的工况。因此，在排放标定工作时可以不考虑传统直驱或混动车辆中的断油、清氧功能，缩短了排放标定的时间。

5. 颗粒捕集器再生控制

《轻型汽车污染物排放限值及测量方法（中国第六阶段）》（GB 18352.6—2016）法规中对两种颗粒物排放提出了控制要求，分别为颗粒物数量（PN）和颗粒物质量（PM）。为了满足法规的排放要求，会通过颗粒物捕集器来降低颗粒物排放。如果车辆长时间行驶，颗粒物会在颗粒捕集器中积累得越来越多，不及时进行清理会造成颗粒捕集器堵塞，影响车辆的动力性、经济性。为了避免出现此现象，传统直驱车辆通常利用车辆滑行时的发动机断油实现颗粒捕集器的再生功能，达到清理颗粒捕集器的目的。

如前文所述，增程式发动机在车辆行驶中不存在发动机减速断油的情况，因此设计了一种更加高效的增程式颗粒捕集器再生控制方式，如图 8-15 所示。在满足再生条件后，由 RECU 控制发电机拖动发动机，实现颗粒捕集器的再生目的。此控制方式较传统直驱车辆的再生方式有以下优势：

1）利用 ECU/RECU/VCU/GCU 的信号交互，可自主控制发电机拖动发动机的时间（可标定），实现高效的颗粒捕集器再生过程，无须多次再生，提高了用户体验。

2）增程器中颗粒捕集器的再生工况不受限于车速、车辆滑行时间等因素，再生过程能够顺利完成，不会造成颗粒捕集器堵塞。

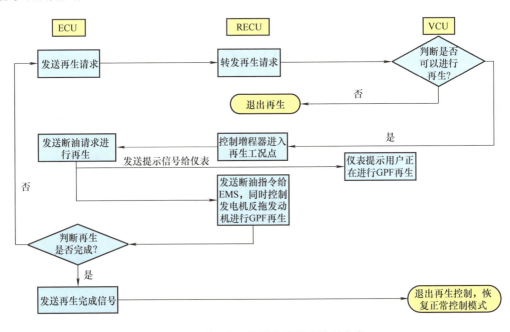

图 8-15 增程式颗粒捕集器再生控制方式

8.3 常规排放的产品设计与标定

8.3.1 常规排放的产品设计

已实施的《轻型汽车污染物排放限值及测量方法（中国第六阶段）》（GB 18352.6—2016）及即将实施的《重型汽油车污染物排放限值及测量方法（中国第五、六阶段）》

（GB 14762—202×）中要求的排放型式认证试验共有七项：Ⅰ型常温下冷起动后排放试验、Ⅱ型实际行驶排放污染物试验、Ⅲ型曲轴箱污染物排放、Ⅳ型蒸发污染物排放、Ⅴ型污染物控制装置耐久试验、Ⅵ型低温冷起动后排放试验、Ⅶ型加油过程排放。而如何控制车辆的排放污染物满足法规要求是一项系统性工程，常规排放的控制技术可分为以下三类。

1. 机内净化技术：改进发动机燃烧过程

1）提高燃油喷射压力。更高的喷射压力能带来更好的雾化效果。缸内直喷汽油机的燃油喷射压力从最初的15MPa，提升为20MPa、25MPa、30MPa，目前市场上有的缸内直喷汽油机的燃油喷射压力已提高到35MPa。

2）采用EGR技术。其不仅能有效提升发动机的经济性水平，还能降低NO_x的生成量。

3）高压缩比技术。压缩比越高热效率越高，但为抑制爆燃问题，提高压缩比技术一般与EGR技术搭配使用。

4）采用多孔喷油器。孔数越多越精细，燃油雾化效果越好。目前市面上的汽油机大多为4孔、6孔喷油器，一些零部件生产厂也在研发更多孔数的喷油器。

2. 机外净化技术：采用排放后处理器

1）提高三元催化器的起燃速度。通常三元催化器在350℃及以上的转化效率达到90%以上，这个温度称之为起燃温度。为了提高三元催化器的起燃速度，降低排放污染物，一般车辆都是尽可能地缩短三元催化器与排气口的距离，利用排气温度对催化器加热，达到快速起燃的目的。而有些豪华车辆会使用电阻丝对三元催化器加热，进一步提高三元催化器的起燃速度。

2）增加三元催化器的目数。目数越高，污染物气体与催化剂的接触面积越大，转化效率越高，目前国六车辆的催化器目数普遍在600目及以上。

3）增加颗粒捕集器。为了满足国六排放法规的颗粒物质量和颗粒物数量的要求，需根据发动机的排放水平选择是否增加颗粒捕集器，当前的颗粒捕集器的效率为60%~80%。

4）增加贵金属配比。为了加快氧化还原反应进程，会在催化剂涂层中添加铂、铑、钯等贵金属。当贵金属配比增大时，会提高三元催化器的转化效率。

某增程式电动汽车（车型基本参数见表8-4）为了满足国六b的排放要求，通过排放摸底试验了解车辆的原排后，选择了三元催化器加颗粒捕集器的后处理技术方案，根据表8-5排放摸底试验结果，加大前级催化器载体体积，同时采用高目数薄壁载体增加气体反应的接触面积，优化催化剂涂层配方，以满足气体污染物的排放要求。

表8-5 排放摸底试验结果

类型	NO_x/(mg/km)	CO/(mg/km)	THC/(mg/km)	NMHC/(mg/km)	PN/(个/km)	PM/(mg/km)
国六法规限值	50	740	80	55	6×10^{11}	3
排放摸底结果	215.6	540.1	31.9	28.4	8.49×10^{11}	6.08
Ⅰ型排放结果	6.0	144	13.6	1.1	9.6×10^{10}	0.79

从排放摸底测试结果可知，颗粒物数量超过了法规限值，所以增加了 GPF。根据匹配车辆的空间，选择了紧耦合式的颗粒捕集器；根据传统直驱项目经验，三元催化器体积为发动机排量的 0.8~1 倍，GPF 体积为发动机排量的 0.9~1.3 倍；受车辆空间布局限制，前级催化器载体体积为 0.7L，为了满足国六排放要求，在 GPF 上增加了涂层；考虑到匹配车辆的增程器实际使用功率会较高，更容易产生灰分，所以加大了 GPF 的体积，最终确定的匹配某增程式电动汽车的后处理方案见表 8-6。

表 8-6 匹配某增程式电动汽车的后处理方案

	型式	紧耦合式
三元催化器	目数	750
	体积 /L	0.69
	贵金属含量	铂：钯：铑（0：1.3228：0.147）
GPF	型式	紧耦合式
	目数	300
	体积 /L	1.69
	贵金属含量	铂：钯：铑（0：0.295：0.1966）

经过排放标定，某增程式电动轻型货车按照 GB 18352.6—2016 进行 Ⅰ 型排放试验测试，排放结果见表 8-5，各项污染物的排放值只占法规限值的 1/4 及以下。增程式电动汽车的三元催化器贵金属含量可以较传统直驱车辆明显降低，从而降低了车辆零部件成本。

3. 非排气污染控制技术：控制曲轴箱和供油系统有害排放物

当前大部分发动机都采用闭式曲轴箱通风系统，使曲轴箱污染物进入燃烧室燃烧，避免外逸到大气中造成污染。

供油系统的污染物分为燃油蒸发系统的污染物和加油过程的蒸发污染物，对于增程式电动汽车而言，通常采用高压油箱 + 油箱泄漏诊断传感器 + 炭罐 + 燃油管路的组合来满足燃油蒸发排放和加油过程蒸发污染物排放的要求。

8.3.2 常规排放的标定

排放标定是标定技术的综合体现，涉及多个功能模块，本节重点阐述排放相关的各模块及注意事项。

1. 起动、起动后与暖机

该阶段三元催化器还没有起燃，而这个阶段恰恰又对整个 WLTC 循环排放贡献量最大。标定控制的目标是尽量减少发动机的原始排放，这就需要在保证起动安全的前提下，调整起动和起动后的空燃比，使得 lambda 在起动后能够尽快到达 1.0。超调的大小也是需要调整的对象，不要超过稳态怠速转速 300~500r/min。

另外，在保证燃烧稳定，即不出现失火现象的情况下可以采用一定程度的稀燃，将闭环前的空燃比控制在大于 1.0 的水平，以降低 HC 和 CO。但应同时检查 lambda 继续减稀 15%，发动机是否工作正常。对于发动机自身设计和制造水平较高、生产一致性控制较好的项目，空燃比可以较大一些，另外排量较大的发动机由于其怠速稳定性较好，也可适当取大一些。

2. 三元催化器加热功能

三元催化器的起燃需要一定的温度条件，一般在 300～350℃。为了让三元催化器尽快起燃，更快地达到高转化效率，需要启用催化器加热功能。在没有电加热等其他外在加热条件下，三元催化器温度的升高主要来源于废气的热量。三元催化器加热的目的实际上就是增加废气的热量，通过提高废气的温度或提高废气的流量来实现。其主要手段有：

1）提高怠速转速，可以直接提高废气流量。
2）推迟点火角，可以提高排气温度。
3）控制空燃比，在没有使用二次空气时一般采用稀混合气，在使用二次空气时，采用浓混合气在三元催化器中继续燃烧的方式。

3. 三元催化器加热控制

（1）三元催化器加热的复位条件

三元催化器加热复位时间需要选择在三种排放物都明显降低的时刻之后，另外还需要测量三元催化器中部的温度，该温度必须大于三元催化器的起燃温度。由于三元催化器加热停止后，发动机怠速转速和点火角会相应变化，为减少这种变化对排放和怠速稳定性的影响，一般三元催化器加热复位时间选择在排放循环的第二次加速（32km/h）过程中，即 50～96s 之间，个别项目需要更长的加热时间。

（2）三元催化器加热目标怠速的计算

通过提高怠速转速可以提供更多的排气量，促进三元催化器加热，但是怠速的提高也会带来更多的排放物，反而对排放不利，因此需要设置不同的转速进行对比。目前大多数增程式车辆设置为 1000～1300r/min。

4. 三元催化器加热转矩预留

1）三元催化器加热的点火角效率，通过对相关 MAP 的标定可以定义点火角推迟作用的区域和点火角的推迟量，一般怠速状态下三元催化器加热的点火角在 0°～5°CA ATDC，应注意不要影响怠速稳定性及车辆的起步能力。

2）控制转矩预留开始和关闭的时刻，以及控制点火角推迟在不同时刻的推迟量，应该能够保证在转矩预留开始和结束时点火效率逐渐降低和恢复，相应点火角也是逐渐降低和恢复的，防止由于点火角突然大幅度变化引起怠速不稳，或者怠速空气量突然变化导致的 lambda 突变。

5. 三元催化器的最佳 lambda 窗口

一般在 lambda 为 0.99～1 的范围内废气经过三元催化器后，三种排放物可以同时达到最低的水平，但是对于不同的三元催化器，其最佳的空燃比范围不同，我们称之为催化器的最佳 lambda 窗口。另外随着车辆行驶里程的增加，三元催化器逐渐老化，其窗口也会缩小。标定的目的就是要找到催化器的最佳 lambda 窗口并使之同时满足新鲜和老化三元催化器。

当某一工况重复出现 NO_x 偏高时，可以检查氧传感器电压修正标定是否偏离了三元催化器的最佳窗口，考虑增加该工况点下的标定值；同样如果某处的 HC 偏高时，需要考虑减小该工况点下的氧传感器电压修正值。数据更改后，需要进行排放验证，目标是将原来较高的排放物降下来，又不导致其他排放物有大量的增加。当某一工况点 HC 和 NO_x 都比较高时，可能有以下几方面原因：

1）如果在循环初期，有可能三元催化器还没有起燃。

2）三元催化器受限于其体积、贵金属含量、比表面积等，催化能力存在瓶颈，尤其是在高速高负荷时。

3）三元催化器已经老化、中毒或存在机械损伤。

由于在三元催化器老化后，NO_x 的增加更为显著，因此氧传感器电压修正值尽量取较大值，尤其是在高负荷区域。

6. 过渡工况

过渡工况产生的空燃比变化也会影响排放，一般要求波动范围在 lambda 为 0.9 ~ 1.1 范围内，当超出此范围或者空燃比偏浓或偏稀的时间过长时，就可能在排放结果中有所表现，尤其是在耐久试验中。

随着排放标准的愈加严格，起动后及暖机过程中的排放要求所占的比重会越来越大，精确标定这一段的过渡工况也显得越来越重要。排放试验中，由于发动机停机时间较长，油膜也进行了长时间的蒸发干燥，所以需要额外补偿一些喷油量以满足动态变化的需要。过渡工况标定的原则是在保证空燃比安全的情况下尽量减少排放物。

7. Lambda 前氧闭环控制、露点

如前文所述，起动后及暖机过程中的排放所占的比重越来越大，因此让发动机在起动后尽快进入闭环控制是降低这一区域排放的有效措施。另外，由于某些车辆的散差以及车辆耐久过程中的变化导致空燃比与匹配状态偏差较大，这些问题也要求尽快进入闭环来加以解决。

氧传感器必须达到一定温度才能正常工作，范围为 350 ~ 900℃，如果单靠排气温度来加热是远远不够的，因此氧传感器内有一电阻丝专门进行加热。露点标志位是氧传感器加热控制策略中的重要输入，为了保护氧传感器，在氧传感器陶瓷体温度超过露点前不进行加热，而过露点后为了能尽早让氧传感器达到工作温度，要大功率甚至是全功率进行加热。而当氧传感器温度过高时，还需要降低加热功率甚至不加热以避免氧传感器过热损坏。

当混合气的过量空气系数等于 1 时，排气中水蒸气约占 12.5%。在发动机起动后且排气系统温度较低的一段时间内，水蒸气可能会冷凝到排气系统上。如果在这段时间内氧传感器陶瓷体超过一定温度，并且冷凝水飞溅到氧传感器陶瓷体上，陶瓷体就可能会由于热应力而破裂。所以需要在发动机起动后对氧传感器陶瓷体温度以及氧传感器陶瓷体附近的排气管壁温度进行监测，以判定氧传感器是否存在露点危险。

一般而言，废气中的水蒸气总是在排气管壁冷凝，这样排气管壁的温度在 50℃ 左右会因为水蒸气的冷凝和蒸发过程的交叠而停滞一段时间。此后如果管壁温度继续上升，排气中的水蒸气就不会再在排气管壁上冷凝和蒸发。实际上，可以根据排气管壁温度上升过程中的停顿时间长短来大致判定露点风险的大小。

由于排气管内壁温度无法测量，外壁温度因排气管材质不同而与内壁有不同的温度差别。我们定义排气管壁的温度在达到某一值时会因为水蒸气的冷凝和蒸发过程的交叠

而停滞一段时间（或上升速率变慢），此时的温度称为露点温度。为了避免氧传感器陶瓷体破裂的危险，就必须保证在所有起动以及边界条件下使氧传感器陶瓷体温度保持在一定范围内。

8. 后氧闭环控制

从欧 III 开始，增加了后氧闭环控制。由于有了三元催化器后的氧传感器电压信号，可以实现将 lambda 窗口偏移引入反馈，进一步闭环，保证催化器整个生命周期内混合气浓度处于最佳 lambda 窗口内。我们可以通过后氧电压的波动情况来分析三元催化器的老化状态，一般新鲜的三元催化器后氧电压在 0.6～0.7V 范围内，且在稳定工况下电压值保持稳定，如果后氧电压出现波动，表示三元催化器已经老化，如果后氧电压的波动范围和频率接近前氧电压，则表明该三元催化器已经彻底老化。后氧闭环控制的关键是匹配后氧目标电压，其前提是一个比较接近于实车老化水平的老化三元催化器。由于后氧闭环控制会对空燃比窗口进行调节，因此后氧闭环控制匹配完成后需要再次检查确认排放结果。

9. 断油、清氧功能

电喷系统的优点之一是具有断油功能，如果长时间断油，便打破了催化器内混合气成分的平衡，最后几乎储备的全是氧气，等恢复供油后，催化器内混合气成分偏稀，导致 NO_x 排放物增加，所以在恢复供油时，需要额外的燃油将催化器中过剩的氧气消耗掉。清氧功能有两种控制方法。

开环控制：在清氧功能执行时，用浓混合气（如 lambda = 0.9）进行清氧。优点是混合气浓度可以匹配，可以根据实际需要选择高浓度的混合气进行快速清氧。缺点是开环控制，可控性差，对车辆一致性和传感器信号的要求严格。

闭环控制：在清氧功能执行时，通过闭环的方式进行，通过对前级氧传感器的非对称控制（偏浓），达到清除过剩氧气的目的。优点是闭环进行，可控性强，一般不会由于车况差异造成过浓的现象。缺点是通过控制偏移时间进行调节，调节幅度有限，如果催化器容积大，清氧的速度较慢，特别是在小空气量情况下，此趋势更明显。如断油后怠速运行，清氧时间偏长。

以上为传统直驱及混动车辆常规排放标定涉及的内容，而增程式电动汽车常规排放标定内容中的起动控制、催化器加热控制方式、催化器加热转矩预留、过渡工况、断油清氧等在遵循上述基础原则的前提下又有其独自的特点，在进行排放标定时需要特别关注。

8.4 OBD 排放的产品设计与标定

《轻型汽车污染物排放限值及测量方法（中国第六阶段）》（GB 18352.6—2016）法规中除了有 I 型常温冷起动后排放污染物试验、VI 型低温冷起动后排放污染物试验等要求外，还增加了 OBD（On Board Diagnostics）排放的要求，即车辆各零部件系统失效或老化是否会导致排放恶化，当排放超过 OBD 阈值（表 8-7）时，OBD 系统应当指示出故障，并在仪表点亮 MIL。在传统直驱车辆中，ECU 为主控制器，可以直接点亮 MIL；而在增程式电动汽车中，主控制器为 VCU，其他控制器为次级控制器，当检测到需要点亮 MIL 的故障时，需要通过 CAN 向 VCU 发送请求，由 VCU 综合判断并向仪表输出点亮 MIL 的需求。

表 8-7 OBD 阈值

类型		测试质量（TM）/kg	一氧化碳（CO）/（g/km）	非甲烷碳氢化合物 + 氮氧化物（NMHC+NO$_x$）/（g/km）	颗粒物（PM）/（g/km）
第一类车		全部	1.900	0.260	0.012
第二类车	Ⅰ	TM ≤ 1305	1.900	0.260	0.012
	Ⅱ	1305 < TM ≤ 1760	3.400	0.335	0.012
	Ⅲ	1760 < TM	4.300	0.390	0.012

排放的恶化可能是由多种因素造成的，而增程式电动汽车能造成排放恶化的故障除了发动机部分外，还有发电机、整车控制器、电池等系统。增程式电动汽车 OBD 内容见表 8-8。

表 8-8 增程式电动汽车 OBD 内容

序号	监测项	监测要求
1	发动机	三元催化器监测（NMHC+NO$_x$ 的转化率）
2		GPF 监测
3		氧传感器监测
4		前氧电路性检查
5		前氧合理性检查
6		前氧动态响应（delay and transition）
7		前氧动态响应（对称和非对称）
8		前氧加热不合理
9		前氧加热驱动级监测
10		后氧电路性检查
11		后氧合理性检查
12		后氧传感器动态响应
13		后氧加热不合理
14		后氧加热驱动级
15		二次空气
16		催化器加热阶段的二次空气监测
17		永久故障码
18		相似工况
19		0.5mm 蒸发系统泄漏
20		1mm 蒸发系统泄漏

（续）

序号	监测项	监测要求
21	发动机	炭罐冲洗流量检查
22		EGR 系统（最低 / 最高流量诊断）
23		VVT 系统（目标偏移 / 反应迟滞诊断）
24		PCV
25		所有电路的连续性诊断
26		所有传感器信号的合理性诊断
27		所有执行器的功能性响应
28		失火诊断
29		相似工况（在相似工况下确认和修复故障）
30		发动机冷却系统
31		冷却液温度传感器诊断
32	电池管理系统	模组 1 内单体电压采样线开路
33		模组 1 内单体电压 - 超范围上限
34		模组 1 内单体电压 - 超范围下限
35		模组 1 单体电压和与总电压偏差过大
36		模组 2 内单体电压采样线开路
37		模组 2 内单体电压 - 超范围上限
38		
39	驱动电机控制器（MCU）	旋转变压器激励信号电压不在正常范围
40		旋转变压器 cos 信号对 VCC 短路
41		旋转变压器 sin 信号对 VCC 短路
42		旋转变压器 sin 信号采样值超出可使用范围的上限
43		旋转变压器 sin 信号采样值超出可使用范围的下限
44		
45	整车控制器（VCU）	车辆发生碰撞
46		电机 EM01 角标模式
47		电机 EM05 角标模式
48		拖动起动中止
49		
50	发电机控制器（GCU）	转子位置传感器电源电压采样信号对 GND 短路
51		转子位置传感器电源电压采样信号超范围低
52		转子位置传感器 sin 信号对 VCC 短路
53		转子位置传感器 sin 信号对 GND 短路
54		转子位置传感器 sin 信号超范围高故障
55		

（续）

序号	监测项	监测要求
56	热管理系统	PTC 电流超限故障
57		PTC 电压过高
58		PTC 电压过低
59		PTC 冷却液温度过高
60		PTC 自保护
61		PTC 入水口温度故障
62		
63		发动机转速帧有丢失
64		发电机控制器状态帧校验和错误
65		ECU 继电器低边输出开路
66		
67	车载充电器（On-board recharging）和高压电池直流转换低压直流（DC/DC）	环境温度传感器短地故障
68		环境温度传感器短电源故障
69		环境温度传感器断路故障
70		环境温度传感器超范围高故障
71		
72	电子换档器	电子换档控制器（EGSM）CPU 内部故障
73		电子换档控制器档位检测传感器故障
74	ESC	网络过电压监控故障
75		网络欠电压监控故障
76		ADC 参考电压监控故障
77		ADC 自检监控故障
78		

按照 GB 18352.6—2016 法规要求，在型式认证试验时会对发动机相关的 OBD 排放进行验证，内容为发动机失火故障、催化器故障、前氧传感器故障以及在其他发动机故障系统中抽查 2 项进行型式认证测试，由于此类诊断内容的原理及控制逻辑与传统发动机一致，已经非常成熟，所以本节将重点叙述与增程式电动汽车相关的诊断内容——蒸发系统诊断。

1. **蒸发系统方案**

《轻型汽车污染物排放限值及测量方法（中国第六阶段）》（GB 18352.6—2016）有蒸发污染物排放要求和加油污染物排放要求。增程式电动汽车既可以纯电行驶也可以增程模式行驶，在日常长时间使用纯电行驶的工况，炭罐冲洗机会少，导致炭罐内的油气无法及时清除，从而增加油气从炭罐大气口溢出的风险，蒸发及加油排放恶化。为了应对国六蒸发及加油排放，增程式电动汽车的炭罐系统设计成非整体仅控制加油排放炭罐系统（法规称 NIRCO 系统）。该系统的最大特点是活性炭罐只吸附加油时产生的油气，而其他工况产生的油气需存储到油箱或者排放到发动机内。为了满足燃油系统泄漏诊断需求，增加了油箱泄漏诊断模块（DMTL）。

2. 诊断概述

蒸发系统监测包括两部分内容：

1）监测蒸发系统的脱附流量，在监测不到从燃油蒸发系统到发动机的脱附流量时，OBD系统应监测出故障，即脱附流量监测。

2）监测除炭罐阀与进气歧管之间的管路和接头之外的整个蒸发系统的完整性，防止燃油蒸气泄漏到大气中，即泄漏监测。

基于压力传感器的脱附流量监测（DTEV）和基于油箱泄漏诊断模块（DMTL）组件的泄漏监测，增程式电动汽车蒸发系统示意图如图8-16所示。DTEV主动控制炭罐阀打开和关闭，根据炭罐阀打开期间，脱附管路内的压力波动大小来检测蒸发系统的脱附流量；DMTL组件由一个泵、一个电磁阀和一个0.5mm参考孔组成，DMTL工作时分别向0.5mm参考孔和油箱系统泵气，根据泵电流换算出的油箱相对压力表现来检测蒸发系统的泄漏。

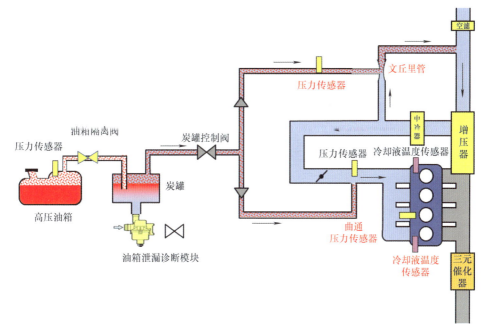

图8-16 增程式电动汽车蒸发系统示意图

3. 脱附流量监测

脱附流量监测包含两种故障类型，分别为：

1）P0497：低负荷脱附管路故障，炭罐阀故障。

2）P04F0：高负荷脱附管路故障，炭罐阀故障。

脱附流量监测流程总览如图8-17所示，高低负荷脱附管路的检测原理相同。发动机运行之后，脱附流量监测功能处于待机状态，根据压力传感器的实测信号（进气歧管压力信号/高负荷脱附管路压力信号）持续更新参考压力，直到监测功能的运行条件满足。当监测条件满足时，炭罐阀处于关闭状态。随后，监测功能主动打开炭罐阀一段时间，并在这段时间内持续计算脱附管路内的压力变化（实测压力与参考压力之差）。无故障时，由于有脱附气流进入脱附管路，管路内的压力会发生较大的变化。若压力变化超过阈值，则无故障计数器加 1。经过若干次检测，当无故障计数器超过其上限时，本次驾驶循环的监测完成，且没有故障。如果脱附管路发生断裂、堵塞以及炭罐阀卡滞在常开、常闭状态，脱附管路内的压力变化没有超过阈值，则故障计数器加 1。经过若干次检测，当故障计数器超过其上限时，本次驾驶循环的监测完成，脱附流量监测功能报出低负荷脱附管路故障或高负荷脱附管路故障。

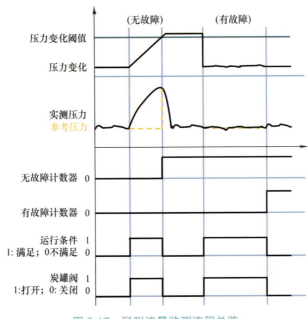

图 8-17　脱附流量监测流程总览

4. 泄漏监测

泄漏监测在发动机停机后进行，泄漏监测流程总览如图 8-18 所示，整个检测过程可以分为三个阶段。

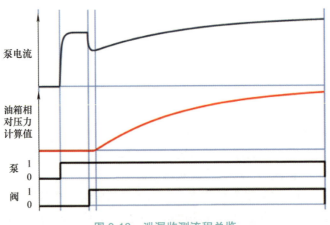

图 8-18　泄漏监测流程总览

（1）阶段 A（测量参考泵电流）

P1280：DMTL 参考泵电流频率过大。

P1281：DMTL 参考泵电流频率过小。

P043E：蒸发系统泄漏诊断 DMTL 参考泵电流偏大。

P043F：蒸发系统泄漏诊断 DMTL 参考泵电流偏小。

泄漏监测开始前，炭罐阀已经关闭一段时间。油箱系统里面的气体可以通过炭罐和 DMTL 组件与大气相通，因此油箱系统里面的初始压力为大气压。监测条件满足后，DMTL 泵开始运作，将空气泵入 0.5mm 参考孔，一段时间后，泵的动力和空气泵入参考孔的阻力相平衡，泵电流稳定，此稳定泵电流即为参考泵电流，同时系统计算参考泵电流频率。

参考泵电流频率超出上限阈值，则报出 P1280。

参考泵电流频率低于下限阈值，则报出 P1281。

参考泵电流超出上限阈值，则报出 P043E。

参考泵电流低于下限阈值，则报出 P043F。

（2）阶段 B（测量怠速泵电流）

P017F：DMTL 空滤流阻过大。

P24C1：DMTL 怠速泵电流偏大。

参考泵电流测量完成后，DMTL 组件中的电磁阀吸合，不再向参考孔泵气，而是泵入油箱系统。由于油箱系统的初始压力为大气压，在电磁阀吸合后的一小段时间内，泵处于空转状态，泵电流快速下降；随着泵入油箱的空气越来越多，油箱压力逐渐增大，即泵气阻力增大，泵电流也逐渐增大。将电磁阀吸合后的泵电流最小值称为怠速泵电流。

电磁阀吸合之后的一段标定时间之内，DMTL 泵电流滤波前后偏差高于阈值，则报 P017F。

系统计算怠速泵电流与参考阶段泵电流的差值，差值低于阈值，则报 P24C1。

（3）阶段 C（1mm 泄漏检测）

P0442：蒸发系统 1.0mm 泄漏。

P2407：DMTL 泵电流波动超出合理性范围。

如果不存在粗泄漏故障，油箱压力会达到设定的目标压力值，C 阶段结束。

DMTL 泵向油箱泵气过程中，系统计算油箱相对压力，根据压力判断是否存在 1mm 泄漏。

如果油箱压力高于诊断阈值，则判定为无泄漏，诊断退出；如果油箱压力在标定时间内始终低于诊断阈值，则报出 P0442。

此外，在诊断过程中系统监测泵电流波动情况，波动大于阈值则报出 P2407。

参考文献

[1] 环境保护部.轻型汽车污染物排放限值及测量方法（中国第六阶段）：GB 18352.6—2016 [S].北京：中国标准出版社，2016.

[2] 王建昕，帅石金.汽车发动机原理 [M].北京：清华大学出版社，2011.

[3] 丁蓉蓉，王量.某轻型汽油车国六排放后处理开发研究 [J].汽车实用技术，2018（8）：70-73.

[4] 张微奇，韦健林，王建楠，一种增程器捕集器再生控制方法：CN 111878195 A [P]. 2020-11-03.

Chapter 09

第 9 章
增程式电动汽车的动力系统匹配

广义的增程式电动汽车的增程器动力源有内燃机、燃气轮机、燃料电池等多种形式。本章仅论述以内燃机组合发电机构成的狭义增程式电动汽车的动力系统匹配方法。动力系统的匹配是增程式电动汽车技术的关键,主要基于整车 VTS(Vehicle Technical Specification)指标对增程汽车关键电力、驱动及传动系统进行匹配,考虑到各个系统的协调工作,还需对整车控制、通信、故障诊断、热管理等系统进行匹配。整车控制、通信、故障诊断、热管理系统的内容在其他章节进行介绍,本章主要针对增程式车辆动力系统的电力驱动系统、电力供给系统等关键技术进行详细阐述,同时结合某增程式电动汽车详细说明动力系统的选型及重要参数的计算方法,并通过 AVL-Cruise 软件搭建模型,对选型匹配结果进行仿真验证。

9.1 增程式动力系统概述

9.1.1 增程式动力系统的组成

增程式电动汽车的动力系统主要由电力驱动系统、电力供给系统、整车控制系统、通信及故障诊断系统、附件系统、热管理系统等组成。本章着重讲述电力驱动系统和电力供给系统的匹配,控制系统相关内容详见第 11 章。

增程式动力系统的应用最初主要是解决纯电动续驶里程较短的问题,解决方案是采用铰接的方式连接一个移动的电源(主要是燃油发动机组成的增程器系统,增程器作为备用能量源,只在特定需求时使用),但由于当时电控技术的限制及增程器系统效率较低,整车的经济性表现较差。随着电控技术发展及增程器系统效率大幅提升,增程式动力系统也发生了改变,增程器已经可以作为一种常规电力源进行使用,也不需要使用铰接的方式与整车连接。

一般增程式电动汽车的动力系统结构如图 2-2 所示，其中电力驱动系统主要包括驱动电机系统（包括驱动电机和驱动电机控制器）、传动系统、差速器等零部件或子系统，为车辆提供动力输出，驱动电机作为车辆的唯一动力源驱动车辆行驶。驱动电机控制器接收整车控制器的命令，通过控制驱动电机以达到使车辆行驶的目的。

电力供给系统主要包括动力电池和增程器，为电力驱动系统提供电能。动力电池也为起动增程器用发动机的发电机提供反拖电流。增程器由发动机和与之直接相连的发电机组成，发动机带动发电机发电供给驱动电机控制器，多余电能可同时给动力电池充电。

整车控制系统主要包括增程器的控制、驾驶人输入信息处理、电力驱动系统的控制、热管理系统的控制、各动力部件的协调控制等以动力系统为主的控制功能。具体可参考第 11 章内容。

9.1.2 增程式动力系统的技术特点

如第 3 章所述，相比传统燃油汽车，增程式电动汽车具有如下特点：
1）增程器的输出转速与车速解耦。
2）增程器的输出功率与车辆需求功率解耦。
3）增程器用发动机的热效率与测试循环效率解耦。
4）增程器用发动机的 NVH 与排放性能及整车性能解耦。

所以与传统燃油车相比，增程式电动汽车的增程器能够控制在最优工况下运行，使整车具有油耗低、排放低的特点。当然，这里讲的解耦不是完全数学意义上的解耦，而是指物理关联性大为降低。

相比混合动力汽车，增程式电动汽车的纯电续驶里程较长，日常短距离行驶可完全使用纯电动模式，使用成本较低；另外整车控制策略相对比较简单，工程化实现难度较小。

相比纯电动汽车，增程式电动汽车增加了增程器，可有效解决用户里程焦虑问题。由于动力系统部件的增加以及动力系统架构的改变，使得增程式电动汽车动力部件的选型具有自己的特点。纯电动汽车和增程式电动汽车只有一个单独的电力驱动系统，所以对于电力驱动系统的选型思路是相同的。但增程式电动汽车的电力供给系统由增程器系统及动力电池系统组成，所以为满足电力驱动系统的需求，电力供给系统的选型需综合考虑增程器系统和动力电池的各自特性，以对它们提出匹配要求。

9.1.3 增程式动力系统的匹配方法

增程式电动汽车动力系统的匹配主要包括电力驱动系统、电力供给系统、传动系统等系统的匹配。动力系统匹配是根据 VTS 设计指标匹配动力系统的参数及性能；同时，还应考虑高低压电气（电器）附件系统对动力系统匹配参数的影响。本章第 2 节与第 3 节将以某增程式电动汽车为例进行动力系统匹配过程的详细论述。

动力系统匹配的方法是基于汽车动力学理论进行推导分析。推导分析一般分为理论公式推导及仿真计算验证，理论公式推导是对 VTS 设计指标及定义的工况进行分析，如对最高车速、最大爬坡度、加速时间、爬坡车速、具体行驶工况下需求的驱动力、驱动功率等参数的计算。由于计算过程会涉及积分、效率插值等问题，为保证匹配计算的精度，一般基于理论公式推导出匹配需求参数后，还需通过仿真计算进行验证。

根据整车的输入参数，通过对整车不同工况及负载条件下的受力分析，可以计算出整车需求的最大功率，作为驱动电机峰值功率的选择条件；根据动力系统传动比及轮胎半径，可以计算驱动电机的最高转速；计算不同工况及负载条件下最大转矩（具体见本章第 2 节内容），作为驱动电机峰值转矩的选择依据；根据整车需求的最大功率、驱动电机的峰值功率来考虑增程器的最大功率以及电池充放电功率需求的选择及匹配，同时根据各工况的具体需求，考虑增程器的功率响应时间及动力电池的类型匹配；根据整车纯电续航里程的要求，可以计算动力电池的能量、容量需求。根据计算所得结果，输出对动力系统各零部件的性能参数要求，再综合考虑成本、重量等因素选择各零部件。

动力系统零部件选型确定后，搭建整车模型，对匹配结果进行仿真验证。

9.2 电力驱动系统匹配

对于增程式电动汽车，整车都是由驱动电机直接驱动行驶，驱动电机的参数匹配应覆盖整车各个工况下的需求功率、转矩、转速等。减速器的减速比应和驱动电机合理匹配，以尽可能达到提升系统效率的目的。本节主要介绍驱动电机和减速器的选型计算方法。

9.2.1 驱动电机的选型

对于驱动电机的配置，增程式电动汽车与纯电动汽车相同。常用的驱动电机多为永磁同步电机，永磁同步电机又可分为内置式永磁同步电机和表贴永磁同步电机，具有较高的效率和较好的动力特性，内置式永磁同步电机转矩特性优于表贴永磁同步电机，但电机复杂度高。

开关磁阻电机也是一个选项，其结构简单、抗扰性强，具有优鲁棒性和高速操作能力，但发电工况较低效，存在转矩脉冲、噪声及振动问题。

驱动电机的主要性能指标为效率和功率密度。由于受到气隙、极弧系数、磁钢性能、极对数等诸多因素的综合影响，各类电机性能的优劣存在较大争议。但内置式永磁同步电机效率高、调速范围宽的优势较为突出，是当前增程式及纯电动汽车驱动电机的较优选择。本节也以永磁同步电机为例说明驱动电机的参数匹配。

9.2.2 驱动电机的参数匹配

驱动电机的重要配置参数包括峰值功率、额定功率、最高转速、额定转速、峰值转矩、额定转矩以及额定电压等。以下将分别介绍各参数的匹配计算方法，再根据计算结果综合考虑驱动电机的参数选择。

驱动电机动力匹配依据示意图如图 9-1 所示，低速恒转矩的大小决定了车辆的起动、加速和爬坡性能，而驱动电机在低速时的恒转矩特性使得整车相比传统车辆具有更好的加速性及爬坡能力；驱动电机最高转速及最大功率决定了车辆车速范围；驱动电机的选型匹配要尽可能使电机高效区域与电机常用工作区相一致。

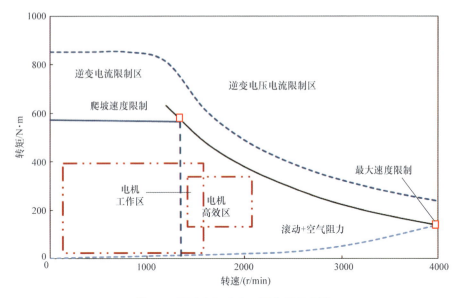

图 9-1 驱动电机动力匹配依据示意图

1. 峰值功率的计算

作为增程式电动汽车的唯一驱动装置,驱动电机的峰值功率要满足整车最高车速、最大爬坡度及最大加速度等工况的动力需求。根据这些工况下的整车需求功率最大值即可确定驱动电机的峰值功率。在此基础上,通过减速器速比的匹配,合理调节驱动电机的峰值转速和峰值转矩,使驱动电机的开发策略更合理。这是由于在相同功率的情况下,转速越高,对应转矩越小。对于驱动电机,有如下公式:

$$C_A = \frac{6.1 \times 10^{-3}}{a'_p K_{Nm} K_{dp} A B_\delta} \qquad (9\text{-}1)$$

式中,a'_p 为计算极弧系数;K_{Nm} 为气隙磁场的波形系数;K_{dp} 为电枢的绕组系数;A 为线负荷,即沿电枢圆周单位长度上的安培导体数(A/m);B_δ 为气隙磁通密度的最大值,通常简称为气隙磁通量密度(T)。

对于一定功率和转速范围的电机,B_δ 和 A 的变动范围不大,而 a'_p、K_{Nm}、K_{dp} 的变化范围更小,所以将 C_A 称为电机常数。由公式

$$C_A = \frac{60 D^2 l_{ef}}{2\pi T'} \qquad (9\text{-}2)$$

式中,D 为电枢直径(m);l_{ef} 为电枢的有效长度(m);T' 为电机转矩(N·m)。

可知,对于同一电机,电机转矩越大,电机的体积越大。在整车设计过程中,考虑整车的轻量化及制造成本,希望电机体积尽可能小。但由于重型车辆的载荷较大,相比轻型车辆,整车需求的驱动力及驱动功率较大,通过提高驱动电机的峰值转速来降低其峰值转矩也不太合适,所以对于重型车辆匹配的驱动电机,考虑到整车的布置空间及驱动电机开发难度,大多选择低转速大转矩的驱动电机;而对于轻型车辆,一般选择高转速低转矩的驱动电机。

驱动电机的峰值功率选择可满足:

$$P_{\text{m\_max}} \geq \max(P_{\text{vmax}}, P_{\text{pmax}}, P_{\text{amax}}) \qquad (9-3)$$

式中，P_{vmax} 为整车以最高车速匀速行驶时驱动电机所需功率（kW）；P_{pmax} 为整车以最大爬坡度行驶时驱动电机的功率（kW）；P_{amax} 为整车以最大加速度行驶时驱动电机的功率（kW）。

（1）最高车速行驶工况

考虑整车以最高车速在平直道路上匀速行驶，即整车只受到滚动阻力和空气阻力。计算该工况下最大功率：

$$P_{\text{vmax}} = \frac{v_{\max}}{3600\eta_{\text{t}}}\left(mgf + \frac{C_{\text{D}}Av_{\max}^2}{21.15}\right) \qquad (9-4)$$

式中，$v_{\max}$ 为整车最高车速（km/h）；m 为汽车试验质量（kg）；f 为轮胎滚动阻力系数；C_{D} 为空气阻力系数；A 为迎风面积（m²）；η_{t} 为传动系统效率。

对于增程式电动汽车，试验质量是指汽车整备质量与试验所需附加质量之和。如果最大允许装载质量小于或等于180kg，则附加质量为最大允许装载质量；如果最大允许装载质量大于180kg，但小于360kg，则附加质量为180kg；如果最大允许装载质量大于360kg，则附加质量为最大允许装载质量的一半。

（2）最大爬坡度行驶工况

考虑整车在最大坡度的道路上匀速行驶，即整车受到滚动阻力、空气阻力和坡度阻力。汽车在角度为 θ 的坡度上行驶时，垂直于坡道路面的汽车重力分力为 $G\cos\theta$，因此汽车在坡道上行驶受到的滚动阻力为 $F_{\text{f}} = Gf\cos\theta$。汽车的坡度阻力为汽车重力沿坡道的分力 $F_{\text{i}} = G\sin\theta$。计算该工况下最大功率：

$$P_{\text{pmax}} = \frac{v_{\text{p}}}{3600\eta_{\text{t}}}\left(m_{\text{full}}gf\cos\theta_{\max} + m_{\text{full}}g\sin\theta_{\max} + \frac{C_{\text{D}}Av_{\text{p}}^2}{21.15}\right) \qquad (9-5)$$

式中，v_{p} 为电动汽车以最大爬坡度行驶时对应的车速（km/h）；$\theta_{\max}$ 为最大爬坡度（°）；m_{full} 为整车满载质量。

（3）最大加速行驶工况

考虑整车以最大加速度在水平道路上加速行驶，受到的阻力有滚动阻力、空气阻力和加速阻力。汽车在加速行驶时，需要克服自身质量加速运动时产生的惯性力，即加速阻力 F_{j}。汽车的质量分为平移质量和旋转质量两部分。加速时，不仅平移质量产生惯性力，旋转质量也要产生惯性力偶矩。为了便于计算，一般把旋转质量的惯性力偶矩转化为平移质量的惯性力，对于固定传动比的汽车，常用系数 δ 作为计入旋转质量惯性力偶矩后的汽车旋转质量换算系数，因此加速阻力可写为

$$F_{\text{j}} = \delta m\frac{\text{d}v}{\text{d}t} \qquad (9-6)$$

式中，δ 为旋转质量转换系数，$\delta > 1$；m 为汽车试验质量（kg）；$\dfrac{\text{d}v}{\text{d}t}$ 为汽车行驶加速度（m/s²）。

δ 主要与飞轮的转动惯量、车轮的转动惯量以及传动系的传动比有关，其计算公式为

$$\delta = 1 + \frac{1}{m}\frac{\sum I_w}{r^2} + \frac{1}{m}\frac{I_f i_g^2 i_0^2 \eta_t}{r^2} \tag{9-7}$$

式中，I_w 为车轮的转动惯量（kg·m²）；I_f 为飞轮的转动惯量（kg·m²）；i_0 为主传动比；i_g 为变速器的传动比；r 为车轮半径（m）。

对于增程式汽车，$i_g = 1$，因此旋转质量换算系数又可写为

$$\delta = 1 + \frac{1}{m}\frac{\sum I_w}{r^2} + \frac{1}{m}\frac{I_f i_0^2 \eta_t}{r^2} \tag{9-8}$$

为了便于计算，我们用一段加速过程的平均加速度来近似计算该工况下最大功率：

$$P_{amax} = \frac{v_{end}}{3600\eta_t}\left(mgf + \delta ma + \frac{C_D A v_{end}^2}{21.15}\right) \tag{9-9}$$

式中，v_{end} 为加速终了车速（km/h）；a 为平均加速度（m/s²）；δ 为旋转质量转换系数。

2. 额定功率的计算

驱动电机额定功率如果过小，电机经常在过载状态下运行，造成电机性能和使用寿命的衰减；如果过大，电机经常在欠载状态下运行，效率及功率因数降低，综合效益下降。

驱动电机额定功率应满足整车长时间运行的车速、坡度所对应的功率需求，通常指标有最高巡航车速，某坡度（如4%坡度）下的爬坡车速以及驱动电机的过载系数。额定功率 P_{m_rate} 的选择要求需满足：

$$P_{m\_rate} \geq \max\left(P_{xmax}, P_{4\%}, \frac{P_{m\_max}}{\lambda}\right) \tag{9-10}$$

式中，P_{xmax} 为整车最高巡航车速行驶时驱动电机的功率（kW）；P_{m_max} 为驱动电机的峰值功率（kW）；$P_{4\%}$ 为爬坡度为4%时驱动电机的功率（kW）；λ 为电机过载系数，通常取值为1.5~2.5。

此处4%坡度下的爬坡车速工况作为驱动电机额定工况选择的前提是VTS指标中定义的4%坡度下的爬坡车速工况为长时间运行工况，远远超出了驱动电机峰值转矩和峰值功率的工作时间。如果VTS指标中定义的4%坡度下的爬坡车速工况为短时间运行工况，且在驱动电机峰值转矩和峰值功率的工作时间内，则4%坡度下的爬坡车速工况可作为驱动电机峰值转矩和峰值功率选择的依据。4%坡度数值也可以以VTS定义的具体数值替换为其他坡度值。

（1）最高巡航车速行驶工况

整车以最高巡航车速在水平路面上长时间匀速运行，受到的阻力为滚动阻力和空气阻力。该工况下驱动电机的功率为

$$P_{xmax} = \frac{v_{xh}}{3600\eta_t}\left(mgf + \frac{C_D A v_{xh}^2}{21.15}\right) \tag{9-11}$$

式中，P_{xmax} 为整车以最高巡航车速行驶时驱动电机的功率（kW）；v_{xh} 为最高巡航车速（km/h）。

（2）长时间爬坡行驶工况

在长时间爬坡行驶工况下，参考《混合动力电动汽车 动力性能 试验方法》（GB/

T 19752—2005）标准中的"9.6 试验方法"，通常计算 4% 坡度长时间行驶和 12% 坡度长时间行驶两种情况下的驱动电机的功率。

道路坡度 i 用坡高和底长来表示，即

$$i = \frac{h}{s} = \tan\theta \quad (9\text{-}12)$$

4%、12% 坡度按照式（9-12）换算成角度分别为 $\theta_{4\%}=2.3°$ 和 $\theta_{12\%}=6.9°$。

当整车在 4% 坡度长时间行驶时，汽车受到滚动阻力、空气阻力和坡度阻力。该工况下驱动电机的功率为

$$P_{4\%} = \frac{v_{4\%}}{3600\eta_t}\left(m_{full}gf\cos\theta_{4\%} + m_{full}g\sin\theta_{4\%}\frac{C_DAv_{4\%}^2}{21.15}\right) \quad (9\text{-}13)$$

式中，$P_{4\%}$ 为爬坡度为 4% 时驱动电机的功率（kW）；$v_{4\%}$ 为整车爬坡度为 4% 时对应的车速。

当整车在 12% 坡度长时间行驶时，汽车受到滚动阻力、空气阻力和坡度阻力。该工况下驱动电机的功率为

$$P_{12\%} = \frac{v_{12\%}}{3600\eta_t}\left(m_{full}gf\cos\theta_{12\%} + m_{full}g\sin\theta_{12\%}\frac{C_DAv_{12\%}^2}{21.15}\right) \quad (9\text{-}14)$$

式中，$P_{12\%}$ 为爬坡度为 12% 时驱动电机的功率（kW）；$v_{12\%}$ 为整车爬坡度为 12% 时对应的车速。

从匹配经验来说，一般小坡度如 4% 爬坡工况常作为驱动电机额定功率匹配的依据，而 12% 爬坡工况需要根据整车 VTS 具体要求及车型的使用场景判定是否作为驱动电机额定功率匹配的依据。以 9.2.5 节中某增程式电动汽车驱动电机额定功率匹配为例，12% 爬坡工况不作为驱动电机额定功率匹配的依据。

3. 峰值转速的计算

驱动电机峰值转速与增程式电动汽车最高车速之间的关系为

$$n_{max} \geq \frac{v_{max}i_t}{0.377r} \quad (9\text{-}15)$$

式中，n_{max} 为电机峰值转速（r/min）；i_t 为传动系统传动比，对于增程式电动汽车，一般为主减速器速比；r 为车轮半径（m）。

4. 额定转速的计算

驱动电机的额定转速为

$$n_e = \frac{n_{max}}{\beta} \quad (9\text{-}16)$$

式中，n_e 为驱动电机额定转速（r/min）；β 为转速比，也称为电机扩大恒功率区系数，通常取值为 2~4（β 值越大，低速转矩越好，但电机电流会越大，相关联电机控制器功率损耗也越大；同时 β 也受限于电机本身的特性，如永磁电机，β 就较小，因为其磁场难以衰减）。

5. 峰值转矩的计算

驱动电机峰值转矩需满足整车最大爬坡度、最高车速及最大加速的要求，同时也要

满足发电机峰值功率、额定转速的关系式。

（1）最大爬坡度行驶工况

$$T_{\max 1} = \frac{r}{\eta_t i_t}\left(m_{\text{full}}gf\cos\theta_{\max} + m_{\text{full}}g\sin\theta_{\max} + \frac{C_D A v_p^2}{21.15}\right)$$ （9-17）

式中，$T_{\max 1}$ 为最大爬坡度行驶条件下驱动电机峰值转矩（N·m）。

（2）最高车速行驶工况

$$T_{\max 2} = \frac{r}{\eta_t i_t}\left(mgf + \frac{C_D A v_{\max}^2}{21.15}\right)$$ （9-18）

式中，$T_{\max 2}$ 为最高车速行驶条件下驱动电机峰值转矩（N·m）。

（3）最大加速行驶工况

$$T_{\max 3} = \frac{r}{\eta_t i_t}\left(mgf + \delta ma + \frac{C_D A v_{\text{end}}^2}{21.15}\right)$$ （9-19）

式中，$T_{\max 3}$ 为最大加速行驶条件下驱动电机峰值转矩（N·m）。

6. 额定转矩的计算

额定转矩的选择主要根据 4% 坡度下转矩需求及最高车速下的转矩需求计算得到。

（1）4% 坡度下的电机转矩需求

$$T_{\text{rate1}} = \frac{r}{\eta_t i_t}\left(m_{\text{full}}gf\cos\theta_{4\%} + m_{\text{full}}g\sin\theta_{4\%} + \frac{C_D A v_{4\%}^2}{21.15}\right)$$ （9-20）

（2）最高车速下的电机转矩需求

$$T_{\text{rate2}} = \frac{r}{\eta_t i_t}\left(mgf + \frac{C_D A v_{\max}^2}{21.15}\right)$$ （9-21）

9.2.3 额定电压的选择

驱动电机电压等级的确定与动力电池组和增程器的电压等级密切相关。在输出功率一定的条件下，电流会随着电压的升高而减小，这样将降低对开关及导线等元件的要求。所以在允许范围内尽量采用高电压，可减小电机的尺寸和导线等装备的尺寸，特别是可降低逆变器的尺寸。同时，电机在选择额定电压时也要符合产品标准的要求以及整车规划的电压平台。

9.2.4 减速器的参数匹配

减速器参数匹配主要是减速比的匹配，其选择应满足整车最高车速、最大爬坡度、最高车速对应的转矩平衡需求。减速器的减速比应和驱动电机合理匹配，以达到尽可能提升系统效率的目的。

1. 最高车速需求

减速器减速比与最高车速的关系可用以下公式计算：

$$i_{t} \leqslant \frac{0.377 r n_{\max}}{v_{\max}} \quad (9\text{-}22)$$

式中，i_t 为减速器的减速比。

2. 最大爬坡度对应的转矩平衡需求

减速比需满足最大爬坡度对应的转矩平衡需求，计算公式如下：

$$i_{t} \geqslant \frac{r}{\eta_{t} T_{\max}} \left(m_{\text{full}} g f \cos\theta_{\max} + m_{\text{full}} g \sin\theta_{\max} + \frac{C_{D} A v_{p}^{2}}{21.15} \right) \quad (9\text{-}23)$$

3. 最高车速对应的转矩平衡需求

减速比需满足最高车速对应的转矩平衡需求，计算公式如下：

$$i_{t} \geqslant \frac{r}{\eta_{t} T_{\max}} \left(mgf + \frac{C_{D} A v_{\max}^{2}}{21.15} \right) \quad (9\text{-}24)$$

9.2.5 实例分析——某增程式电动汽车驱动电机系统的参数匹配

本节主要以市场上某增程式电动汽车为例，说明驱动电机系统的参数匹配过程。其中整车给定的输入参数见表 9-1，整车的动力性、经济性设计指标见表 9-2。

表 9-1 整车输入参数

参数项	参数值	参数项	参数值
整备质量 /kg	3575	滚动阻力系数	0.015
满载质量 /kg	6000	旋转质量换算系数	1.03
车轮半径 /m	0.362	传动系统效率	0.92
主减速器速比	6.143	附件功率 /kW	1（纯电动模式）/1.5（增程模式）
迎风面积 /m²	4.579	能否外插充电	是
空气阻力系数	0.372		

表 9-2 整车动力性、经济性设计指标

指标		数值
动力性	最高车速 /（km/h）	≥ 90
	最高巡航车速 /（km/h）	≥ 80
	0—50km/h 加速时间 /s	≤ 10
	最大爬坡度（%）	≥ 20
	4% 坡度车速 /（km/h）	≥ 40
	12% 坡度车速 /（km/h）	≥ 15
经济性	纯电续驶里程 /km	≥ 50
	C-WTVC 工况百公里油耗 /（L/100km）	≤ 15

1. 驱动电机峰值功率的匹配

驱动电机的峰值功率需要考虑最高车速工况、最大爬坡度行驶工况、最大加速度工况下的功率需求。

（1）最高车速工况

根据该工况的输入参数（表9-3），代入式（9-4）。

表9-3 最高车速工况下的输入参数

参数	v_{max}	η_t	m	g	f	C_D	A
数值	90	0.92	4788	10	0.015	0.372	4.579

计算可得，$P_{vmax}=39.3$kW。

（2）最大爬坡度工况

根据该工况的输入参数（表9-4），代入式（9-5）。

表9-4 最大爬坡度工况下的输入参数

参数	v_p	η_t	m_{full}	g	f	θ_{max}	C_D	A
数值	15	0.92	6000	10	0.015	11.3	0.372	4.579

在20%坡度下以15km/h爬坡，计算可得$P_{pmax}=58$kW。

（3）最大加速工况

根据该工况的输入参数（表9-5），用0—50km/h加速时间来换算平均加速度$a=1.389$m/s^2，旋转质量换算系数按照同类型车经验值，取$\delta=1.03$，代入式（9-9）。

表9-5 最大加速工况下的输入参数

参数	v_{end}	η_t	m	g	f	δ	C_D	A	a
数值	50	0.92	4788	10	0.015	1.03	0.372	4.579	1.389

计算可得，$P_{amax}=117$kW。

驱动电机峰值功率应满足$P_{m\_max} \geq \max(P_{vmax}, P_{pmax}, P_{amax})$，由于电机自身特性的影响，加速工况的中低速段主要靠电机恒转矩驱动加速，此段速度区间内的加速度较大，远大于平均加速度，如果再按照上述计算的P_{amax}功率计算后段加速时间，那么整个速度区间内的加速性要优于设计指标。通过不断调低P_{amax}数值并精确积分计算加速时间，驱动电机峰值功率需求取$P_{m\_max}=98$kW。

2. 驱动电机额定功率的匹配

驱动电机额定功率的选择主要基于整车的最高巡航车速工况及某坡度下的长时间爬坡工况来确定。

（1）最高巡航车速工况

根据该工况的输入参数，最高巡航车速工况下的输入参数见表9-6，代入式（9-11）。

表9-6 最高巡航车速工况下的输入参数

参数	v_{xh}	η_t	m	g	f	C_D	A
数值	80	0.92	4788	10	0.015	0.372	4.579

巡航车速80km/h时，计算可得$P_{xmax}=29.8$kW。

（2）某坡度时的长时间爬坡工况

根据整车动力性指标，4%爬坡度时需要长时间行驶，汽车行驶速度不小于40km/h（由于该增程式电动汽车12%坡度下未要求长时间运行，此工况暂不作为驱动电机额定功率选择的依据），该工况下的输入参数见表9-7，代入式（9-13）及式（9-14）。

表9-7　4%坡度工况下的输入参数

参数	$v_{4\%}$	η_t	m_{full}	g	f	$\theta_{4\%}$	C_D	A
数值	40	0.92	6000	10	0.015	2.3	0.372	4.579

可计算得，$P_{4\%}$ = 41.5kW，过载系数 λ 取2，P_{m_max}/λ = 49kW，根据式（9-10），综合以上计算结果，驱动电机的额定功率 P_{m_rate} ≥ 49kW。

3. 驱动电机最高转速的匹配

驱动电机的最高转速与车辆的最高车速有关，该工况下的输入参数见表9-8，代入式（9-15）。

表9-8　最高车速工况下的输入参数

参数	v_{max}	i_t	r
数值	90	6.143	0.362

计算可得，n_{max} =4051r/min。

需要说明的是，由于减速器速比此时并未最终确定，表9-8中的速比6.143是减速器的初定值，是为了计算驱动电机的最高转速暂定的速比。减速器速比最终确认后，如果和此初定值有差异，驱动电机的最高转速还需进行修正。

4. 驱动电机额定转速的匹配

根据式（9-16），对于该增程式电动汽车，取 β = 3，代入该公式。

表9-9　驱动电机额定转速工况输入参数

参数	n_{max}	β
数值	4051	3

计算可得，n_e =1350r/min。

5. 驱动电机峰值转矩的匹配

驱动电机峰值转矩需满足整车最大爬坡度、最高车速及最大加速的要求。

（1）最大爬坡度行驶工况

该工况下的输入参数见表9-10，代入式（9-17）。

表9-10　最大爬坡度工况下的输入参数

参数	v_p	r	i_t	η_t	m_{full}	g	f	θ_{max}	C_D	A
数值	15	0.362	6.143	0.92	6000	10	0.015	11.3	0.372	4.579

计算可得，T_{max1} =810N·m。

（2）最高车速行驶工况

该工况下的输入参数见表9-11，代入式（9-18）。

表 9-11 最高车速工况下的输入参数

参数	v_{max}	r	i_t	η_t	m	g	f	C_D	A
数值	90	0.362	6.143	0.92	4788	10	0.015	0.372	4.579

计算可得，$T_{max2} = 89.8$ N·m。

（3）最大加速工况

该工况下的输入参数见表 9-12，代入式（9-19）。

表 9-12 最大加速工况下的输入参数

参数	v_{end}	r	i_t	η_t	m	g	f	δ	a	C_D	A
数值	90	0.362	6.143	0.92	4788	10	0.015	1.03	1.389	0.372	4.579

计算可得，$T_{max3} = 588$ N·m。

驱动电机的峰值转矩 $T_{max} = \max(T_{max1}, T_{max2}, T_{max3})$，因此 $T_{max} = 810$ N·m。

6. 驱动电机额定转矩的匹配

额定转矩的选择主要根据 4% 坡度下转矩需求及最高车速下的转矩需求计算得到。

（1）4% 坡度时的电机转矩需求

该工况下的输入参数见表 9-13，代入式（9-20）。

表 9-13 4% 坡度工况下的输入参数

参数	$v_{4\%}$	η_t	m_{full}	g	f	$\theta_{4\%}$	C_D	A	i_t
数值	40	0.92	6000	10	0.015	2.3	0.372	4.579	6.143

计算可得，$T_{rate1} = 219.5$ N·m。

（2）最高车速时的电机转矩需求

该工况下的输入参数见表 9-14，代入式（9-21）。

表 9-14 最高车速工况下的输入参数

参数	v_{max}	r	i_t	η_t	m	g	f	C_D	A
数值	90	0.362	6.143	0.92	4788	10	0.015	0.372	4.579

计算可得，$T_{rate2} = 87.8$ N·m，因此综合 T_{rate1} 和 T_{rate2} 的数值，$T_{rate\_max} = 219.5$ N·m。

7. 驱动电机的匹配结果

综合以上计算结果，某增程式电动汽车驱动电机动力参数计算及选定值见表 9-15。

表 9-15 驱动电机参数匹配结果

项目	计算值	选定值
峰值功率 /kW	≥ 98	100
额定功率 /kW	≥ 41.5	50
峰值转矩 /N·m	≥ 810	845
额定转矩 /N·m	≥ 219.5	345
额定转速 /(r/min)	≥ 1350	1364
最高转速 /(r/min)	≥ 4051	4200

9.2.6 实例分析——某增程式电动汽车减速器的参数匹配

减速器参数匹配主要是减速比的选择，其选择应满足整车最高车速需求，同时也要满足最大爬坡度及最高车速对应的转矩平衡需求。

1. 最高车速工况时的减速比需求

根据确定的驱动电机最高转速及最高车速需求，将表 9-16 所列参数代入式（9-22）。

表 9-16 最高车速工况时的输入参数

参数	v_{max}	r	T_{max}	n_{max}	η_t	m	g	f	C_D	A
数值	90	0.362	845	4200	0.92	4788	10	0.015	0.372	4.579

计算可得，$i_t \leqslant 6.3688$。

根据最高车速下的转矩需求，代入式（9-24），计算可得 $i_t \geqslant 0.635$。

2. 最大爬坡度工况时的减速比需求

根据确定的驱动电机参数及最大爬坡度需求，将表 9-17 所列参数代入式（9-23）。

表 9-17 整车参数

参数	v_p	r	T_{max}	η_t	m_{full}	g	f	θ_{max}	C_D	A
数值	15	0.362	845	0.92	6000	10	0.015	11.3	0.372	4.579

计算可得，$i_t \geqslant 5.857$。

综合以上计算结果，考虑到供应商的减速器资源，减速比选择见表 9-18。

表 9-18 减速比匹配结果

项目	参数值
减速比	6.143

此减速比最终选择结果与驱动电机参数匹配时使用的参数相同，因此驱动电机的匹配结果不需要重新修正。

9.3 电力供给系统匹配

增程式电力供给系统由增程器和动力电池组成，本节将重点讨论动力电池、增程器的选型及参数匹配。本书只讲解具有功率跟随特征的增程器，即只针对全工况型增程器。

在进行动力电池的选型之前，首先根据整车的输入确定要匹配的增程式动力系统是属于全工况Ⅰ型还是全工况Ⅱ型，这将决定动力电池的容量大小及选型计算方法。

以某增程式电动车型为例，整车输入要求是具备可外接充电功能、纯电续驶里程不小于50km，且纯电模式下的动力性和增程模式下的动力性相同，因此选择全工况Ⅰ型增程式动力系统。动力电池在选型时，需要重点考虑电池容量和功率两个需求，容量需满足整车纯电续驶里程的要求，纯电动模式下动力电池放电功率要覆盖驱动电机的峰值功率。以国外另外一款增程式电动车型为例，整车输入要求无外接充电功能，无纯电续驶里程要求且无纯电行驶模式，因此选择全工况Ⅱ型增程式动力系统。动力电池在选型时，需要重点考虑功率需求，动力电池的放电功率与增程器的输出功率之和要大于驱动电机的电气功率和附件功率之和。对于增程器功率需求及响应时间的匹配，也需考虑增程式动力系统属于全工况Ⅰ型还是全工况Ⅱ型，并综合考虑动力电池的匹配需求。

其中，全工况Ⅰ型和全工况Ⅱ型中的全工况指的是增程器可以在较宽的范围工作，且可以作为主要电力供给系统进行工作。对于全工况型增程器，全工况Ⅰ型和全工况Ⅱ型根据以下情况进行判断：

1）根据电力供给系统提供的功率与整车需求功率的匹配进行判断。全工况Ⅰ型对应的动力电池低SOC时的最大放电功率能够满足整车的需求功率，而全工况Ⅱ型需要增程器和动力电池同时满足整车需求功率：

$$\begin{cases} P_{\text{batt\_max\_dis}} \geq P_{\text{req}}, & \text{全工况Ⅰ型} \\ P_{\text{RECU}} + P_{\text{batt\_max\_dis}} \geq P_{\text{req}}, & \text{全工况Ⅱ型} \end{cases}$$

2）纯电动续驶里程 S 是否大于某设定距离，即纯电动续驶里程 $S \geq L$。由于大多主机厂的基本要求是纯电动续驶里程 ≥ 50km，即 $L=50$，所以根据此条件进行判断，满足则属于全工况Ⅰ型，否则属于全工况Ⅱ型：

$$\begin{cases} \text{有纯电动续驶里程}S\text{要求且}S \geq L, & \text{全工况Ⅰ型} \\ \text{无纯电动续驶里程要求}, & \text{全工况Ⅱ型} \end{cases}$$

3）判断是否具备插电功能，即动力电池是否可通过外部充电装置进行充电，如果具备插电功能，则属于全工况Ⅰ型，否则属于全工况Ⅱ型：

$$\begin{cases} \text{具备外部插电功能}, & \text{全工况Ⅰ型} \\ \text{无外部插电功能}, & \text{全工况Ⅱ型} \end{cases}$$

9.3.1 动力电池的选型及参数匹配

对于增程式电动汽车，电池的设计容量可以选择满足车辆大部分工况的纯电动运行模式下的日常驾驶需求。增程式电动汽车续驶里程与动力电池电量和燃油量间的关系受车辆驾驶工况、车辆能耗分布及整车控制策略等的影响。以某增程式电动车型为例，C-WTVC驾驶循环、WLTC驾驶循环及40km/h等速工况下的纯电驱动能量消耗情况，结果如图9-2所示。

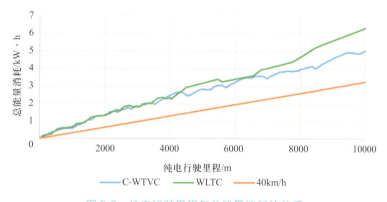

图9-2 纯电行驶里程与总能量消耗的关系

动力电池组由电池模块通过串并联组合构成，是整车的主要电源。对于全工况Ⅰ型增程式动力系统，在增程器不开启时，整车所有的能量消耗都来自动力电池，在增程器工作时，动力电池除了可以弥补整车短时间高功率需求，还可以储存增程器发出的多余的电能，平衡增程器发电功率及整车的需求功率。

动力电池参数匹配主要包括电池类型、电量、容量和充放电功率。由于全工况Ⅰ型增程式动力系统，动力电池的总电量需要满足车辆纯电动续驶里程的设计要求，以某增程式电动车型为例，纯电动模式下的动力性和增程器起动后的动力性相当，故动力电池的功率要覆盖驱动电机的功率需求，因此选型时需考虑整车纯电续驶里程和峰值放电功率。

1. 动力电池的类型

动力电池的类型一般分为能量型、功率型和偏功率型，其中能量型电池用于纯电动动力系统开发；功率型电池用于全工况Ⅱ型增程式动力系统开发，目前单价成本较高；偏功率型电池主要用于全工况Ⅰ型增程式动力系统开发，可以兼顾整车性能及开发成本。

2. 动力电池电量和容量

在纯电模式下，整车全部需求功率由动力电池提供，根据整车设计目标，40km/h 车速下的纯电续驶里程要求为 ≥ 50km，动力电池电量的计算公式为

$$E_{\text{batt}} = \frac{\left(mgf + \frac{C_D A v_d^2}{21.15}\right)S}{3600 \times (\text{SOC}_{\text{high}} - \text{SOC}_{\text{low}})\eta_t \eta_e \eta_d (1-\eta_a)} \quad (9\text{-}25)$$

式中，E_{batt} 为电池电量（kW·h）；v_d 为车速（km/h）；S 为纯电续驶里程（km）；SOC_{high} 为电池最高 SOC；SOC_{low} 为电池最低 SOC；η_e 为电机及控制器综合效率；η_d 为电池放电效率；η_a 为汽车附件能量消耗比例。

电池组电量与容量的关系式为

$$C_{\text{batt}} = \frac{1000 E_{\text{batt}}}{U_{\text{batt}}} \quad (9\text{-}26)$$

以上两个公式主要适用于全工况Ⅰ型增程式动力系统动力电池的匹配计算，对于全工况Ⅱ型增程式动力系统电池的匹配，一般无须考虑此需求。

3. 动力电池放电功率及持续时间

动力电池的放电功率包括峰值放电功率和额定放电功率，其中峰值放电功率主要针对整车的瞬态运行工况，而额定放电功率主要针对整车长时间运行的稳态工况。

（1）动力电池峰值放电功率及持续时间要求

对于具有纯电动模式的增程式电动汽车，如果纯电动模式下的动力性和增程模式下的动力性相同，那么动力电池的放电功率要完全覆盖驱动电机的功率和附件功率之和。如果整车对纯电动模式下的动力性无要求，那么动力电池的放电功率要完全覆盖驱动电机的功率＋附件功率－增程器的功率。

在纯电模式下，动力电池的最大输出功率应满足：

$$P_{\text{batt\_max\_dis}} \geq \frac{P_{\text{m\_max}}}{\eta_{\text{e1}}} + P_{\text{aux}} \quad (9\text{-}27)$$

在增程模式下,动力电池的最大输出功率应满足:

$$P_{batt\_max\_dis} \geq \frac{P_{m\_max}}{\eta_{e1}} + P_{aux} - P_{RECU} \tag{9-28}$$

式中,η_{e1} 为驱动电机峰值功率对应的系统平均效率;P_{m_max} 为驱动电机的峰值功率;P_{aux} 为附件功率(kW);P_{RECU} 为增程器的最大功率(kW)。

全工况 I 型增程式动力系统动力电池匹配时,要综合考虑以上两个公式。而对于全工况 II 型增程式动力系统,由于无纯电模式的性能要求,所以动力电池的匹配主要考虑式(9-28)的需求。

动力电池峰值放电功率的持续时间指标需要考虑整车功率需求,对于全工况 I 型增程式动力系统,从工程经验来说,动力电池峰值放电功率的放电时间一般主要考虑加速工况的时间需求和某爬坡车速工况下的时间需求。一般动力电池峰值放电功率的持续时间 $t_1 \geq \max(t_2, t_3)$,其中 t_2 为 0—X(km/h)车速的加速时间,X 值根据整车要求确定;t_3 为 S% 坡度下以 Y(km/h)车速爬坡行驶 Z(m)的时间,S、Y、Z 的数值也根据整车要求确定。

对于全工况 II 型增程式动力系统,在动力系统匹配时,如果增程器先于动力电池确定,则动力电池的峰值功率需求和持续放电时间需要基于增程器的特性进行确定。动力电池峰值功率 $P_{batt\_max\_dis} = \frac{P_{m\_max}}{\eta_{e1}} + P_{aux} - P_{RECU}$ 需求的持续时间 $t_1 \geq$ 增程器功率增加至最大功率时的响应时间 t_4。

(2)动力电池持续放电功率

动力电池的持续放电功率需满足驱动电机的额定功率与附件功率之和:

$$P_{batt\_rate\_dis} \geq \frac{P_{m\_rate}}{\eta_{e2}} + P_{aux} \tag{9-29}$$

式中,η_{e2} 为驱动电机额定功率对应的系统平均效率;P_{m_rate} 为驱动电机的额定功率(kW)。

此公式主要针对全工况 I 型增程式动力系统。

4. 动力电池充电功率

动力电池的充电功率主要包括持续充电功率和瞬时充电功率,其中持续充电功率主要针对动力电池充电需求的工况和增程器起动后的持续充电工况。瞬时充电功率主要考虑能量回收时,动力电池的回收能力。

(1)持续充电功率

$$P_{batt\_rate\_chg} \geq V_{batt} C_{batt}/(1000 t_{req}) \tag{9-30}$$

式中,V_{batt} 为动力电池充电时的电压(V);t_{req} 为充电时间要求(h)。

(2)瞬时充电功率

瞬时充电功率主要考虑整车制动及滑行时,驱动电机作为发电机工作给动力电池充电的工况,理论上讲,此瞬时充电功率越大,可以回收的能量越大。但考虑到系统能力及制动安全性,根据工程经验,动力电池的瞬时充电功率大于驱动电机的额定功率时,就能回收整车的大部分制动及滑行能量。

全工况 I 型增程式动力系统动力电池充电功率匹配时,需要综合考虑持续充电功率和瞬时充电功率两个需求,而全工况Ⅱ型增程式动力系统的动力电池充电功率匹配主要考虑瞬时充电功率需求。

9.3.2 增程器的选型及参数配置

增程器的选型及参数配置包括增程器的最大功率及增程器功率响应时间的匹配。增程器的最大功率需结合整车的工况进行匹配,而增程器功率响应时间需结合整车的工况及动力电池的性能进行匹配,增程器功率响应时间的控制已在车辆的开发中有了应用。

动力电池的SOC下降至一定程度时,增程器开启,为驱动电机提供电能,同时多余的电能给动力电池充电。增程器的最大功率 P_{RECU} 应满足最高车速所需求的功率、车辆常用工况对应的平均功率、整车大部分瞬时工况的功率需求。另外,考虑到全工况Ⅱ型增程式动力系统的整车需求功率由动力电池和增程器共同提供,所以基于整车的运行工况,在动力电池不能完全满足整车需求功率时,需要考虑增程器的功率响应时间。

1. 整车最高车速功率

为保证整车在最高车速时动力电池的电量能够保持平衡,增程器的输出功率应能覆盖整车最高车速行驶的功率需求。整车最高车速所对应的功率需求包括在最高车速下驱动电机的需求功率和整车附件消耗的功率,计算公式为

$$P_{RECU\_maxv} = \frac{v_{max}}{3600\eta_{e4}\eta_t}\left(mgf + \frac{C_D A v_{max}^2}{21.15}\right) + P_{aux} \quad (9-31)$$

式中,P_{RECU_maxv} 为最高车速下整车的需求功率(kW);v_{max} 为整车最高车速(km/h)。

2. 常用工况平均功率

整车在用户常用工况下的平均需求功率,等于该工况下驱动电机的需求功率与整车附件消耗功率之和。此处我们采用国家标准行驶工况,即重型商用车C-WTVC循环工况,计算市区及公路工况下整车平均速度 v_{ave1} = 30km/h,高速工况下整车最高速度 v_{v2} = 88km/h 时的平均功率。

$$P_{RECU\_ave} = \frac{v_{ave}}{3600\eta_{e4}\eta_t}\left(mgf + \frac{C_D A v_{ave}^2}{21.15}\right) + P_{aux} \quad (9-32)$$

式中,P_{RECU_ave} 为常用工况下整车的需求功率(kW)。

3. 整车瞬时功率需求

对于一些特殊工况,整车短时间内的较大功率需求需由增程器和动力电池共同提供,即需要满足:

$$P_{RECU\_int} \geq P_{req} - P_{batt\_max\_SOC\_low\_limit} \quad (9-33)$$

式中,P_{RECU_int} 为整车对增程器瞬时功率的需求(kW);P_{req} 为整车的功率需求(kW);$P_{batt\_max\_SOC\_low\_limit}$ 为电池低SOC限制时的放电功率(kW)。

综合以上情况,增程器的最大功率选择时需满足:

$$P_{RECU} \geq \max(P_{RECU\_maxv}, P_{RECU\_ave}, P_{RECU\_int}) \quad (9-34)$$

需要注意的是,考虑到增程器的经济性和效率,一般来说,P_{RECU} 应处于增程器的经济区域。

对于增程器最大功率的匹配,由于全工况Ⅰ型和全工况Ⅱ型对应的增程器系统都需

满足增程器工作后保持动力电池电量平衡的目的,但由于全工况Ⅰ型和全工况Ⅱ型匹配的动力电池存在差异,所以经式(9-33)计算得到的 $P_{\text{RECU\_int}}$ 会存在差异。

4. 增程器功率响应时间的要求

对于全工况Ⅰ型增程式动力系统,由于动力电池的放电功率能够覆盖驱动电机的功率范围,故增程器的功率响应时间基本无要求。但对于全工况Ⅱ型增程式动力系统,由于动力电池的功率匹配考虑了增程器的输出功率,见式(9-28),所以增程器输出功率及响应时间对整车的性能影响较大,特别是加速性能。故对增程器系统匹配时,除了功率匹配需求外,还要对增程器的功率响应时间进行要求。

对于全工况Ⅱ型增程式动力系统的车辆在加速时,随着车速的增加,驱动电机的需求功率增大,动力电池的输出功率逐渐增加至峰值功率,但由于动力电池峰值功率持续的时间有限,此时需要增程器快速起动以补充除动力电池峰值功率外的整车需求功率。从工程经验来讲,增程器功率从 0kW 到 $P_{\text{RECU\_int}}$(kW)的响应时间 $t_{11} \leqslant t_{22}$,单位为 s。其中 t_{22} 为按照驱动电机的外特性进行加速时,驱动电机的电气需求功率达到动力电池峰值功率的时间。如按照驱动电机的外特性进行加速时,整车电气需求功率为 120kW,动力电池最大放电功率为 50kW,加速过程中,根据驱动电机的加速特性,动力电池的输出功率达到峰值功率 50kW 的时间为 2s,此时对增程器从 0—70kW 的响应时间要求 $t_{11} \leqslant 2s$,以满足整车加速性的需求。

9.3.3 实例分析——某增程式电动汽车动力电池的参数匹配

动力电池的参数匹配需要考虑电压、总电量、容量、放电功率、充电功率等参数。其中整车的输入参数见表 9-1,整车的动力性、经济性设计指标见表 9-2。

1. 动力电池总电量及额定容量参数匹配

根据纯电动模式下的续驶里程要求及确定的平台电压,具体参数见表 9-19,代入式(9-25)和式(9-26)。

表 9-19 动力电池电量及容量计算输入参数

参数	v_d	C_D	A	m	g	f	S
数值	40	0.372	4.579	4788	10	0.015	50
参数	η_d	η_a	η_e	SOC_{high}	SOC_{low}	U_{batt}	η_t
数值	0.85	0.1	0.95	100	25	350	0.92

计算得出,电池电量 E_{batt1} =23.5kW·h,电池容量为 67A·h。

根据之前确定的电压平台 350V,参考此总电量及电池容量要求,考虑到目前的电芯资源,初定电芯的单体容量为 37A·h,单体电压为 3.65V,2 并 100 串的组合方式,最终电池包总电压为 365V,电池容量为 74A·h。

2. 动力电池放电功率

(1)动力电池峰值放电功率

将驱动电机的峰值功率、系统效率及附件功率,代入式(9-27)和式(9-28),计算得到的动力电池峰值放电功率 ≥ 109.7kW。峰值功率持续的时间根据 VTS 的要求需要 ≥ 25s。

（2）动力电池持续放电功率

将驱动电机的额定功率、系统效率及附件功率，代入式（9-29），计算得到的动力电池持续放电功率≥56.6kW。

3. 动力电池充电功率

（1）动力电池持续充电功率

由于整车的充电时间要求为快充1h，慢充3.5h，计算得到的动力电池持续充电功率≥27kW。

（2）动力电池瞬时充电功率

根据工程经验及仿真计算，计算得到的动力电池瞬时充电功率≥50kW。

综合以上计算结果，根据目前供应商动力电池资源，某增程式电动汽车动力电池参数计算及选定值见表9-20。

表9-20 动力电池参数匹配结果

项目	计算值	选定值
额定电压/V	≥350	365
额定容量/A·h	≥67	74
总电量/kW·h	≥23.5	27
峰值放电功率/kW	≥109.7	115
持续放电功率/kW	≥56.6	60
瞬时充电功率/kW	≥50	100
持续充电功率/kW	≥25.9	50

9.3.4 实例分析——某增程式电动汽车增程器的参数匹配

根据增程器的工作特点，增程器的参数匹配包括最大输出功率的匹配及具体工作点的确定。其中整车的输入参数见表9-1，整车的动力性、经济性设计指标见表9-2。由于此章节中分析的某增程式电动汽车属于全工况Ⅰ型，所以增程器的响应时间不做要求。

1. 整车最高车速需求功率匹配

整车最高车速需求功率主要针对整车最高车速行驶时，动力电池的电量能够维持平衡。该工况的输入参数见表9-21，代入式（9-31）。

表9-21 最高车速工况下的增程器匹配输入参数

参数	v_{max}	η_t	m_{full}	g	f	C_D	A	η_{e4}
数值	90	0.92	6000	10	0.015	0.372	4.579	0.85

考虑到整车最高车速行驶时也存在满载工况运行，所以此处整车质量按照满载考虑，计算可得 P_{vmax} = 42.2kW，增程器的最高车速需求功率 P_{RECU_maxv} = 51.1kW。

2. 增程器常用工况平均功率匹配

考虑到此处采用重型商用车C-WTVC循环工况，计算市区及公路工况下整车平均速度 v_{ave1} = 30km/h，高速工况下整车最高速度 v_{v2}=88km/h的平均功率。详细输入数据见表9-22。

表 9-22 增程器常用工况平均功率匹配输入参数

参数	v_{ave1}	v_{v2}	η_t	m	g	f	C_D	A	P_{aux}	η_{e4}
数值	30	88	0.92	4788	10	0.015	0.372	4.579	1.5	0.85

计算可得，$P_{RECU\_ave1} = 9.9\text{kW}$，$P_{RECU\_v2} = 43.5\text{kW}$。

3. 增程器瞬时功率需求匹配

根据初定的动力电池方案，动力电池最低 SOC 使用限制 SOC_{low_limit} 为 15%，此时对应的最大放电功率 $P_{batt\_max\_SOC\_low\_limit}$ 为 88kW，根据之前计算的加速时的功率需求 P_{req} 为 109.7kW，代入式（9-31），$P_{RECU\_int} \geqslant 21.7\text{kW}$。综合计算得到 $P_{RECU} \geqslant 51.1\text{kW}$。

综合以上计算结果，考虑发动机高原动力性衰退等因素，结合增程器产品平台化考虑，增程器最大功率选择 60kW，根据 C-WTVC 工况功率需求及后期控制策略优化的空间，增程器工作点初定 6 个工作点，选择 10kW、20kW、30kW、40kW、50kW、60kW。增程器参数匹配结果见表 9-23。

表 9-23 增程器参数匹配结果

项目	计算值	参数值
最大功率 /kW	≥ 51.1	60
工作点选择 /kW	9.9, 51.1	10, 20, 30, 40, 50, 60

9.4 动力系统建模仿真

基于整车动力系统的匹配结果和选型方案，在仿真软件中进行性能计算，可以提前预测整车的动力性、经济性，识别风险。基于仿真的结果，可以为匹配结果、选型方案、VTS 设计指标提供参考依据，所以动力系统建模仿真对整车性能开发及动力系统方案设计意义重大。

9.4.1 仿真平台的选择

目前能实现动力性、经济性仿真的软件较多，当前用户使用较多的为 CRUISE、MATLAB/Simulink、Amesim 等软件。具体仿真软件平台如图 9-3 ~ 图 9-5 所示。

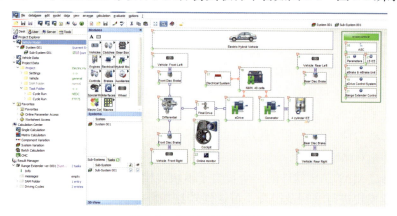

图 9-3 CRUISE 仿真平台

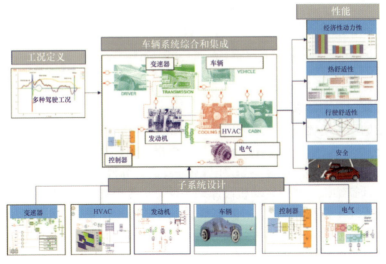

图 9-4 Amesim 仿真平台

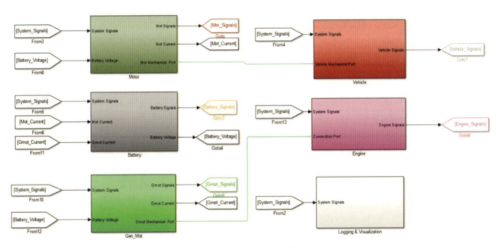

图 9-5 Simulink 仿真平台

对比以上三个仿真平台，CRUISE 是专门针对动力性、经济性仿真开发的一款软件，该软件的子系统模型主要针对传统及新能源零部件，其 GUI 界面、数据、结果后处理及仿真任务的建立都比较完善，使用起来比较方便，而且能与其他主流仿真软件开展多平台的联合仿真。CRUISE 软件本身适合开展 Level1 级的整车性能仿真，如需开展 Level2 级的系统性能仿真，需要与其他仿真软件开展联合仿真。

Amesim 软件除了可实现动力性、经济性仿真功能外，还能进行如热管理等其他性能仿真。相比 CRUISE，Amesim 软件本身可实现 Level2 级的系统性能仿真。但由于此软件不是针对动力性、经济性仿真开发的，所以在 GUI 界面、数据和结果后处理及仿真任务的建立都相对比较繁琐。

Simulink 是 MATLAB 软件的一个重要子模块，相比其他两个软件，Simulink 是开源的，可对任意模块进行编写及组合，可读性较高。目前新能源车辆复杂的控制策略基本都是基于 Simulink 建模，即使是 CRUISE 和 Amesim，整车的控制策略模型基本也是基于 Simulink 建模再导入后开展联合仿真。单独 Simulink 软件就能实现动力性、经济性的仿真，无需与其他软件联合仿真，目前 Simulink 软件已经开发了一些汽车零部件系统的模型，但是相对其他软件数据库还不是太完善，一般使用该软件开展动力性、经济性的仿真，需要对零部件的工作原理、理论推导及理论模型比较精通，对工程师技术水平要求较高。

由于动力系统建模仿真主要是对匹配的结果和方案进行验证，关注的是整车的动力性、经济性是否能够满足 VTS 设计指标，所以我们选择使用比较方便且集成度较高的 CRUISE 软件平台开展建模仿真。

9.4.2　CRUISE 平台整车建模

根据某增程式电动汽车动力系统的设计目标和选型结果，在 CRUISE 软件中搭建整车模型，某增程式电动汽车整车模型如图 9-6 所示。

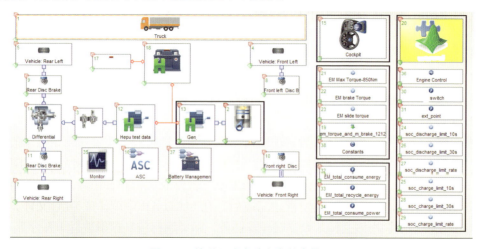

图 9-6　某增程式电动汽车整车模型

该增程式电动汽车采用后驱方案，模型包括整车模块、增程器模块（发动机模块、发电机模块）、动力电池模块、驱动电机模块、主减速器、差速器、制动模块等，用于整车动力性、经济性的仿真计算。

以上模块的建模主要基于 CRUISE 软件自带的系统模型，动力系统方案确定后，系统模型的输入参数来自各零部件系统的试验结果。

9.4.3　控制策略建模及联合仿真

增程器的控制策略一般分为单点功率控制、点功率跟随控制和线功率跟随控制，其中单点功率控制指增程器工作时一直以一个功率点工作，点功率跟随控制指增程器工作时，以多个功率点工作，且随着整车需求功率和动力电池 SOC 的变化而变化；线功率跟随控制指增程器完全跟随整车需求功率进行工作。

通过表 9-24 中动力性、经济性仿真结果对比，使用线功率跟随对增程器进行控制时，相对其他两种控制策略，整车的经济性稍差；另外考虑到整车 NVH 的影响，使用单点功率控制对增程器进行控制时，在低速工况下，整车的 NVH 性能稍差。综合以上因素，增程器的控制策略最终选择点功率跟随控制。

表 9-24 动力性、经济性仿真结果

性能指标	单位	目标值	单点控制	点功率跟随控制	线功率跟随控制
C-WTVC 工况百公里油耗	L/100km	≤ 15	14.4	14.5	15.1

CRUISE 软件中，简单的整车控制策略可通过软件自带的 Function 模块进行建模，Function 模块基于 C-code 建模。对于较为复杂的控制策略，如果还基于 C-code 建模，可读性就会很差，不建议使用此方法建模。对于复杂的控制策略，工程师一般使用 MATLAB/Simulink 建模，与目前实车上 VCU 应用层的建模方法相同，模型搭建完成后，可通过两个软件联合仿真进行动力性、经济性的预测。

CRUISE 软件中 MATLAB 的接口模块，允许用户在 MATLAB 中自定义控制逻辑，以便实现复杂的控制策略。CRUISE 与 MATLAB 的连接方式分为三种：

1）CRUISE Interface：CRUISE 与 MATLAB 的联合仿真，其特点为 MATLAB 在前台运行，CRUISE 处于被调用的状态，适用于控制策略的调试。

2）MATLAB API：CRUISE 与 MATLAB 的联合仿真，其特点为启动计算后将同时启动 MATLAB 软件，进行在线联合仿真，但仿真时间要比 MATLAB DLL 长很多。

3）MATLAB DLL：在 MATLAB 中将控制模型生成 DLL 文件，在 CRUISE 中直接调用 DLL 文件进行计算。

考虑到 CRUISE 软件的结果后处理使用比较方便，且我们主要关注的是整车的动力性、经济性，另外考虑到控制策略在整车开发中属于核心技术，使用 MATLAB DLL 联合仿真可把控制策略进行封装，因此通常采用第三种方式进行联合仿真。控制策略模型示例如图 9-7 所示。控制策略模型搭建完成后，在 MATLAB 中编译成 DLL 文件，然后在 CRUISE 模型中调用该文件，设置好计算任务，即可运行仿真模型进行仿真计算。

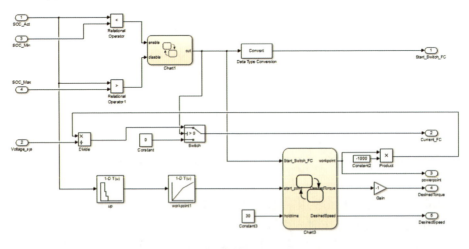

图 9-7 控制策略模型示例

9.4.4 仿真结果

基于之前建立的整车、系统及控制策略模型，对整车的动力性、经济性进行仿真，以评估 VTS 设计指标及系统方案是否存在问题。参考《重型混合动力电动汽车能量消耗量试验方法》(GB/T 19754—2015)，油耗的测试需要动力电池开始和结束时的电量变化量 NEC（净能量改变量）的相对变化量的绝对值在 5% 以内是有效的，所以油耗的仿真要保证动力电池在行驶工况开始和结束时尽可能保持一致。由于整车在单个行驶循环结束时，动力电池可能不容易保持平衡，所以一般会选择连续的 6 个行驶循环进行仿真，6 个 C-WTVC 循环工况的仿真实际车速与期望车速对比情况如图 9-8 所示。

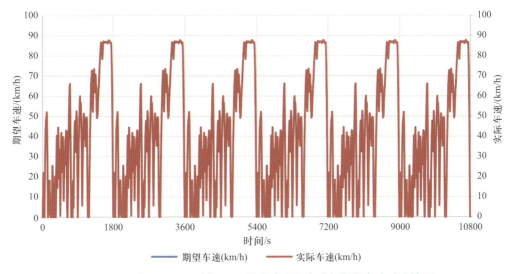

图 9-8　6 个 C-WTVC 循环工况的仿真实际车速与期望车速对比情况

可以看出，整车仿真实际车速与期望车速重合，整车可完成跟随期望车速。在 CRUISE 软件中找到 SOC Calculation，把 Calculation Mode 设置为 Neutral SOC，如果把 Tolerance Threshold 设为 1%，CRUISE 软件会根据设定的 Tolerance Threshold 值，不断改变 SOC 的初始值并反复计算，最后找到满足 Tolerance Threshold 为 1% 的 SOC 初始值。增程器起动后，C-WTVC 行驶工况下的动力电池 SOC 变化情况如图 9-9 所示。从图中可以看出，基本上每个 1800s 的 C-WTVC 行驶工况下，动力电池的 SOC 都能保持平衡。

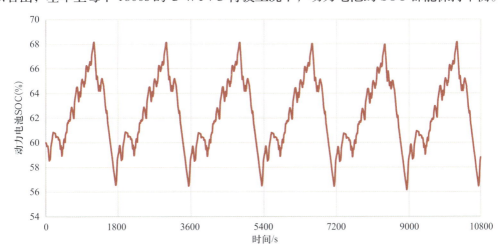

图 9-9　C-WTVC 行驶工况下的动力电池 SOC 变化情况

当增程器开启后,增程器为驱动电机提供电能,同时多余的电能为电池充电。图 9-10 所示为 C-WTVC 行驶工况下的动力电池功率变化情况,图 9-11 所示为 C-WTVC 行驶工况下的驱动电机转矩变化情况。

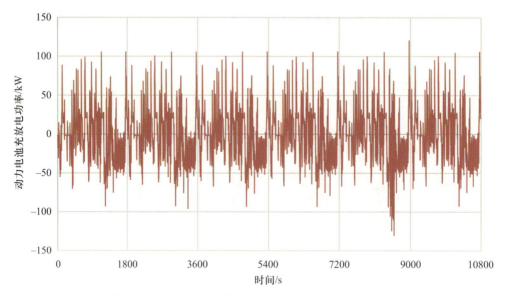

图 9-10　C-WTVC 行驶工况下的动力电池功率变化情况

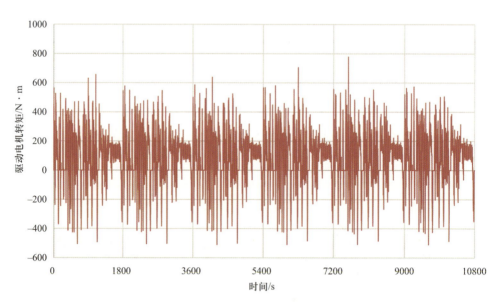

图 9-11　C-WTVC 行驶工况下的驱动电机转矩变化情况

从图 9-10 可以看出,随着整车行驶工况的变化,动力电池功率变化较大,当功率为负时,动力电池处于放电状态;当功率为正时,动力电池处于充电状态。从图 9-11 可以看出,当转矩为正时,驱动电机输出驱动功率,当转矩为负时,驱动电机作为发电机发电,为动力电池及附件系统供电。根据以上仿真,C-WTVC 行驶工况下的百公里油耗为 14.5L,满足设计指标要求。另外 40km/h 等速续驶里程仿真结果为 60km

（DOD75%）。

整车爬坡性能仿真结果如图 9-12 所示，最大爬坡度为 25%，对应车速为 15km/h，4% 坡度时最大车速为 65km/h，12% 坡度时最大车速为 30km/h，均满足设计要求。

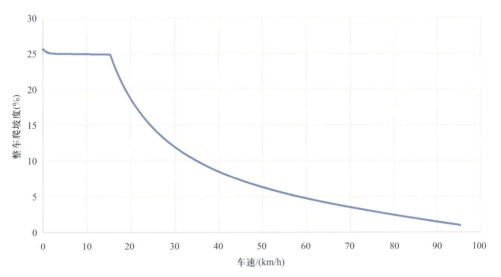

图 9-12　整车爬坡性能仿真结果

最大车速仿真结果为实际能达到的最大车速为 96.8km/h，满足设计要求。

整车加速性能的仿真结果如图 9-13 所示，当整车从 0 加速到 50km/h 时，所需加速时间为 8s，整车 50—80km/h 的加速时间为 15.3s。

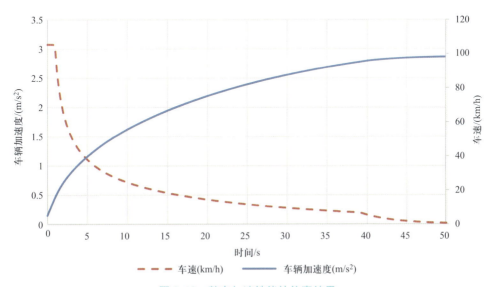

图 9-13　整车加速性能的仿真结果

综合以上仿真，动力性、经济性仿真结果见表 9-25。

根据以上仿真结果，动力性、经济性均满足 VTS 设计目标的要求。

表 9-25 动力性、经济性仿真结果

性能指标		单位	目标值	仿真值	说明
动力性	0—50km/h 加速时间	s	≤ 10	8	—
	50—80km/h 加速时间	s	≤ 20	15.3	—
	最高车速	km/h	≥ 90	96.8	—
	最大爬坡度	%	≥ 20	25	—
	4% 坡度车速	km/h	≥ 40	65	—
	12% 坡度车速	km/h	≥ 15	30	—
经济性	40km/h 等速纯电续驶里程	km	≥ 50	60	—
	C-WTVC 工况百公里油耗	L	≤ 15	14.5	—

9.5 动力系统台架试验及整车动力性、经济性试验

增程式动力系统匹配及动力性、经济性仿真完成后，还需要开展动力系统台架试验和整车动力性、经济性试验，分别对动力系统集成性能及整车性能进行试验验证，以保证动力系统零部件开发满足设计指标及整车动力性、经济性满足设计指标要求，并依此调整仿真模型或参数。

9.5.1 增程式动力系统台架试验

增程式动力系统台架试验主要包括功能调试和性能试验两部分工作。功能调试主要针对动力系统中的整车控制器（VCU）、增程器控制器、驱动电机控制器（MCU）、动力电池管理系统（BMS）进行功能的联调。性能试验包含动力系统性能测试和整车控制策略验证及优化试验。台架原理图如图 9-14 所示。

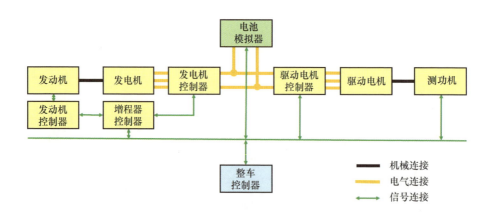

图 9-14 增程式动力系统台架原理图

1. 基本功能测试

动力系统台架搭建完成后，需要对动力系统集成后的基本功能进行调试及验证，主要包括 CAN 通信功能调试、上下电功能调试、增程器的起停及功率点的调试等试验。

(1) CAN 通信功能调试

由于各个控制器在动力系统台架试验前,主要针对各自的系统进行设计及验证。CAN 通信测试主要测试的是各个网络节点的通信 ID、发送周期、信号是否正确,总线负载率是否满足要求等。CAN 通信调试参考图 9-14 所示的信息。

(2) 上下电功能调试

低压上电时,先由低压蓄电池向电源变换器、整车控制器、增程器控制器、驱动电机控制器、动力电池管理系统等系统供电,待各控制器自检且确认无故障后完成低压上电。高压上电时,先进行高压预充上电,然后再进行高压动力上电。

高压预充上电:由动力电池管理系统控制高压配电箱总成进行高压供电,在 BMS 和高压电气控制电路自检且确认无故障后,先闭合预充继电器,待主正继电器前后直流母线端电压差小于一定安全阈值后,闭合主继电器,同时延时断开预充继电器,此时高压预充上电完成。

高压动力上电:整车控制器在高压预充上电完成后,开始使能电机控制器、电源变换器(DC/DC)、制动/转向附件控制模块工作,并监测各控制器系统均正常工作后,进入整车 REDAY 模式,至此动力上电过程完成。

下电时,先进行高压下电,后进行低压下电;如果钥匙拧到 ACC 位,在满足一定的安全下电条件下,先进行动力负载卸载荷,然后断开驱动电机的主继电器,再断开主负继电器,至此高压下电完成;待各系统的冷却液温度满足一定条件,且无再次高压上电操作时,则断开所有低压继电器,完成低压下电。

根据以上上下电流程进行调试,确保动力系统上下电功能正常。

(3) 增程器的起停及功率点的调试

增程器的起停调试是根据整车的控制策略,如 SOC 控制增程器起停时,可通过标定软件手动修改 SOC 数值,确保 SOC 满足起停条件时增程器能够正常起停。增程器功率点的调试主要通过标定软件,模拟整车控制器发出的增程器不同功率点的控制命令,确保增程器能在各个功率点正常工作。

2. 动力系统性能测试

动力系统性能测试一般在动力总成台架上完成,除了性能试验外,还涉及一些标定的工作。试验内容主要涉及最高车速测试、加速时间测试、最大爬坡度及爬坡车速测试、40km/h 等速纯电动续驶里程测试和 C-WTVC 百公里油耗测试。其中动力性试验的内容主要是对动力系统关键零部件的性能进行摸底,以确定动力系统集成后是否能够满足整车的设计指标。动力性试验主要考核动力电池和驱动电机的峰值功率及持续时间;动力电池、驱动电机、增程器的额定功率及持续时间,驱动电机峰值转矩、额定转矩及持续时间。通过台架的动力性测试结果评估按照之前动力系统匹配要求开发的动力系统是否满足整车的动力性设计要求。如果出现个别整车性能不满足的情况,需要对影响此性能的动力系统零部件的设计指标进行修正,以降低样车阶段动力性开发的风险。

经济性测试中的 40km/h 等速纯电动续驶里程测试主要对动力电池的放电能力和增程器的起停策略进行评估;C-WTVC 百公里油耗测试主要对增程器的起停策略和控制策略进行评估,其试验结果主要用来指导增程器控制策略的优化。

3. 控制策略验证及优化

控制策略的优化主要包括增程器控制策略的优化及再生制动控制策略优化等内容，通过采用不同的控制策略或改变标定参数，进行动力系统性能试验，根据试验结果评价控制策略及标定参数的影响，并进行相应的优化。其中优化的主要内容如下。

（1）增程器控制策略的优化

增程器的控制策略优化主要是通过能量流测试，对增程器功率点及增程器功率响应时间进行标定及优化，台架试验之前可通过仿真的手段，构建不同的控制算法，通过仿真结果对比不同控制算法的优劣。但由于零部件实际性能的差异及电气附件实际消耗的影响，此阶段仿真的结果与整车的试验结果存在一定的差异，所以需要通过台架的能量流试验验证控制策略的优劣，以选择较优的控制策略。

增程器功率响应时间的标定及优化主要是考虑燃油经济性与动力性的平衡，在满足动力性的基础上，对增程器功率响应时间进行标定，然后通过改变不同的增程器功率响应时间，测试对经济性的影响，从而确定合适的增程器功率响应时间。

（2）再生制动控制策略优化

再生制动测试主要是再生制动控制策略标定及测试，通过修改再生制动控制策略使能的车速阈值、驱动电机制动回收时的转矩曲线等参数，测试在一定工况下的滑行回收能量及制动回收能量，通过不同阈值调试标定，确定最终控制策略中的标定数值。

9.5.2 整车动力性、经济性试验

由于动力系统台架主要是针对动力系统关键零部件搭建的总成台架，并不完全包含其他系统，如仪表、转向、热管理系统（由于试验条件及开发进度的影响，动力系统台架试验时的热管理方案与整车搭载的热管理方案存在差异）及其他附件消耗系统等，这些系统也会有功率消耗，为了准确地测试整车的动力性、经济性，还需要在道路及转鼓上对整车进行性能摸底测试。

1. 道路试验

整车道路试验如图 9-15 所示，包含整车滑行测试、最高车速测试、加速时间测试、坡道起步能力及最大爬坡度测试。

图 9-15　整车道路试验

（1）整车滑行试验

整车的滑行试验主要测试某车速下的滑行距离，试验路面为足够长的平直沥青路面或混凝土路面。试验路面的纵向坡度 ≤ 0.1%，横向坡度 ≤ 3%。车辆加载到试验质量或最大设计质量，试验车辆加速至 90km/h，然后变速器置空档，记录下车速从 90km/h 至

完全停止的过程车速及时间，计算得到滑行距离。然后反方向测试并计算滑行距离，进行至少 3 个来回的试验，同方向的滑行距离差异应 ≤ 5%，计算得到多次往返的滑行距离算术平均值 S_1 和 S_2，最终的滑行距离为 S_1 和 S_2 的算术平均值。

滑行试验完成后，可以进一步分析得到车速 90km/h 及最大设计质量下的滑行阻力，根据公式 $F=ma$，其中 F 为滑行阻力（N）；m 为最大设计质量（kg）；a 为某时间段的加速度（m/s^2），可通过计算获得。此滑行阻力可作为整车转鼓试验及动力系统台架试验加载阻力的依据。

（2）最高车速测试

整车最高车速测试包括行驶 1km 的最高车速测试和 30min 最高车速测试，其中行驶 1km 的最高车速测试是将试验车辆加载到试验质量，在直道或环路上使车辆加速到最高车速并维持该车速行驶 1km 以上，记录车辆持续行驶 1km 的时间 t_1，然后在同样的试验道路上试验，测试反方向行驶 1km 的时间 t_2，通过行驶距离除以时间，计算两次试验的最高车速算术平均值。以上重复 3 个来回，再计算 3 个来回试验的最高车速算术平均值。

30min 最高车速测试是将试验车辆加载到试验质量，在环形跑道上将车辆加速至预估的 30min 最高车速行驶 30min，预估 30min 的最高车速可提前通过仿真获得。在试验过程中，如果试验结果与预估的 30min 最高车速相差 5% 以上，则此次试验无效，需要重做试验。重做时需要重新修正预估的 30min 最高车速，并按上述过程试验，直至满足试验结果比预估的 30min 最高车速差值在 5% 以内，则此次预估的 30min 最高车速为最终的试验结果。

（3）加速时间测试

将试验车辆加载到试验质量，车辆停放到试验道路的起始位置，加速踏板踩到底使车辆加速行驶，记录下车速从 0km/h 达到 50km/h 的时间。在同样的试验道路上以反方向重复上述试验，计算两次试验的算术平均值，然后在同样的道路上测试 3 个来回（6 次试验）的试验结果，再计算 3 个来回试验的加速时间算术平均值，此数值为 0km/h 车速到 50km/h 车速的加速时间。50km/h 到 80km/h 的加速时间参考上述方法进行测试。

（4）坡道起步能力测试

将试验车辆加载到最大设计总质量，选定的坡道上应至少有 10m 的测量区和足够的起步区域，把车辆放置在起步区域，选定不同坡道的路面，车辆应至少行驶 10m 的距离，根据测试结果，判定是否具备某坡度下的起步能力。

（5）最大爬坡度测试

将试验车辆加载到最大设计总质量，将试验车辆停于接近坡道的平直路段上，将加速踏板踏到底进行爬坡，车辆应能爬到坡顶，车辆能爬到坡顶对应的坡度为整车的最大爬坡度。

2. 整车转鼓试验

整车转鼓试验如图 9-16 所示，主要测试经济性，包含 40km/h 等速纯电动续驶里程测试和 C-WTVC 百公里油耗测试。也可对个别无法在道路上测试的动力性进行试验，如极限爬坡度及爬坡车速试验。

（1）40km/h 等速纯电动续驶里程测试

将试验车辆加载至最大设计质量，转鼓阻力按照最大设计质量下的滑行阻力加载，整车以 40km/h ± 3km/h 车速匀速行驶，直至增程器起动或车速达不到 36km/h，此时记录的里程为 40km/h 等速纯电动续驶里程。

图 9-16　整车转鼓试验

（2）C-WTVC 百公里油耗测试

在电能量平衡阶段，按照最大设计质量的滑行阻力设置转鼓阻力，并导入 C-WTVC 工况，通过驾驶人控制加速踏板，使转鼓上的整车车速跟随 C-WTVC 工况车速。测试过程中，整车车速与 C-WTVC 工况理论车速的允许偏差为 ±3km/h，在工况变化的过程中，此偏差值可以超出规定值，但持续时间应在 1s 之内。另外，测试过程中 NEC（Net Energy change，动力电池净能量该变量）的相对变化量的绝对值 ≤ 5%。如果 NEC 的相对变化量的绝对值 ≤ 1%，则不必对测试的 C-WTVC 百公里油耗进行修正；如果 NEC 的相对变化量的绝对值 > 1% 且 ≤ 5%，则需要按照 SOC 修正程序对测试的 C-WTVC 百公里油耗进行修正。

（3）爬坡车速试验

爬坡车速一般分为 4% 坡道的爬坡车速和 12% 坡道的爬坡车速，其中 4% 坡道的爬坡车速是将试验车辆加载到最大设计质量，按照最大设计质量的滑行阻力并附加一个 4% 坡度阻力设置转鼓的阻力，将加速踏板踩到底使车辆加速到最大爬坡车速，并以 ±1km/h 的速度偏差维持该车速行驶 1km，记录该段的时间 t，根据行驶距离 S（1km）和时间 t 计算得到实际爬坡车速。同理，12% 坡道的爬坡车速按照上述过程测试获得。

根据以上测试结果，对试验结果进行处理及分析，并结合试验内容完成整车动力性、经济性试验报告的编制及发布，至此，整车的动力性、经济性试验基本完成。

参 考 文 献

[1] 徐忠四. 增程式电动汽车动力总成关键技术 [M]. 北京：机械工业出版社，2018.
[2] 王耀南，孟步敏，申永鹏，等. 燃油增程式电动汽车动力系统关键技术综述 [J]. 中国电机工程学报，2013，34（27）：4629-4639.

[3] TATE E D, HARPSTER M O, SAVAGIAN P J.The electrification of the automobile:from conventional hybrid,to plug-in hybrids,to extended-range electric vehicles[J]. SAE International Journal of Passenger Cars-Electronic and Electrical Systems, 2015, 1（1）：156-166.

[4] 唐任远．现代永磁电机理论与设计 [M]．北京：机械工业出版社，2015.

[5] WANG Q, YANG Y, JIA Y,et al. A Research on Energy Economy Optimization of Electric Vehicle Based on Motor Parameter Design[J]. Automotive Engineering, 2018, 40（4）：375-381.

[6] 王开德，韩凯凯．基于增程式电动汽车的能量管理控制策略研究 [J]．车用发动机，2019（3）：38-45.

[7] 蔡文远，苏茂辉．一种增程器功率时间控制方法：CN201610240519.6[P]. 2016-04-16.

[8] WOLFRAM HASEWEND. AVL Cruise：Driving performance and fuel consumption simulation[J]. Atz Worldwide, 2017, 103（5）：10-13.

[9] SHI Y, JIN W, DENG Z, et al. A Novel Electric Vehicle Powertrain System Supporting Multi-Path Power Flows: Its Architecture[J]. Parameter Determination and System Simulation, 2017, 10（5）：216.

[10] 宋光辉，崔俊博，李楠，等．基于滑行阻力积分计算法的某纯电动客车性能仿真分析 [J]．客车技术与研究，2017（6）：1-3.

[11] 宋光辉，崔俊博，宋杨，等．增程电动汽车控制策略的研究 [J]．客车技术与研究，2018（1）：8-11.

[12] 全国汽车标准化技术委员会．重型混合动力电动汽车能量消耗量试验方法：GB/T 19754—2015[S]．北京：中国标准出版社，2015.

Chapter 10

第 10 章
增程式电动汽车的动力系统热管理

车辆热管理是一个复杂的流体流动与传热耦合的系统工程,统筹管理动力总成冷却、加热、热保护、乘员舱采暖及降温、控制策略及性能优化等多个方面,其目的是保证车辆各部件在正常工作情况下安全高效运行。车辆热管理技术随着新能源汽车的发展正在不断地创新与提升,其技术难度和重要性也越来越突显。随着增程器、动力电池、驱动电机(以下将驱动电机和发电机统一简称"电机")、电机控制器及其他控制器(以下统一简称"电控")等动力部件在新能源车上的推广与应用,热管理系统越来越复杂,集成难度越来越大。动力系统热管理已成为增程式电动汽车的核心技术之一。

10.1 热管理概述

车辆热管理与行驶工况、动力总成运行状态、空调系统、进气系统、排气系统等密切相关,其开发过程要兼顾各系统的需求。通过研究热管理系统空气侧复杂流动和传热、冷却液侧传热过程与机理,探讨总布置设计、系统集成方式以及行驶工况等因素对热管理性能的影响。在此基础上,从系统工程观点和综合指标出发,妥善解决热管理系统与汽车结构和总布置设计之间的关系,控制汽车热管理系统空气侧流场结构,避免热风回流,改善散热风道特性,提高热管理系统的实际运行性能。

通过对车辆进行热管理,可改善经济性、降低排放、延长寿命并提高舒适性。

1)改善经济性:通过有效的控制策略可使发动机的进气温度、冷却液温度、机油和变速器油温达到最佳状态,优化燃烧温度、减少部件摩擦损失、改善运行状态。优化动力电池、电机及电控工作温度,使其高效运行。

2)降低排放:减少发动机寄生负荷、优化燃烧温度、缩短暖机时间。

3)延长寿命:优化发动机运行热状态、消除热浸现象、缩短暖机时间。优化动力电池工作温度,避免过冷、过热对动力电池的损伤,延长寿命。

4）提高舒适性：优化空调系统、前端模块性能，提高采暖和降温能力。优化电子风扇、电子水泵控制策略，使其在低速低噪声下运行，提高舒适性。

从不同的专业方向区分，车辆热管理构成如图 10-1 所示。各企业区分形式不同，包含内容也不尽相同。空调系统中的采暖降温与传统车型技术类似，在新能源汽车中与动力电池热管理有耦合关系，本文仅介绍与动力系统热管理相关的空调系统热管理。

图 10-1　车辆热管理构成

汽车技术由传统的内燃机向电动化发展，使得动力系统热管理也从传统的发动机、变速器的冷却发展为复杂的发动机冷却、电机及电控冷却、动力电池冷却及加热相互耦合的系统。从动力总成配置及热管理集成的角度，又可将其分为传统动力系统热管理、纯电动汽车动力系统热管理、增程式/混动式动力系统热管理等。动力系统热管理原理如图 10-2 所示，纯电动汽车动力系统热管理可参考增程式/混动式动力系统热管理纯电部分，此处不再赘述。

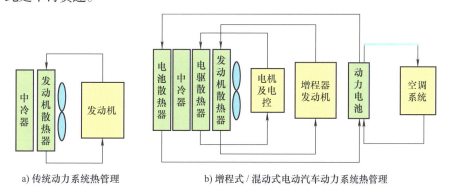

a) 传统动力系统热管理　　b) 增程式/混动式电动汽车动力系统热管理

图 10-2　动力系统热管理原理

从零部件类别区分，热管理系统包含被管理对象、冷却/加热元件、执行元件、控制元件、检测和冷却回路，不同技术路线的动力系统热管理部件差异见表 10-1。

表 10-1　不同技术路线的动力系统热管理部件差异

序号	类别	传统动力热管理系统	纯电动力热管理系统	增程式动力热管理系统
1	被管理对象	发动机	动力电池 驱动电机 驱动电机控制器 高压控制器 车载充电机	发动机 发电机 发电机控制器 动力电池 驱动电机 驱动电机控制器 高压控制器 车载充电机

（续）

序号	类别	传统动力热管理系统	纯电动力热管理系统	增程式动力热管理系统
2	冷却/加热元件	发动机散热器 中冷器	电池散热器 电驱散热器 冷凝器 板式换热器 电力加热器	发动机散热器 中冷器 电池散热器 电驱散热器 冷凝器 板式换热器 电力加热器
3	执行元件	机械风扇 电子风扇 机械水泵	电子风扇 电子水泵 电控水阀 电动压缩机 电力加热器	电子风扇 电子水泵 电控水阀 电动压缩机 电力加热器
4	控制元件	发动机控制器	整车控制器 ATS控制器 BMS 空调控制器	整车控制器 ATS控制器 BMS 空调控制器
5	检测/冷却回路	节温器 冷却管路	温度传感器 压力传感器 线束 冷却管路	温度传感器 压力传感器 线束 冷却管路

增程式动力系统热管理原理、架构、部件、布置空间、性能和控制比较复杂，为了深入理解动力系统热管理，下面对较为复杂的增程式电动汽车动力系统的热管理设计开发进行详细论述。

动力系统热管理从被管理对象需求和功能分类，主要由发动机热管理、电机及电控热管理、动力电池热管理和机舱及底盘热管理等构成，动力系统热管理构成如图10-3所示。其中，发电机及其控制器与驱动电机及其控制器因冷却液目标温度要求相近，统一归属于电机及电控热管理系统。被管理对象的热量损耗主要通过冷却回路和辐射散热，整车能量流中的热量损耗分布如图10-4所示。

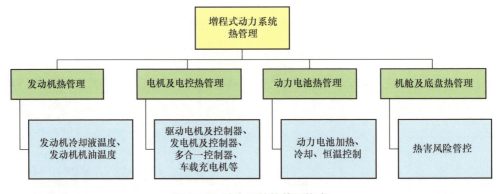

图10-3 动力系统热管理构成

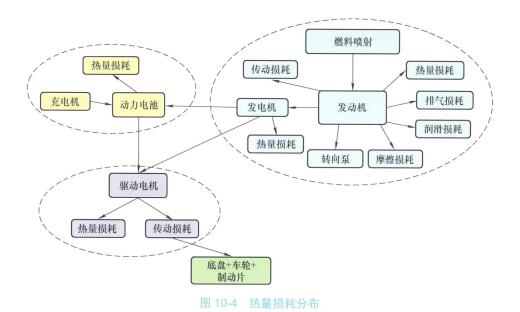

图 10-4 热量损耗分布

传统动力系统热管理已历经百年之久,各企业都有丰富的开发经验,可借助成熟经验、公式、行业对标、供应商经验等方式进行设计开发,但此模式已不能应对气动、液动与传热多维度耦合的增程式电动汽车热管理开发需求。在方案设计、性能分析和试验验证的开发过程中,行业领先的汽车公司已形成了一维(1Dimension,1D)/三维计算机流体动力学(3 Dimensions Computational Fluid Dynamics,3DCFD)分析和验证相结合的方法,从而大大缩短了产品开发周期,降低了成本。基于车辆使用工况和目标、热管理功能和架构,从流量分析/台架测试、空调系统分析/台架测试、冷却模块分析/3DCFD机舱分析/底盘台架测试、动力电池分析/台架测试四个方面出发,形成整车级模型分析及测试验证。车辆热管理开发内容如图 10-5 所示。

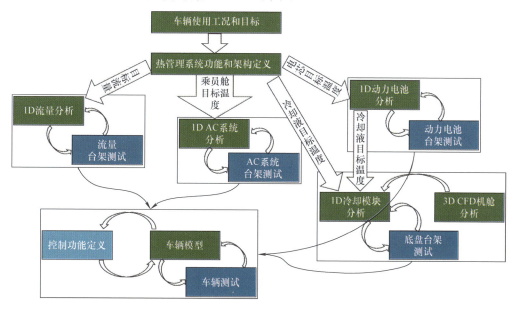

图 10-5 车辆热管理开发内容

国内乘用车主机厂普遍与国外领先的技术咨询公司进行新产品的合作开发,全局思维的开发意识正在形成。

10.2 热管理系统设计

本节将以某增程式轻型商用车为例,介绍其动力系统的热管理系统设计。

10.2.1 设计原则

热管理系统的设计需结合目标市场定义、车辆配置、使用环境、使用工况和被管理对象的热管理需求等因素综合展开,该车型基本信息见表10-2。

表10-2 某增程式轻型商用车基本信息

项目		基本信息
外形尺寸/长(mm)×宽(mm)×高(mm)		6000×2150×3050
整车满载总质量/kg		6000
最高车速/(km/h)		≥90
最大爬坡度(%)		20%
使用环境温度/℃		−20~40
发动机	最大转速/(r/min)	4500
	额定功率/kW	68(4000r/min)
发电机	最大转速/(r/min)	5000
	峰值转矩/N·m	250
	峰值功率/kW	85
	额定功率/kW	60
	额定转速/(r/min)	3200
	额定电压/V	345
	电压范围/V	250~400
驱动电机	额定功率/kW,转速/(r/min),转矩/N·m	50,1360,350
	峰值功率/kW,转速/(r/min),转矩/N·m	100,4000,850
动力电池	额定电压/V	350
	电量/kW·h	25.9
	电压范围/V	268~403

目标市场定义、车辆配置、使用环境、使用工况和功能需求通过整车定义获得,被管理对象的热管理需求根据零部件需求和系统方案确定。目前,发动机冷却液出口目标温度高于100℃,属于高温区,电机及电控冷却液目标温度为65~75℃,属于中温区,动力电池冷却液目标温度为15~25℃,属于低温区,被管理对象冷却液目标温度差异如图10-6所示。由于被管理对象之间的热管理需求差异较大,冷却回路不能通用且短期内无法突破,因此采用相对独立的冷却回路方案。

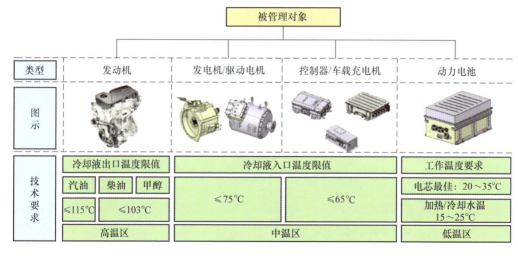

图 10-6 被管理对象冷却液目标温度差异

发动机热损耗主要是冷却液通过高温散热器进行冷却，在发动机正常运行的过程中，冷却液温度应维持在 100~110℃ 的范围内。

电机、电机控制器和车载充电机（OBC）等在车辆运行过程中，内部由于摩擦和电阻产生损耗，最终转换为热能，这将导致其内部温度升高，直接影响其使用效率和寿命。这些部件热损耗主要是通过低温散热器进行冷却，使其安全可靠地运行。目前，国内电机、控制器和OBC冷却液在入口处的温度一般控制为 ≤ 65 ~ 75℃。

动力电池是增程式电动汽车的关键储能装置，为了保证安全性并延长寿命，需要配置高效的动力电池热管理系统。动力电池在充放电过程中，由于电化学反应和内部电阻的存在会产生大量的热使其温度升高。过高的温度可能会造成动力电池逸出气体或者腐蚀，严重时甚至会产生热失控，使电解液分解，产生大量的气体，导致动力电池因压力过大而爆炸。老化的动力电池更有可能导致温度分布不均匀而引发危险。过低的温度会导致动力电池容量、充放电特性的严重衰减。动力电池模组的温度一般控制在 20 ~ 35℃。锂电池工作特性如图 10-7 所示。

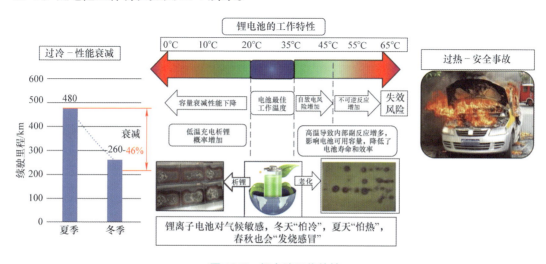

图 10-7 锂电池工作特性

为了应对被管理对象不同的冷却液目标温度需求，冷却/加热方案需结合车辆使用环境温度下的整车工况制定，通常最高使用环境温度为40℃时，发动机、电机及各类控制器在一定的液气温差下，均能通过风扇带走冷却液中的热量进行散热。动力电池要求的冷却液温度低于大气温度时，无法通过风扇带走冷却液中的热量，因此采用空调系统对其进行冷却，空调系统结合动力电池和乘员舱制冷需求进行匹配。被管理对象冷却形式如图10-8所示。

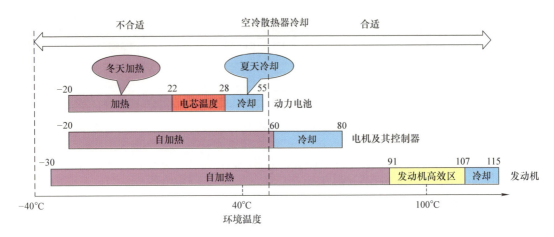

图10-8 被管理对象冷却形式

10.2.2 设计目标

该车型动力系统热管理开发的主要目标如下：

1) 车辆使用环境温度：-20～40℃。
2) 发动机冷却液出口温度：≤115℃。
3) 驱动电机和发电机冷却液入口温度：≤75℃。
4) 五合一控制器、驱动电机控制器和发电机控制器冷却液入口温度：≤65℃。
5) 动力电池电芯温度：≤40℃。
6) 动力电池低温加热时间：≤70min。
7) 经济性指标：热管理占整车百公里能耗比≤2%。

10.2.3 动力系统热管理原理

结合车型功能定义、热管理开发目标和原则，设计动力系统热管理方案及原理图（可进行多方案论证，如串并联回路、冷却模块结构等，综合性能、成本、质量和可靠性等因素对比后择优选择）。该车型包含五套独立的子系统，动力系统热管理原理如图10-9所示。

1) 发动机回路：包含大循环冷却及小循环加热系统。其中大循环是单回路系统，包含发动机、发动机散热器、电子风扇和膨胀水箱等；小循环是通过节温器与大循环并联的一个单回路系统，包含机械（电子）水泵、电力加热器、乘员舱暖风、电池热交换器和电控水阀等。

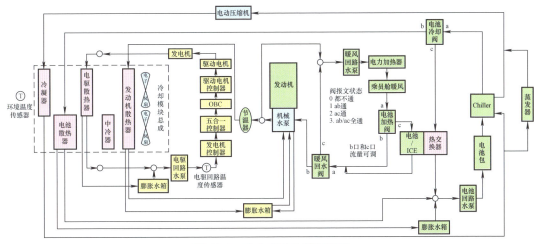

图10-9 动力系统热管理原理

2）电机及电控回路（以下简称电驱动回路）：包含电驱散热器、电子风扇、电子水泵、发电机控制器、五合一控制器、OBC、驱动电机控制器、驱动电机和发电机等，是一个串联式单回路系统。

3）动力电池回路：包含动力电池、Chiller（电池冷却器）、电子水泵、热交换器、电池散热器和电控水阀等。其中热交换器与发动机暖风系统连接，利用加热回路热水加热动力电池。

4）发动机中冷进气回路：包含空空中冷器及管路。

5）空调系统（采暖与降温）：包含电动压缩机、电力加热器、水泵、电控水阀、冷凝器、蒸发器和膨胀阀等，用于乘员舱和动力电池的加热与冷却需求。

10.2.4 流动与传热特性

发动机及电驱动回路（包含发电机冷却系统）均采用散热器、电子风扇、机械（电子）水泵及管路组成的独立水冷系统。发动机及电驱动回路热量传递路径，均由水套传递给冷却液，冷却液通过散热器传递给外界空气。

动力电池回路包含机械（电子）水泵、热交换器、Chiller、电池散热器。其热量传递路径：由动力电池模组传递给冷板，冷板传递给冷却液，冷却液通过板式换热器传递给空调系统制冷剂或电池散热器。

动力电池加热系统包含热交换器、电力加热器、机械（电子）水泵、电控三通水阀。热量传递路径：电力加热器对冷却液进行加热，热水通过电控三通水阀进入热交换器，与动力电池回路冷水进行热交换，完成动力电池加热。

动力系统热管理冷却/加热、执行、检测/冷却回路元件如图10-10所示。

10.2.5 系统设计

本节针对热平衡性能、流场及温度场、动力电池热管理原理和方法、硬件选型和控制策略进行详细介绍。目前常用的热管理1D分析软件有FLOWMASTER、KULI、AMESIM以及GT-COOL等，能够在方案设计前期预测各回路的性能。该车型动力系统热管理采用AMESIM软件展开分析。

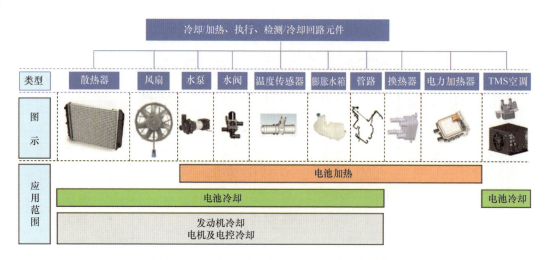

图 10-10　冷却/加热、执行、检测/冷却回路元件

1. 热平衡分析

（1）工况定义

热平衡分析工况定义原则：根据整车配置、使用工况、最高使用环境温度和动力性参数，明确增程器、动力电池和驱动电机工作范围，识别热管理设计边界条件。

驱动电机工况分布如图 10-11 所示。其中蓝色线为峰值转矩线，红色线为额定转矩线。找出额定工作区域（可持续运行 30min），红色线以下区域为额定工作区域。一般选取驱动电机额定转矩及额定功率点（图中五角星点）及整车关注的典型工况点（落在额定工作区域内的工作点）作为分析工况，用来分析散热器、电子风扇和电子水泵性能。

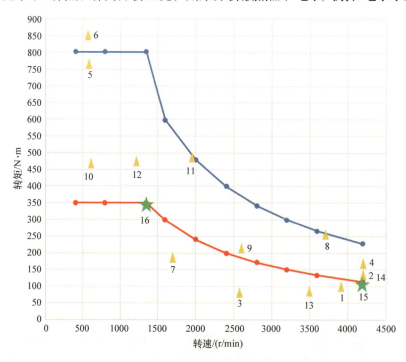

图 10-11　驱动电机工况分布

整车定义了 16 个运行工况，根据热管理工况定义原则，最终选定的工况分别是（电机转速/转矩）：工况 1，3900r/min/108N·m；工况 3，2600r/min/71N·m；工况 7，1733r/min/193N·m；工况 13，3467r/min/93N·m；工况 15，4000r/min/120N·m；工况 16，1350r/min/350N·m。其中工况 15、工况 16 是驱动电机持续运行最恶劣工况。

动力电池冷却及加热分析工况定义：冷却工况一般选取在纯电模式和增程模式下，按照 C-WTVC 工况分析。加热工况一般选取在开启电力加热器加热功能的冷起动时，目的是识别动力电池换热特性，确定 Chiller 及电力加热器性能参数。

（2）被管理对象发热量计算

结合整车边界和增程器、动力电池、驱动电机及电控提供的台架试验数据，识别并确定被管理对象的发热量。例如，根据驱动电机不同转速、不同转矩的台架效率数据建立 1D 数学模型，当输入具体的转速及转矩值时，通过对试验数据进行查表，计算不同工作点的功率损失，如图 10-12 所示。

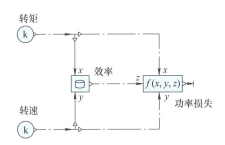

图 10-12 驱动电机功率损失计算

（3）性能分析

热管理性能可分为热平衡性能、动力电池热管理性能和控制策略。其中，热平衡性能直接约束了换热器、电子风扇的尺寸选型和性能要求，对整车总布置空间、零部件成本有很大的影响，需要借助分析软件高效、精准地确定方案。动力电池热管理性能和控制策略更多地需要通过实车标定完成开发。下面举例说明借助分析软件对热管理性能的分析过程，包含热平衡性能分析和动力电池热管理性能分析。

根据热管理系统原理图搭建 1D 模型，包括散热器、中冷器、电子风扇、电子水泵、发动机、驱动电机、发电机、控制器和管路等。增程式动力系统热管理 1D 模型如图 10-13 所示。

分析时需要对散热器、动力电池、电机及电控等基本部件分别建立换热和流阻模型，形成相对独立的模块以表征各部件的传热特性和阻力特性。

建模主要有理论表征和实验表征两种方法。理论表征就是以传热学和流体力学为基础，分析各模块在换热时的热阻组成和计算方法以及在流动时的流阻计算方法，从而在理论上建立不同结构形式模块的换热和流阻模型。实验表征就是对各部件的单体实验结果进行处理分析，形成流量、风量等因素与部件换热和流动性能的数学关系并拟合出表征方程。通过对两种方法计算出的结果进行分析比较，可以修正理论表征的精度，扩大实验表征的应用范围，从而实现精确分析。模型中关键子模型标定是为了精确地对热管理系统进行分析，利用散热器、机械（电子）水泵、电子风扇、动力电池开展热学模型标定，以便获取能准确反映物理特性的子模型。

动力电池模型标定需要结合几何结构和性能试验数据。几何结构包括动力电池模组串并联关系、模组数量、模组质量、冷板与模组的传热面积、冷板截面尺寸及流通长度，还需要模组比热容。性能试验数据包括电学试验参数和热学试验参数。其中电学试验参数包括不同 SOC 及温度下的开路电压（包含充电及放电两种工况）、直流内阻（包含 10s、18s、30s 三种工况）、可充放电电流值。热学试验参数包括动力电池温升试验曲线（电芯、进出口冷却液温度）、动力电池降温试验曲线（电芯、进出口冷却液温度）。

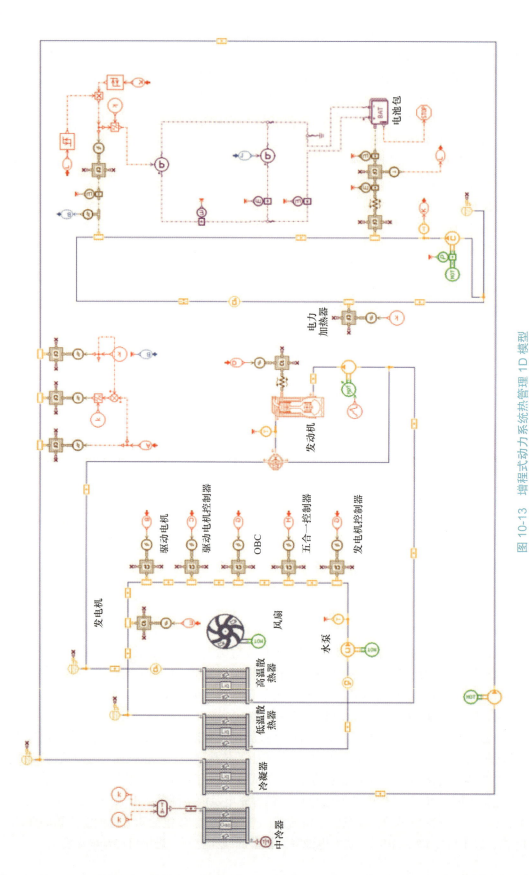

图 10-13 增程式动力系统热管理 1D 模型

模型搭建完毕后，开展性能分析，共包含三部分内容：热平衡性能分析、动力电池冷却性能分析和动力电池加热性能分析。

热平衡性能分析：热平衡性能的分析工况包括纯电动和增程模式。纯电动工况下，动力电池作为唯一动力源，驱动电机及附件消耗能量驱动车轮行驶。纯电动模式下的热平衡性能分析结果见表10-3。

表10-3　纯电模式下的热平衡性能分析结果

项目	目标值	工况16	工况15	工况1	工况3	工况7	工况13
驱动电机冷却液入口温度/℃	75	55.5	54.7	54.5	53.2	54.0	53.9
发电机冷却液入口温度/℃	75	58.4	57.7	57.1	54.0	55.3	55.6
…	…	…	…	…	…	…	…

增程模式下，增程器作为主要动力源，由发电机提供能量给驱动电机及附件，进而驱动车轮行驶，多余的能量给动力电池充电。增程模式下的热平衡性能分析结果见表10-4。

表10-4　增程模式下的热平衡性能分析结果

项目	目标值	工况16	工况15	工况1	工况3	工况7	工况13
发动机冷却液出口温度/℃	115	110.7	110.3	109.9	107.9	108.7	108.9
驱动电机冷却液入口温度/℃	75	60.7	59.7	59.3	57.5	58.5	58.4
发电机冷却液入口温度/℃	75	63.5	62.6	61.9	58.3	59.8	60.2
…	…	…	…	…	…	…	…

通过以上分析，车辆在低速爬坡工况下冷却液温度最高，发动机冷却液出口温度为110.7℃，发电机冷却液入口温度为63.5℃，均低于目标温度，冷却模块性能满足设计要求。

动力电池冷却性能分析：在纯电动和增程模式下，动力电池放电给驱动电机提供能量，或吸收发电机剩余的能量进行充电，在这些过程中动力电池产生热损耗，温度上升至设定值后会开启冷却模式，温度低于某值后会关闭冷却模式。C-WTVC工况下动力电池冷却性能分析结果如图10-14所示。

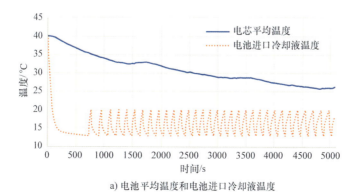

a) 电池平均温度和电池进口冷却液温度

图10-14　动力电池冷却性能分析结果

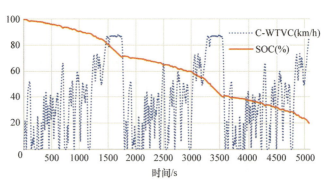

b) C-WTVC工况及动力电池SOC

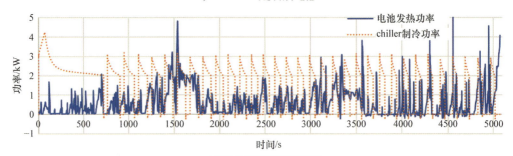

c) 电池发热功率和制冷功率

图 10-14 动力电池冷却性能分析结果（续）

以上分析表明，随着 C-WTVC 工况的运行，动力电池 SOC 由 100% 逐渐降低至 20%。动力电池平均温度在初始温度 40℃情况下，逐渐被冷却至 25℃，由于 Chiller 的冷却作用，电池进口冷却液温度被控制在 13~20℃之间。分析软件可计算出 Chiller 制冷功率和电池发热功率。综上，Chiller 冷却性能满足设计要求。

动力电池加热性能分析：在整车低温冷起动工况下，如动力电池温度过低，发出加热请求，当加热至动力电池合适温度，加热请求关闭，才可以较大电流充放电运行。

动力电池加热性能分析结果如图 10-15 所示。

在初始环境温度 -20℃情况下，电力加热器首先以最大制热功率持续工作，其后功率逐渐降低，随着电池进口冷却液温度逐渐升高至 25℃，动力电池平均温度逐渐被加热至 13℃。恒温式电力加热器可将冷却液温度控制在设定温度区间，动力电池温升速率为 0.52℃/min，加热性能满足设计要求。

2. 动力舱流场及温度场分析

动力舱气流、温度场分布非常复杂，取决于动力舱整体布局，其中有前格栅开口率、动力部件布局、冷却模块位置、挡风/导风结构、热源位置及走向、动力舱内的热传导/热辐射/热对流等因素，因此各公司都在利用 3DCFD 的方法，通过分析软件对动力舱及热力学状态进行模拟，对潜在问题进行预测或找出已存在问题的原因，识别热力源及潜在失效风险点，加以热保护、敏感性参数分析，从而达到优化目的。这种方法灵活性强、周期短、成本低，能得到详细和完整的结果。在整个热力性能开发过程中，模拟起到了一定的作用，特别在概念设计和方案设计阶段是最为主要的开发手段。通过使用流场分析软件 StarCCM+ 进行 3DCFD 分析可以预测以下内容：

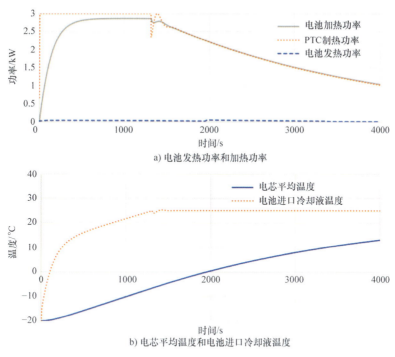

图 10-15 动力电池加热性能分析结果

1）动力舱流场分布，包括温度场和速度场。动力舱温度场分布如图 10-16 所示。
2）换热器温度场和速度场分布。换热器温度场分布如图 10-17 所示。
3）前格栅不同开口比下的流场、温度场分布。
4）不同进风、导风、排风装置下流场、温度场分布。

将 3DCFD 流场分析的热风回流温度、换热器速度场作为 1D 分析的输入边界，通过 1D 分析计算动力系统方案的可行性，3DCFD 与 1D 交互设计能够提升分析计算的精度，在动力系统热管理方案设计初期采用这种方式可以提前识别开发风险，缩短产品开发周期。

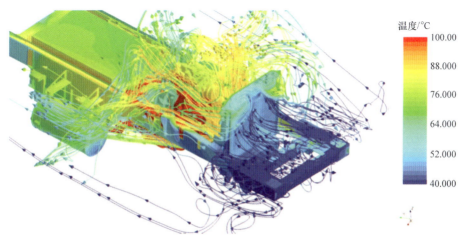

图 10-16 动力舱温度场分布

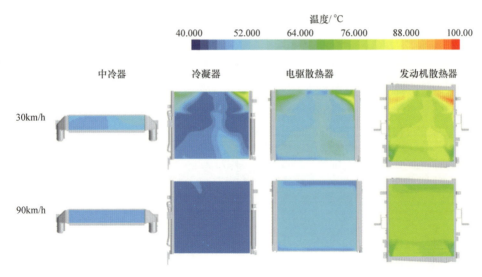

图 10-17　换热器温度场分布

3DCFD 有很多优点，但也有一定的局限性。其采用的是离散近似的数值解法，着重于流体动力学现象的数学描述、简化和分析，模拟结果不是全求解域内的解析解，只包含有限个离散点的数值解，并且迭代计算时有一定的误差。所以理论分析与试验测量要结合。

3. 冷却模块设计

冷却模块设计是冷却系统开发的重点工作，既要满足高速高负荷工况要求，又要满足低速高负荷工况要求，如何确定冷却模块的性能同时又不造成过渡设计或设计不足是该部件开发的关键。

冷却模块方案设计就是冷却能力设计，作为冷却系统硬件集成的重要部件，由于该车型底盘布置空间紧凑、动力系统被管理对象较多，因此冷却模块的高效集成方案设计也尤为重要。冷却模块包含用于发动机冷却的高温散热器和中冷器，用于电机及电控冷却的电驱散热器，用于乘员舱和动力电池制冷的空调系统冷凝器、电池低温散热器和电子风扇。

冷却模块的设计方案需结合性能、布置空间、成本和质量等因素综合考虑，通过选择不同性能的换热器（芯体规格）、调整换热器相互之间的位置关系、匹配不同性能的电子风扇和电子水泵等，采用 1D 分析软件对冷却模块性能进行耦合计算，分析对比多方案冷却模块的可行性，综合多方面因素确定多维度下的最优方案。不同形式的冷却模块方案如图 10-18 所示。

4. 电子水泵的选型设计

流量是冷却回路散热性能的影响因素之一，各回路中的流阻特性需根据回路中每个零部件的流阻特性与电子水泵的性能进行匹配设计。如电驱动回路，根据每个被管理对象台架流阻试验数据、电子水泵的流量扬程曲线、冷却管路结构尺寸等，建立 1D 回路水力模型，分析计算系统流阻特性，评估电子水泵选型及系统流量方案的可行性。电驱动回路水力模型如图 10-19 所示。

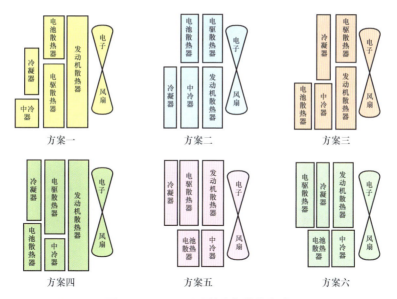

图 10-18 不同形式的冷却模块方案

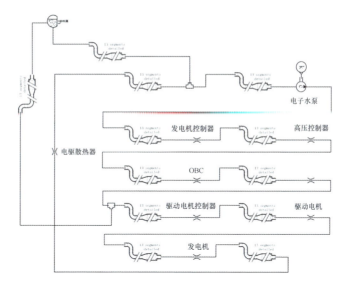

图 10-19 电驱动回路水力模型

该车型选用了某公司 221A-120 型电子水泵，通过建立上述 1D 水力模型，经分析并计算，该回路的最大流量为 15L/min，满足零部件目标流量要求。

通过该方法可以评估：

1）发动机回路、动力电池回路流阻特性。

2）电子水泵不同转速运行时的系统流阻特性。

3）不同串并联回路的流量分配，开展较为复杂的冷却回路方案设计。

5. 电控水阀选型

电控水阀是用来控制流体的自动化元件，属于执行器，一般用在车辆动力系统热管理冷却回路中，用来调整冷却介质的方向、流量、速度、通断和其他参数。常用的有两通阀、三通阀、四通阀。根据该车型动力系统的功能需求选用了三通阀，用于动力电池加热和冷却回路的通断。

主要参数如下：

1）额定电压：12V，额定压力：150kPa，额定电流：0.75A。

2）工作电压范围：9.6~14.5V。

3）泄漏量：常温下阀体通道压降≤30kPa时，介质为冷却液，压力在150kPa时，泄漏量≤50mL/min。

6. 电动压缩机

根据乘员舱和动力电池制冷功率需求，匹配了满足两者性能需求的空调系统，其中电动压缩机的主要参数如下：

1）压缩机：排量66mL，制冷功率7.5kW，冷冻机油RL68H/120mL，制冷剂R134a，转速范围1500~4500r/min。

2）控制器：额定电压DC 380V，欠电压值DC 260 V，过电压保护DC 403V，额定功率4.5kW，控制电压DC 12V。

7. 电力加热器

根据乘员舱和动力电池加热功率需求，匹配了满足两者需求的电力加热器，通常为高压部件，也称作高压加热器，其主要参数如下：

1）额定电压DC 380V，电压范围268~450V，加热功率6kW。

2）在常态下，散热片与电极间绝缘电阻≥50MΩ，耐压2100V/1min/10mA，泄漏电流<10mA。

3）整体重量2.5kg，公差范围0.2kg。

8. 控制集成技术

近年来，控制集成技术已成为新能源汽车电动化、智能化发展的核心技术，汽车电子占整车制造成本的比例越来越高。热管理控制涉及电子风扇、电子水泵、电控水阀、电力加热器、电子膨胀阀和电动压缩机等元件，需要整车控制器、BMS控制器、空调控制器和被管理对象控制器协同工作。

该车型根据发动机、电机及电控、动力电池的工作状态，冷却液温度等信号，整车控制器综合判定电子风扇、电子水泵、电控水阀、电力加热器、电子膨胀阀或电动压缩机的运行，实现热管理的各项功能。

动力系统热管理可以实现的主要功能见表10-5。

表10-5 动力系统热管理可以实现的主要功能

序号	冷却液回路	功能
1	发动机回路	暖机
2		冷却
3	电驱动回路	冷却
4	动力电池回路	纯电加热
5		增程加热
6		被动冷却
7		主动冷却

动力系统热管理各回路详细功能如下:

1)发动机回路暖机原理如图 10-20 所示。

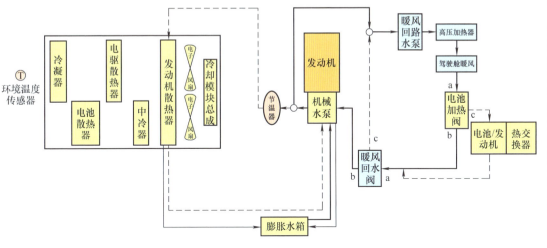

图 10-20　发动机回路暖机原理

工作模式说明:发动机冷机起动后,暖机运行,暖风回路水泵关闭、暖风回水阀 a-b 开、电池加热阀 a-b 开,发动机热水通过小循环回路暖机。

2)发动机回路冷却原理如图 10-21 所示。

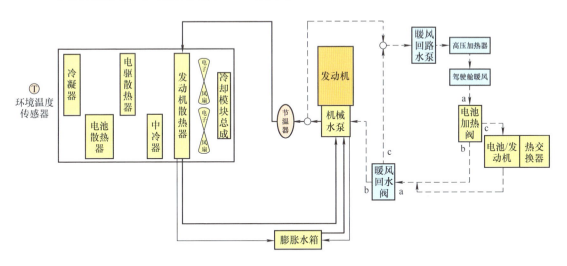

图 10-21　发动机回路冷却原理

工作模式说明:发动机热机后,节温器打开,发动机冷却液开启大循环,经过散热器、电子风扇运行散热,实现发动机冷却。当暖风回水阀 a-b 开时,此模式下冷却液也可通过暖风回路进行循环。

3)电驱动回路冷却原理如图 10-22 所示。

工作模式说明:车辆运行时,电驱动回路水泵运行,冷却液通过低温散热器、电子风扇运行散热,实现电机及电控的冷却。

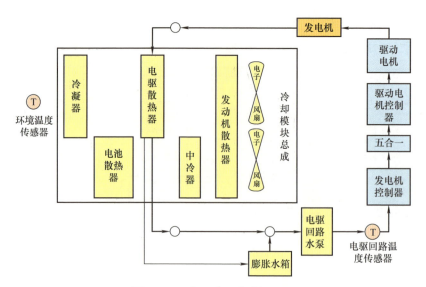

图 10-22　电驱动回路冷却原理

4）动力电池回路纯电加热原理如图 10-23 所示。

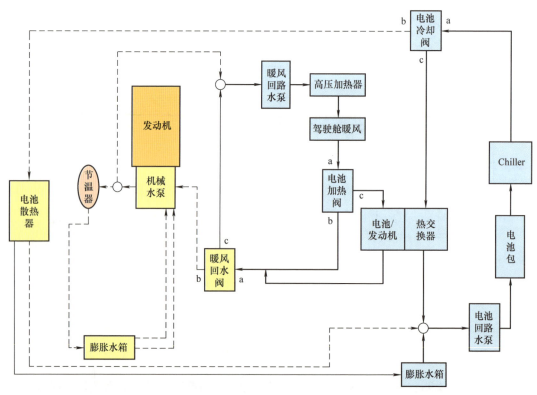

图 10-23　动力电池回路纯电加热原理

工作模式说明：低温环境下，动力电池回路水泵运行，暖风回路水泵运行，电力加热器起动，冷却液通过电池加热阀（a-b、a-c 同时开）进入热交换器，加热动力电池。

5）动力电池回路增程加热原理如图 10-24 所示。

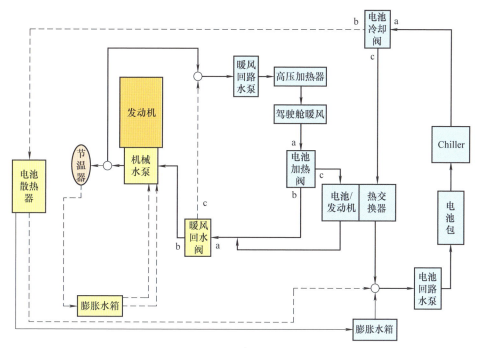

图 10-24 动力电池回路增程加热原理

工作模式说明：低温环境下，发动机起动，电池回路水泵运行，电池冷却阀 a-c 开；发动机热水通过电池加热阀（a-b、a-c 同时开）进入热交换器，加热动力电池。

6）动力电池回路被动冷却原理如图 10-25 所示。

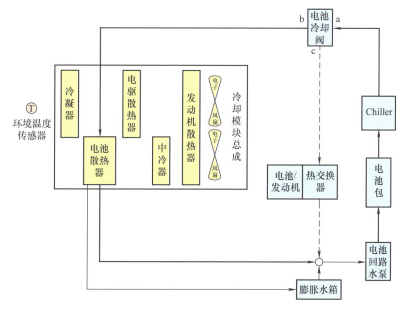

图 10-25 动力电池回路被动冷却原理

工作模式说明：低温环境下，动力电池需要冷却时，电池回路水泵运行，冷却液通过电池冷却阀（a-b 开）进入电池散热器，冷却动力电池。

（7）动力电池回路主动冷却原理如图 10-26 所示。

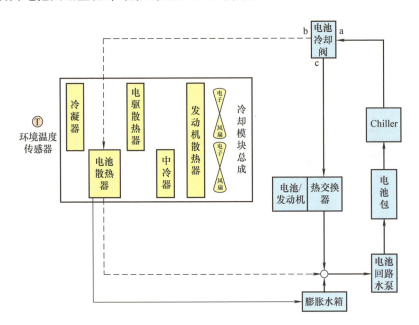

图 10-26　动力电池回路主动冷却原理

工作模式说明：高温环境下，动力电池需要冷却时，电池回路水泵运行，电动压缩机起动，冷却液通过 Chiller 流经电池冷却阀（a-c 开）冷却动力电池。

10.3　系统试验与评价

动力系统热管理性能试验是车辆开发过程中最为重要的环节之一，包括发动机、电机及电控、动力电池等部件的单体性能试验，整车热环境风洞试验和整车道路测试。被管理对象的热管理需求和冷却部件性能参数通常由零部件供应商在专用的台架试验台测试完成，整车热环境风洞试验和整车道路试验是对整车热管理性能的确认，而道路测试是对产品热管理性能的最终验证，是不可替代的！

10.3.1　零部件台架试验

零部件的试验数据是动力系统热管理零部件建模、标定及系统集成分析的输入依据，测试数据必须真实、可靠、有效。以增程式商用车动力系统的热管理为例，其零部件台架试验简述如下。

1. 发动机性能试验

（1）流阻测试

测试发动机不同流量下的阻力，发动机流阻试验结果如图 10-27 所示。

（2）发动机性能测试

测试冷却液温度对发动机油耗率、催化器前温度、中冷进气温度和机油温度的影响，测试发动机散热功率。

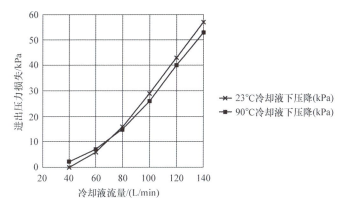

图 10-27　发动机流阻试验结果

2. 动力电池性能试验

（1）流阻测试

测试不同流量下的阻力。

（2）温升试验

测试不同充放电功率下的电芯、冷却液温度变化，测试加热时电芯、冷却液温度变化。

3. 电机及电控性能试验

（1）流阻试验

测试电机及电控水道不同流量下的阻力。

（2）测温试验

通过温升试验得到电机及电控的功率损耗，以及关键点的温度。

4. 散热器性能试验

散热器的性能试验通常都是在风洞试验台进行的，测试不同流量下冷却液侧及风侧的换热性能，记录环境温度、湿度、大气压力、流量、进出口压力、进出口温度等数据。

5. 电子风扇性能试验

测试电子风扇不同占空比信号下的风量、静压、轴功率及效率等，记录环境温度、湿度、大气压力、进出口压力等数据。电子风扇台架试验如图 10-28 所示。

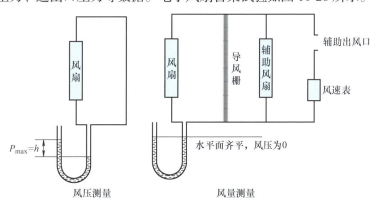

图 10-28　电子风扇台架试验

6. 电子水泵性能试验

测试电子水泵不同占空比信号下的流量、进出口压力、轴功率及效率等。电子水泵台架试验如图10-29所示。

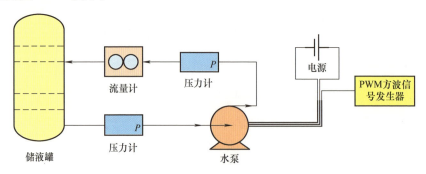

图10-29 电子水泵台架试验

7. 电控水阀流阻测试

测试电控水阀不同流量下的进出口压力。电控水阀流阻如图10-30所示。

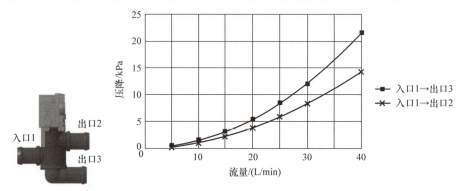

图10-30 电控水阀流阻

8. Chiller性能试验

测试不同流量下的冷却液侧换热性能，记录冷却液侧流量，进出口压力和温度，制冷剂侧流量、压力和温度。

9. 管路流阻测试

由于该车型冷却液管路较多，走向复杂，可以将一个管路或多个管路连接在一起测试，测试不同流量下的进出口压力。

10. 系统流阻测试

各回路具有不同的流阻特性，可将零部件按照实车状态搭建测试台架或在整车上加装流量计、压力计进行系统流阻测试。

10.3.2 整车热环境风洞试验

热环境风洞试验一直是评价车辆气动特性最准确、最直接的方法，可验证热平衡、热害、动力电池性能等。

10.3.3 整车道路试验

动力系统热管理道路试验贯穿于整车高温、高原和高寒试验过程中，以验证动力系统热管理的热适应性能。国内各主机厂通常在吐鲁番、格尔木和黑河开展整车道路试验，具体的气候条件如下：

1）高温试验在吐鲁番 7 月和 8 月，白天气温需 40℃以上，验证热平衡、热害、动力电池降温性能等。

2）高原试验是每天早晨从海拔 2700m 的格尔木出发向海拔 4800m 左右的昆仑山行驶，途中在不同的速度和坡度过程中，根据车辆实际行驶情况，使车辆满足各种工况的行驶性能，验证热管理的高原适应性。

3）高寒试验在黑河 12 月和 1 月，白天气温需 -20℃以下，验证动力电池低温行驶、充放电和原地上电加热等性能。

10.3.4 系统评价

通常动力系统热管理通过车辆最高、最低使用环境温度下的热测试进行评价，测试结果以满足 10.2.2 开发目标中的目标温度为准。整车需进行环境仓、高温、高原和高寒试验，在测试结果满足开发目标的前提下能耗最优。整个系统评价内容如下：

1）热平衡性能：考核冷却系统的散热能力，发动机、电机及电控冷却液温度，动力电池电芯温度是否满足目标温度要求。

2）动力电池低温加热性能：行业内动力电池的温升速率一般约为 0.5℃/min，该车型在环境温度 -20℃时，浸车 12h 后对动力电池进行加热，加热至动力电池加热请求关闭，温升速率为 0.52℃/min，满足目标要求。

3）经济性测试：通常按照《重型商用车辆燃料消耗量测量方法》（GB/T 27840—2011）规定，选择环境温度 25℃，在底盘测功机上进行 C-WTVC 循环工况，考察电子风扇、电子水泵和电动压缩机的能耗，目前总能耗为 0.672kW·h/100km，占整车百公里能耗的 1.6%，满足目标要求。

10.3.5 失效模式与故障诊断

热管理系统是否能正常、可靠运行直接影响动力系统被管理部件是否正常、高效工作，甚至会影响整车行驶性能。该车型在开发过程中遇到了过温、电子水泵故障等问题，导致车辆无法正常行驶。开发过程中出现频率较高的问题如下：

1）过温故障。过温问题描述及排除措施见表 10-6。

表 10-6 过温问题描述及排除措施

序号	问题描述	排除措施
1	发动机冷却液温度过温	1. 检查膨胀水箱冷却液位是否满足要求
2	中冷器出气温度过温	2. 检查冷却风扇是否正常运转，插接件及线束是否异常
3	驱动电机或控制器过温	检查电驱动回路电子水泵是否正常运转
4	发电机或控制器过温	检查电驱动回路电子水泵是否正常运转

（续）

序号	问题描述	排除措施
5	动力电池过温	1. 检查动力电池回路电子水泵是否正常运转 2. 检查冷却液温度与动力电池电芯温度是否正常 3. 检查 Chiller 处的热交换是否正常 4. 检查压缩机是否正常运转
6	Chiller 表面结霜	1. 检查动力电池回路电子水泵是否正常运转 2. 检查空调系统是否有故障
7	压缩机结霜	
8	动力电池无法加热	1. 检查动力电池回路电子水泵是否正常运转 2. 检查暖风回路电子水泵是否正常运转 3. 检查冷却液温度与动力电池电芯温度是否正常 4. 检查电力加热器是否正常工作 5. 检查电池加热阀是否正常开启
9	动力电池加热完成后，温度持续上升，造成电池过温限功率	1. 检查电池加热阀是否正常开启，插接件及线束是否异常 2. 检查冷却液温度与动力电池电芯温度是否正常

2）电子水泵故障。电子水泵问题描述及排除措施见表 10-7。

表 10-7　电子水泵问题描述及排除措施

序号	问题描述	排除措施
1	停转	检查 VCU 信号与设计定义是否正常
2	不转	检查继电器、水泵正负极是否正常
3	空转	检查回路是否有空气未排除
4	卡滞，堵转	1. 检查水泵轴周围是否有铁基等杂质粉末 2. 检查卡簧是否装配到位，叶轮和涡壳是否有摩擦痕迹
5	插接件进水	检查插接件防水等级设计是否合理，安装位置是否过低容易造成进水
6	焊点虚焊	检查焊接质量是否合格

10.4　热管理其他相关技术

1. 新材料的散热器——石墨泡沫材料

石墨具有极佳的导热性能，导热系数为 700~1300W/（m·K）（相当于铜的 2～3 倍，铝的 3～5 倍，导热性能远远超过铜铝等金属材料），重量也比铜铝轻，密度为 0.85～1.9g/cm³（密度相当于铜的 1/10～1/4，铝的 1/3～1/1.3）。天然石墨加工出来的材料具有比铝铜材料更好的导热性，化学、物理性能稳定性高，导电性能良好，是优良的散热器材料。

石墨散热器能将部件运行时产生的热量及时排走，防止因热量累加而影响部件的实际使用性能和寿命，而且为避免散热材料在散热过程中对产品内其他部件造成不利的影响，在发挥散热材料功效的同时还能控制散热材料的散热方向。

美国奥克里奇国家实验室开发出一种独特的石墨泡沫材料，可以极大地提高导热系数。这种石墨泡沫材料密度为 0.2～0.6g/cm³，导热系数为 40～187W/（m·K）。因为泡沫为蜂窝状的网状结构，接触表面很大（>4m²/g）。用石墨泡沫材料做成的散热器其整体导热系数要比传统的散热器提高10倍以上。石墨泡沫材料如图10-31所示。

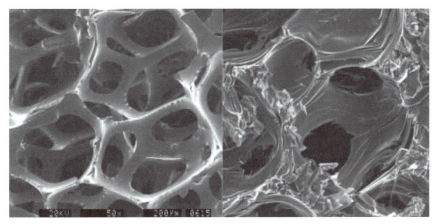

a) 传统碳泡沫　　　　　　　　　b) 石墨泡沫

图 10-31　石墨泡沫材料

Klett 等用石墨泡沫材料做成一个 22.9cm×17.78cm×15.27cm 的换热器（散热器），安装在 588kW 的 V8 赛车发动机上，替代原有的 68.6cm×48.3cm×7.6cm 散热器。在车速 290km/h、冷却液温度 99.4℃的稳定工况条件下，冷却液流量仅为 57.5L/min，风扇空气流量仅是原来的 2.3%。因此对于横截面积为 48cm×69cm 的汽车散热器，在具有相同散热量的情况下，其尺寸可以减少到 20cm×20cm。这样就可以减少散热器的体积、质量和费用，从而提高整车的燃油效率。

2. 纳米流体

纳米流体作为一种新型高效、高传热性能的能量输运工具，可有效提高热系统的传热性能，提高热系统的高效、低阻、紧凑等性能指标，满足热系统高负荷的传热冷却要求，满足一些特殊条件（微尺度条件）下的强化传热要求，在强化传热领域具有十分广阔的应用前景和潜在的重大经济价值，被称为未来的冷却散热技术。

纳米流体是一种工程传热流体，通过在传统传热流体（水、乙二醇混合物和机油）中分散纳米金属微粒形成。1995 年，美国 Argonne 国家实验室的 Choi 等提出将纳米级金属或非金属氧化物颗粒添加到换热工质"纳米流体"的方法，而且指出纳米流体的稳定性是纳米流体能否进行科学研究和实际应用的关键问题。该实验室研制了一种纳米微粒来提高发动机冷却液及机油的导热特性。测试结果可提高 40% 的导热率，这样可以减小散热面积，减轻重量。纳米流体导热系数比值和纳米微粒体积比关系如图 10-32 所示。

3. 热管技术

1963 年，美国 Alamos 国家实验室的 George Grover 发明了一种称为"热管"的传热元件，它充分利用了热传导原理与相变介质的快速热传递性质，透过热管将发热物体的热量迅速传递到热源外，其导热能力超过任何已知金属的导热能力。

热管技术以前被广泛应用在宇航、军工等行业，被引入散热器制造行业后，使得人们改变了传统散热器的设计思路，摆脱了单纯依靠高风量电机来获得更好散热效果的单一散热模式。采用热管技术使得散热器即便采用低转速、低风量电机，同样可以得到满意效果，使得困扰风冷散热器的噪声问题得到良好解决，开辟了散热行业新天地。

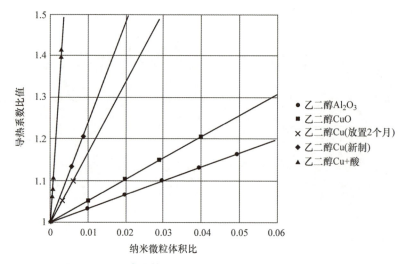

图 10-32　纳米流体导热系数比值和纳米微粒体积比关系

典型的热管由管壳、吸液芯和端盖组成,将管内抽成 $1.3 \times (10^{-4} \sim 10^{-1})$ Pa 的负压后充以适量的工作液体,使紧贴管内壁的吸液芯毛细多孔材料中充满液体后加以密封。管的一端为蒸发段（加热段）,另一端为冷凝段（冷却段）,根据应用需要在两段中间可布置绝热段。当热管的一端受热时吸液芯中的液体蒸发汽化,蒸气在微小的压差下流向另一端放出热量凝结成液体,液体再沿多孔材料靠毛细力的作用流回蒸发段。如此循环,热量由热管的一端传至另一端。

4. 废热回收

发动机排出的废气热量较高,可将高达 35% 的燃料能量带入环境,是一种能源的浪费。为了能够提高发动机的热量利用率、减少能量损失,针对废气能量开发了多种余热回收技术,主要包括废气涡轮、朗肯循环以及热电联产,通过多种技术的应用,可以回收废热中 30% 以上的能量。重型车辆能量流如图 10-33 所示。

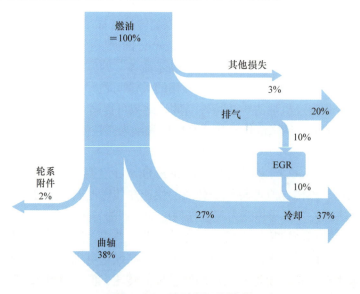

图 10-33　重型车辆能量流

5. 部件换热特性

高效能部件的开发是热管理集成技术优化最为有效的途径之一，通过提高被管理对象的工作效率、耐温性能，缓解热管理集成技术的难度。

（1）电机技术突破方向

1）新材料应用：采用高导热材料（硅钢、铜线等）、高导电系数铜线、高耐压低成本绝缘材料、高耐温电磁材料等大幅减小电机体积，提高功率密度。

2）新电机方案创新：比如无稀土电机技术、串并联绕阻切换技术、同步磁阻电机技术等。

3）新建模方法和新优化方法：如更好地理解硅钢、磁钢等材料的物理性能（如高频损耗、超薄硅钢的导磁能力）、更贴切物理底层的建模分析、大数据优化算法等。

（2）电控技术突破方向

1）利用先进功率半导体材料。

2）低阻大电流碳化硅芯片及封装技术测试应用。

3）高电压电力电子系统开发。

6. 油冷技术

电机水冷技术是目前主流的散热方式，但是由于电机高温部分主要集中在绕组端部，冷却液无法直接接触高温点、无法直接冷却热源，绕组处的热量需经过槽内绝缘层、电机定子才能传递至外壳被水带走，传递路径长、散热效率低，且各部件之间的配合公差也影响了传递路径的热阻大小。因为有热阻的存在，从绕组到水冷机壳，存在温度梯度，绕组无法直接冷却，导致温度堆积形成局部热点。

为了进一步提高电机的散热能力，需要直接冷却热源来提升冷却效率。而油本身因为具有局部不导磁、不导电、导热好的特性，对电机磁路无影响，所以散热效率更高的油冷技术成为研究热点，国内外一些研究机构及企业大力发展喷油冷却方式，对电机绕组端部实现喷油冷却。

油冷相对于水冷的优势在于绝缘性能良好，机油沸点比水高、凝点比水低，使冷却液在低温下不易结冰、高温下不易沸腾。油冷方式对端部裸露面积更大的扁线绕组电机的冷却效果更明显，能够主动冷却内部转子部件；同时有利于电机与变速器的集成，提高轴承的润滑冷却效果，环境温度较低时加热变速器油可提高润滑搅拌效率。因此，从整个驱动系统上讲，油冷相对水冷具备一定的技术优势。

由于冷却用油的绝缘性，使之可以深入到电机转子、定子绕组等内部进行更完全的热交换，冷却效果更佳。比如油冷电机可以采用定子喷油、转子甩油的油路结构，减速器与电机间无油封，减速器油一部分经过定子导油管对定子端部绕组进行冷却，另一部分经过电机空心轴对电机轴承与转子磁钢进行冷却，转轴两端开有径向油孔，转子高速旋转时甩油到定子端部绕组内壁面，进一步冷却定子绕组。

此外，为进一步提升冷却效果，国内外也有采用组合式冷却方式，在沿用定子水道水冷的基础上增加定转子油冷。

7. 电控技术

智能控制风扇随着发动机散热的需要而自动精确地调节风量，提高了发动机的预热速度，可有效防止冷却液温度过高或过低，使其始终保持最佳工作温度，从而提高了效率。

电控水泵根据发动机冷却要求而不是发动机转速来供给冷却液流量，避免了部分负荷及高速情况下的过冷状态，减少了不必要的功率消耗。同时，增程器使用的发动机，其起停状态与车辆运行工况完全解耦，频繁起停逐步成为发动机的主要工作特点，使用电控水泵可在发动机频繁起停工况下维持足够的冷却液流量，避免了机械水泵式发动机急停时导致的发动机过热损伤，可延长发动机的使用寿命。

电控节温器可以根据冷却液温度或者发动机部件温度来控制冷却液流量。当发动机运转时，控制单元根据传感器信号得出的计算值对温度调节单元加载电压，通过对加载电压大小的控制来控制石蜡的熔解速度，进而有效、精确、快速地控制大小循环的开度，使发动机各个部件始终处于最佳的温度范围，以提高燃油经济性，增加进气量，减少磨损，延长发动机的使用寿命。

纵观目前热管理系统的发展趋势，从设计的有效性和实用性方面来看，系统的部件结构和布局结构优化是改善汽车热管理系统的关键。使用电控冷却部件实现精确冷却和分流式冷却的合理整合，能最大限度满足逐渐提高的热管理系统性能要求，具有十分理想的应用前景；而热管理系统的智能化、模块化和集成化是未来发展的目标；全新热管理材料的出现必将加速热管理系统模块化和集成化的进程。

参 考 文 献

[1] 常贺.某车辆热管理系统开发研究[D].长春：吉林大学，2014.

[2] 宋光辉，杨庆丽，孟建华，等.一种用于车辆的冷却系统：CN201920105268.X[P]. 2019-10-29.

[3] 杨庆丽，孟建华，熊英华.一种用于新能源车辆的增程器系统的热管理系统：CN201821196509.8[P]. 2019-03-19.

[4] 闫振敏.电动汽车液流循环系统集成热管理平台构建及其优化分析[D].北京：吉利大学，2015.

[5] 雷宇涛，饶中浩，赵佳腾.低温环境下动力电池热管理研究进展[J].新能源进展，2015, 3（1）：53-58.

[6] KLETT J，OTT R，et al.Heat Exchangers for Heavy VehiclesUtilizingHigh Thermal Conductivity Graphite Foams[C]//SAE Paper 2000-01-2207. New York：SAE，2000.

[7] MARTIN W.Thermal management concepts for higher：efficiency heavy vehicle[C]//SAE Paper 1999-01-2240. New York：SAE，1999.

Chapter 11

第 11 章
增程式电动汽车的控制策略

作为动力控制系统的神经中枢,整车控制策略可协调控制动力系统各主要部件,识别并执行驾驶意图,制定合理的控制策略,可挖掘各部件性能潜力,扬长避短,达成整车性能指标,优化车辆性能表现。对于增程式电动汽车,协调控制动力电池与增程器是整车控制策略的核心。

11.1 控制系统概述

控制系统根据系统的输入及反馈对被控对象进行控制,使其按照预定的目标进行工作。所谓控制策略(或算法),就是为了使被控对象按照期望轨迹达到目标而对其实施的一系列控制逻辑的集合,控制逻辑基于被控对象的数学模型以及相关约束而制定。

11.1.1 控制系统一般描述

图 11-1 所示为反馈控制系统的典型框图,图中除去被控对象和扰动信号以外的部分可以统称为控制系统,包括信号采集、数据滤波、控制器和控制策略等。

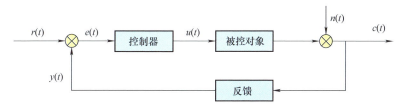

图 11-1 反馈控制系统的典型框图

$r(t)$—参考输入或控制目标 $c(t)$—输出信号或被控量 $e(t)$—目标与实际的偏差 $u(t)$—控制信号或控制量 $y(t)$—经过滤波后的反馈信号 $n(t)$—扰动信号

被控对象的数学模型可以是动力学方程、神经网络、脉谱(MAP),或其他数学表达形式，也可以是几种表达方式的结合。

例如，一个旋转物体的动力学数学模型可以简单地表达为

$$T - T_1 = J\frac{\mathrm{d}\omega}{\mathrm{d}t} \tag{11-1}$$

$$\omega \in (\omega_{\min}, \omega_{\max}),\quad T \in (T_{\min}, T_{\max}) \tag{11-2}$$

式中，T 为驱动转矩；T_1 为负载转矩；ω 为角速度；J 为被控对象的转动惯量。

实际的数学模型也可用电磁动力学甚至非线性的神经网络来描述，或用传递函数或状态方程来表达。

基于此，被控对象数学模型的控制策略可以用 PID 控制算法来实现：

$$u(t) = K_\mathrm{p} e(t) + \frac{1}{T_\mathrm{i}}\int_0^t e(x)\mathrm{d}x + T_\mathrm{d}\frac{\mathrm{d}e(t)}{\mathrm{d}t} \tag{11-3}$$

$$e(t) = \hat{\omega} - \omega(t) \tag{11-4}$$

$$u \in (u_{\min}, u_{\max}) \tag{11-5}$$

式中，u 为控制量；ω 为被控制量；$\hat{\omega}$ 为目标角速度；K_p、T_i 和 T_d 分别为比例系数、积分系数和微分系数。

式（11-1）和式（11-2）可称为被控对象的数学模型，式（11-2）为其约束项。式（11-3）~式（11-5）为控制策略，式（11-5）为其约束项。

根据式（11-3）~式（11-5）编写的程序称为控制软件。所谓标定，就是根据性能和目标要求，对三个参数 K_p、T_i 和 T_d 的数值进行调整的过程。控制软件内置于控制器中，与数据采集单元、驱动单元以及通信单元等一起完成期望的控制功能。

对于车辆的控制而言，从整车到零部件，如发动机、增程器、驱动电机、动力电池等，它们的数学模型已经通过大量实践提炼出来并被植入工具软件（如 CRUISE 或 Simulink 等）之中，其差异主要表现在具体参数上。因此，整车控制策略都是在这些数学模型的基础上通过大量试验、仿真和经验积累而得到的，或者说在现实工作中其主要内容已经存在并可以直接剪裁使用。所以，本章的叙述主要集中在目标设定、约束识别、策略制定和实际工况差异的对策上，而略去建立被控对象数学模型的相关内容。

第 5 章对典型控制系统的目标及评价做了较为详细的叙述，皆是针对设备或没有人直接参与的系统而言，而汽车是由人直接参与操纵的运载工具，因此整车控制系统必须把驾乘人员的主观感受作为目标和评价的一部分。

11.1.2 整车控制系统概要

电机驱动的车辆的驾驶人主观上是在控制车辆运行的速度，在技术层面上是在控制驱动电机输出的转矩。

汽车上常用的永磁同步电机的输入电流与其输出转矩呈线性关系，类似于柴油机的喷油量与其自身输出转矩正相关，柴油机并不特意控制空气输入量。而异步电机的输入电流与其输出转矩是非线性关系，和汽油机的喷油量与其自身输出转矩是非线性关系一

样，汽油机还需要控制输入空气量。进一步，可以把电流（交流或直流）类比成燃油，把电源（动力电池或增程器的电能）类比成燃油箱，而增程器又可以类比成发动机供油系统中的油泵。

在增程车辆中，驱动电机与其控制器一起组成电机驱动系统。在一般意义上，这个电机又可称为被控对象，其控制器在整车层面上又可称为驱动器。所谓整车控制，主要就是协调动力电池与增程器这样的电力供给单元，通过电机驱动器实现对电机的转矩控制，完成驾驶人的驾驶意图。因此，本章所述的整车控制策略主要集中于动力系统方面。

图 11-2a 所示为整车控制系统结构图。整车控制器对电力供给系统、电力驱动系统、热管理系统、故障诊断系统及安全保护系统进行协调控制。这五大子系统还可进一步区分为实物（被控对象）和控制策略（或称为对策）两方面。电力供给系统、电力驱动系统和热管理系统都包含有实物和控制策略；而故障诊断系统和安全保护系统则主要包含控制策略。因此，故障诊断系统和安全保护系统的控制策略（或称为对策）可以以软件形式直接包含到整车控制器中，而对于电力供给、电力驱动及热管理这三个系统的控制策略可以各自包含在自己的控制器之内，也可以包含在整车控制器之中。

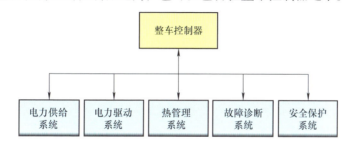

a) 整车控制系统结构图

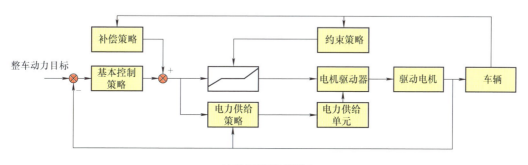

b) 整车控制逻辑框图

图 11-2 整车控制系统

图 11-2b 所示为整车控制逻辑框图。整车控制器首先根据整车动力目标（一般是指根据驾驶人的操作意图而解析出来的需求转矩）和电力驱动系统输出状态而计算得出基本控制指令；补偿策略根据车辆的反馈信息如各系统实时温度、动力电池的充放电功率能力等对初步计算的控制指令的数值进行修正；约束策略根据车辆的反馈信息如故障诊断系统、安全保护系统的状态信息对前端计算出的控制数值进行限制，以确保整车的安全可靠性；之后整车控制器将最终计算得出的控制量输出给电机驱动器。驱动电机输出动力给车辆而使其最终运行起来。

图 11-2b 中的电力供给策略和电力供给单元组成电力供给系统，补偿之后的驱动系统控制指令和实时测量得到的驱动电机实际数值一起输入到电力供给策略模块，计算出电力需求功率，并由电力供给单元提供给电机驱动器。

本章后续部分将对上述概要内容结合增程式电动汽车的特点进行较为详细的叙述，但不包括整车调试过程中与控制策略相关的标定内容。

11.2 整车控制目标和约束条件

整车控制的目标体系是整车规划阶段设定的，一般包括动力性、经济性、平顺性、排放、NVH、可靠性、耐久性、功能安全以及制造成本等多个方面。整车控制策略的实施过程中，应该注意其具体目标之间存在相互制约的情况，如动力性和排放之间、经济性和动力性之间等。

目标体系的达成是由具体的零部件或子系统（如驱动电机、动力电池、增程器等）实现的，它们存在自己的能力边界，也就是约束条件，如增程器的最大功率点、最高效率区域、NVH、结构尺寸等。这些约束条件影响整车控制目标达成过程的性能表现，是控制策略制定和性能标定极为重要的因素。

整车控制策略需要平衡具体目标之间相互制约的情况，在各约束条件下，达成各项相关设计指标。在相应的软件设计和实施过程中，需要特别关注标定参数的设计，以提供友好的标定接口和标定工具。

11.2.1 整车控制目标体系

本文所述整车控制的目标是指整车的性能指标（Vehicle Technical Specification，VTS）。作为示例，某总质量 2.5t 增程式乘用车的 VTS 见表 11-1。

表 11-1 整车的性能指标

指标		数值
动力性	瞬时最高车速 /（km/h）	≥ 130
	持续最高车速 /（km/h）	≥ 120
	0—100km/h 加速时间 /s	≤ 13
	最大爬坡度（%）	≥ 30
	4% 坡度车速 /（km/h）	≥ 90
经济性	纯电续驶里程 /km	≥ 130
	NEDC 电量维持模式百公里油耗 / L	≤ 7
可靠性	（略）	—
耐久性	（略）	—
排放性	（略）	—

除去表中所列内容之外，还需考虑整车与动力系统相关的一些其他性能，如驾驶性、NVH 等。如针对驾驶性，要对电机的转矩及响应过程进行处理和控制，尽量做到车随心动。针对 NVH 性能要求，在不同车速、功率需求下，对增程器的工作功率进行合理控制。

在实施过程中，有时也会出现难以调和的目标之间的矛盾，不得不做出取舍来调整

VTS 的具体数值。这些矛盾常常是由控制策略、硬件资源以及关键零部件的约束条件所带来的，解决这些矛盾的能力体现设计团队经验积累的程度和工程开发的技术水平。

11.2.2 约束条件及其分类

如前所述，所有控制过程都是在有效约束下实现的，因为组成动力系统的各子系统或零部件的性能都是有边界的，与整车控制策略相关的约束条件可以简单地分为整车级、动力系统级和零部件级三个层次。

1. 整车级的约束条件

1）法规，如排放和消耗限值。
2）规范，如 OBD/UDS 管理规范、网络管理、Bootloader 刷写规范等。
3）整车类型，如轻型货车、重型货车、客车等。
4）整车电气拓扑、原理图。
5）整车热管理系统方案。
6）通信网络拓扑、通信矩阵等。

2. 动力系统级的约束条件

1）动力系统架构，如是纯电动、增程式，还是混合动力。
2）动力电池系统的物理限值，如电压、充放电电流、最大功率及维持时间等。
3）增程器系统的物理限值，如电压、输出电流、功率、响应时间等。
4）电驱动系统的物理限值，如电压、正负电流、电功率、转矩、转速、机械功率、系统效率等。
5）变速器系统的物理限值，如输入最大转速与转矩、档位数比、输出最大转速与转矩、传递效率、换档时间等。

3. 零部件级的约束条件

1）零部件电压的平台，如支持 12V 或 24V 电压平台，或同时兼容 12V&24V 电压平台。
2）零部件的防护等级，如 IP54、IP56、IP67、IP6K9K 等。
3）零部件的工作温度范围，如 $-40 \sim 85$℃、$-40 \sim 105$℃等。
4）零部件的振动等级，如正弦振动 3g、5g、10g 等。
5）零部件的硬件资源，如 GPIO、PWM in/out、ADC、HSD、LSD、CAN、LIN 等硬件资源的数量及其物理限值。
6）微处理器逻辑处理能力、运算能力、系统主频、FLASH 容量、SRAM 容量等物理限值。
7）零部件的软件系统设计，如是采用基于 AUTOSAR/OSEK 的操作系统，还是无操作系统下基于时间片的任务调度管理等。
8）零部件的软件架构设计，如软件架构设计时进行软件模块的强耦合，或者模块间的解耦等。

在约束条件的识别、确认与澄清中，首先需要知道整车级的约束条件，然后再考虑与校核动力系统的约束条件，最后到零部件级别。

11.2.3 动力系统及其零部件约束

整车控制策略核心功能就是协调控制动力系统的各零部件，使之满足或达到 VTS 的主要性能指标。因此，分析或识别动力系统及其零部件的约束条件成为开发整车控制策略的重要内容，而动力系统及其零部件的约束又可分为内部约束及外部约束。内部约束是由零部件的内部技术条件所决定的，其外部特性的边界包括电气边界和机械边界。外部约束一般是指零部件被使用时与其他系统或零部件之间的联系，而这些联系限制了此零部件的内部约束，或者说使零部件的外部特性边界受到了进一步限制。

1. 电驱动系统约束

作为驱动增程式电动汽车的动力源，驱动电机具有低速高矩、转矩响应快等特点。设计整车控制策略时，需要考虑驱动电机系统的内部约束及外部约束条件。内部约束包括驱动电机的功率-转矩特性、效率特性等，外部约束包括驱动电机的热管理方案、工作电压、动力电池和增程器提供的功率、电流，其他系统故障等。在充分考虑上述约束条件的基础上，保证驱动电机工作在电机的转矩与功率外特性曲线之内（图 11-3 所示为电机外特性曲线）且较为高效的区间（图 11-4 所示为电机外特性曲线与系统效率 MAP）。

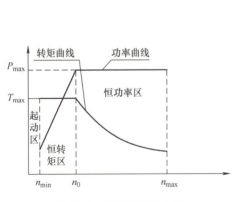

图 11-3 电机外特性曲线

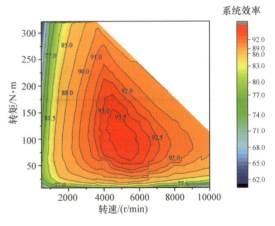

图 11-4 电机外特性曲线与系统效率 MAP

当电机出现过温、过电流、高压故障等异常情况时，制定对应的保护策略，除保护电机、电机控制器外，还能保护动力电池等高压零部件避免发生不可逆损坏，从而保证车辆及驾乘人员安全。

2. 动力电池系统约束

动力电池与增程器共同组成增程式电动汽车电力供给系统，其相关特性（如充放电能力）直接影响动力性、经济性等指标。

动力电池的内部约束包括动力电池荷电状态（SOC）、健康状态（SOH）、充放电能力（充放电功率、电流）等，外部约束包括电池管理系统、整车需求的功率、增程器的工作功率、驱动电机的功率/电流等。

动力电池作为间接被控单元，整车控制器一般通过外部约束如电池管理系统来监控内部约束（动力电池状态），如电池荷电状态（SOC）、电池健康状态（SOH）、电池充放电能力及相关安全状态，并且通过控制负载端使用功率或调整增程器功率等手段调节动力电池输出。

动力电池内部约束出现的问题一般来自以下方面：
1）动力电池放电电流超过其当前放电能力。
2）动力电池充电电流超过其当前充电能力。
3）动力电池本体温度超限值。

在制定整车控制策略时，需要充分考虑动力电池的内部约束及外部约束条件，保证动力电池的充放电功率、电流及工作温度在其合理范围内，以确保达到整车的性能目标及动力电池质保等要求。图11-5所示为磷酸铁锂电池内阻曲线，反映了电池等效内阻随温度的变化趋势，由于低温时等效内阻较大，充放电性能较差，所以需要考虑动力电池的热管理方案及控制策略，控制动力电池内部温度在合理的范围内，从而保证动力电池的充放电性能。

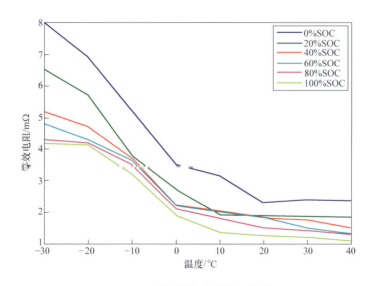

图11-5　磷酸铁锂电池内阻曲线

3. 增程器约束

对于增程器的约束，其内部约束一般包含增程器的功率输出范围、效率区间、NVH水平、功率响应速度、排放水平、故障处理等。外部约束包括整车需求功率、油耗指标、舒适性、动力电池荷电状态、驱动电机及其他附件系统性能约束等。

如为实现整车的燃油经济性最优化这个外部约束指标，增程器工作点及其所对应的比油耗可以通过发动机有效燃油消耗率（BSFC）脉谱（MAP）图以及最优效率功率点对应的转速和转矩来选定，如图11-6所示。

如对增程器进行控制时，考虑到增程器与动力电池共同组成电力供给系统，其中增程器为可控电力供给系统，根据增程器发电能力及高效区间，控制增程器输出相应的电功率。对于增程式车辆，增程器与驱动系统相对解耦，增程器输出状态可以由整车控制器控制。而整车控制策略的制定要基于外部约束和内部约束。

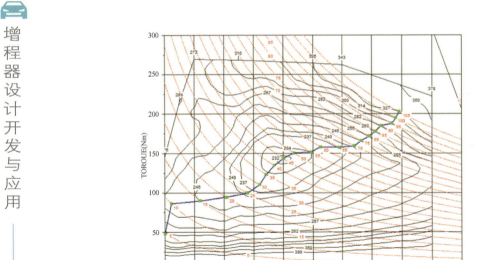

图 11-6　不同功率下发动机最优工作曲线

相对于整车，增程器发电功率范围有时无法覆盖整车电功率需求，尤其是整车存在大功率请求时，增程器需要与动力电池共同输出电功率，如图 11-7 所示。相较于整车功率需求变化较快的特点，增程器发电功率响应相对滞后，因为整车功率需求随驾驶人请求及驾驶工况等条件的变化而变化，但由于发动机的机械特性限制，增程器功率输出响应速度较慢；此外，增程器工况变化过快，对油耗及排放都有不利影响，这些条件需在增程器控制策略制定时重点考虑。

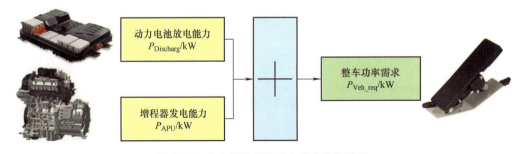

图 11-7　电力供给系统放电功率平衡关系

如对增程器进行控制时，基于增程器发电能力范围，结合发动机高效区间和发电机高效区间，可以选取不同的功率-转矩-转速组合达成某一发电功率。也就是说，同一发电功率可以由不同的增程器工作点实现，但效率有高低之分。因此在控制增程器时，需考虑优先使用增程器的高效发电范围，从而降低油耗。由于增程器与驱动系统解耦，所以增程器的工作点可选择在同功率下最高效的点。

在控制策略制定时，还会考虑 NVH 等其他因素的影响。对于某增程器，虽然中高转速时对应的功率点较为高效，但整车在较低车速运行时，考虑增程器 NVH 对整车舒适性的影响，会控制增程器工作在低转速的工作点；当整车运行在中高车速时，可利用风噪和胎噪的隐蔽效应，控制增程器工作在中高转速的高效区。

11.3 整车控制策略

11.3.1 控制系统功能设计

整车控制器通过对整车各个系统协调控制，实现整车定义的功能，达成性能指标。增程式电动汽车的整车控制功能通常包含驾驶意图管理、系统上下电管理、交直流充电管理、驱动转矩管理、车速控制、增程器控制、整车热管理、能量回馈管理、能耗估算管理、高压附件管理、高压安全管理、故障诊断、整车故障处理、安全监控与管理等多个方面，如图11-8所示。

在项目实际开发过程中，会将控制策略进一步地分解成各功能子模块。增程式电动汽车的常用功能详见表11-2。其中，如何使用和控制增程器是电力供给系统策略中最核心的内容，将在本章11.4节中专题论述。

制定整车控制策略时，需基于整车功能需求、整车性能指标，并结合动力系统各部件性能约束条件等因素，并遵循以下原则：

1）功能项：控制策略应覆盖整车与动力域功能清单的需求。

2）安全项：控制策略应做冗余的故障处理与安全保护策略，保障车辆安全。对于动力系统，要降低车辆高压安全风险，降低电池过充电、过放电风险，降低动力系统因热害带来的部件损伤风险等。

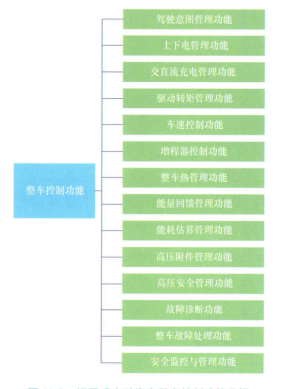

图11-8 增程式电动汽车整车控制功能分解

3）法规项：整车级法规项相关的指标，如排放性能、OBD故障诊断、纯电续驶里程等。

4）性能项：车辆动力性、经济性等目标值，如百公里加速时间、最高车速、最大爬坡度、百公里电耗、百公里油耗等。

5）主观项：与主观感受相关的性能指标，如平顺性、NVH、驾驶性评价指标等。

控制策略是控制功能的逻辑化与工程化的表达，通常包含控制逻辑与算法。每一个控制功能的实现，都需要设计与其相应的控制策略。

11.3.2 控制策略设计

整车控制策略通常包含驾驶意图识别与整车运行模式、电驱动系统控制、热管理系统控制、增程器下的NVH优化控制等。

表 11-2　增程式电动汽车常用功能列表

序号	功能名称	序号	功能名称	序号	功能名称
—	1 驾驶意图管理策略	—	6 车速控制策略	—	11 高压附件管理策略
1	1.1 加速需求解析	25	6.1 不可变车速限制	44	11.1 能量分配
2	1.2 制动需求解析	26	6.2 可变车速限制	45	11.2 DC/DC 对蓄电池供电
3	1.3 制动优先	27	6.3 倒车限速	46	11.3 高压转向使能控制
4	1.4 …	28	6.4 跛行回家	47	11.4 高压转向频率控制
5	1.5 …	29	6.5 …	48	11.5 低压转向使能控制
—	2 上下电管理	30	6.6 …	49	11.6 …
6	2.1 电源模式管理	31	6.7 …	50	11.7 …
7	2.2 起动功能	—	7 增程器控制策略	51	11.8 …
8	2.3 退电功能	32	7.1 增程器自动模式	52	11.9 …
9	2.4 快速起动	33	7.2 …	53	11.10 …
10	2.5 …	—	8 整车热管理策略	—	12 高压安全管理策略
11	2.6 …	34	8.1 增程暖风回路热管理控制	54	12.1 高压互锁检测
12	2.7 …	35	8.2 电驱回路热管理控制	55	12.2 开盖检测
13	2.8 …	36	8.3 …	56	12.3 接触器粘连检测
—	3 交流充电管理策略	37	8.4 …	57	12.4 …
14	3.1 车载交流充电	—	9 能量回馈管理	58	12.5 …
15	3.2 …	38	9.1 滑行能量回收	—	13 整车故障处理策略
16	3.3 …	39	9.2 制动能量回收	59	13.1 整车故障等级分类
—	4 直流充电管理策略	40	9.3 …	60	13.2 整车故障代码显示
17	4.1 直流快充	—	10 能耗估算管理策略	61	13.3 …
18	4.2 直流充电通信	41	10.1 瞬时能耗计算	—	14 安全监控与管理策略
19	4.3 …	42	10.2 百公里能耗计算	62	14.1 转矩安全监控
—	5 驱动转矩管理策略	43	10.3 …	63	14.2 车速安全监控
20	5.1 转矩控制功能		…	64	14.3 …
21	5.2 电机模式控制				
22	5.3 转矩计算				
23	5.4 …				
24	5.5 …				

1. 驾驶意图识别与整车运行模式

驾驶意图识别控制：整车控制器通过采集与驾驶意图相关的人机接口输入信号，如加速踏板信号、制动踏板信号、档位开关信号、空调面板信号、传感器信号等，并做逻辑判断、滤波、有效性校验等信号处理，解析驾驶人的加减速请求及驱动方向请求，进而将相关信号传递至驱动电机控制相关策略模块，确保驾驶人意图得以实现，如图 11-9 所示。

增程式电动汽车的运行一般可分为纯电动模式、增程模式、智能模式、故障与安全保护模式。一般每次重新上电后则自动进入智能模式。

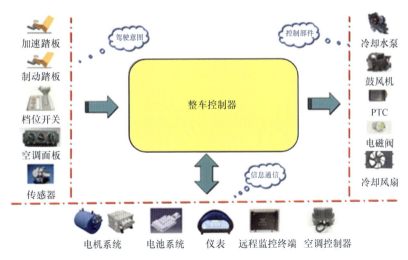

图 11-9　整车控制系统与驾驶意图识别

1）纯电动模式：车辆以纯电动模式行驶，此模式下 SOC 达到下限时会报警提醒驾驶人，分阶段与程度降低整车性能，最后进行停车控制。

2）增程模式：根据整车需求功率和电池状态进行能量管理，控制增程器同时给动力电池和驱动电机供电，并尽可能多地向驱动电机供电，而少向电池充电。

3）智能模式：系统根据驾驶人需求以及系统自身信息选择最合适的驾驶模式，以自动控制增程器、驱动电机等的工作状态，使整车运行在最佳工作状态。

4）故障与安全保护模式：出于车辆安全行驶的目的，在识别与判断故障信息与等级后采取相应的故障保护策略，从而避免因车辆故障导致车辆或人员的伤害发生。故障等级通常分为三级，一级仅作警示，二级降功率运行，三级停车下高压电。

2. 电驱动系统控制

电驱动控制策略涵盖驱动电机转矩控制的相关功能策略，如驱动转矩控制、制动能量回收转矩控制、车速控制及转矩仲裁等，如图 11-10 所示。

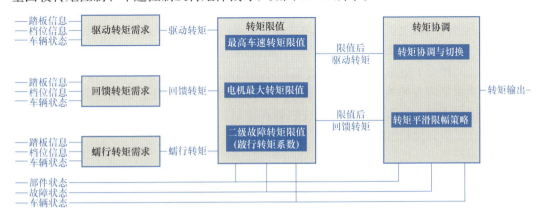

图 11-10　增程式电动汽车电驱动系统控制策略

（1）驱动转矩需求控制

驱动转矩控制的目标为正确地响应驾驶人的加减速请求。结合电机自身的转矩 - 转速特性、驱动电机系统效率，以及电力供给系统的功率供给限制等条件，控制驱动电机转矩输出。而合理地制定转矩滤波、转矩过零、转矩梯度控制等策略，可有效提升驾驶感受，降低能量消耗。

（2）回馈转矩需求控制

提高能量利用效率是增加纯电续驶里程的有效手段，回收转矩控制逻辑的优劣直接影响整车的经济性。回收转矩包括滑行能量回收转矩与制动能量回收转矩。在保证驾驶安全与舒适性的前提下，常规的回收转矩控制一般将回收转矩设置较大，以提高能量回收率。

针对增程式电动汽车，回收转矩控制需与电力供给系统控制策略协同，增程器充电电流与制动能量回收电流之和不应大于动力电池的可充电电流值，当二者之和大于可充电电流时，则需视增程器响应特性，优先降低增程器充电电流。

（3）车速控制

车速控制是指通过控制驱动电机转矩而实现车速目标值的闭环控制，如蠕行控制，最高车速限值等功能。

针对增程式电动汽车，其最高车速的限值来源于两方面：其一为车辆性能指标限定的最高车速；其二为考虑实车状态限值而得到的动态最高车速，如电力供给系统功率输出限制、整车故障状态限制等。车速控制策略将结合相关影响因素执行车速限值。

（4）转矩协调

转矩协调（也叫转矩仲裁）功能通过对不同转矩功能模块输出的目标转矩进行优先级划分，当执行高优先级的转矩命令时，将打断当前转矩执行，并执行相对应的转矩梯度变化速率，平滑过渡到输出高优先级的转矩请求。

常见功能模块的转矩请求，如蠕行转矩、滑行能量回收转矩、制动能量回收转矩、驱动转矩，故障转矩限值、紧急下电零矩请求等，转矩协调模块将依据安全优先，功能次之，驾驶性末之的原则进行优先级划分，并制定相应的转矩控制处理单元，降低行驶安全风险，最终实现驾驶人驾驶意图。

3. 热管理系统控制

动力电池与驱动电机的工作温度对增程式电动汽车的性能与安全有重要影响。动力电池过温、低温等将增加电池自燃风险，降低电池充放电能力，导致电力供给系统无法正常工作。同样对于驱动电机系统，过温将导致电机系统效率严重下降，甚至功能失效。

增程式电动汽车的热管理控制按被控对象可分为三个子系统，即增程器发动机热管理控制、驱动电机与增程器发电机系统热管理控制、动力电池热管理控制。这三个子系统相对独立，但又相互影响。

（1）增程器发动机热管理

增程器发动机的热管理除防止发动机过热之外，在低温环境下还可利用整车高压热源进行发动机预热，以快速升温，降低发动机低温排放。因发动机温升较快，发动机热量同样可用于加热动力电池，从而节约电能，缩短动力电池预热时间，提高车辆低温性能表现。

（2）电机系统热管理

增程式电动汽车具有驱动电机、发电机两套电机系统，即共两个电机本体和两个电机控制器四个被控温度对象，主要控制目标为使电机系统中的电机本体及其控制器工作在合理的温度范围内。

（3）动力电池热管理

电力供给系统的动力电池性能受工作温度影响较大，优良的动力电池热管理控制策略可保证电池性能，提高电池寿命，降低电池自燃风险。

对于增程式电动汽车，动力电池充放电较其他车辆频繁，动力电池热管理通过控制冷却回路中冷却液的流量和温度，从而平衡动力电池温升，但此过程能量消耗一般较大，是整车能耗的重要组成之一。

4. 增程器下的 NVH 优化控制

为了提升整车舒适性能，需要引入 NVH 优化控制模式。在该模式下，控制策略会按照 NVH 的需求自动起停增程器，并动态调整发电功率。在低车速，而且小节气门开度工况时，整车需求功率较低。为改善整车的 NVH 水平，将使增程器的发动机运行在小功率点；如果整车处于停止状态，则会关闭增程器。但 SOC 过低时，为保证整车正常行驶，将不触发增程器下的 NVH 优化控制策略。控制策略的实现需软件系统的设计。

11.3.3 软件系统设计与开发

软件系统设计是对整车控制功能需求与控制策略的转化，分为软件架构设计与软件代码实现。当前主流的软件架构设计方式基于 AUTOSAR（AUTomotive Open System Architecture，汽车开放系统架构）。软件代码实现有多种方式，汽车行业比较常见的有基于 C 语言的软件代码开发，以及基于 MBD（Model Based Design，模型设计）的软件开发。本节重点介绍代表汽车软件开发趋势的基于 MBD 的软件开发方式。

1. 软件架构设计

AUTOSAR 已成为汽车行业的主流软件架构。AUTOSAR 联盟由欧美主要汽车厂商成立，致力于为汽车工业开发一套支持分布式、功能驱动的汽车电子软件开发方法和软件架构标准化方案。为了应对越来越复杂的汽车电子系统，在电动化、智能化背景下，汽车上搭载的电子控制单元日益增多，迫切需要一套全新的整车软件设计标准来满足复杂的汽车系统软件的设计需求，使基本的软件元素、接口和总线系统能够实现标准化，降低开发成本。为了解决以上问题，AUTOSAR 标准与软件架构应运而生。

AUTOSAR 整体框架为分层式设计，分为应用层软件（ASW）、运行时环境（Runtime Environment，RTE）、AUTOSAR 底层软件（AUTOSAR BSW），更下一层则为单片机（μC）的硬件。应用层软件（ASW）分为输入信号处理模块、控制策略模块、输出信号处理模块。以中间层 RTE 为界，隔离上层的应用层（ASW）以及下层的基础软件层（BSW）。AUTOSAR 经典平台体系结构在最高抽象级别上区分了在微控制器上运行的三个软件层：应用程序、运行时环境和基础软件。AUTOSAR 分层软件架构如图 11-11 所示。

应用层软件大多独立于硬件。软件组件之间的通信通过 RTE 层实现互相访问。RTE 表示应用程序的完整接口。BSW 分为三个主要层和复杂的驱动程序。

通过 AUTOSAR 架构，整车软件对车载网络、系统内存及总线的诊断功能进行深度管理。AUTOSAR 的分层设计目标主要有三个：

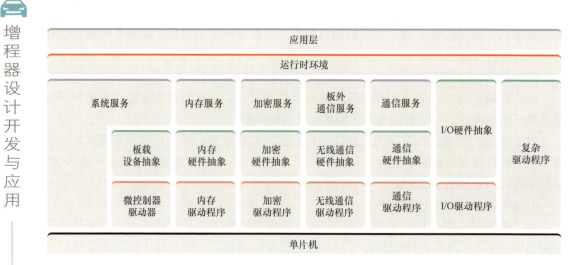

图 11-11　AUTOSAR 分层软件架构

1）建立独立于硬件的分层软件架构。

2）为实施应用提供方法论，包括制定无缝的软件架构堆叠流程并将应用软件整合至电子控制单元。

3）制定各种车辆应用接口规范，作为应用软件整合标准，方便软件构件在不同汽车平台复用。

AUTOSAR 的优点在于可以模块化设计，并将"配置"的理念深入软件开发中，真正让软件变成可设计的、能即插即用的软件结构。整车控制软件的开发基于 AUTOSAR 的软件架构进行。

2. 基于 MBD 的软件开发

MBD 能够节省开发时间和成本，其主要优势如下。

（1）图形化设计

汽车软件大部分是基于模型的软件开发。这一点在大公司尤为明显，我们用 Simulink 将要实现的逻辑用图像的形式表现出来。图形化的设计逻辑明确、清晰，便于交流和维护。对于代码的第一任作者以及以后可能的作者，只需要看懂图形就能知道代码实现了什么功能。而如果不看图，重新翻阅上百条代码，非常耗时。

对于软件工程师来说，最重要的任务是算法的实现。比如对于一个自适应巡航系统，汽车需要根据前车位置、速度来决定跟车速度，以及要不要切换跟车目标，这些"做出决策"的过程就是逻辑判断，都需要工程师设计。

（2）代码自动生成

在模型开发中，图像化的算法最后依靠工具来自动生成代码，代码效率明显提高。手工代码耗费时间长，且容易出差错。自动代码只要工具不出问题，就不会有差错，相比手工代码而言质量更高。

整车控制器软件的开发基于 MBD 的开发方式，采用 MathWorks 公司的 MATLAB/Simulink/Stateflow 软件工具进行整车控制器的应用层软件开发。按照功能需求对软件模块进行划分与定义，分为驾驶意图管理、系统上下电管理、交直流充电管理、驱动转矩管理、车速控制、增程器控制、整车热管理、能量回馈管理、能耗估算管理、高压附件管理、高压安全管理、故障诊断、整车故障处理、安全监控与管理等软件模块，如图 11-12 所示。

图 11-12　整车控制器应用层软件模块

11.3.4　功能安全对策

增程器控制的功能安全对策是为了保证电池与增程器系统的安全。其开发的过程可参考 ISO 26262 功能安全标准要求。对于产品来说，功能安全主要关注的焦点见表 11-3。

表 11-3　功能安全技术要求

安全目标	描述
无意外加速	1. 在没有需求转矩或驱动的情况下，车辆速度突然增加 2. 在有驱动请求的情况下，输出速度高于期望速度
无意外减速	1. 无减速指令时，汽车速度明显下降 2. 接收到加速指令时，下降的速度高于预期下降的速度值
无意外转矩损耗	驱动转矩完全或大部分损耗
空档不产生转矩	在空档或停车时不再产生任何转矩
无溜坡	车辆坡道起动时，防止车辆溜坡
无热失控事件	1. 高压电池在正常使用、电过度消耗以及过热的情况下不发生热失控事件 2. 电机控制器在电过度消耗及过热的情况下不发生热失控事件
不失去稳定性	当 ESC（Electronic Stability Controller，车身电子稳定性控制系统）或 ABS 激活介入时，应当优先响应 ESC 转矩限制请求，从而避免汽车的失控

注：功能安全目标不仅限于本表中的典型目标。

在工程实践过程中，功能安全实现的方式采用多层软件架构（Level1~Level3），对转矩链路进行严格的监控，如图 11-13 所示。

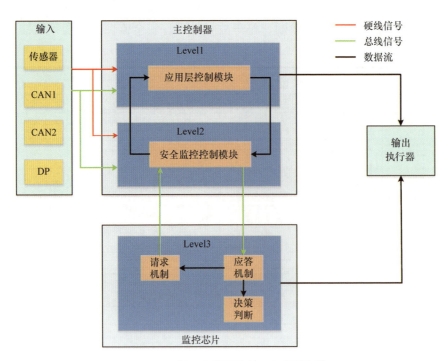

图 11-13 基于安全监控的 3 层软件架构

安全监控原则如下：

1）保护乘员生命安全具有最高优先级。

2）无论动力源是电源还是内燃机，转矩监控均应始终工作，并且设计时不考虑驾驶人反应能力的影响。

3）确保任何失效的情况下，系统响应可靠。

4）实现失效响应的分级，即实现三级故障等级。

5）某些失效响应允许恢复，但其恢复过程要避免产生不稳定的行为。

6）在无法实施其他可控系统响应的情况下，允许动力源停止工作，即系统下高压。

在供电失效的情况下监控系统中的关断路径必须仍能工作，设计可控的失效响应机制。

安全控制主要涉及高压安全、转矩安全、操纵安全等，故障诊断与故障处理是整车安全控制的主要手段。设计控制策略时，应设定安全目标，分析故障生成因素与潜在影响，对重要的功能与信号要设计对应的监控模块等。

增程式电动汽车的故障处理策略参考了 GB 32960 标准。根据 GB 32960.3—2016 中对整车总故障的要求，将故障划分为 3 级：1 级故障仅报警，2 级故障降功率，3 级故障停车，见表 11-4。

表 11-4 增程式电动汽车最高报警等级

报警等级	长度 /B	数据类型	描述及要求
最高报警等级	1	BYTE	为当前发生的故障中的最高等级值，有效值范围：0~3。"0" 表示无故障；"1" 表示 1 级故障，指代不影响车辆正常行驶的故障；"2" 表示 2 级故障，指代影响车辆性能，需驾驶人限制行驶的故障；"3" 表示 3 级故障，为最高级别故障，指代驾驶人应立即停车处理或请求救援的故障。具体等级对应的故障内容由厂商自行定义，"0xFE" 表示异常，"0xFF" 表示无效

11.4 电力供给系统控制策略

在动力电池与增程器组成的电力供给系统中,动力电池为被动放电单元,整车控制器无法直接控制动力电池系统充放电功率的连续变化,而仅能通过控制增程器的发电功率及用电系统(如电驱动系统、辅助驱动系统等)的电功率消耗间接控制,因此本节的重点在于叙述增程器相关的控制策略。

11.4.1 增程器的状态判断及转移

车辆驾驶人的驾驶意图决定了增程器运行工况或状态。根据加速踏板电压信号的数值及变化率,驾驶意图策略会解析出急加速、缓加速等工况需求,如图 11-14 所示。增程器的运行工况也有多种,如稳定发电、急加速发电、缓加速发电、减速发电、停止发电、怠速发电、电池保护等工况。例如,车辆稳定行驶时,增程器一般处于稳定工况(包括停止状态),在处于稳定发电状态时,如果车辆急加速行驶或加速爬坡,增程器一般会进入更大功率发电工况;如果车辆处于缓加速行驶,增程器会进入缓加速发电工况;如果车辆处于制动能量回收状态下减速行驶,增程器会进入减速发电工况等。

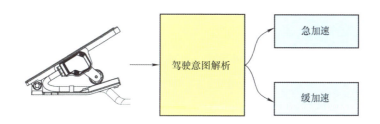

图 11-14 增程式电动汽车加速驾驶意图解析

增程式车辆存在静止与运行两个状态,静止状态分为停车模式与停车发电模式,运行状态分为纯电模式与增程模式,增程器只有在增程模式与停车发电模式才会起动并发电。智能模式下的状态转移如图 11-15 所示。

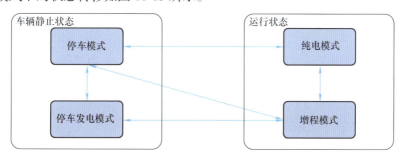

图 11-15 智能模式下的状态转移

增程器的工作状态由驾驶意图、整车功率需求、SOC、安全故障保护等诸多条件共同决定,本节着重描述增程器进入发电状态后从一种发电状态向另一种发电状态转移。可以把停车发电工况、匀速行驶发电工况以及停车增程器怠速工况看成是增程器三个稳态工况或稳态工作点。

1. 急加速判断

通过采集与分析加速踏板的数据可识别出车辆的驾驶意图。通常电子加速踏板会有 2 路模拟量电压信号输出，此 2 路模拟量电压信号一般呈 2 倍或 1/2 关系，且电压信号电压值与踏板踩踏深度呈线性的正比例关系，如图 11-16 所示。

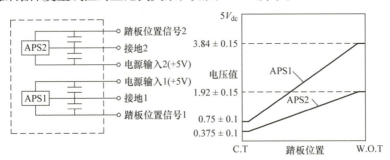

图 11-16　加速踏板输出特性曲线

整车控制器采集到电压模拟量信号后传递给驾驶意图解析软件模块，软件模块会将此电压信号转换成加速踏板开度，其计算过程见式（11-6），并根据加速踏板开度及其变化率 [计算过程见式（11-7）] 来识别驾驶人是否有急加速意图。当加速踏板变化率 G_{ACC_pdl} 大于阈值条件 K_{Emg_ACC2}，即满足式（11-8），且满足 Δt_1 时间内加速踏板变化率均大于阈值条件，则急加速标志置 1，即识别出急加速工况，满足式（11-10）。当加速踏板变化率 G_{ACC_pdl} 小于阈值条件 K_{Emg_ACC1}，即满足式（11-10），且满足 Δt_2 时间内加速踏板变化率均小于阈值条件，则急加速标志置 0，即退出急加速工况，满足式（11-11）。

$$R_{ACC\_pdl} = \frac{V_{APS}}{V_{MAX}} \times 100\% \qquad (11\text{-}6)$$

$$G_{ACC\_pdl} = d(R_{ACC\_pdl})/dt \qquad (11\text{-}7)$$

$$G_{ACC\_pdl} > K_{Emg\_ACC2} \qquad (11\text{-}8)$$

$$f_{Flag\_EmgACC}(G_{ACC\_pdl}, \Delta t_1) = 1 \qquad (11\text{-}9)$$

$$G_{ACC\_pdl} < K_{Emg\_ACC1} \qquad (11\text{-}10)$$

$$f_{Flag\_EmgACC}(G_{ACC\_pdl}, \Delta t_2) = 0 \qquad (11\text{-}11)$$

式中，R_{ACC_pdl} 为踏板开度或比例；V_{APS} 为踏板开度电压；V_{MAX} 为踏板电压最大值；G_{ACC_pdl} 为踏板变化率。

一般情况下，$\Delta t_2 \gg \Delta t_1$，且应注意区别轻打快放的加速踏板操作情况。

当识别出急加速意图，则会控制增程器尽快增大发电功率；当退出急加速时则会控制增程器减少发电功率或停止发电。急加速驾驶意图增程器状态判断如图 11-17 所示。

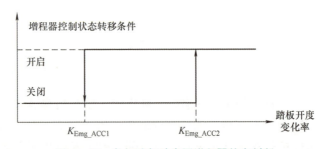

图 11-17　急加速驾驶意图增程器状态判断

2. 缓加速判断

缓加速的情况与急加速判断逻辑类似,在加速度识别上会与急加速在阈值设置上有区别。K_{Slow_ACC} 为踏板缓加速变化率,是可标定的常数。如果加速踏板开度变化率大于 K_{Slow_ACC2} 且维持 Δt 时间,则认为此时有缓加速意图;如果加速踏板开度变化率小于 K_{Slow_ACC1} 且维持 Δt 时间,则认为是退出缓加速意图,其中 $K_{Slow\_ACC2} > K_{Slow\_ACC1}$。当识别出缓加速意图时,则会起动增程器并控制增程器进入相应的发电功率;当退出缓加速意图时,则会控制增程器稳态发电或停止发电。缓加速驾驶意图增程器状态判断如图 11-18 所示。

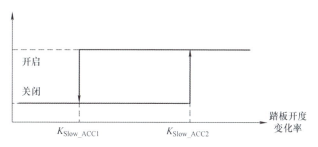

图 11-18 缓加速驾驶意图增程器状态判断

3. SOC 阈值判断

存在一种根据动力电池容量状态决定增程器发电工作点的控制方法。当 SOC 小于某一数值(SOC1)后,就会起动增程器,满足起动发电的状态。当增程器给动力电池充电后,使电池的 SOC 上升到 SOC2 时,增程器满足停止发电或怠速的状态。SOC 阈值与增程器起停判断如图 11-19 所示。在 SOC 的区间内设置了阈值区间,并使 SOC2 > SOC1。

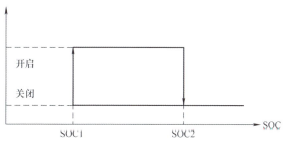

图 11-19 SOC 阈值与增程器起停判断

11.4.2 增程器的使用策略

增程式电力供给系统由增程器和动力电池组成,其匹配分为全工况 I 型和 II 型。全工况 I 型对应的动力电池放电功率在 SOC 定义范围内能满足整车的全工况运行,而全工况 II 型需要增程器和动力电池功率之和满足整车需求功率。具体细节详见 9.3 节。

上文已介绍了触发增程器状态转移的几种情况,增程器进入不同的工作状态后,将依据不同的控制算法进行发电以满足相应的功率需求。每一种算法都有不同的控制目标,急加速算法主要的控制目标为满足动力性需求;缓加速算法的主要控制目标为满足经济性需求;SOC 阈值算法的主要目标为动力电池补电。每一种算法都体现为跟随特征,尽管跟随的内容有所不同。下文将对以上的三种算法进行详细的论述。

1. SOC 跟随策略

SOC 跟随策略是一种最简单的控制策略,它不是根据整车即时状态下的功率需求来决定增程器的工作状态,而是根据动力电池的 SOC 变化来控制增程器工作。根据动力电池充放电状态,可分为电量消耗模式(Battery Depleting,BD)与电量保持模式(Charge Sustain,CS)。若车辆初始阶段 SOC 处于高位,车辆运行在纯电模式(即进入 BD 模式),随着动力电池不断放电,当 SOC 值小于设定的阈值时,则车辆进入增程模式,增程器开启，对电池进行充电，使动力电池 SOC 值保持在一定的范围（即进入 CS 模式），从而保证电力供给系统的功率输出能力，如图 11-20 所示。

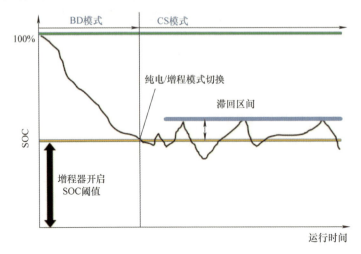

图 11-20　增程式电动车辆电量消耗 BD 与电量维持 CS 模式

增程器开启阈值及滞回区间的选取要基于动力电池的安全性、使用寿命及充放电能量使用效率等多维度进行考虑，当电量低于某一阈值时，将会起动增程器系统进行补电，此时增程器系统的主要控制目标为维持动力电池系统处于某一高效的充放电 SOC 区间。

增程器开启后，增程器输出功率将跟随 SOC 的曲线（图 11-21），以 SOC 作为控制目标。若增程器发电功率无法满足 SOC 的维持，则将适当加大功率输出，随着 SOC 值的不断下降，增程器输出功率将分段上升，以使动力电池 SOC 维持在合理的范围值。当 SOC 值上升时，增程器的输出功率跟随 SOC 的上升而相应地进行分段下降。

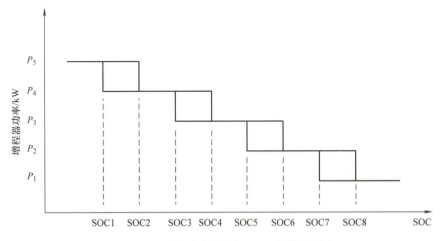

图 11-21　增程式电动车辆 SOC 的控制策略

这一控制策略，可以将 SOC 作为输入变量用分段控制函数表达，其控制目标为 SOC 的电量平衡，控制的方式是通过控制增程器的发电功率来实现电池电量的平衡。SOC 呈上升趋势时数学表达式为

$$P_{\text{APU\_Req}}(\text{SOC}) = \begin{cases} P_5, & \text{SOC} < \text{SOC1} \\ P_4, & \text{SOC2} \leq \text{SOC} < \text{SOC4} \\ P_3, & \text{SOC4} \leq \text{SOC} < \text{SOC6} \\ P_2, & \text{SOC6} \leq \text{SOC} < \text{SOC8} \\ P_1, & \text{SOC8} < \text{SOC} \end{cases} \quad (11\text{-}12)$$

如果 SOC 总体呈下降趋势，则需要满足的数学表达式为

$$P_{\text{APU\_Req}}(\text{SOC}) = \begin{cases} P_1, & \text{SOC8} < \text{SOC} \\ P_2, & \text{SOC5} < \text{SOC} \leq \text{SOC7} \\ P_3, & \text{SOC3} < \text{SOC} \leq \text{SOC5} \\ P_4, & \text{SOC1} < \text{SOC} \leq \text{SOC3} \\ P_5, & \text{SOC} < \text{SOC1} \end{cases} \quad (11\text{-}13)$$

这一策略主要适用于全工况 I 型，也可用于 II 型。最简单的 SOC 跟随策略可以只有 1 个区间。

2. 功率跟随策略

在全工况 II 型中，整车的动态功率需求主要由增程器来满足，其不足部分由动力电池来补充。

当车辆有瞬时大功率（或瞬时较大功率增加）需求时，增程器启动功率跟随策略，以满足动力性要求，称为瞬时大功率跟随。

当车辆以缓加速或平稳状态运行时，一般应使增程器工作在最佳效率曲线上或高效区内，以满足经济性为主，称为高效功率跟随。

（1）瞬时大功率跟随

当加速踏板变化率大于设定的阈值，且维持一段时间后，则可判断车辆此时有瞬时大功率需求，如图 11-22 所示。为了满足整车的瞬时大功率需求，同时考虑动力电池持续大电流放电的能力有限，需控制增程器快速进入大功率发电状态。这种跟随能力考验增程器功率输出的响应性。

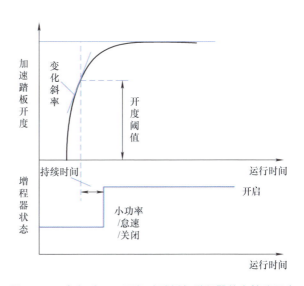

图 11-22 急加速工况下加速踏板与增程器状态转移示意

增程器功率 $P_{\text{APU\_req}}(t)$ 是踏板开度 $R_{\text{ACC\_pdl}}$、电池可放电功率 P_{Discharg} 以及时间 t 的函数，与踏板开度 $R_{\text{ACC\_pdl}}$ 成正比，与电池可放电功率 P_{Discharg} 成反比，即

$$P_{\text{APU\_req}}(t) = f(R_{\text{ACC\_pdl}}, P_{\text{Discharg}}, t) \quad (11\text{-}14)$$

而整车功率需求则可表示为

$$P_{\text{Veh\_req}}(t) = P_{\text{MCU\_req}}(t) + P_{\text{Auxl\_reg}}(t) \quad (11\text{-}15)$$

这样，有

$$P_{\text{APU\_req}}(t) = P_{\text{MCU\_req}}(t) + P_{\text{Auxl\_req}}(t) - P_{\text{Discharg}}(t) \qquad (11\text{-}16)$$

式中，$P_{\text{Veh\_req}}(t)$ 为整车需求功率；$P_{\text{MCU\_req}}(t)$ 为驱动电机系统需求功率；$P_{\text{Auxl\_req}}(t)$ 为附件需求功率；$P_{\text{Discharg}}(t)$ 为电池运行放电功率；$P_{\text{APU\_req}}(t)$ 为增程器需求发电功率。

根据式（11-14）~式（11-16），最终计算出增程器的需求发电功率。此时的增程器发电功率表现为对驱动电机功率需求的动态跟随，或增程器的功率点会跟随踏板开度变化而变化。此控制策略适用于全工况Ⅱ型，也适用于全工况Ⅰ型的某些特定情况。

（2）高效功率跟随

一般在全工况Ⅱ型系统中，当驾驶意图解析算法识别出缓加速工况，或识别出车辆处于常时功率范围内运行时，应使增程器的功率输出基本满足车辆需求，并使增程器工作在高效区内，这也是动力系统匹配时的一个原则，这种状态下式（11-14）~式（11-16）依然有效。但功率跟随是以经济性为主要目标的，应使增程器的发电功率尽可能地全部输出到驱动电机，而此时的动力电池主要起缓冲作用，用于弥补瞬时增程器输出功率的不足，或接收瞬时增程器输出功率的超出部分。高效功率跟随是增程器工作的常态，无论是全工况Ⅰ型还是全工况Ⅱ型。

在增程器中寻找燃油消耗率（BSFC）最低点，以使其在最优的经济运行点进行发电，可以采用基于成本函数的最优能量管理策略进行寻优计算。这是因为增程器的输出功率与转速和转矩的乘积正相关，因此可以在其功率曲线上找出最优工作点。此寻优算法也可以置于增程器控制器的内部。

通过成本函数的优化计算，将使增程器运行在效率更高的区域，使增程器发动机的运行区域向更高效率的区间转移。

3. 综合使用策略

所谓的"综合使用策略"，主要是指 SOC 跟随策略和功率跟随策略的结合。电力供给系统的综合控制策略的核心在于自动识别工况，并自动切换增程器的使用策略，动态调整电力输出功率，如图 11-23 所示。

增程器使用策略的选择或切换，主要依据是车辆的状态对增程器性能需求的侧重点，是追求经济性，还是响应性，或追求其他方向，如安全性、NVH 等。

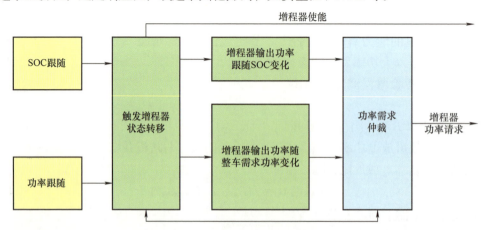

图 11-23 增程器综合使用策略

11.5 控制系统测试与试验

整车控制策略的设计遵循 V 型开发流程。设计试验验证作为保证控制策略设计质量的重要环节与手段，主要体现在模型在环（Model in the Loop，MIL）测试与硬件在环（Hardware in the Loop，HIL）测试。

11.5.1 MIL 测试

MIL 测试的基本原理及组成如图 11-24 所示。如果在 Simulink 模型中将控制算法模型和被控对象模型连起来形成闭环，就是我们经常说的 MIL 测试。顾名思义，就是在模型层面上实现闭环测试。这种测试通常发生在两种场景之下：一是系统工程师为了验证算法，使用控制算法模型控制被控对象模型；另外一种是软件工程师做模型级别的集成测试。当然，MIL 测试的前提是要有被控对象模型，搭建被控对象模型或者采购现成的被控对象模型都可以。

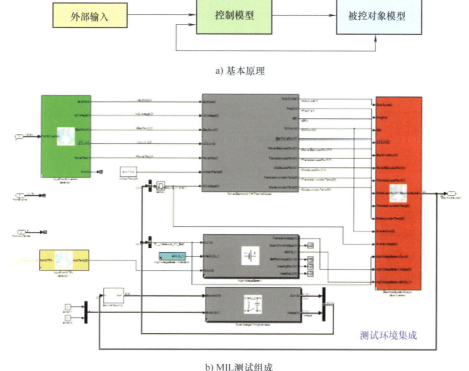

a) 基本原理

b) MIL测试组成

图 11-24　MIL 测试的基本原理及组成

MIL 测试就是对控制模型在模型的开发环境下（如 MathWorks 公司的 MATLAB 下的 Simulink 软件）进行仿真，通过输入一系列的测试用例，验证模型是否满足设计的功能需求。MIL 是所有测试中最关键的，因为 MIL 的测试标准必须源于功能需求。而软件在环（Software in the Loop，SIL）和处理器在环（Processor in the Loop，PIL）的测试用例往往都是借用 MIL 的测试用例，一旦 MIL 阶段使用了错误测试用例，这个错误很有可能会最终流出去。

在控制策略转换成控制软件之后，会通过 MIL 测试的方法进行测试验证，确认是否满足控制策略的需求，并达到设计要求等。

11.5.2 HIL 测试

HIL 测试是以实时处理器运行仿真模型来模拟受控对象的运行状态的，通过 I/O 接口与被测的 ECU 连接，对被测 ECU 进行全方位的、系统的测试。从安全性、可行性和合理的成本上考虑，HIL 已经成为 ECU 开发流程中非常重要的一环，它减少了实车路试的次数，在缩短开发时间和降低成本的同时提高了 ECU 的软件质量，降低了汽车厂的风险。

HIL 测试系统主要由三部分组成：硬件平台、实验管理软件和实时软件模型。HIL 测试系统组成及基本原理如图 11-25 所示。

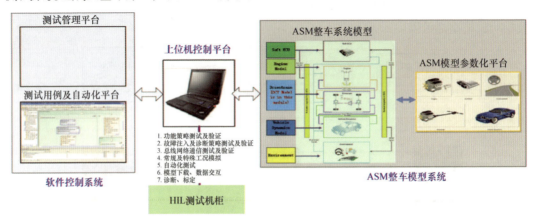

图 11-25　HIL 测试系统组成及基本原理

1. 硬件平台

HIL 测试系统硬件平台主要包括实时处理器、I/O 接口、故障注入单元（FIU）、通信接口、FPGA 模块、负载模拟单元、信号调理单元、可编程电源、机柜和分线箱等，能确保将最新的计算机技术应用于 HIL 测试系统，满足未来测试系统的要求。

2. 实验管理软件

HIL 测试系统实验管理软件平台以 NI VeriStand 2010 为核心组建，与实时处理器通过以太网（Ethernet）连接，配合 LabVIEW、FPGA Module、Real Time Module 及其他丰富的功能扩展包，用户可进行：

1）硬件配置管理。
2）自主更新硬件资源。
3）升级系统功能。
4）从 Simulink 等第三方建模环境中导入控制算法或系统模型。
5）提供测试命令。
6）创建可视化交互界面。
7）灵活修改用户界面。
8）配置生成激励。

9）事件警报。

10）完成自动化测试。

11）记录数据。

12）自动分析数据和生成报告等。

3. 实时软件模型

HIL 测试系统采用开放的硬件平台，支持多种仿真模拟软件，实时软件模型主要包括

1）发动机模型：如 MATLAB、Simulink、Stateflow 软件。

2）电池模型：如 LabVIEW Control Design and Simulation Module 软件。

3）电机模型：如 TesisenDYNA 和 veDYNA 软件。

4）传动系统模型：如 CarSim 和 TruckSim 软件。

5）驾驶人模型：如 GT-POWER 软件。

6）车辆动力学模型：如 AMESim 软件。

7）路面及环境模型：如 CarSim 软件等。

利用 HIL 测试建立起虚拟实时车辆，可用来验证控制器功能。影响硬件在环测试的两个关键因素是车辆或部件的仿真模型和控制器输入输出信号的模拟。

在 MIL 和 HIL 阶段进行控制器测试，大多以手动调试为主。测试用例自动生成技术能最大限度地找出模型和系统处于不稳定状态时的测试用例，根据这些测试用例，能够更有目的性地进行调试。

11.5.3 动力系统台架验证

在控制策略完成 MIL 测试、HIL 测试之后，如有必要或条件允许，会进行动力系统台架联调测试验证，主要验证增程器系统与动力电池系统之间的匹配关系，为了试验的安全与可控，通常会使用电池模拟器代替真实的动力电池系统。

增程式动力总成台架主要包含电力测功机系统（包含电力测功电机、测功机控制器及桌面控制系统）和电池模拟器系统，如图 11-26 所示。被测对象包含增程器系统和电机驱动系统。其中电力测功机系统可以模拟运行各种工况（如 C-WTVC、NEDC 工况等），以及各种负载等。电池模拟器电源可以工作在恒压（Constant Voltage，CV）、恒流（Constant Current，CC）、恒功率（Constant Power，CP）等不同的工作模式下，能满足不同负载的精确测试需求，具备完善的自诊断与保护功能，可防止误操作或环境因素引起的仪器受损或人身伤害。电池模拟器具备能量双向流动特点，在电机测试过程中，为负载提供稳定的直流电压，满足正常测试需求；在电机处于发电模式时，电池模拟器可将电机发电的能量回馈到电网，以防止能量集聚造成负载损坏。

关于增程器控制及其本体的测试验证，已在第 7 章中进行了系统而详细的描述。本节着重介绍基于整车控制策略的增程控制策略验证。根据整车运行工况的车速、整备质量、迎风面积、风阻系数、滚动阻力系数，以及整车附件运行功率等数据，计算整车需求功率（含驱动系统与附件系统），然后验证由增程器与动力电池组成的电力供给系统是否按照设计的策略进行运行，同时调整相关标定参数达成最优性能。

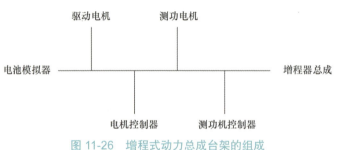

图 11-26　增程式动力总成台架的组成

11.5.4　整车级验证

控制策略的开发与实现最终需要落实在整车上面。完成 HIL 测试及台架测试后，需要将验证通过的控制器安装在整车上，进行整车级的系统联调、功能调试、性能标定等，再进行三高标定（高温、高原、高寒环境）、排放标定以满足整车 VTS 性能指标的要求。

整车静态与动态功能调试主要包含以下内容：

1）电源测试：测试验证电源供给是否正常。

2）传感器测试：如加速踏板、制动踏板、温度传感器等。测试是否能采集到规格书规定或行程相对应的电压值。

3）执行器测试：如继电器、电子水泵、电子风扇、电子三通阀等执行部件的控制测试，确认是否按照要求执行。

4）通信测试：验证 CAN、LIN 等网络是否按照通信矩阵及通信规范的要求进行通信。

5）上下电测试：钥匙从 OFF → ON → START → ON，再从 ON → ACC → OFF 进行切换，测试是否按照上下电流程进行相应的动作，测试其上下电功能是否正常，是否可以正常进入或退出 Ready 状态。

6）高压附件控制测试：测试高压附件是否可以按照正确的方式开启、工作、关闭等。

7）热管理控制测试：测试电驱水泵、电池水泵、暖风水泵、电子冷却风扇、电子压缩机、PTC 控制器等是否按照控制策略要求的逻辑执行等。

8）驱动转矩测试：整车进入 Ready 状态后，测试挂 D/R 档蠕行转矩输出是否正确，踩加速踏板转矩输出是否正确等。

9）增程器起停测试：测试增程器是否按照设计的逻辑与阈值进行起动、发电、停机等。

10）充电功能测试：测试直流与交流充电功能是否按照设计的逻辑与时序正确执行。

完成整车静态与动态的功能调试之后可开展性能标定工作，主要内容如下：

1）基础标定：调整基本标定参数，如加速踏板的曲线、最高车速、保护参数等，以满足基本功能需求。

2）性能标定：调整电驱动系统的参数、加速踏板的转矩曲线、增程器的起停 SOC 参数、增程器具体发电功率点等参数，以满足整车性能指标要求，如动力性指标、经济性指标等。

3）三高标定：指高温、高原及高寒标定。主要针对高温、高寒环境下热管理系统性能参数的调整，以满足在极端环境下不会出现过热或温度过低情况，从而避免因温度因素导致系统的不可逆损伤等。

4）OBD 标定：此处的 OBD 标定主要是指与排放相关的整车控制器 OBD 标定。具体指可能影响发动机排放的整车控制器软硬件诊断参数的标定。此标定过程需在 HIL 台架及整车环境下对各个诊断参数进行校核或调整，以使 OBD 诊断系统达到最优匹配状态。

参考文献

[1] 余志生，夏群生. 汽车理论 [M]. 北京：机械工业出版社，2009.

[2] 吴晓刚，高明明，杜玖玉，等. 不同运行方式下增程式电动客车能量管理策略优化 [J]. 电机与控制学报，2018，22（10）：93-102.

[3] ZHANG X, CHRIS M. 车辆能量管理：建模、控制与优化 [M]. 张希，米春亭，译. 北京：机械工业出版社，2010.

[4] LIU W. 混合动力汽车系统建模与控制 [M]. 殷国栋，等译. 北京：机械工业出版社，2010.

[5] 洪飞飞，林元则，韦健林，等. 一种增程器控制方法，装置及车辆：CN201910836131.6[P]. 2019-09-05.

Chapter 12

第 12 章
燃料电池增程器

对于增程式电动汽车，除了内燃机式增程器，燃料电池也是增程器的一种。因我国目前的燃料电池电动汽车主要以"电 - 电"混合模式为主，故可将燃料电池电动汽车中的燃料电池系统称为燃料电池增程器。2016 年 4 月，国家发改委和国家能源局印发了《能源技术革命创新行动计划（2016—2030 年）》，其中针对性地对氢气/空气聚合物电解质膜燃料电池（PEMFC）和甲醇/空气聚合物电解质膜燃料电池（Methanol Fuel Cell，MFC）等提出了创新行动计划，包括重点突破 PEMFC 催化剂、聚合物电解质膜等诸多核心关键技术，解决 PEMFC 性能、寿命、成本等关键问题，实现 PEMFC 和 MFC 电动汽车的示范运行和推广应用。本章将针对燃料电池增程器技术做简要介绍。

12.1 燃料电池概述

燃料电池作为一种非常有前景的能源技术，具有能量转化效率高、清洁无污染、无机械传动部件、噪声小等优异特性。本节从燃料电池的结构、工作原理、分类、技术指标及其应用等方面展开阐述。

12.1.1 燃料电池的结构及工作原理

燃料电池（以 PEMFC 为例）由多个单电池组成。单电池结构主要包括双极板、质子交换膜、气体扩散层、催化剂等，其结构及工作原理如图 12-1 所示。

（1）双极板

双极板主要起到气体分配、集流、导热和密封的作用。双极板是电、热的良导体，具有优良的力学性能、阻气性能和耐蚀性能等，其性能决定了燃料电池电堆的体积功率密度和质量功率密度。

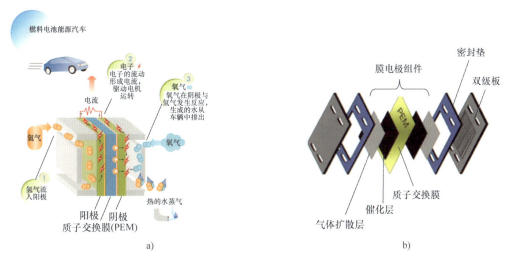

图 12-1 燃料电池结构及工作原理

双极板材质主要是石墨或者合金。石墨双极板厚度为 2~3.7mm，具有一定形状的导流通道，其流道设计及加工工艺与电池性能密切相关。金属双极板厚度为 0.08~0.15mm，流道经冲压成型，在提高体积功率密度的同时拥有更好的批量生产能力。

（2）质子交换膜

质子交换膜作为电解质起到传导质子（H^+）及隔离反应气体的作用。在燃料电池内部，质子交换膜为质子的迁移和输送提供通道，使得水合质子能够透过质子交换膜从阳极迁移至阴极。

（3）气体扩散层

气体扩散层通常由碳纸或者碳布组成，如果涂覆有催化剂也称为扩散层电极，主要起到传质、导电、传热、支撑催化层及导水的作用。

（4）催化剂

作为氢燃料电池反应的关键，催化层是由催化剂和催化剂载体组成的薄层。催化剂主要采用 Pt/C 和 Pt 合金/C 等材料，载体主要采用纳米颗粒碳、碳纳米管和碳须等材料。阴、阳两极的催化剂附着于多孔结构的气体扩散层上，以便于反应气体通入和产物排出。

燃料电池是一种能量转换装置，其基于电化学即原电池的工作原理把储存在燃料和氧化气（氧气）中的化学能直接转换为电能，因而实际过程是氧化-还原反应。燃料和氧化气分别由燃料电池的阳极和阴极通入，燃料在阳极催化剂的催化作用下分离出电子和质子，电子经外电路传导到阴极并与氧化气及从阳极穿过质子交换膜的质子反应生成水。质子与外电路的电子转移构成回路，产生电流向外界输出。由于本身的电化学反应以及内阻，燃料电池还会产生一定的热量。

燃料电池总的化学反应式与氢气的燃烧反应式相同：$H_2 + 1/2O_2 \rightarrow H_2O$。在原子量级上，氢气在燃烧时，氢-氢化学键和氧-氧化学键仅在皮秒之内就被破坏，同时形成氢-氧化学键，生成物的键合能与原始氢气和氧气的键合能之间的能量差只能以热能的方式释放出来。传统内燃机所利用的热能正是通过汽油等燃料的燃烧获得。而燃料电池技术则是拉长燃烧反应键合重构的时间和空间长度，使电子在从一个反应物（电池的阳极）

传递到另一反应物（电池的阴极）的过程中形成电流，生成物和反应物之间的能量差则以电能的形式展现。

对比燃料电池与汽油、柴油发电机，虽然都是以消耗燃料的方式发电，但传统热机发电需要经过"化学能-热能-机械能-电能"多个转换步骤，每一步转换都会造成能量损失，尤其在热能转换为机械能时，热机效率受卡诺循环的限制，因而发电效率损失较大。而燃料电池可直接将化学能转换为电能，无须经过热机的燃烧转换，因此不受卡诺循环的限制，效率自然就高。燃料电池大多使用氢气作为燃料，排放无污染，无机械传动部件，噪声低。

12.1.2 燃料电池种类

按照电解质的不同，燃料电池可分为碱性燃料电池（Alkaline Fuel Cell，AFC）、磷酸燃料电池（Phosphoric Acid Fuel Cell，PAFC）、熔融碳酸盐燃料电池（Molten Carbonate Fuel Cell，MCFC）、固体氧化物燃料电池（SOFC）和质子交换膜燃料电池（PEMFC）五种。本节仅对氢气/空气聚合物电解质膜燃料电池、甲醇/空气聚合物电解质膜燃料电池（MFC）、固体氧化物燃料电池做详细介绍，其中氢气/空气聚合物电解质膜燃料电池与甲醇/空气聚合物电解质膜燃料电池均属于质子交换膜燃料电池。

1. 质子交换膜燃料电池

以氢气进气压力不同PEMFC可分为低压、中压和高压燃料电池，压力越高对应的燃料反应就越剧烈，燃料电池的功率密度就越高。燃料电池目前的趋势是向中压或者高压发展，但受限于相关部件的性能提高。

PEMFC主要由电堆和辅助系统组成，电堆由不同数量的单电池串联而成，单电池数量越多则电堆功率越大；辅助系统主要给电堆供给燃料以及氧化剂等，并控制输出功率。

PEMFC的核心部件是有着"电极-催化剂-膜-催化剂-电极"三明治结构的膜电极组件，其原理示意如图12-2所示。PEMFC工作的四个基本过程是：反应物的传输；电化学

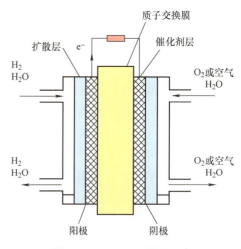

图 12-2　PEMFC 原理示意

反应；离子和电子的传导；生成物的排出。PEMFC的运行需要源源不断的燃料和氧化物，利用流场板和多孔电极结构可以有效实现反应物的高效率输运。当反应物到达电极时开始进行电化学反应。电化学反应速度越快，燃料电池产生的电流越大。PEMFC的工作过程可以分解成两个电化学反应：

阳极反应：$\qquad H_2 \longrightarrow 2H^+ + 2e^-$ （12-1）

阴极反应：$\qquad 1/2 O_2 + 2H^+ + 2e^- \longrightarrow H_2O$ （12-2）

总反应：$\qquad H_2 + 1/2 O_2 \longrightarrow H_2O$ （12-3）

在这两步电化学反应过程中，将会产生和消耗氧离子、电子。其中电子的传输通过外部导电路径从阳极传导到阴极；而氢离子的传输则需要依靠质子交换膜，从阳极传输

至阴极。完成上述步骤后 PEMFC 仅产生及排出水。

目前，PEMFC 的优缺点明显，优点包括氢气气源丰富、工作温度低、工作效率高等；缺点包括所使用的氢气价格贵、储运难，作为催化剂的贵金属价格高昂等。

2. 甲醇/空气聚合物电解质膜燃料电池（MFC）

同 PEMFC 的结构、原理基本一样，MFC 直接用甲醇或其他碳质化合物作为燃料，种类包括甲醇重整制氢燃料电池（Reformed Methanol Fuel Cell，RMFC）、直接甲醇燃料电池（Direct Methanol Fuel Cell，DMFC）等。

RMFC 是在 PEMFC 前端增加甲醇重整设备，即由甲醇重整器和 PEMFC 两部分组成，可直接将氢气混合气或通过氢气提纯器后的氢气通入电堆，如图 12-3 所示。甲醇重整制氢技术是 RMFC 的关键技术，甲醇重整制氢的方法主要有三种：甲醇水蒸气重整、甲醇氧化重整、甲醇裂解。其中甲醇水蒸气重整技术较为成熟，具有重整温度低（200℃多）、重整气中氢气含量高（70%）、不需要氧气参加反应等优点。

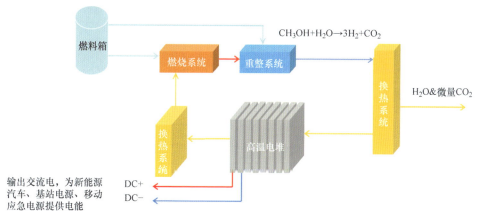

图 12-3　甲醇重整燃料电池原理

DMFC 是将甲醇直接通入电堆，电堆的阳极采用的不是 Pt/C 催化剂，而是对甲醇催化活性较高的 Pt-Ru/C。DMFC 原理及结构示意如图 12-4 所示。

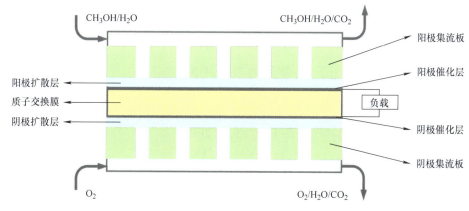

图 12-4　DMFC 原理及结构示意

DMFC 工作时，甲醇的水溶液（或者汽化甲醇和水蒸气的混合气体）通过阳极流场，以对流和扩散的方式依次到达阳极扩散层、阳极催化层，在电催化剂的作用下分解成质子、电子及 CO_2，其中 CO_2 通过阳极多孔的介质层返回阳极极板的流场中，并最终以气体形式排出。阳极的电子经由外电路负载后传输到阴极，质子则经由质子交换膜抵达阴极催化层，与进入阴极的 O_2 反应生成水排出。DMFC 的化学反应如下：

阳极反应： $\qquad CH_3OH + H_2O \longrightarrow CO_2 + 6H^+ + 6e^-$ （12-4）

阴极反应： $\qquad 3/2O_2 + 6H^+ + 6e^- \longrightarrow 3H_2O$ （12-5）

总反应： $\qquad CH_3OH + 3/2O_2 \longrightarrow CO_2 + 2H_2O$ （12-6）

与 PEMFC 相比，MFC 的显著优点在于使用的燃料为廉价易得、储运方便的液体甲醇，且水热管理简单，辅助配件少。DMFC 体积小、质量小，适合当作便携式电源用于手机、笔记本计算机等。目前 DMFC 仍面临若干技术难题：阳极催化剂对甲醇的催化活性低，电池的功率密度偏小；电池运行时，甲醇容易随水透过质子交换膜扩散至阴极，导致 DMFC 阴极既发生醇催化氧化反应又发生氧还原反应，从而形成"混合电位"，降低电池输出电压和效率；燃料电池运行过程中，由于催化剂团聚、脱落、腐蚀等因素导致催化剂的稳定性、活性降低。

3. 固体氧化物燃料电池（SOFC）

SOFC 因其电解质是用氧化钇稳定的氧化锆（Yttria-Stabilized Zirconia，YSZ）等固体氧化物材料而得名。图 12-5 所示为 SOFC 原理示意，其单电池由电解质、阳极和阴极组成。

燃料气（如醇、烃等的裂解、重整制氢产物 H_2 和 CO 等）和空气分别在阳极/阴极和电解质的交界面处发生电化学反应，产生电子和氧离子。其中氧离子通过电解质层从阴极传导到阳极，电子经过外电路负载从阳极传输到阴极，形成电流回路。

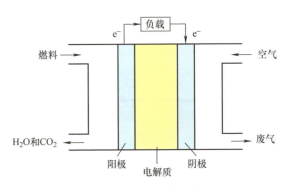

图 12-5 SOFC 原理示意

当阳极燃料为 H_2 时，SOFC 的化学反应如下：

阳极反应： $\qquad 2O^{2-} + 2H_2 \longrightarrow 2H_2O + 4e^-$ （12-7）

阴极反应： $\qquad O_2 + 4e^- \longrightarrow 2O^{2-}$ （12-8）

总反应： $\qquad 2H_2 + O_2 \longrightarrow 2H_2O$ （12-9）

当阳极燃料为 CO 时，SOFC 的化学反应如下：

阳极反应： $\qquad O^{2-} + CO \longrightarrow CO_2 + 2e^-$ （12-10）

阴极反应： $\qquad O_2 + 4e^- \longrightarrow 2O^{2-}$ （12-11）

总反应： $\qquad 2CO + O_2 \longrightarrow 2CO_2$ （12-12）

常见的电池阳极为金属-陶瓷复合材料（如 Ni-YSZ 复合材料），常见的电池阴极为 LSM（Sr 掺杂的 $LaMnO_3$）材料。SOFC 电堆由单电池、电池之间的连接体以及单电池和连接体之间的密封材料（常见的是玻璃和玻璃-陶瓷基材料）组成，其反应界面温度为 600~1000℃。从结构上分，SOFC 可分为平板式、管式以及平管式。平板式 SOFC 通常以金属连接板作为连接体，其特点是结构紧凑、电流通路短、欧姆极化相对较小，因而输出功率密度较高；管式 SOFC 的特点是组装方便，无高温密封难的问题，容易通过单电池的串并联组成大规模发电系统；平管式 SOFC 则兼有两者的优点。

与其他燃料电池相比，SOFC 具有独特的优势：

（1）能量转化效率高

SOFC 一次发电效率达 50%，其反应产物（主要是高温水蒸气）可用于供热，综合能量利用率超过 85%。

（2）电池结构稳定、电堆寿命长

SOFC 的所有组成部分均为固体，相比液体电解质的燃料电池更耐腐蚀、更稳定，电堆寿命更长。

（3）无需贵金属、便于模块化设计

SOFC 运行温度高，电化学反应快（燃料能迅速氧化达到热力学平衡），可使用廉价易得的电极材料，无需贵金属材料；全固体结构，单个电堆可作为独立的供电模块存在，可通过调整电堆的数量灵活调整发电量，便于模块化设计。

（4）燃料选择灵活

SOFC 避免了贵金属电极的使用，因而不存在 CO 毒化电极的问题（相比之下，PEMFC 采用的贵金属 Pt 催化剂与 CO 结合能较高，其表面活性位点容易被 CO 大面积占用，催化剂的活性和稳定性严重降低，称为催化剂中毒。燃料气中体积分数为 20×10^{-6} 的 CO 即可令 PEMFC 中的 Pt 催化剂中毒），且对其他杂质及组分的波动也具有较好的忍耐性，可灵活选择 H_2、CO 及各种醇、烃类（富氢合成气、天然气、甲醇等）作为阳极燃料。

由于高温运行，SOFC 也不可避免地存在材料的耐高温、不同元件之间的热匹配及电堆的高温密封等技术问题。

12.1.3 燃料电池的技术指标

为引导燃料电池产业发展，国家制定了燃料电池汽车的补贴政策，主要规定了燃料电池的系统功率，但开始并未对性能技术指标提出要求。相比动力电池的补贴政策及技术路线，燃料电池有下列几项重要的技术指标，也有望增加到后续补贴政策中。

（1）质量功率密度

燃料电池系统、电堆的质量功率密度是指其平均单位质量所能释放出的功率，可用于评价制造商的制造水平及集成设计能力。丰田 Mirai 燃料电池电堆的质量功率密度达到 2kW/kg。国内某公司 12m 燃料电池客车搭载的燃料电池电堆的质量功率密度为 1.26kW/kg，燃料电池专用零部件水平与国外存在较大差距，因此质量功率密度相对较低。

$$燃料电池电堆或系统的质量功率密度 = \frac{p}{m} \quad (12\text{-}13)$$

式中，质量功率密度的单位为 kW/kg；p 为燃料电池电堆或系统的功率（kW）；m 为燃料电池电堆或系统的质量（kg）。

（2）体积功率密度

燃料电池的体积功率密度是指电堆平均单位体积所能释放出的功率，可评价制造商制造水平及集成设计能力。丰田 Mirai 燃料电池电堆体积功率密度达到 3.1kW/L（采用了 3D 流场设计和自增湿技术，同时可提高电流密度），国内某公司 12m 燃料电池客车搭载的燃料电池电堆的体积功率密度为 1.92kW/L，燃料电池材料基础水平与国外存在较大差距，因此体积功率密度较低。

$$燃料电池电堆的体积功率密度 = \frac{p}{v} \qquad (12\text{-}14)$$

式中，体积功率密度单位为 kW/L；p 为燃料电池电堆的功率（kW）；v 为燃料电池电堆的体积（L）。

提高燃料电池质量/体积功率密度需要从多方面考虑：

1）燃料电池系统集成时需要对系统进行整体优化，进行系统级零部件开发，使各零部件都具有较高的系统集成性，同时采用新型材料，降低零部件质量。

2）提高电堆膜电极电流密度，减少单电池数量，降低电堆尺寸和重量。

3）提高电堆设计开发能力，引入自增湿技术，从而取消增湿器。

（3）电流密度

电流密度用来衡量燃料电池电堆中膜电极的性能，具体指在一定的膜电极活性面积下产生电流的大小。图 12-6 所示为典型的燃料电池电流密度-电压曲线。图中活化区域指由于电化学反应引起的损耗的区域；欧姆区域指由于离子和电子传导而引起的损耗的区域；质量传输区域指由于质量传输而引起的损耗的区域。图 12-7 所示为国内某燃料电池电流密度-电压曲线。在不同电压下对应的电流密度不同，目前厂家一般会定义单片电压在 0.65V 时的电流密度对应的功率点作为燃料电池最大功率点。丰田 Mirai 燃料电池电堆电流密度达到 2 A/cm²，国内某公司 12m 燃料电池客车搭载的燃料电池电堆电流密度为 1.2A/cm²。

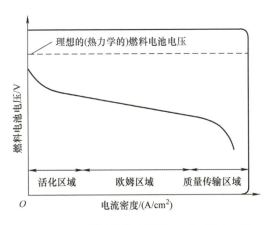

图 12-6　典型的燃料电池电流密度-电压曲线

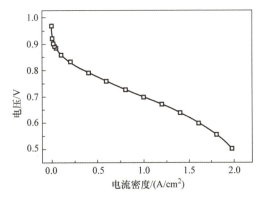

图 12-7　国内某燃料电池电流密度-电压曲线

$$电流密度 = \frac{电流}{膜电极活性面积} \qquad (12\text{-}15)$$

式中，电流密度单位为 A/cm²；电流单位为 A；膜电极活性面积单位为 cm²。

（4）效率

燃料电池的效率是衡量燃料电池性能的一个重要参数。图 12-8 所示为燃料电池系统效率随电流变化的曲线，随着电流的提高，电压下降，效率随之降低。

$$\text{燃料电池系统（电堆）额定效率} = \frac{\text{燃料电池系统（电堆）额定功率}}{\text{氢气流量} \times \text{氢气低热值}} \times 100\% \quad (12\text{-}16)$$

式中，功率单位为 W；流量单位为 g/s；热值单位为 J/g。

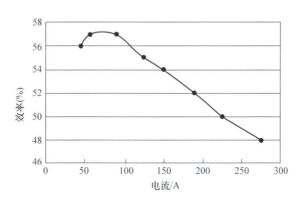

图 12-8　燃料电池系统效率随电流变化的曲线

燃料电池效率与燃料电池单片电压成正相关，但单片电压过高会造成燃料电池体积过大（电压过高），成本过高。因此，燃料电池厂家会依据各自企业标准对燃料电池单片电压进行规定，通常规定单片电压介于 0.6～0.65V 之间，电流密度及热效率都相对较高。在此限制条件下，还可以通过降低燃料电池零部件的辅助功耗、优化燃料电池控制系统来提高燃料电池效率。

燃料电池电堆中的质子交换膜、催化剂、气体扩散层等都对电流密度有着至关重要的影响，通过提高质子交换膜的导电性、催化剂的催化活性、气体扩散层的综合匹配性能才能达到最佳的电流密度。电流密度的提高，可提高燃料电池体积/质量功率密度。

12.1.4　燃料电池的应用

燃料电池作为 21 世纪的绿色能源，其高效无污染的突出优点使其应用前景十分广阔。不同种类的燃料电池可在不同的应用领域大展潜力。

AFC 是最早获得实际应用的燃料电池，它作为生产成本最低的一种燃料电池已成功应用于航天飞行以及潜艇中，作为小型的固定发电装置也具有明显的优势，但其电流密度远低于 PEMFC，应用在汽车中会显得笨拙。

PAFC 的阴极反应气体既可以是空气，也可以是重整气，且成本相对于其他几类燃料电池较低，这使得它非常适合用作固定式电站，例如在医院、办公楼、工厂等处发电，在供气及其他工业项目上的应用已趋于成熟。

MCFC 具有效率高、噪声小、无污染、燃料多样化、余热利用价值高和电池构造材料价格低廉等诸多优点，但阴极溶解、阳极蠕变、高温腐蚀和电解质损耗等因素导致的高成本和低使用寿命严重阻碍其发展和应用。MCFC 目前集中应用在大容量的兆瓦级发电机组方面。

基于 SOFC 的众多优点，该技术已在家庭热电联产、便携式电源、电站、数据中心和通信基站等领域得到应用。其中家庭热电联产领域消化了绝大部分的 SOFC 出货量，其部分产品以天然气为燃料，已连续稳定运行 10 年，发展非常成功。近年来，SOFC 在新能源汽车领域的应用也颇受关注。SOFC 不会因 CO 而导致电极中毒，燃料适应性广，可直接使用汽油、柴油、天然气等传统燃料，甚至可采用甲醇、乙醇通过车载裂解（或重整）装置产生 H_2 和 CO，供车载 SOFC 发电，可使新能源汽车的续驶里程媲美汽、柴油车。该车载发电系统也称为 SOFC 增程器。由于可在传统加注站进行燃料加注，使得 SOFC 汽车的续驶摆脱了充电桩数量、加氢站数量和氢气价格的制约。可以说 SOFC 汽车可继承与石油冶炼产业相关的传统燃料加注站，是在继承中发展，符合事物发展的规律，因而更容易实现产业化。进一步分析，SOFC 还具有其他优点：发电效率高、运行寿命长（全固态结构）、设备及发电成本低（无须贵金属催化剂）。显而易见，SOFC 在大载重、长续驶、高强度的交通运输体系中具有先天优势，尤其适合在商用车领域应用。此外，SOFC 起动时间长（电堆需缓慢升温至工作温度），且起停次数对其性能和可靠性影响大（每次起停对电堆来说都是一次严苛的冷热循环），而相较于乘用车，商用车的 SOFC 使用率更高（几乎每天都要运营，且日运营时间长，仅在夜间停止运营），因此更适合在夜间采用保温及温度维持策略，减少 SOFC 的起停次数，便于车辆随时运行。将 SOFC 技术应用于新能源商用车动力系统大有前途。

PEMFC 则被认为是电动车的最佳驱动电源，是目前最有发展前景的一类燃料电池，但目前制约其发展的因素还有很多，例如如何解决催化剂中毒、保证电解质膜机械强度以及密封等。

目前，丰田 Mirai 燃料电池汽车采用全功率型燃料电池系统，可根据整车驱动电机需求功率（即整车需求功率）随时调节，搭载的较小电量镍氢电池作为动力补充（爬坡、超车、起步工况）。而国内由于燃料电池性能与国外还存在差距，目前主要以"电 - 电"混合模式进行整车搭载，燃料电池主要起到增加续驶里程的作用。燃料电池功率一般和动力电池剩余 SOC 成反比，SOC 越高，燃料电池输出功率越低，反之亦然。而随着燃料电池技术的不断突破，发展趋势是燃料电池功率会随着驱动电机的功率需求波动而实时跟随，从而降低动力电池电量，降低燃料电池车的成本。

12.2 燃料电池增程器的关键技术

燃料电池增程器是由燃料电池电堆和辅助系统构成的燃料电池系统。燃料电池电堆是燃料电池增程器的核心组件，辅助系统是为燃料电池电堆的运行提供的必要配套。本节主要以氢燃料电池为例，分别介绍燃料电池电堆和燃料电池系统涉及的关键技术。

12.2.1 燃料电池电堆的关键技术

燃料电池电堆由多个单体电池、集流板、绝缘板、端板和歧管等构成，可将富氢气体和空气进行电化学反应形成直流电，同时产生热、水等其他副产物的总成。图 12-9 所示为常用燃料电池电堆的结构。

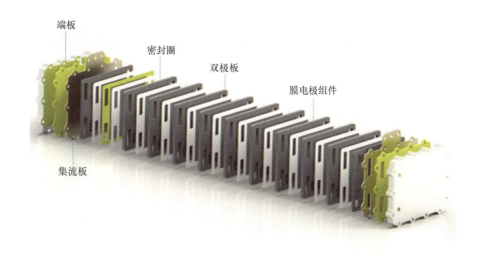

图 12-9　常用燃料电池电堆的结构

1. 膜电极组件

膜电极（Membrane Electrode Assembly，MEA）是 PEMFC 的核心部件，为 PEMFC 提供了多相物质传递的微通道和电化学反应场所。美国能源部提出的 2020 年车用膜电极的技术指标是：成本小于 \$14/kW；耐久性大于 5000h；额定功率下功率密度达到 1W/cm^2。膜电极主要由质子交换膜、催化层、气体扩散层组成。根据催化层涂覆的位置不同，膜电极可以分为"催化剂涂覆膜和分别置于其两侧的气体扩散层"或"质子交换膜（Proton Exchange Membrane，PEM）和分别位于其两侧的气体扩散层电极"两种结构形式。图 12-10 所示为上述两种膜电极组件结构原理。

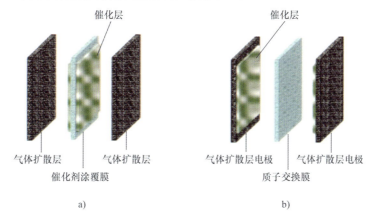

图 12-10　两种膜电极组件结构原理

（1）质子交换膜

质子交换膜是一种固态电解质膜，其作用是隔离燃料与氧化剂、传递质子（H$^+$）。在实际应用中，质子交换膜长期处于高温高湿及一定压力的环境中，其性能直接影响燃料电池的稳定性和耐久性，成本占到燃料电池电堆总成本的 20%～30%。某公司 12m 燃料电池客车中搭载的额定功率为 65kW 的燃料电池系统，采用了大约 19.6m^2 的质子交换膜，按 3000~4000 元 /m² 计算，费用约为 5.9 万元。PEMFC 对质子交换膜的一般技术要求：①良好的质子电导率；②水分子在膜中的电渗透作用小；③气体在膜中的渗透性小；④电化学稳定性好；⑤干湿转换性能好；⑥具有一定的机械强度；⑦可加工性好、价格适当。表 12-1 为美国能源部对质子交换膜性能指标的要求。

表 12-1　美国能源部对质子交换膜性能指标的要求

序号	性能	2020 年目标	备注
1	质子阻抗 /Ω·cm²	<0.02	最高运行温度、水分压 40~80kPa
2	质子阻抗 /Ω·cm²	<0.02	80℃、水分压 25~45kPa
3	质子阻抗 /Ω·cm²	<0.03	30℃、水分压 4kPa
4	质子阻抗 /Ω·cm²	<0.2	-20℃
5	最高运行温度 /℃	>120	—
6	最小电阻 /Ω·cm²	<1000	—
7	成本 /($/m²)	<20	—
8	机械耐久性 /次循环	>20000	—
9	化学耐久性 /h	>500	—

质子交换膜的材料主要是磺化聚合物电解质，如图 12-11 所示。按照聚合物的含氟量又可分为全氟磺酸质子交换膜、部分氟化质子交换膜和非氟质子交换膜。全氟磺酸质子交换膜目前在 PEMFC 中最为常用，其主体材料是全氟磺酸型离子交换树脂，具有和聚四氟乙烯相似的分子结构，高分子主链骨架完全由 C-F 键组成，磺酸基团位于高分子侧链的末端。其应用于 PEMFC 时化学稳定性强，机械强度高，在高湿度条件下电导率高；低温下电流密度大，质子传导电阻小。超薄增强型质子交换膜目前已研制成功，膜厚度从几百微米减小到十几微米，降低了电池的内阻。由于阴极产物（水）能更快速的反向渗透使得膜处于充分的水化状态，极大地提升了燃料电池的发电性能。

图 12-11　磺化聚合物电解质膜

但是全氟磺酸质子交换膜也存在一定缺陷，如：温度升高时电导率降低，高温时膜易发生化学降解；全氟磺酸单体合成困难，成本高，废品难处理，膜产品价格昂贵；用于甲醇燃料电池、液流电池时，选择性不够导致燃料渗透，降低电池库仑效率等。

针对全氟磺酸膜存在的上述缺点，目前的改进方法有以下几种：

1）通过在质子交换膜上复合有机/无机纳米材料，制备有机/无机纳米复合质子交换膜，依靠纳米颗粒尺寸小、比表面积大的特点提高复合膜的保水能力，达到扩大 PEMFC 工作温度范围的目的，以克服高温导致的质子传导性变差和化学降解的问题。

2）对膜的内部结构进行调整，特别是增加其中微孔的数量，以使成膜更方便。

3）通过对质子交换膜添加化学稳定剂和聚合物纳米纤维，使其具有更为出色的机械稳定性、化学稳定性和导电性。

4）通过在质子交换膜的主链中掺杂嵌段聚合物，使质子交换膜在主链中同时含有亲水区和疏水区，可以实现较好的微观相分离，使离子交换基团最大限度地聚集，从而有效地提高了质子交换膜的质子电导率。

（2）催化层

催化剂是燃料电池的关键材料之一，其作用是降低反应的活化能、促进氢氧在电极上的氧化还原过程、提高反应速率。目前，燃料电池中常用的商用催化剂是 Pt/C，成本占燃料电池电堆成本的 20% 左右，使用铂基催化剂会受到铂资源供应与成本的限制，因此需要研制高性能的燃料电池催化剂。与 10 年前相比，目前铂的用量已从 0.8~1.0g/kW 降至 0.3~0.5g/kW，铂的粒径从约 10nm 降低到 1~3nm。燃料电池功率大型化已成为趋势，直接提高了铂基催化剂的用量，因此降低铂基催化剂的用量成为降低燃料电池成本的方式之一。另外，铂基催化剂还存在稳定性问题，即燃料电池在运行过程中催化剂会发生性能衰减，如在动电位作用下会发生铂纳米颗粒的团聚、迁移、流失。在燃料电池开路、怠速及起停过程产生氢空界面（按照反向电流理论，氢气和空气存在于同一反应腔体内）引起的高电位会导致催化剂碳载体的腐蚀，从而引起催化剂流失。

因此，用于 PEMFC 的催化剂应该具有：①较高的电催化活性；②适当的比表面积；③优良的导电性；④优异的催化稳定性。表 12-2 为美国能源部对催化剂性能指标的要求。

表 12-2 美国能源部对催化剂性能指标的要求

序号	性能	2020 年指标	备注
1	铂族金属总含量 /（$g/kW_{gross,rated}$）	<0.125	150kPa 绝对压力
2	铂族金属总载量 /（mg/cm^2）	<0.125	—
3	催化（质量）活性损失	<40%	—
4	铂族金属质量比活性 /（A/mg）	>0.44	$900mV_{IR-FREE}$
5	非铂族金属催化活性 /（A/cm^2）	>0.044	$900mV_{IR-FREE}$

降低燃料电池铂基催化剂用量，或寻找廉价催化剂是目前电极催化研究的主要方向，可以通过以下几种途径来实现：

1）开发低铂合金电催化剂，研究不同廉价过渡金属与铂形成多元合金的催化剂效果。

2）合成活性更高、稳定性更好的无铂金属大环螯合物催化剂。

3）寻找其他可传导电子和质子的新型聚合物载体的催化剂。

4）研发纳米结构的催化剂以降低车用燃料电池上的铂载量。

5）碳载体催化剂在耐电化学腐蚀方面的性能欠佳，为此可开发与铂催化剂具有良好协同效应的金属氧化物载体、催化剂复合载体和催化剂特种载体。

（3）气体扩散层

气体扩散层位于催化层和双极板之间，在 PEMFC 中具有以下重要功能：

1）为反应气体从流场通道到催化层提供流动路径。

2）为产生的水从催化层到流场通道提供流动路径。

3）将催化层与双极板进行电气连接，使得电子形成完整电路。

4）将催化层的电化学反应热传导到双极板后与冷却系统换热。

5）在膜电极结构中起到机械支撑的作用，防止质子交换膜下垂到流场通道处。

气体扩散层通常由支撑层和微孔层构成。支撑层材料大多为多孔碳纤维基底经憎水处理形成，如碳纤维纸和碳纤维布等（图12-12），厚度为200~400μm，主要用来将反应气导入到催化层，并及时排出反应产物水；微孔层也叫水管理层，厚度约为100μm，微孔层是由碳黑粉末和疏水物质组成的平整、均匀的薄层，可有效降低催化层和支撑层间的接触电阻，使反应气体和产物水在流场和催化层之间实现均匀再分配，以提高电极性能。

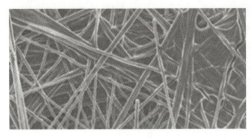 

a) 碳纤维纸　　　　　　　　　　　　b) 碳纤维布

图12-12　碳纤维纸和碳纤维布

PEMFC对气体扩散层的一般技术要求：

1）孔隙度：气体扩散介质是多孔的，典型的孔隙度介于70%~80%。

2）电阻率：气体扩散层可使得双极板通道间桥接并重新分配电流，其结构紧密且表面平整，可减小电阻率，提高电子传导能力。

3）可压缩性：气体扩散层的可压缩性可以减小接触电阻损耗。

4）渗透率：随气体扩散层渗透率的增大，能降低电池阴极流道内的压降、改善电池内部传质、提高燃料电池电流密度及阴极的排水能力。

气体扩散层面临的主要挑战：

1）大电流密度下，如何保证水气通畅传质。

2）缺乏大规模生产工艺，这使得气体扩散层成本在燃料电池电堆的总成本中仍占相当一部分。

3）各向异性扩散层的放置方向对燃料电池性能及稳定性的影响，研究结果表明，当扩散层抗弯强度较大的方向与燃料流动方向垂直时，相较与燃料流动方向平行电池性能及稳定性都有明显的提高。

4）扩散层中的毛细压力梯度对燃料电池中水平衡的影响，微孔层中孔径较大的部分发挥排出水分的作用，孔径较小的部分则起到保持水分的作用，各部分的分配比例直接影响燃料电池中的水平衡。

2. 双极板

双极板也是燃料电池电堆的核心零部件，起到均匀分配燃料和氧化剂、实现单电池间电的连接、支撑电池组、收集并导出电流、阻隔反应气体等功能，如图12-13所示。功能方面，要求双极板材料是电与热的良导体、具有一定的强度及气体致密性；稳定性方面，要求双极板在燃料电池酸性、高电位、湿热环境下的耐蚀性；产品化方面，要求双极板材料要易于加工、成本低。表 12-3 为美国能源部对双极板性能指标的要求。

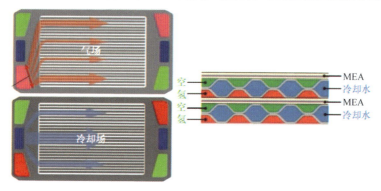

图 12-13　双极板介质分布原理

表 12-3　美国能源部对双极板性能指标的要求

序号	性能	2020 年指标	备注
1	电导率 /（S/cm）	>100	—
2	电阻 /（Ω·cm²）	<0.01	—
3	阳极腐蚀电流 /（μA/cm²）	<1	—
4	阴极腐蚀电流 /（μA/cm²）	<1	—
5	抗弯强度 /MPa	>25	—
6	氢气渗透系数 /[标准 cm³/（s·cm²·Pa）]	$<1.3 \times 10^{-14}$	80℃，3atm，相对湿度 100%
7	重量 /（kg/kW$_{net}$）	<0.4	—
8	成本 /（\$/kW$_{net}$）	<3	—

双极板约占燃料电池电堆 60% 的重量和 20% 的成本，其性能优劣直接影响燃料电池的输出功率和使用寿命。因此，高性能、低成本双极板材料的开发，对于质子交换膜燃料电池的大规模商业化应用具有重要的意义。双极板主要分为石墨双极板、金属双极板和复合材料双极板，各种双极板性能对比见表 12-4。

表 12-4　各种双极板性能对比

性能	石墨双极板		金属双极板	复合材料双极板
	机加工石墨板	模压石墨板		
工艺	铣削	模压	冲压成型	注塑或熔烧
抗压抗弯强度	低		高	高
导电性	高		非常高	中
散热性能	高		中	低
化学稳定性	良好		差	良好
耐蚀性	高		低	高
体积	大		中	小
重量	大		大	小

（续）

性能	石墨双极板		金属双极板	复合材料双极板
	机加工石墨板	模压石墨板		
加工难度	高		低	高
生产周期	长		短	较长
成本	高		受金属材料影响	高
优点	耐久性好		可批量化生产	适合批量化生产
缺点	组装困难、较厚		易腐蚀	机械强度一般
技术难点	石墨的脆性加大了气体流道加工难度，双极板体积较大，成本较高		金属易被腐蚀，须对金属的表面进行改性	制作成本较高，导电性和力学性能有待提升
改进措施	树脂密封处理	掺杂金属粉末、碳纤维	气相沉积、电镀、化学镀和丝网印刷	优化填料配比

（1）石墨双极板

石墨双极板（图12-14）质轻，耐蚀性及导电性好，因此一直被应用于燃料电池中。然而石墨属于脆性材料，其制作周期长，抗压性差，易碎且成型后体积大，致密性差使得电堆有漏气、浸水结冰后材料强度降低等隐患。提高石墨双极板致密性的方法可采用机加工无孔石墨板，其由碳粉或石墨粉与可石墨化的树脂在2500℃高温下烧结而成；或采用模压石墨板，其采用石墨粉或碳粉与树脂、导电黏合剂相混合，再加入金属粉末、碳纤维等，采用注塑、模压等方法，直接加工流场，成型后再进行石墨化。某公司12m燃料电池客车的燃料电池采用的即是石墨双极板，其65kW燃料电池增程器的电堆体积功率密度为1.92kW/L。

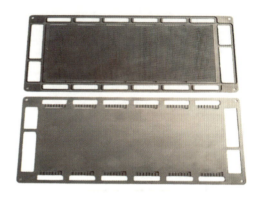

图12-14　石墨双极板

（2）金属双极板

金属双极板（图12-15）强度高、韧性好、导电导热性能好、功率密度大、加工方便，被普遍认为是取代石墨双极板的首选。如丰田公司的燃料电池乘用车Mirai采用的就是金属双极板，其114kW的燃料电池电堆体积功率密度达到3.1kW/L；英国Intelligent Energy公司的新一代EC200-192金属双极板燃料电池电堆的功率密度更是达到了5 kW/L。

图12-15　金属双极板

目前金属双极板面临很多的技术难点，如金属成型技术、表面处理技术等。其中以非贵金属为基材、辅以表面处理技术是研究的热点，主要内容是要筛选导电、耐腐蚀的涂层材料与保证涂层致密、稳定的制备技术。表面处理层的针孔问题是金属双极板材料目前普遍存在的问题，在制备过程中由于涂层颗粒沉积形成了不连续相，导致针孔的存在，使得在燃料电池运行环境中通过涂层的针孔发生了基于母材的电化学腐蚀。

（3）复合材料双极板

复合材料双极板兼具石墨材料的耐蚀性和金属材料的高强度特性，未来将向低成本化方向发展。现阶段国内复合材料双极板的研发还比较少。

12.2.2 燃料电池系统的关键技术

燃料电池系统由燃料电池电堆和辅助系统组成，其中的水热管理技术和系统控制技术是关键。

1. 水热管理技术

在 PEMFC 的运行过程中，质子交换膜需要在有水润湿的状态下传递质子，含水量过低，其电导率将会下降，导致电池的欧姆电压损失增大，催化层界面的活性下降，使得 PEMFC 发热增加，降低 PEMFC 发电效率，甚至造成膜撕裂。然而 PEMFC 内部过多的液态水，会导致电极水淹，氧气无法顺利到达催化剂反应位点，阻碍电化学反应的正常进行，PEMFC 的活化损耗和浓差损耗显著增加，性能下降。而且过多的气态水，还会稀释反应气体的浓度，造成反应界面的反应气体不足。质子传导率与膜的含水量密切相关，如图 12-16a 所示。

不同形态的水的迁移、传输、生成、凝结对燃料电池运行的稳定性有很大的影响。质子交换膜的离子传导率随着水活度值和膜表面温度的增高呈上升趋势，如图 12-16b 所示。这说明质子交换膜需要运行在高水活度和适当的温度环境中。在运行时因参数设置不当导致热管理和水管理的失衡，电堆内部会出现液态水堆积或者质子交换膜含水量过少，使其进入水淹或膜干的不健康运行状态。水热管理技术的主要目的是既能保障膜的润湿，避免多余液态水的累积，又能维持燃料电池在合适的温度区间。

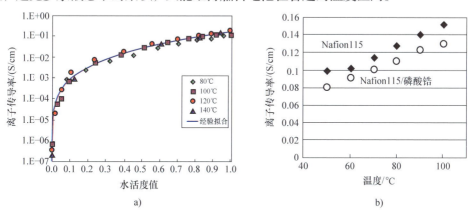

图 12-16 质子交换膜的离子传导率随含水量和膜表面温度变化的曲线

注：水活度为在同温同压下，某溶液的蒸气压与纯水蒸气压之比。水活度越高，含水量越高。

通常情况下，燃料电池需采用复杂的纯水增湿辅助系统用于增湿质子交换膜，以免质子交换膜"干死"。图 12-17 所示为质子交换膜失水后的性能变化曲线。当质子交换膜运行在高电压低电流密度下时，反应产生的水较少，在第 12min 时，质子交换膜因为失水引起性能下降，在第 25min 采用外加湿后，性能逐渐开始上升；然而，反应生成的水必须及时排出，以防质子交换膜"淹死"。图 12-18 所示为质子交换膜水淹之后的性能变化曲线。反应过程中不断生成的水导致燃料电池性能降低，每次排水后，燃料电池性能恢复并进入下一轮产生水、排水的循环。

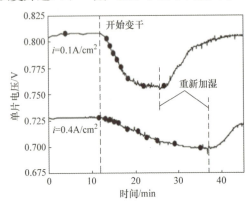
图 12-17 质子交换膜失水后的性能变化曲线

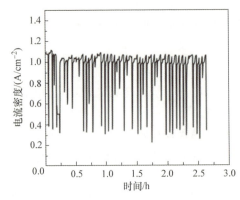
图 12-18 质子交换膜水淹后的性能变化曲线

质子交换膜燃料电池的运行温度（即电堆出口处的冷却液温度）一般在 80℃ 左右。因此进入电堆的反应气体需要预加热和加湿，以保证质子交换膜的温湿度；电堆发电时产生的热量将使电堆温度升高，必须采取适当的冷却措施，以保持质子交换膜燃料电池电堆工作温度稳定。

2. 燃料电池系统的控制技术

PEMFC 是一个多输入、多输出、不确定的非线性时变系统，由于受多参数的影响，其输出特性很难控制。在极限运行条件下如 0℃ 以下，储存与起动、动态工况下频繁变载、高污染环境等会造成 PEMFC 不可逆转的性能衰减问题。当燃料电池系统应用在交通运输中时，其所处的环境和工况时时在变化，如果控制不好，会出现反应气供气不足、动态电位循环及高电位等引起燃料电池性能永久性衰减的问题，引起衰减的几种典型工况有起停、变载、怠速、超载、低温。

（1）起停控制策略

据美国能源部提出的 2020 年目标要求，燃料电池系统性能衰减 10% 需耐受的起停次数不少于 5000 次。在特定工况下的起停次数是影响燃料电池寿命的因素之一。其燃料电池电堆经过 80 次起停循环后，起停过程中产生的氢空界面会使阴极催化层的厚度减薄 2/3，阳极催化层的厚度变化不大，如图 12-19 所示。

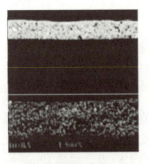
a) 新的MEA

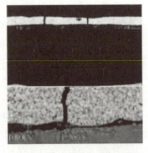
b) 80次起停循环后MEA

图 12-19 燃料电池经过 80 次起停后的催化层变化

以活性面积为 330cm² 的电堆为研究对象，考察质子交换膜燃料电池经历频繁起停操作后的性能衰减情况，发现反应气体分布不均匀，造成各单片电池电压在氮气吹扫过程中下降速率不一致，甚至出现某一片或者几片电池反极的现象；其次，电堆在经历频繁的起停循环后，性能下降且高电流密度区的电压衰减更快；随着起停循环的增多，性能的下降会变慢；当电流为100A时，经历500次起停循环后，前200次起停循环的平均电压衰减速率为后300次的3倍。按照图12-20所示的反向电流理论，当燃料电池处于频繁起停的工况下时，会在燃料电池内部催化层表面出现氢空界面，阴极出现高电位，Pt/C催化剂在高电位的情况下会出现碳载体腐蚀，最终导致催化剂脱落，性能不可逆的衰减。

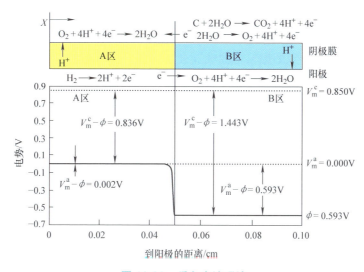

图 12-20　反向电流理论

针对起停工况导致的燃料电池性能衰减，主要控制策略：通过在整车端设置延时下电功能，当整车控制器发送燃料电池系统关机指令后，通过延时下电功能延长燃料电池系统的空气供应，消耗掉燃料气体，以减少氢空界面，增加停机时反应气体消耗和辅助负载放电以降低阴极高电位，从而降低腐蚀性。

（2）变载控制策略

燃料电池在特定工况下的变载次数也是影响燃料电池寿命的因素之一。动态变载导致燃料电池性能衰减的机理有：①电位循环导致Pt/C催化剂上的碳载体的腐蚀和催化剂的脱落；②温度、湿度和压力的循环导致质子交换膜的机械损伤；③气体饥饿导致质子交换膜的局部热点等问题，从而引起质子交换膜的机械损伤，如图12-21所示。

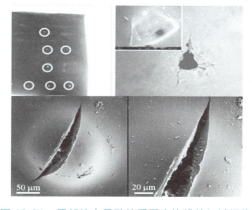

图 12-21　局部热点导致的质子交换膜的机械损伤

针对因频繁的动态变载工况导致的燃料电池性能衰减，主要控制策略有：当整车需求的功率发生变化时，利用动力电池提供瞬时的功率需求，缓冲变载给燃料电池带来的冲击，使燃料电池增程器平缓地切换功率点，一般采用前馈控制、闭环控制。

（3）怠速控制策略

怠速情况下由于负载小，燃料电池处于高电位、低湿度的状态，造成其性能衰减的机理有：①高电位导致Pt/C催化剂上的碳载体的腐蚀和催化剂的脱落；②低湿度导致质子交换膜的机械损伤；③自由基攻击导致质子交换膜的化学衰减等。

针对怠速工况下导致的燃料电池性能衰减，主要控制策略有：在怠速下由动力电池驱动电机，减少燃料电池增程器在此区间的运行时间、采用循环空气降低电位等。

（4）超载控制策略

超载放电工况导致燃料电池性能衰减的机理有：①温湿度分布不均导致的局部热点；②燃料供应不足导致电池反极等。

针对超载放电工况导致的燃料电池性能衰减，主要控制策略有增加电压保护等。

（5）低温控制策略

燃料电池的低温控制策略包括低温存储过程和低温起动过程的控制策略。由于燃料电池反应需要水，同时反应又生成水，如果在燃料电池低温存储或低温环境下反应结束后不能及时将反应生成的水排出，会对燃料电池造成下述不利影响：

1）电化学反应生成的水易结冰，导致催化层、扩散层甚至气体流道堵塞，减少催化层的反应活化面积，不利于反应物质传输，导致燃料电池性能下降。

2）水和冰之间相变产生的体积变化会造成膜电极、石墨双极板、质子交换膜的机械损伤及催化层的分离等，降低电堆性能。图12-22所示为低温存储对膜电极的损伤。

3）水结冰导致燃料电池被迫停机，而燃料电池反复起动会破坏其内部结构。

 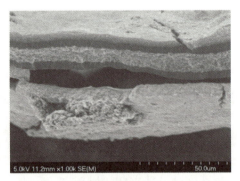

a）质子交换膜损伤　　　　　　　　　　b）催化剂脱落

图12-22　低温存储对膜电极的损伤

燃料电池的低温控制策略应能保证其在0℃以下的环境温度成功起动，并将燃料电池内部温度迅速提升至70~80℃的正常运行条件。图12-23所示为燃料电池增程器低温冷起动过程。

3. 其他燃料电池系统的关键技术

（1）SOFC系统的关键技术

要实现SOFC技术在各个领域的产业化，还需在一些关键技术上取得突破。

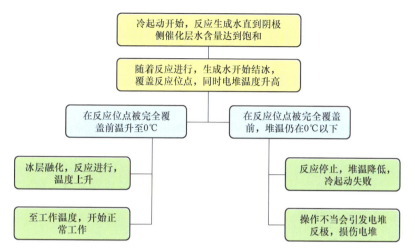

图 12-23 燃料电池增程器低温冷起动过程

第一个关键技术是耐高温的电堆材料、结构及其制备。高温工作对电堆材料的热化学稳定性、机械强度、氧离子电导率、热膨胀匹配性能及密封性能提出了很高的要求。因此，该技术的研究主要从以下方面进行：①降低电解质薄膜的厚度，发展薄膜的烧制技术，把电池结构从电解质负载型转变为电极负载型；②研发更高氧离子电导率的固体电解质；③研发新型的电极材料；④研发新型的金属连接体的保护层及接触材料；⑤研发耐高温的密封材料及封接工艺。为回避高温下面临的技术难题，近年来平板式 SOFC 的研发已转到中、低温（400~800℃）方向。

SOFC 的另一个关键技术是燃料的内部重整。理论上只要能被氧离子氧化的气体均可作为 SOFC 的燃料，烃类燃料可直接作为阳极气体使用。然而，烃类燃料的直接应用存在积炭问题，需进行重整后才可应用。如天然气（主要成分为甲烷）和水蒸气重整的化学反应如下：

$$CH_4 + H_2O \longrightarrow CO + 3H_2 \qquad (12-17)$$

该反应还伴有如下水气转化反应：

$$CO + H_2O \longrightarrow CO_2 + H_2 \qquad (12-18)$$

重整技术包括外部重整和内部重整。外部重整反应在填充了催化剂（如 Ni）的重整器中进行，内部重整反应则可直接在电堆阳极发生。相比外部重整，内部重整具有明显的优点：①电堆产生的废热可直接传递到重整区域，作为重整过程的热量来源；②电堆产生的水蒸气恰是重整过程所需的反应物；③可降低系统的复杂程度及成本。

采用内部重整的 SOFC 电堆，还可采用诸如汽油、柴油等长链烃作为燃料。要实现这类液态燃料内部重整，主要的挑战是确保电池中任何活性组元都不发生结焦。天然气或长链烃需要的重整温度较高，而甲醇在 300~600℃下即可实现高效内部重整。因此当 SOFC 电堆运行在 500℃时，甲醇将成为 SOFC 最理想的燃料。

由此可见，无论是对 SOFC 家庭热电联产（使用天然气燃料）的推广，还是对 SOFC 汽车的产业化（使用传统燃料加注站里的汽油、柴油和甲醇等燃料）来说，燃料的内部重整技术都非常关键。

（2）DMFC 系统的关键技术

DMFC 是较有前景的一类燃料电池，其原理简单，原料来源广泛且储运方便安全。目前，DMFC 的开发和应用面临的主要问题是甲醇透过质子交换膜直接从阳极渗透到阴极，即甲醇渗透，导致质子交换膜的综合性能低。甲醇渗透给 DMFC 带来的不利影响主要有：①甲醇渗透后在阴极催化剂作用下与氧气反应，导致"混合电位"效应，且部分反应产物会使催化剂中毒，降低电池的效率和寿命；②甲醇渗透后部分汽化被空气带出电池，降低了燃料的利用率；③甲醇渗透占据了质子传递的通道，导致膜的质子传导能力下降，影响膜的导电性能。可从以下两方面进行改进：①研制甲醇渗透率小甚至无渗透的交换膜；②研制耐甲醇氧化的阴极催化剂，即该催化剂只对氧还原具有催化活性，而对于甲醇还原不具活性。

（3）RMFC 系统的关键技术

RMFC 避免了 PEMFC 中氢气存储带来的安全隐患与 DMFC 中甲醇渗透的问题。然而，重整气中含有的 CO 对低温 PEMFC 催化剂有较强的毒化作用，当重整气中 CO 体积分数达到过 20×10^{-6} 时，就会引起燃料电池的性能和寿命下降。系统方面，甲醇重整器适宜的反应温度为 240~260℃或以上，PEMFC 适宜的反应温度为 60~80℃。这一不可调和的矛盾，导致 RMFC 系统集成化困难，低温起动时间长等。可从以下三方面进行改进：

1）有关甲醇重整技术的研究，主要是甲醇重整催化剂的制备，目的是提高甲醇转换率、降低 CO 浓度、提高催化剂寿命等。

2）有关 RMFC 集成技术的研究，目的是将重整器、PEMFC 电池组、加热装置集成，不但可以缩小系统的体积，也能保证稳定的输出功率。

3）使用反应温度更高，催化剂对 CO 更不敏感的高温 PEMFC。

12.3 燃料电池汽车概述

燃料电池汽车是指以燃料电池系统作为动力源或主动力源的汽车，属于纯电驱动的电动汽车，其燃料电池系统使用车载高纯度氢气或由车载燃料重整器重整反应所得到的富氢气体等作为能量源。作为新能源汽车的一种类型，燃料电池汽车能量转换效率高、噪声小、甚至零排放，被认为是解决全球能源和环境问题的理想方案之一。各国政府均提出了极具雄心的燃料电池汽车发展规划，其在研发、示范和商业化应用上的资金投入也不断增加。本节将从燃料电池汽车的结构、工作原理、动力系统技术指标、行业发展现状、面临的机遇及挑战等方面进行全面介绍。

12.3.1 燃料电池汽车的结构及工作原理

1. 燃料电池汽车的结构

燃料电池类型众多，其中低温 PEMFC 具有功率密度高、起动快速、腐蚀性低、反应温度低、氧化剂需求低等优势，是当前燃料电池汽车的主流技术。图 12-24 所示为低温 PEMFC 汽车的动力系统结构，主要由燃料电池、动力电池、驱动电机、动力控制单元、DC/DC 变换器和高压储氢瓶等组成。

近年来，部分企业也推出了甲醇重整制氢高温 PEMFC 样车，其动力系统结构如

图 12-25 所示,与低温 PEMFC 汽车相比,其增加了甲醇箱及甲醇重整器,无需高压储氢瓶。

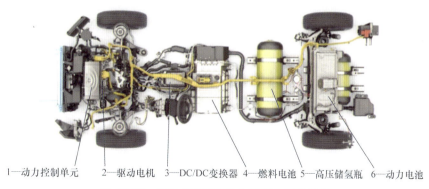

1—动力控制单元　2—驱动电机　3—DC/DC变换器　4—燃料电池　5—高压储氢瓶　6—动力电池

图 12-24　低温 PEMFC 汽车的动力系统结构

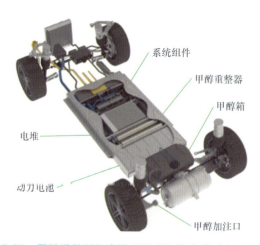

图 12-25　甲醇重整制氢高温 PEMFC 汽车的动力系统结构

2. 燃料电池汽车的工作原理

燃料电池汽车以燃料电池增程器和动力电池作为电力来源,依靠驱动电机驱动车辆行驶,其工作原理如图 12-26 所示。燃料电池控制器和氢系统控制器通过公共 CAN 与整车控制器通信,接收整车功率请求指令,其主要的控制架构及原理与图 2-4 所示的内燃机增程器类似,在此不再赘述。

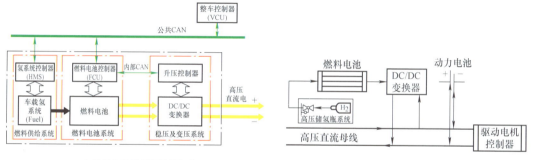

a) 燃料电池增程器控制架构　　　　b) 燃料电池汽车动力系统架构

图 12-26　燃料电池汽车工作原理

燃料电池车辆在加速、高速行驶时，整车需求功率高，综合考虑燃料电池最大输出功率及高效工作点（燃料电池通常工作在欧姆极化区域，结合图12-6～图12-8可知，在该区域内燃料电池输出功率越大，能量转换效率越低），动力电池与燃料电池一起给驱动电机供电；当车辆低速、匀速行驶或怠速时，整车需求功率低，燃料电池单独给电机供电，多余的电能存储到动力电池中；当车辆减速、制动时，动力电池还可回收车辆制动能量。燃料电池汽车的动力系统包含多个控制单元，其中动力电池管理系统负责实时检测动力电池的电压、电流及SOC。整车控制器根据SOC及整车功率需求发出燃料电池功率指令，而燃料电池控制器则根据该功率指令控制燃料电池的功率输出。燃料电池输出电压及其波动范围与电机不匹配，需经由DC/DC变换器（具备升压和稳压功能）方可输出与动力电池电压相匹配的直流电；由于驱动电机需要的是三相交流电，而高压母线提供的是直流电（来自燃料电池和动力电池），因此还需经由驱动电机控制器（具备将直流电转换为交流电的逆变功能）方能实现对电机的控制以驱动车辆行驶。

甲醇重整制氢高温PEMFC汽车的工作原理与此相似，仅增加了车载制氢环节，本文不再另做介绍。

12.3.2 燃料电池汽车的动力系统技术指标

自2018年起，燃料电池汽车、纯电动汽车及增程式电动汽车被列为中国新能源汽车的"三纵"路线，此三条动力路线各有优劣，对应的典型技术指标见表12-5（以2020年国内某车企正在开发的三款动力系统为例，表中的功率均指峰值功率）。

表12-5 动力电池、内燃机增程器及燃料电池增程器的典型技术指标

技术指标	动力电池	内燃机增程器	燃料电池增程器
寿命	1000～1500次充电循环	15年/35万km	7000h
成本	600元/kW·h	250元/kW	10000元/kW
最低比能耗/[g/(kW·h)]	—	222（汽油）	52.6（氢气）
能量密度/(W·h/kg)	140		
功率密度/(W/kg)	—	421	322
响应时间	毫秒级	<5s（0~60kW）	20s（6~57kW）
功率跟随性	可以完全跟随	可以部分跟随（多点跟随或线性跟随）	可以部分跟随

因动力电池与增程器的寿命、成本、能耗及密度等指标的单位不一致，为便于比较，在此以6t新能源轻型货车为例，分别采用纯电动、峰值功率为80kW的内燃机增程器及峰值功率为80kW的燃料电池增程器时的2020年技术指标进行对比（仅对比纯电动里程之外的成本、能耗及重量等参数），详见表12-6。

表 12-6　新能源轻型货车不同动力系统的技术指标对比

技术指标	动力电池	内燃机增程器	燃料电池增程器
寿命 / 年	3~4.5	15 年 /35 万 km	4
成本 / 万元	8.8	2	80
整车寿命内纯电动里程外的能耗费 / 万元	14.5	22.4	44.6
重量 /kg	1050	190	250

注：1. 该 6t 新能源轻型货车指标计算依据为整车寿命 5 年、年均运行 330 天（2000h）、理论续驶里程 400km（纯电动 50km+ 纯电动外 350km），日均行驶里程 200km（增程器车辆在动力电池 SOC 低于 50% 时起动增程器，即实际行驶时纯电动里程 25km，纯电动外里程 175km）、日均充满电一次、综合电耗 42kW·h/100km。

2. 公用充电桩电价 1.2 元 /kW·h、92# 汽油价格 6 元 /L、氢气价格 70 元 /kg。

对于上述新能源轻型货车的动力系统，结合表 12-5 和表 12-6 可得出如下结论：

就寿命而言，内燃机增程器寿命最高，已超越整车寿命；动力电池与燃料电池增程器目前尚不能达到整车寿命要求。如以整车寿命为目标，动力电池实际充电循环次数应提高至 1800 次，燃料电池的寿命应提高至约 9000h。

就成本和能耗费总和而言，动力电池与内燃机增程器相当，可以满足中等规模的商业化要求；燃料电池增程器则为内燃机增程器的 5 倍，与商业化要求差距较大（新能源汽车补贴取消的情况下）。如以实现小规模和中等规模的商业化为目标，燃料电池增程器成本应分别降至当前的 1/5 和 1/10。

就重量而言，内燃机增程器最轻，可满足中等规模的商业化要求；燃料电池增程器次之，仅可满足小规模的商业化要求（若计入储氢罐则更重）；动力电池最重，如要实现中等规模的商业化，应减重一半以上，即动力电池系统能量密度至少应提高一倍。

就响应性和功率跟随性而言，动力电池最佳（响应时间为毫秒级），可实现完全跟随；内燃机增程器则尚有差距（响应时间为数秒），难以实现完全跟随，因为内燃机的进气过程及缸内燃烧做功需要一定的时间，尤其是涡轮增压发动机，从排气能量的变化到新的增压状态的建立也要经历一个过程，存在加速响应滞后等问题；而由于空压机响应滞后的限制以及燃料电池可靠性和寿命的要求，燃料电池增程器的响应时间更长（通常为数十秒），同样难以完全跟随。为实现整车的功率响应性需求，目前内燃机增程器及燃料电池增程器仍需配合动力电池，即采用"电-电混合"模式。当前，燃料电池增程器因其自身的功率跟随性不足而无法脱离动力电池完全独立工作，两者相互补充。日本丰田公司的三厢紧凑型轿车 Mirai 属于全功率型燃料电池汽车（一般认为燃料电池功率可单独覆盖 95% 的驱动电机功率范围），但仍配备了 1.6kW·h 的小容量镍锰动力电池，此动力电池仅在整车负载极低时单独供电驱动电机来驱动车辆前进以优化动力系统的经济性和寿命，其他绝大部分电机输出功率下均仅由燃料电池单独供电驱动。如果未来燃料电池技术进步到可以克服自身的缺陷，使额定功率大幅提升，且响应时间大幅缩短，则完全功率跟随的全功率型燃料电池将成为主流。

当然，若以实现新能源汽车与当前传统内燃机车辆同等规模的商业化为最终目标，或应用在要求更高的车辆，则前述已满足目前一定规模商业化要求的技术指标在未来都需要进一步提高。

12.3.3 国内外燃料电池汽车的发展现状

1. 国外燃料电池汽车的发展现状

日本于 2014 年发布了《氢能与燃料电池战略路线图》，制定了"三步走"的发展计划，并于 2016 年、2019 年对该路线图进行了修订。日本对燃料电池汽车的支持政策主要包括研发、示范、车辆和加氢站建设补贴等方面。韩国于 2017 年起实行氢燃料电池汽车高速通行费减半政策，并在 2019 年发布了《氢能经济发展路线图》，规划到 2025 年打造年产量达 10 万辆燃料电池汽车的生产体系，氢燃料电池汽车售价有望降至 3000 万韩元（约合 18.9 万元）左右；到 2040 年，氢燃料电池汽车累计产量增至 620 万辆，加氢站增至 1200 个。美国自 2012 年起对燃料电池系统产品和加氢站等进行税收减免和奖励，并先后发布《2030 年及以后美国向氢经济转型的国家愿景》《国家氢能路线图》，在燃料电池技术研发和示范方面投入了大量资金。欧盟于 2014 年开始实施为期 6 年的《燃料电池和氢能实施计划》，其主要目标之一是 2020 年实现氢能和燃料电池在交通方面的应用。在各国政府的强力推动下，全球各大燃料电池汽车产业链企业都开始了研发投入，从零部件到整车、从性能到寿命，不断推进燃料电池汽车技术的进步。

在燃料电池乘用车领域，日本丰田、本田，韩国现代以及德国奔驰等车企相继推出了亮眼的产品，其他全球汽车制造商包括奥迪、宝马、通用及起亚等也开发出了燃料电池概念车。全球典型的燃料电池乘用车性能参数见表 12-7。

表 12-7 全球典型的燃料电池乘用车性能参数

车企	丰田	现代	本田	日产	奔驰
车型	Mirai	Nexo	Clarity	X-trial	GLC F-CELL
整备质量 /kg	1850	2210	1890	1860	1718
电堆峰值功率 /kW	114	96	103	90	100
电堆重量 /kg	56	50	52	55	48
电堆功率密度 /(kW/L)	3.1	3.1	3.1	2.5	3
低温起动性能 /℃	−30	−30	−30	−30	−25
电堆铂用量 /g	20	40	12.5	40	20
燃料电池耐久性 /h	>5000	5000	5000	5000	>2000
储氢容积 - 质量 /(L-kg)	122-5	156-6.3	141-5.5	140-5.5	120-4
电机峰值功率 /kW	113	120	130	90	100
动力电池能量 /kW·h	1.6	1.6	1.4	不详	9
续驶里程 /km	650	754	750	500	500

就技术性能而言，燃料电池乘用车已接近用户可接受的水平。以丰田公司的 Mirai 为例，采用 70MPa 车载储氢系统，理论续驶里程为 650km，加满氢气只需 3min，可在 −30℃的环境下起动，足以满足日常行车需求。但因价格偏高（Mirai 售价约 6 万美元）、加氢站不足，燃料电池乘用车的销量与纯电动车销量仍相去甚远，处于小批量生产的商业化初期阶段。2019 年燃料电池乘用车全球销量超过 7500 台（同比增长 90%），其中现代汽车公司 Nexo 销售 4818 台，丰田 Mirai 销售 2407 台，本田 Clarity 销售 349 台。从单车型累计销量来看，丰田 Mirai 自 2014 年底发布到 2019 年 11 月 5 日共销售约 10000 台（其最大市场为美国）。尽管如此，燃料电池技术可确保重载车辆、寒冷地区或冬季

运行时的续驶里程，因此随着燃料电池成本的降低和基础设施的完善，预计未来五座以上的运动型实用汽车（Sport Utility Vehicle，SUV）、多用途汽车（Multi-Purpose Vehicle，MPV）等大型燃料电池乘用车会实现规模化应用。

在燃料电池商用车领域，比利时的 Van Hool 公司、加拿大的 New Flyer 公司、德国的戴姆勒公司以及日本的丰田公司等推出了燃料电池客车进行示范运营，另有部分氢燃料电池货车及叉车投入商用。全球典型的燃料电池客车性能参数见表12-8。

表 12-8 全球典型的燃料电池客车性能参数

车企	Van Hool	New Flyer	戴姆勒	丰田
车型	A330	XCELSIOR	CITARO	SORA
电堆峰值功率 /kW	120	150	2×60	2×114
燃料电池厂家	US Fuel Cell	Ballard	AFCC	TOYOTA
动力电池能量 /kW·h	17.4	47	26	2×1.6
电机峰值功率 /kW	2×85	2×85	2×80	2×113
氢瓶压力-数量/（MPa-个）	35-8	35-8	35-7	70-10
储氢质量 /kg	40	56	35	24
燃料电池耐久性 /h	18000	8000	12000	>20000
续驶里程 /km	482	482	250	200

北美多地燃料电池公交车示范运营的结果表明，燃料电池系统平均故障间隔超过5万km，燃料电池叉车、物流车等的跟踪数据也表明燃料电池系统耐久性已超过1万h。特别是燃料电池客车的续驶里程、环境适应性、重量和可靠性等已接近传统柴油车，可满足商业化推广的需要。然而，由于车辆成本偏高（丰田SORA燃料电池公交车于2020东京冬奥会前交付，售价为578万元/辆）、加氢站不足，导致国外政府的采购订单稀缺，燃料电池客车仍处于小批量产的阶段（数十台/年/国家）。

美国的燃料电池汽车多为乘用车型，而中国的燃料电池汽车多为客车，这也表现出两国在燃料电池汽车发展上的区别。因为乘用车多为私人购买，客车则是政府采购。

除了PEMFC外，SOFC也具有很好的车用前景。SOFC的优点在于其能量转换效率高，可使用的燃料种类广泛。但由于其工作温度高（600~1000℃）导致起动时间长，无法适应频繁起停。2016年6月，日产公司发布了一款"e-Bio Fuel-Cell"乙醇燃料SOFC电动汽车的原型车，计划在2020年商业化。2019年7月世界新能源汽车大会上，日产汽车副社长坂本秀行表示，乙醇生物燃料电池汽车技术在实验室阶段已经基本成熟，但应用及商业推广还需要寻找更多的合作伙伴参与推进。

燃料电池汽车的商业化运营离不开加氢站的建设，而加氢站的建设又依赖于燃料电池汽车的商业化推广，两者相互依存，促进彼此发展。截至2019年底，全球加氢站建设数量达到450座（2019年新增81座）。其中日本116座、德国81座、中国61座、美国44座、韩国30座，法国与英国也超过了20座。日本、德国、中国和美国共有302座，占全球总数的2/3，显示出四国在氢能与燃料电池技术领域的快速发展。

2. 国内燃料电池汽车的发展现状

面对国外燃料电池汽车的迅猛发展势头以及国家新能源汽车补贴政策的影响，国内整车企业开始向新能源汽车方向发展。依托国家重大创新项目及产学研联合攻关，国内在燃料电池的电堆材料、核心动力部件开发及整车集成等方面取得了一定进展，各整车企业已初步建立了燃料电池汽车动力系统技术平台。不同于国外车企优先发展燃料电池乘用车的情况，国内整车企业主要集中在燃料电池商用车领域。

在燃料电池商用车领域，"十三五"以后国内整车企业积极投入研发，加上国内地方政府的强力采购，现已进入批量生产和运营（数百台／年／车企）阶段。2019年国内燃料电池商用车销量为3018台，同比增长约86%，其中客车1335台，专用车1683台。

以2019年为例，中国氢燃料电池专用车生产量主要集中在上海申龙客车有限公司和中通客车控股股份有限公司，其产量分别约为800台和600台。氢燃料电池客车主要集中在上汽大通汽车有限公司、郑州宇通客车有限公司、飞驰汽车公司、厦门金龙旅行车有限公司和申龙客车公司等。其中上汽大通MAXUS FCV80燃料电池轻客销量超300台，是氢燃料电池客车市场的一大亮点。宇通客车公司的燃料电池客车销量约230台。此外，北汽福田汽车股份有限公司、青年汽车集团、南京金龙客车制造有限公司、中植新能源汽车有限公司、安徽安凯汽车股份有限公司、厦门金龙联合汽车工业有限公司及东风汽车集团也有较强的燃料电池商用车研发和量产经验。

据不完全统计，2020年氢燃料电池公交车已在北京、上海、广东佛山和云浮、江苏张家港和如皋、河南郑州、河北张家口、山西大同及山东济南等21个城市的公交线路上运行。燃料电池系统供应商包括北京亿华通科技股份有限公司、福建雪人股份有限公司、上海重塑能源科技有限公司、爱德曼氢能源装备有限公司、潍柴动力股份有限公司、浙江氢途科技有限公司等。国内氢燃料电池商用车已正式进入商业化阶段。

与市场规模的扩大一致，我国燃料电池商用车产业在技术方面也有一定的积累：以宇通客车第三代12m燃料电池客车ZK6125FCEVG5为例，其搭载北京亿华通额定净输出功率为60 kW的高效燃料电池系统，并具备制动回馈技术、高效电机驱动技术及电附件能量综合管理技术等多项整车节能控制技术，加氢时间低于10min，续驶里程可达500km，百公里氢耗低于6.5kg，可在零下30℃环境下起动。截至2020年1月10日，该车型已在张家口公交线路上累计安全运行230万km（单车里程10万km）。尽管距离世界先进水平尚有差距，但国内燃料电池商用车的安全性、可靠性、动力性、经济性及环境适应性已基本满足需求。国内典型的燃料电池商用车性能参数见表12-9。

表12-9 国内典型的燃料电池商用车性能参数

车企	上汽大通	宇通客车	吉利商用车	中通客车	北汽福田
车型	MAXUS FCV80（轻客）	ZK6125FCEVG5（公交）	DNC6120FCEVG1（公交）	LCK5095XXYFCEVH9C（物流车）	欧马可智蓝（物流车）
整备质量/kg	3105	13100	12600	4900	4400
燃料电池系统供应商	上海捷氢	北京亿华通	北京亿华通	上海重塑	北京亿华通
燃料电池系统额定功率/kW	30	60	65	32	31
低温起动性能/℃	−10	−30	−30	−15	−30
储氢压力-储氢量/（MPa-kg）	35-24.4	35-26.4	35-26.4	35-9	35-11.8
动力电池能量/kW·h	14.3	120	100	26	50
电机额定功率-峰值功率/kW	55-100	100-200	100-200	60-120	60-120
续驶里程/km	305	500	600	320	410

在燃料电池系统配套方面，北京亿华通和上海重塑等已经具备较强的自主开发和年产万台燃料电池系统的能力。目前国内燃料电池系统成本可控制在 1 万～1.5 万元/kW，燃料电池系统寿命可达 5000h。

在电堆方面，广东国鸿氢能科技有限公司、潍柴动力及南通百应能源有限公司引进国外成熟电堆技术，其中潍柴动力在 2018 年收购了加拿大巴拉德动力系统公司 19.9% 的股份，在国内合作生产新一代电堆；而大连新源动力股份有限公司、上海神力科技有限公司和安徽明天氢能股份有限公司则走上了自主研发电堆技术的道路。值得一提的是，新源动力开发的不锈钢石墨复合双极板电堆已经应用于上汽大通 MAXUS FCV80 燃料电池轻型客车上。

简言之，国内在燃料电池商用车整车、系统和电堆方面均已有所布局，燃料电池功率密度、可靠性及耐久性与国外先进水平尚有差距，核心零部件和材料尚未突破。产业链培育刚起步，尚未形成像丰田那样的燃料电池汽车龙头企业和完整的国内自主产业链。

在燃料电池乘用车领域，投入研发力度最大的是上汽集团。上汽集团推出的荣威 950 是国内首款实现公告、销售和上牌的氢燃料电池轿车。上汽集团还在 2018 年 6 月成立了上海捷氢科技有限公司，其开发的车用全功率燃料电池系统 PROMEP390 的电堆功率、电堆功率密度等关键性能指标已和丰田、现代接近。2019 年上汽集团推出的 MAXUS G20FC 燃料电池 MPV 样车，搭载的正是该系统。

其他企业也在持续地投入燃料电池乘用车的研发。奇瑞汽车公司于 2018 年研发出艾瑞泽 5 燃料电池轿车；继 2010 年世博会推出燃料电池汽车之后，重庆长安汽车公司于 2019 年又推出了 CS75 燃料电池 SUV 样车；广汽集团于 2019 年展出了其开发的 GAC FCEV 燃料电池 SUV 样车；继 2018 年 10 月首台红旗自主燃料电池成功起动后，一汽集团计划进行红旗 H5 燃料电池整车示范运行；长城汽车公司于 2018 年收购了上海燃料电池汽车动力系统有限公司 51% 的股权，还入股德国知名加氢站运营商 H_2MOBILITY 公司，并宣布在 2020 年展示基于专属平台的燃料电池车型，在 2022 年北京冬奥会上推出首支燃料电池车队。国内典型的燃料电池乘用车性能参数见表 12-10。

表 12-10 国内典型的燃料电池乘用车性能参数

车企	上汽集团	上汽集团	长安汽车
车型	荣威 950	MAXUS G20FC	CS75
燃料电池系统额定功率 /kW	36	92	36
低温起动性能 /℃	−20	−30	不详
储氢压力 - 储氢量 /（MPa·kg）	70-4.2	70-6.5	70-4.5
动力电池能量 /kW·h	11	13	12.9
电机峰值功率 /kW	110	150	150
续驶里程 /km	350	550	510

当前国内氢燃料电池乘用车发展处于起步阶段，相比国外差距较大。国内标杆企业上汽集团的荣威 950 燃料电池轿车也仅实现产销 50 台，用于租赁和联合国开发计划署的

示范运行,其他企业则处于原型样车阶段。更由于加氢站不足、加氢费用较高等原因,消费者购买意向低,氢燃料电池乘用车的商业化之路依然漫长。

除了主流的低温 PEMFC 汽车外,国内企业也在开发其他类型的燃料电池汽车。2019 年初,威马汽车科技集团展示了一款搭载 6kW 直接甲醇燃料电池的乘用车;同年 9 月,物流信息国家工程实验室与苏州奥加华新能源有限公司联合发布了一款搭载 12kW 直接甲醇燃料电池的物流车。因该类燃料电池功率小、成本高,且技术尚未成熟,故上述两款车型仍处于样车阶段,目前尚难量产。东风特种汽车有限公司开发的甲醇重整制氢高温 PEMFC 物流车,则因装置复杂、成本极高,同样处于样车示范阶段。

与国际上加氢站建设持续扩张的势头一致,中国加氢站数量增长也异常迅猛,截至 2020 年 12 月底,中国已累计建成 118 座加氢站。越来越多的省市已加入到了氢能产业,切实地推进行业发展。

12.3.4 我国燃料电池汽车发展面临的机遇及挑战

与推广纯电动汽车相同,我国政府也持续以政策和资金支持燃料电池汽车行业的发展。《中国制造2025》明确提出燃料电池汽车发展规划,将发展氢燃料电池提升到了战略高度。2016 年 10 月,中国标准化研究院资源与环境分院和中国电器工业协会发布的《中国氢能产业基础设施发展蓝皮书(2016)》首次提出了国内氢能产业的发展路线图,对国内中长期加氢站和燃料电池车辆发展目标进行了规划。2016 年 10 月,中国汽车工程学会发布了《节能与新能源汽车技术路线图》,指出到 2020 年、2025 年和 2030 年,中国加氢站数量将分别超过 100 座、300 座和 1000 座。2020 年 9 月,财政部等五部门发布了《关于开展燃料电池汽车示范应用的通知》,明确了未来四年国家对燃料电池汽车的支持方式为"以奖代补",把对燃料电池汽车的购置补贴政策调整为对燃料电池汽车示范应用的支持政策,对符合条件的城市群开展燃料电池汽车关键核心技术产业化攻关和示范应用给予奖励。2020 年 11 月 2 日,国务院办公厅印发的《新能源汽车产业发展规划(2021—2035 年)》提出到 2035 年燃料电池汽车实现商业化应用。紧跟国家政策,各省市也陆续发布了推进燃料电池汽车发展的文件。由国家和地方政策强力推动并得以迅速发展的燃料电池汽车面临以下机遇:

(1)电动汽车的研发、推广经验及技术基础的助力

依托体制优势,我国政府已积累了丰富的电动汽车研发、产业化和推广应用的经验,相关企业也在电池、电机和电控方面取得了一定技术成果。上述经验和技术基础可对国内氢燃料电池汽车的健康、持续发展提供有力支撑。

(2)整车企业的持续投入

在早期,投入燃料电池汽车行业的整车企业仅有上汽集团,以开发燃料电池轿车为主。"十三五"以后,宇通客车、北汽福田、金龙客车和吉利商用车等几乎所有的客车制造厂都在进行燃料电池商用车开发,具备了一定的燃料电池商用车技术和量产基础。

(3)燃料电池汽车产业链已初步建立

经过多年的发展,燃料电池汽车领域具有自主知识产权的国内产业链已经初步建立,涵盖关键材料、核心部件、系统和车辆。尽管产业链不够完整,核心材料仍依赖进口,但燃料电池汽车产业持续、全面发展的基础已经形成。

（4）政府的政策扶持

近年来氢能产业在我国获得了前所未有的关注，各级政府纷纷出台支持氢能产业发展的规划。截至 2019 年 11 月，至少有 36 个地方（省市级）出台了扶持氢能和燃料电池产业的相关政策。未来十年内，氢燃料电池汽车规划推广数量超过 10 万辆，加氢站建设规划超过 500 座，政府对燃料电池汽车的扶持政策将持续发挥带动作用。2020 年国家针对燃料电池行业推出的"以奖代补"政策的整体思路是支持燃料电池汽车关键核心技术突破和产业化应用，推动形成布局合理、各有侧重、协同推进的燃料电池汽车发展格局，争取用 4 年左右时间，逐步实现关键核心技术突破，构建完整的燃料电池汽车产业链，为燃料电池汽车规模化产业化发展奠定坚实基础。

尽管面临难得的机遇，国内燃料电池汽车依旧存在巨大的挑战，尚有不少技术难题有待攻克：

（1）燃料电池的可靠性与耐久性不高

当前国内燃料电池电堆和系统的耐久性已突破 5000h 的关口，但可靠性、耐久性与国际先进水平仍存在差距，尤其是在全工况下的可靠性与耐久性仍有待提高。除电堆外，氢气供给系统、氧气系统、水热管理和电控系统也会影响燃料电池系统的可靠性与耐久性。国内研发机构还需加强燃料电池电堆及系统的过程机理及控制策略研究，尤其需要加强车载工况、低温和杂质等实际运行环境下的衰减机理与环境适应性研究。

（2）燃料电池的低温起动性能不佳

当前国内燃料电池一般可在最低 -15℃起动，个别燃料电池可在 -30℃起动，但其起动过程（从起动开始至燃料电池达到额定功率输出状态）需耗时 10min。在最低起动温度和起动耗时上，当前燃料电池均无法适应国内寒冷地区。

（3）燃料电池成本仍然过高

目前国内燃料电池系统成本为 1 万～1.5 万元/kW，在当前政府对燃料电池汽车强力补贴的背景下可勉强适应市场的要求。而燃料电池汽车的大规模应用必然要求脱离政府的支持，转由市场驱动。因此，需加快低铂电极技术的开发和关键零部件的国产化，引导相关企业持续扩大生产规模，大幅降低燃料电池成本。

（4）燃料电池技术标准和检测体系不健全

燃料电池领域现有国家标准四十多项，而在现有的国家标准里，除了与奖励政策相关的燃料电池性能试验、额定输出功率、高低温存储性能测试以及与电动汽车的安全要求的加氢口测试外，其他国标均为推荐性标准而非强制性标准，并不要求强制执行，对燃料电池汽车的测试评价来说存在较大的疏漏。必须健全燃料电池技术标准及测试体系，规范市场，助力国内燃料电池汽车的发展驶上快车道。

此外，燃料电池汽车在产业链上也面临以下难题：

（1）关键零部件严重依赖进口

燃料电池的核心材料——高活性催化剂、高强度高质子电导率复合膜、碳纸等，虽然国内部分研发机构和企业的技术水平已经达到甚至超过了国外的水平，但仍处于实验室和样品阶段，未形成大批量生产技术，仍严重依赖进口。若该情况不加以改进，在芯片等行业发生过的"卡脖子"问题也有可能出现。若不改善上述情况，其价格也难有大幅下降空间。在燃料电池系统关键零部件方面，氢气循环泵主要依赖进口，空压机虽有部分国产产品，但可靠性不高。70MPa碳纤维缠绕塑料内胆气瓶（Ⅳ型）尚无成熟技术及产品供应。零部件完全依靠进口将严重制约国内氢燃料电池产业的自主可控发展。因此，上述关键材料及零部件的研发和技术转化亟待加强。

（2）加氢站数量不足、加氢费用高

目前国内缺少国家层面的、规范化的加氢站规划建设审批规定，地方在审批加氢站建设时无据可依，审批效率低下；车用高纯氢的生产企业及产量不足；氢气采用管束车或高压氢瓶运输，成本高；加氢站的关键零部件如加氢枪、高压管线、管件和阀门等，仍依赖进口。高昂的建站成本和较长的建站周期，导致国内加氢站不足且加氢费用居高不下，严重阻碍氢燃料电池汽车的推广应用。必须提高加氢站审批效率、开发低成本制氢技术以及发展高效氢储运技术（如液氢储运、氢的管道运输以及新型储氢材料等），从而加快加氢站建设、降低加氢费用。

（3）燃料电池乘用车发展艰难

相比锂电池纯电动汽车，燃料电池汽车在大载重、长续驶、高强度的交通运输体系中具有先天优势，适合在商用车领域应用，加之地方政府的燃料电池公交车采购订单，整车企业纷纷进入燃料电池商用车领域，产品的技术水平逐步提升。而在乘用车领域，由于燃料电池关键材料及零部件、燃料电池耐久性和可靠性方面与国外存在较大差距，国内尚无法开发大功率、高可靠性和耐久性、适合乘用车用的燃料电池系统。且由于加氢站数量不足、加氢费用及车辆成本高等原因，消费者购买意向低，导致国内氢燃料电池乘用车研发企业的投入不足，技术水平处于起步阶段。在先商用车后乘用车的燃料电池汽车发展路径下，国内氢燃料电池乘用车的商业化仍有很长的路要走。

当上述难题被逐个攻克，国内燃料电池汽车方可实现快速发展。

参考文献

[1] 王倩倩，郑俊生，裴冯来，等. 质子交换膜燃料电池膜电极的结构优化 [J]. 材料工程，2019，47（4）：1-14.

[2] 彭跃进. 质子交换膜燃料电池关键技术研究

[3] 王保国. 电化学能源转化膜与膜过程研

[4] 侯敬贺，刘闪闪，肖振雨，等. 燃料电料，2018，46（11）：44-48，53.

[5] 侯明，衣宝廉. 燃料电池的关键技术 [J].

[6] 郝红，冯国红，曹艳芝. 中低温固体氧33，66.

[7] 郑晓红. DMFC用阻醇质子交换膜的研究

[8] 陈慕寒. CO对PEMFC性能影响研究 [J].

[9] 邵玉艳，尹鸽平，高云智. CO在Pt及2004，23（11）：1316-1324.

[10] 张琴. 燃料电池汽车动力系统能量管理策